Wir widmen dieses Buch
in Dankbarkeit
allen vorurteilsfreien und mutigen
Mitbürgerinnen und Mitbürgern

Ausgegrenzt: VPM

Menschenrechtsverletzungen
im schweizerischen Alltag
34 Erfahrungsberichte

Verlag Menschenkenntnis

Herausgeber: Verein zur Förderung
der Psychologischen Menschenkenntnis
Zürich

Die Deutsche Bibliothek – CIP-Einheitsaufnahme
Verein zur Förderung der Psychologischen Menschenkenntnis:
Ausgegrenzt: VPM : Menschenrechtsverletzungen im schweizerischen Alltag ; 34 Erfahrungsberichte / Hrsg.: Verein zur Förderung der Psychologischen Menschenkenntnis. –
Zürich : Verl. Menschenkenntnis, 1993
ISBN 3-906989-30-5
NE; HST

Herstellung: Ehrli Druck AG, Sarnen

Inhalt

Vorwort und Hinweise zur Benützung des Buches

Fast eine Schicksalsfrage

Wenn sich heute, im Frühjahr 1993, ein Lehrer oder eine Lehrerin im Kanton Zürich oder in einzelnen Nachbarkantonen um eine Stelle bewirbt, lautet früher oder später die Schlüsselfrage, deren Beantwortung in der Folge allein über Anstellung oder Nichtanstellung entscheidet: "Sind Sie im VPM?"

Dieselbe Frage richtet sich jeweils an Fachärzte, Psychologen und Ausübende weiterer Sozial-, Pflege- und anderer hochqualifizierter Berufe. ("VPM" steht für "Verein zur Förderung der Psychologischen Menschenkenntnis" mit Sitz in Zürich.)

34 Erfahrungs- und Leidensberichte

Im vorliegenden Buch erzählen 41 VPM-Mitglieder und -Kursbesucher, was sie bei Stellenbewerbungen und an ihren Arbeitsplätzen in den letzten Jahren und Monaten erlebt und erlitten haben: Als rechtschaffene Bürgerinnen und Bürger, als gebildete und gut ausgebildete Berufsleute, die in ihrem Privatleben diesem Verein angehören; einem rechtmässig eingetragenen, demokratisch organisierten Verein mit insgesamt etwa 600 Mitgliedern und mit ausgesprochen humanistischen Prinzipien sowie explizit gemeinnützigen Zielsetzungen.

Die Autorinnen und Autoren des Buches teilen ihr Schicksal mit rund doppelt so vielen weiteren VPM-Mitgliedern, die in vergleichbaren Situationen stehen oder gestanden haben, aber aus unterschiedlichen Gründen auf eine Darstellung verzichten mussten.

Die Verantwortung für die einzelnen Beiträge liegt bei den jeweiligen Autoren.

Zusammenhänge: Hinweis auf die Sonderkapitel im Anhang

Für ein besseres Verständnis der Zusammenhänge, in welche die in diesem Buch vorgelegten Erfahrungsberichte einzuordnen sind, sei auf die entsprechenden Kapitel im Anhang verwiesen. Sie zeigen

Hintergründe und Mechanismen auf, die zu dem geführt haben, was weite Teile der Öffentlichkeit in der Schweiz und im benachbarten Ausland inzwischen als ein "Problem VPM" zu sehen vermeinen. Die Lektüre dieses Anhangs, die zu Grundsatzfragen des Zusammenlebens in einer Demokratie hinführt, sei nachhaltig empfohlen.

Im übrigen sprechen die 34 Erfahrungsberichte durchweg auch für sich selbst: Es sind eindrückliche Zeugnisse von Vorgängen, die auch Gegnern des VPM zu denken geben müssten.

Der Zweck des Buches; formale Konsequenzen

Der Zweck des Buches liegt ausdrücklich nicht darin, einzelne Personen oder Institutionen anzugreifen oder blosszustellen, sondern vielmehr darin, die Auswirkungen von Vorurteilen und fragwürdigen Verhaltensweisen Dritter auf die Leidtragenden der Diskriminierung des VPM zu dokumentieren und auf die rechtliche Notsituation betroffener Mitbürgerinnen und Mitbürger aufmerksam zu machen.

Aus diesem Grunde erscheinen Orts- und Personennamen in der überwiegenden Mehrzahl (in Abstufungen) verschlüsselt. Ausnahmen von dieser Regel kommen nur dort vor, wo der Bekanntheitsgrad der Beteiligten auf Grund ihrer öffentlichen Stellung oder Funktion derart hoch ist, dass eine Verschlüsselung illusorisch wäre – oder wo die Beteiligten selber ursächlich und öffentlich die Entstehung der negativen Stereotypen über den VPM gefördert bzw. die Ausbildung des verheerenden Meinungsklimas gegen den VPM vorangetrieben haben.

Hinweise für die Lektüre

Fotos

Aus Gründen des Persönlichkeitsschutzes musste bei der Mehrzahl der Beiträge auf eine Porträtaufnahme verzichtet werden.

Personennamen, geographische Bezeichnungen

*Sofern die Personennamen oder geographischen Bezeichnungen zum Schutz der Persönlichkeitsrechte der Beteiligten geändert wurden, sind sie bei ihrer ersten Verwendung mit einem * gekenn-*

zeichnet. Im Kurzporträt, das jedem Beitrag vorangestellt ist, werden geänderte und reale Angaben graphisch nicht unterschieden.

Alphabetisches Glossar

Ein alphabetisches Glossar im Anhang enthält die wichtigsten Begriffe zu Handen eines mit der Sache, insbesondere auch mit den Verhältnissen im schweizerischen und zürcherischen Schulwesen nicht näher vertrauten Lesers. Begriffe, die im Glossar erläutert werden, sind durch das Symbol [G] gekennzeichnet.

Zu allen in diesem Buch enthaltenen erwähnten Zusammenhängen und Hintergründen existieren zahlreiche vom VPM herausgegebene Schriften und Fachbücher. Sie sind im Anhang aufgeführt und können über den Verlag oder den Buchhandel bestellt werden.

Dokumente von speziellem Interesse

Neben interessanten Tabellen zur Tätigkeit der Medien finden sich im Anhang drei zentrale Dokumente, die über Positionen und Aktivitäten des VPM verbindlich Auskunft geben: die Vereinsstatuten sowie die Grundsatzthesen zur Drogenproblematik und zu Erziehung und Bildung.

Zürich, im April 1993
Lazo E. Meli

“ *Ich traute meinen Ohren nicht, als Frau Ochsner mich fragte, ob ich Mitglied im VPM sei. Ungläubig musste ich von ihr vernehmen, dass die Schulpflege mit dem Gedanken spiele, keine Lehrer mehr zu wählen, die sich im VPM weiterbilden.* ”

Marlies Schadegger, Primarlehrerin

1952 geboren als zweites Kind von Peter und Renate Rüesch. Katholisch. Verheiratet. Primar- und Sekundarschule in G. Kaufmännische Lehre in S. Sechs Jahre Berufstätigkeit. Erwachsenen-Matura. Primarlehrerseminar. Seit acht Jahren Primarlehrerin. Interessen: Tennis, joggen, schwimmen, wandern, Tiere beobachten, gärtnern, Gitarre, lesen, Pädagogik und Psychologie.

Vereinsmitgliedschaft ist Privatsache …

Das Schulhaus in K.* liegt idyllisch, leicht erhöht über dem See. An heissen Sommertagen geniesst man die leichte Brise, welche die Blätter der alten Bäume rund um das Schulhaus sanft rauschen lässt. Wenn man den Blick über den von weissen Segelbooten übersäten See schweifen lässt, erkennt man im Hintergrund die mächtigen, teilweise schneebedeckten Berge, die an besonders klaren Tagen eine eindrucksvolle Kulisse bilden. Gerne erinnere ich mich an mein sonnendurchflutetes Schulzimmer zurück, wo ich die Kinder in ruhiger und freundschaftlicher Stimmung lesen, schreiben und rechnen gelehrt habe. Zu jener Zeit konnte nichts meine Freude am Lehrerberuf trüben, und in Gedanken hatte ich mich dort bereits für längere Zeit fest eingerichtet. Nicht im entferntesten erahnte ich damals die massiven Schwierigkeiten, die noch auf mich zukommen sollten. Dabei begann alles ganz harmlos.

Im Sommer 1990, als verletzende und rufschädigende Artikel über den VPM in der Tagespresse die Runde machten, hielt ich es für angebracht, den Schulpräsidenten über meine Kursbesuche beim VPM zu informieren, um eventuell auftauchenden Gerüchten vorzubeugen. Er zeigte sich erfreut über meine Offenheit. Beruhigt verabschiedete ich mich von ihm, nachdem er mir versichert hatte, dass meine Weiterbildungskurse beim VPM Privatsache seien. Meiner bevorstehenden Wahlbewerbung würde nichts im Wege stehen.

Ein halbes Jahr später trat die Schulpflege auf meine Wahlbewerbung ein und wünschte mir eine erfolgreiche Wahlbesuchszeit. Zu dieser Zeit wurde ich erstmals hellhörig, als eine Kollegin im Lehrerzimmer fragte, wer sich bei den "Liebling-Anhängern" auskenne. Als sie gar hinzufügte, dass man solche Lehrer, da sie "gefährlich" seien, nicht wählen würde, beschloss ich, dem Gerücht nachzugehen. Wollte man mir etwa die Wahl grundsätzlich verweigern? Meine Anfrage beim Schulpräsidenten führte zu keinem fassbaren Ergebnis. Mit leichter Besorgnis sah ich der kommenden Zeit entgegen, andererseits vertraute ich auf meinen guten Ruf, konnte ich doch auf eine erfolgreiche berufliche Laufbahn zurückblicken.

... aber VPM-Mitglieder werden nicht gewählt

An einem trüben Januarmorgen weilte die fünfköpfige Wahlkommission in meiner Schulstube. Nachdem ich die Anfangsnervosität überwunden hatte, hielt ich zwei gute Wahllektionen, was mir Frau Ochsner*, die Kommissionspräsidentin, bestätigte. Das Verhängnisvolle sollte erst im anschliessenden Gespräch erfolgen. Ich traute meinen Ohren nicht, als Frau Ochsner mich fragte, ob ich Mitglied im VPM sei. Ungläubig musste ich von ihr vernehmen, dass die Schulpflege mit dem Gedanken spiele, keine Lehrer mehr zu wählen, die sich im VPM weiterbilden. Sollte meine Vereinsmitgliedschaft tatsächlich mehr zählen als meine ausgewiesenen beruflichen Fähigkeiten?

Wie hätte sich nun die Schulpflege ein realitätsgerechtes Bild über den VPM verschaffen können? Wohl kaum so, wie sie es tat, indem sie sich auf Presseartikel im Stile eines "Bonus 24"[G] abstützte. Wäre es nicht vernünftiger gewesen, mich oder den VPM direkt zu befragen? So kam, was kommen musste. Zwischen zwei Schulstunden eröffnete mir Frau Ochsner persönlich den niederschmetternden Entscheid der Schulpflege. Sie hatte sich gegen meine Wahl ausgesprochen, trotz guter Beurteilung meines Unterrichts. Der Grund wurde offen genannt: meine Mitgliedschaft im VPM. Allerdings wollte sie mich als nicht gewählte Verweserin weiter beschäftigen, da sie meine Arbeit schätzte. Dies wurde mir auch schriftlich bestätigt. Nach dem Willen der Schulpflege sollte ein Mantel des Schweigens die Angelegenheit verhüllen. Frau Ochsner legte mir nahe, nichts über die Geschehnisse verlauten zu lassen.

Mein letzter Hoffnungsschimmer erlosch, als die Schulpflege kurzerhand die Zahl der durch Wahl zu besetzenden Lehrstellen reduzierte. Mit diesem fragwürdigen und höchst unüblichen Vorgehen wurde mir die Möglichkeit verbaut, eine Volkswahl anzustreben. Ein grenzenloses Ohnmachtsgefühl überfiel mich. Zweifellos hätte ich das Recht auf meiner Seite gehabt, wäre ich juristisch gegen die Schulpflege vorgegangen. Nach reiflicher

Überlegung verzichtete ich um des Schulfriedens willen darauf und zog meine Wahlbewerbung schweren Herzens zurück.

Natürlich spielte ich mit dem Gedanken, meine Zelte in K. abzubrechen. Da ich aber ein ausgesprochen gutes Verhältnis zu meinen Schülern hatte, entschied ich mich, meine Arbeit trotz der misslichen Umstände fortzuführen. Die Schüler sollten nicht die Leidtragenden des behördlichen Willküraktes sein. Also unterzeichnete ich den Arbeitsvertrag, der für das kommende Schuljahr erneuert werden musste.

Für seine Verfassungsrechte einstehen – ein Kündigungsgrund?

Froh, diese leidige Angelegenheit hinter mir zu haben, widmete ich mich wieder voll meinen Kindern. Bis dann der Freitag vor den Frühlingsferien kam. Die Schulpflege schien mir Hiobsbotschaften mit Vorliebe an solchen Tagen zu überbringen. Auf diejenige aber, die ich nun erhalten sollte, war ich absolut nicht vorbereitet. Gerade hatte ich meine Schüler in die Ferien entlassen, als der Schulpräsident mein Zimmer betrat und mich um eine Unterredung bat. Er hatte mir nichts Geringeres als meine Entlassung mitzuteilen. Begründung: Fehlverhalten während des Wahlverfahrens! Was man mir vorwarf, war haarsträubend. Mein angebliches Fehlverhalten bestand darin, dass ich mir erlaubt hatte, bei der Erziehungsdirektion Rechtsauskünfte einzuholen, dass ferner mein Ehemann beim Gemeindepräsidenten gegen den rechtswidrigen Entscheid der Schulpflege protestiert und um Hilfe gebeten hatte; ausserdem hätte ich mich nicht "vertrauensvoll" an den Schulpräsidenten gewandt.

Es war offensichtlich, dass mir die Schulpflege aus allem einen Strick drehen wollte, um ihren Begründungsnotstand für die ungerechtfertigte Entlassung auch langfristig zu vertuschen. In Tat und Wahrheit ging es einzig und allein um den VPM. Ich konnte es kaum fassen. Wut und Verzweiflung überfielen mich. Gab es keine Gerechtigkeit mehr? Konnte eine Schulpflege willkürlich schalten und walten? Stets hatte ich meine Arbeit pflichtbewusst und zur vollen Zufriedenheit aller erledigt, hatte nie zu irgendwelchen Beanstandungen Anlass gegeben. Warum wurde ich nicht als diejenige gesehen, die ich bin? Das von den Medien gezeichnete Schreckensbild über "VPM-Lehrer" sass offenbar tief in den Gemütern.

Die Eltern protestieren – und die Kollegen?

Als zurückhaltender, friedliebender Mensch hatte ich kein Aufheben um das Trauerspiel meiner Nichtwahl gemacht. Nun war das Mass aber voll; die Eltern der Schüler sollten Bescheid wissen. Würden sie hinter mir stehen? Ein empörter Vater organisierte noch für denselben Abend eine Zusammenkunft mit den betroffenen Eltern, etwas, was mir später ebenfalls angekreidet wurde. Die Eltern waren bestürzt über die Vorgänge. Spontan wollten sie sich für mich einsetzen. Einstimmig beschlossen sie, einzeln Wiedererwägungsgesuche an die Schulpflege zu schreiben, um meine weitere Anstellung zu erwirken. Das positive Echo der Eltern tat mir gut.

Mit den geplanten Ferien im Tessin war vorläufig nichts. In den nächsten Tagen musste ich mich intensiv mit meiner beruflichen Situation befassen. Konnte ich die ungerechtfertigte Entlassung hinnehmen? Würde ich unter diesen Umständen wieder eine Anstellung finden? Ich fürchtete um meine Existenz. Daneben betrübte mich der Gedanke, meine Klasse nach einem Jahr intensiver Arbeit wieder zu verlassen. Meine innere Abwehr, das geschehene Unrecht hinzunehmen, führte dazu, dass ich mich dem Vorschlag der Eltern anschloss und meinerseits auch ein Wiedererwägungsgesuch an die Schulpflege richtete. Gleichzeitig leitete ich rechtliche Schritte gegen den Entscheid der Schulpflege ein.

Unmittelbar nach den Ferien lud der Schulpräsident auf Verlangen der Eltern zu einem Informationsabend ein. Bei allem Ernst der Lage entbehrte die Veranstaltung nicht einer gewissen Komik. Der Schulpräsident versuchte krampfhaft, Gründe für meine Entlassung darzulegen. Wie wenig Erfolg er damit hatte, zeigt die Äusserung einer ungehaltenen Mutter: "Jetzt säged Sie üüs doch endlich, warum Sie d'Frau Schadegger *würkli* entlah händ! Das sind doch alles kei Gründ!" Die anwesenden

Behördevertreter schauten sich betreten an. Die Eltern forderten unmissverständlich meine Wiedereinstellung, worauf der Schulpräsident versprach, nochmals über die Bücher zu gehen.

Waren die Anschuldigungen seitens der Schulpflege nicht leicht zu ertragen, stärkte mich das mutige, tatkräftige Einstehen der Eltern für mich sehr. Es gab mir in den folgenden Wochen die nötige Kraft, meine Schüler weiterhin im gewohnten Rahmen zu unterrichten. Die Eltern waren die einzigen, die sich an die Realität hielten. Sie trauten nämlich ihrer Wahrnehmung, schliesslich konnten sie die Lernfortschritte sowie das Wohlbefinden und die Persönlichkeitsentwicklung ihrer Kinder stets mitverfolgen. Sie wussten mich mit meiner ganzen Arbeit zu schätzen.

Nicht gerade rühmlich verhielten sich meine Kollegen. Schmerzlich musste ich erleben, wie sie mich fallenliessen. Bislang hatte ich ein nettes Verhältnis zu ihnen gehabt, auch nachdem meine Mitgliedschaft im VPM bekanntgeworden war. Spontan hatten sie sich anerboten, bei der Schulpflege ein gutes Wort für mich einzulegen. Erst nachdem eine Intrigantin und Duzkollegin von Frau Ochsner hinter meinem Rücken Stimmung gegen mich gemacht hatte, wollte keiner mehr – wohl aus Angst – zu seinem Versprechen stehen. Ein einziger Kollege wagte noch, offen für mich einzutreten.

In der Folge lehnte die Schulpflege das Wiedererwägungsgesuch ab, was zu ihrer bisherigen uneinsichtigen Vorgehensweise passte. Eine vom Volk gewählte Behörde missachtete damit in krasser Weise die Anliegen der Eltern. Es blieb mir nichts anderes übrig, als den angetretenen Rechtsweg weiter zu beschreiten. Die Eltern wirkten tatkräftig mit und schöpften ebenfalls ihre rechtlichen Möglichkeiten aus. Es folgte eine Zeit bangen Wartens. Endlich, in der letzten Woche des Schuljahres kam der erfreuliche Entscheid: Ich konnte den Klassenzug zu Ende führen, die Stelle wurde mir gegen den Willen der Schulpflege für ein weiteres Jahr zugesichert. Für einmal ein Stück Gerechtigkeit! Meine Freude war riesig. Allerdings traute ich dem Frieden noch nicht, kannte ich doch die Unnachgiebigkeit der Schulpflege unterdessen gut genug. Ich hatte mich nicht getäuscht. Der Rekurs der Schulpflege folgte postwendend.

Wie eine Behörde ihren Willkürakt rechtfertigt

Um überhaupt Gründe ins Feld führen zu können, benutzte die Schulpflege Gefälligkeitsschreiben von Lehrerkollegen. Mehrheitlich Kollegen, die mich persönlich gar nicht kannten, hatten Briefe mit den unglaublichsten Diffamierungen gegen mich an die Behörden gerichtet und sie aufgefordert, weiter gegen mich vorzugehen. Sie konnten nichts Fassbares, nichts Konkretes vorbringen. Mit schwammigen, durch nichts belegbaren, rein subjektiven Eindrücken und Gefühlen zimmerten sie an dem Feindbild mit, das die Presse schon vorgegeben hatte. Unter anderem war da zu lesen:

"Die Atmosphäre im Lehrerzimmer ist seit Wochen sehr angespannt. Man fühlt sich beobachtet. Ich, wie auch andere Kollegen und Schulpfleger, überlegen uns genau, ob und wie wir Mitteilungen ins Lehrerzimmer bringen. Frau Schadegger, so glauben wir, gibt telefonischen Bericht nach Z. (Sehr häufige Telefonate nach Lehrerkonventen.) Ich und einige meiner Kolleginnen und Kollegen fühlen uns stark verunsichert. Wir haben es mit einer für uns unbekannten, unterschwelligen, nicht fassbaren, aber deutlich spürbaren Macht zu tun, gegen die man sich nicht wehren kann. Es ist nicht nur mein Gefühl, dass hier nicht Frau Schadegger selbst agiert, sondern dass sie als Werkzeug benutzt wird."

Beim Lesen dieser Texte wurde mir übel. Es handelte sich um reine Phantasien der Beteiligten. Auch die angeblich geführten Telefonate sind eine mutwillige Unterstellung; falls ich telefonierte, waren dies amtlich bedingte Gespräche im Rahmen meiner Tätigkeit. Wie konnten die Verfasser solcher "Berichte" ihr Vorgehen gegen mich als Kollegin nur mit ihrem Gewissen vereinbaren? Ihr Verhalten zeigte mir erschreckend, wie sehr unkritische Menschen durch die Medien in die Irre geführt werden können. Ich wünschte, sie wären eines Tages in der Lage, den wahren Sachverhalt zu erkennen. Abgesehen davon, dass es nicht jedermanns Sache ist, eine ehemals geschätzte Kollegin derart anzuschwärzen.

Indessen hatte weder dieser noch ein weiterer Rekurs der Schulpflege Erfolg, so dass ich ein letztes Jahr in K. bleiben konnte. Die freudigen Reaktionen der Schüler bei meinem Erscheinen nach den Schulferien bestätigten mir, dass ich richtig entschieden hatte. So konnte ich den Klassenzug zu Ende führen, ohne weitere Zwischenfälle und allen Unkenrufen zum Trotz.

Vielleicht fragt sich der Leser, wie ich all diese Strapazen überstanden habe. Die moralische und tatkräftige Unterstützung meiner Freunde, der Eltern meiner Schüler und insbesondere meines Ehemannes, welcher mich in Zeiten grösster Verzweiflung zu trösten wusste, halfen mir über die Klippen hinweg. Ebenso wichtig war meine Entschlossenheit, meine Arbeit zum Wohle der Kinder unbeirrt weiterzuführen. Dieses Engagement ist mir trotz allen Widerwärtigkeiten nie abhanden gekommen. Die unzähligen schönen Erlebnisse, das gemeinsame Wachsen mit der Klasse halfen mir dabei.

Die Freude an meinem Beruf und die Zuneigung zu den Kindern begleiten mich auch an meinem neuen Arbeitsort. Es dürfte aber nachvollziehbar sein, dass mich das Erlebte sowie die verheerende Diffamierungskampagne gegen den VPM und seine Mitglieder mit ernster Besorgnis in die Zukunft blicken lassen.

“ *Bei der anschliessenden Behördeninformation erfahre ich erstmals in meinem Leben, was es heisst, plötzlich ein Mensch zweiter Klasse zu sein. Ich werde von den meisten Teilnehmern, die irgend etwas über die durchweg haltlosen Beschwerden wissen, schlichtweg ignoriert.* ”

Lina Gerhard, Sonderschullehrerin

Als ältestes Kind einer fünfköpfigen Familie in einem kleinen Dorf in einer schönen Gegend aufgewachsen. Besuch der Primarschule im Dorf in einer Gesamtschule, in der sich alle kannten, später des Gymnasiums in der nahegelegenen Kleinstadt. Matur mit 19 Jahren, anschliessendes Studium in einer Grossstadt. Ausbildung zur Lehrerin mit Zusatzausbildung für die Sonderschule und Praktikumsjahr in einer Industriegegend. Drei Jahre Heimlehrerin in einem Heilpädagogischen Kinderheim. Vierjährige Zusatzausbildung in Pädagogik und Psychologie, Auslandaufenthalte. Arbeit an einer Montessori-Schule. Seit 1987 an einer kleinen Sonderschule in A.* tätig.

Zumutungen an eine Sonderschullehrerin oder Es ist schwierig, nicht bitter zu werden

Als ich im Frühling 1987 meine neue Stelle antrete, finde ich eine Schule vor, die eigentlich eine "Elternschule" sein soll. In dieser Schule sind Schüler mit grossen Lern- und Verhaltensschwierigkeiten, deren Eltern mehr oder weniger freiwillig die Schulbelange mittragen. Der Schulleiter hat mich eingestellt, weil er eine Sonderschullehrerin braucht, die ihm hilft, seine ermutigende Pädagogik mitzutragen, und die in der Lage ist, mit schwierigen Schülern umzugehen und ihnen aus Lerndefiziten herauszuhelfen.

Nach einer Einarbeitungszeit beginne ich, mich an der Schule wohlzufühlen. Ich habe die Schüler meiner Klasse ins Herz geschlossen, langsam entwickelt sich eine gute Lernstimmung. Die Schüler beginnen sich gegenseitig ernst zu nehmen und gut miteinander auszukommen. In der Oberstufe gibt es aber einen Schüler, der mir besonders auffällt. Er traut sich das Lernen kaum zu, versucht das aber durch besondere "Coolness" zu überspielen. Schule und Lehrer sind für ihn selbstverständlich von Übel. Seine grösste Schwäche ist das Lesen. Ich verwende viel Zeit darauf, ihm zu helfen. Wenn er da erste Erfolge erzielt, wird er mutiger werden und wieder Hoffnung schöpfen. Vielleicht, so hoffe ich, wird das eine Möglichkeit sein, dass er sich wieder aus der alternativen Szene in Z. absetzt, in die es ihn zieht, je weniger er sich den Vergleich mit den Gleichaltrigen zutraut. Vielleicht gelingt es über Lernerfolge, ihn von weiterem Drogenkonsum abzuhalten.

Meine Bemühungen, gemeinsam mit den Eltern eine konstruktive Lösung für diesen Jugendlichen zu finden, scheitern allerdings. Die Mutter ist nicht zu gewinnen, ihrem Sohn mehr Anleitung zu geben. Anfang 1988 kommt es soweit, dass die Mutter dieses Schülers mich während eines dreistündigen Gespräches beschimpft, sachliche Informationen zurückweist und alle meine Bemühungen um ihren Sohn ganz anders deutet, als ich sie meine. Ich verstehe die Welt nicht mehr und beginne an mir zu zweifeln, habe ich doch viel Zeit darauf verwendet, ihm über die Freude am erfolgreichen Lernen eine lebensbejahende Alternative zum Drogenkonsum aufzuzeigen. Die Situation wird immer schwieriger, eine sinnvolle Betreuung des Jugendlichen ist immer weniger möglich, weil die Eltern offensichtlich gegen die Schule Stellung nehmen. Nachdem ich mit dem Schulleiter alle Aspekte dieses Falles durchüberlegt habe, legen wir der Mutter im Frühling 1989 nahe, ihren Sohn aus der Schule zu nehmen, da eine konstruktive Zusammenarbeit so nicht möglich ist. Zwei Jahre später raubt er uns die wenigen Wertgegenstände aus unserem Schulhaus.

Weitere Anwürfe

Im Frühsommer 1989 beginnt der Vater einer meiner Schülerinnen, die sich sehr erholt hat und selbständig zu lernen und zu denken anfängt, mich als "autoritär" zu bezeichnen. Ihm ist es verdächtig, dass meine Klasse selbständig arbeitet, ob ich nun gerade in der Klasse bin oder nicht. So etwas kann seiner Meinung nach nur mit starkem Druck seitens des Lehrers passieren. Ich erkläre ihm mehrere Male, dass ich davon ausgehe, dass jeder Schüler im Grunde gern lernen möchte und ich jedes Kind zu selbständigem Arbeiten anleite. Das erfordere allerdings viel Zeit und Geduld und sehr viel Wohlwollen jedem Schüler gegenüber. Der Vater weiss es aber besser, er lässt sich von mir nichts sagen. Das sei ja Drill bei mir in der Klasse! Ich hege zum ersten Mal den Verdacht, dass die Anwürfe etwas mit meiner Mitgliedschaft im VPM und der sich eben zu dieser Zeit massiv verschärfenden Medienkampagne gegen den Verein zu tun haben könnten.

Vorerst erhärtet sich der Verdacht aber nicht. Ich übergebe die Verantwortung der zuständigen Schulpflege, die mich informiert, dass Familie C.* im Dorf als sehr unzufrieden und nörgelnd bekannt sei. Der betreuende Schulpsychologe sagt mir später, die Mutter des Mädchens sei eifersüchtig auf meinen Erfolg, ich solle die Anwürfe nicht persönlich nehmen. Ich sei doch eine gute Lehrerin, und wir hätten als Schule einen guten Ruf. Ich gehe beruhigt nach Hause mit der Absicht, die Schülerin bis zu den Sommerferien bei mir zu behalten und mit ihr noch viel zu arbeiten. Auf die Idee, dass die Mutter aufgrund der Erzählungen ihrer Tochter Tagebuch führen könnte, komme ich nicht. Später wird klar, dass ich von diesem Zeitpunkt an von einer unzufriedenen, eifersüchtigen Mutter aus der Ferne beobachtet werde. Was das für den Gemütszustand eines Kindes bedeutet, braucht kaum erläutert werden.

Im Mai 1989 kündigt Frau D.*, die Mutter einer meiner anderen Schülerinnen, ohne Absprache mit den Behörden das Schulverhältnis. Sie hat finanzielle Probleme. Wir kommen ihr entgegen. Ihre Tochter kann in der Schule bleiben. Etwa zur gleichen Zeit reichen wir bei der Erziehungsdirektion unser Sonderschulkonzept ein. Wir möchten, auch auf Anraten der Sonderschulberater des Kantons, dass unser Konzept angepasst wird und wir uns um die kantonale und IV-Anerkennung als Sonderschule bemühen. Für die Eltern würde das bedeuten, dass sie ihre Kinder unentgeltlich in unsere Schule schicken könnten.

Ende November 1989 meldet sich Herr B.*, ein bekannter SP-Nationalrat, telefonisch bei mir: Was bei mir in der Klasse los sei, er betreue als Amtsvormund den Sohn von Frau D., und ihre Tochter sei ja bei mir in der Klasse. Sie sei ganz unzufrieden mit mir. Ich bin befremdet und teile ihm mit, dass von meiner Seite her alles in Ordnung sei, ich aber wisse, dass Frau D. finanzielle Probleme habe. Zu Vorwürfen mir oder meiner Schulführung gegenüber gebe es meines Wissens keinerlei konkreten Anlass. Am Verhalten der Tochter von Familie D. könne man aber merken, dass etwas nicht in Ordnung sei, sie zeige mir gegenüber ein über alle Massen respektloses Verhalten. Einen Tag später findet ein Gespräch mit besagter Mutter, mit Herrn B., einer Schulpflegerin, dem zuständigen Schulpsychologen und mir statt. Die Mutter und der Nationalrat machen mir Vorhaltungen, ich hätte mit der Familie nicht "heilpädagogisch" gearbeitet, hätte mit dem Kind anders vorgehen müssen, es habe sich ja schon entwickelt, aber trotzdem habe es jetzt das Gefühl, es sei an einer Sonderschule. Mein Einwand, dass wir de facto eine Sonderschule seien und dass ich eigentlich gekommen sei, um für die Schülerin eine Lösung zu finden, wird nicht entgegengenommen. Statt dessen werde ich in die Enge getrieben, kein Vorschlag von meiner Seite wird akzeptiert. Auch die Information, dass unsere Schule auf freiwilliger Basis funktioniere, dass es jedem Elternpaar freistehe, einen anderen Platz für sein Kind zu suchen, trägt nicht zur Beruhigung bei. Der Schulpsychologe und die Schulpflegerin entschuldigen sich nach dem Gespräch für das Verhalten von Frau D. und Herrn B. Sie sind aufgebracht über das sehr unhöfliche Verhalten der beiden. Am nächsten Tag kündigt Frau D. das Schulverhältnis. Herr B. telefoniert am gleichen Tag mit der Bezirksschulpräsidentin und macht sie auf "Missstände" an unserer Schule aufmerksam.

Im Dezember erhält mein Schulleiter einen Anruf von Herrn E.* Er ist an der Pädagogischen Abteilung der Erziehungsdirektion tätig und möchte mit dem Schulleiter und Herrn B. über mich reden. Sie würden als "Privatpersonen" kommen, betont er. Im Gespräch soll es um meine Schulführung gehen. Mein Schulleiter bittet mich zu dem Gespräch. Ich würde Kinder blossstellen, sagt Herr B. Ich lege meine Schulführung dar, bei der es niemals darum geht, einen Schüler blosszustellen. Wie sollte ich meine Schüler wieder zum Lernen gewinnen, wenn ich sie blossstellen würde?

Herr E. informiert mich darüber, dass sich die obenerwähnten Elternpaare bei ihm erkundigt hätten, was sie gegen mich unternehmen könnten. Er habe ihnen zu einer Aufsichtsbeschwerde geraten. Davon allerdings rate er jetzt ab, nachdem er mich kennengelernt habe. Herr B. hält sich zurück, meint aber, er finde es gut, wenn Eltern sich zusammentäten. Anfang Februar 1990 soll eine Behördeninformation über unser Sonderschulkonzept stattfinden. Eine Woche vorher geht bei der Bezirksschulpflege eine sogenannte Aufsichtsbeschwerde ein, die in vierfacher Ausfertigung wortwörtlich die stereotypen Vorwürfe enthält, die aus der inzwischen heftigen Medienkampagne gegen den VPM bekannt sind. Auch Nationalrat B. hatte sich bereits im Sommer 1988 aus alten Animositäten heraus mit einem Artikel an dieser Kampagne beteiligt. An keiner Stelle der Beschwerde ist aber erwähnt, dass ich Mitglied des VPM bin, obwohl ich aus dieser Tatsache nie ein Geheimnis gemacht habe. Die Beschwerden enthalten aber schwer persönlichkeits- und ehrverletzende Behauptungen, die in der Forderung gipfeln, dass man mir keine Kinder mehr anvertrauen sollte. Die zuständige Bezirksschulpräsidentin beruft daraufhin ein Treffen mit den Sonderschulberatern, der Bezirkschulpflege und meinem Schulleiter ein. Das Treffen findet einige Stunden vor der Behördeninformation zu unserem Sonderschulkonzept statt. Mein Schulleiter informiert die Teilnehmer des Gesprächs darüber, dass die sogenannten Aufsichtsbeschwerden nichts mit meiner

Schulführung zu tun hätten, dass die beschwerdeführenden Eltern einen Schuldigen für ihre grossen familiären Probleme suchten und sicherlich von aussen unterstützt worden seien. Es sei ja bekannt, dass ich im VPM sei, und die Beschwerden passten haargenau zu der öffentlichen Hetze.

Als er nicht davon abzubringen ist, dass die Beschwerden gegenstandslos seien, fragt ihn die Bezirksschulpräsidentin, in welchem Verhältnis er eigentlich zu mir stehe. Kann sie sich nicht vorstellen, dass ein ganz normales, kollegiales Verhältnis Grund genug sein kann, *bei der Wahrheit zu bleiben?* Bei der anschliessenden Behördeninformation erfahre ich erstmals in meinem Leben, was es heisst, plötzlich ein Mensch zweiter Klasse zu sein. Ich werde von den meisten Teilnehmern, die etwas über die durchweg haltlosen Beschwerden wissen, schlichtweg ignoriert. In der Zeit danach verfasse ich auf eigene Initiative eine ausführliche Stellungnahme zu den gegen mich erhobenen Vorwürfen. Ich möchte keine Unwahrheiten stehenlassen. Während dieser ganzen Zeit und auch später arbeite ich mit meinen Schülern genauso weiter wie bisher. Die verbliebenen und auch die neuen Eltern sind sehr zufrieden mit meiner Arbeit. Sie bringen mir das zum Ausdruck. Über die Beschwerden sind sie orientiert und empört.

Ein unsägliches Gespräch

Nachdem ich verschiedene Male schriftlich und telefonisch bei der Bezirksschulpräsidentin um Behandlung der Beschwerden bitte, findet Anfang Juni 1990 ein Gespräch mit Mitgliedern der Bezirksschulpflege und mir statt. Die Bezirksschulpräsidentin beginnt mit den Worten: "Sagen Sie mal, Frau G., fühlen Sie sich eigentlich so unsicher, dass Sie so viel zu den Beschwerden schreiben müssen?" Dabei hält sie meine Stellungnahme in der Hand. Sie und der Aktuar führen das Gespräch in diesem Sinne weiter. Der Aktuar hat sich die Mühe gemacht, Wörter in meiner Stellungnahme zu zählen. So schliesst er aus dem gehäuften Gebrauch (15x) des Wortes "äusserst" – wobei er aber auch von mir nicht verfasste Beilagen mit berücksichtigt –, dass ich "eine Pädagogik mit Ausschliesslichkeitscharakter" betreiben würde. Als ich ihn darauf aufmerksam mache, dass er beim Zählen auch von mir nicht verfasste Beilagen berücksichtigt habe und ich zudem den Bericht auch ohne dieses Wort verfassen könne, der Inhalt aber gleich bleibe, läuft er rot an und sagt: "Sie sind so intelligent." Dann fügt er höhnisch hinzu: Ich würde mich ja wohl sehr auseinandersetzen. Wo ich das denn mache? Als ich ihm entgegne, er wisse doch von meinem Schulleiter, dass ich im VPM sei und mich dort weiterbilde und mit pädagogischen Fragen auseinandersetze, will er davon nichts gewusst haben, worauf die Bezirksschulpräsidentin meint: "Das haben wir doch aufgedeckt, dass sie im VPM ist!"

Das Gespräch hat in der Folge vorerst keinerlei Konsequenz. Ich werde nicht besucht und für eine lange Zeit im ungewissen gelassen. Diverse Schreiben und Telefongespräche mit der Bezirksschulpräsidentin ergeben nur, dass sie die Akten an die Erziehungsdirektion (ED) weitergegeben habe. Bei der ED weiss man aber nichts von Akten. Erst als die ED selber die Initiative ergreift, treffen die Akten Anfang Oktober dort ein. Das Schreiben der Bezirksschulpräsidentin zu den Beschwerden nimmt eindeutig Partei für die Eltern. Sie hat sich nicht die Mühe gemacht, meinen Unterricht zu besuchen. Sechs Wochen später werde ich vor die Personalkommission des Erziehungsrates geladen. In einem langen Gespräch mit diversen Vertretern dieser Behörde werde ich angehört. Das Ergebnis ist eine Besuchsanordnung: Ich werde einige Zeit von zwei erfahrenen Behördenmitgliedern in meinem Unterricht besucht. Diese Besuche führen dazu, dass die Personalkommission die Beschwerden im April 1991 abweist. Für kurze Zeit kann ich aufatmen.

Im Sommer 1991 behandelt der Erziehungsrat das Anerkennungsgesuch unserer Schule. Für ein Jahr erhalten wir die provisorische Bewilligung als Sonderschule. Nach diesem Jahr wird über die endgültige Bewilligung entschieden. So jedenfalls läuft das normale Verfahren. Bald muss ich aber erkennen, dass untergründig die Stimmungsmache gegen mich und auch die Schule weitergeht. So sagt zum Beispiel an unserem alljährlich stattfindenden Sommerfest ein Schulpräsident zu meinem Schulleiter: "Jetzt habe ich gerade Frau G. mit ihren Kindern lachen gesehen. Das hätte ich nicht gedacht."

In der folgenden Zeit verlaufen die Dinge an der Oberfläche ruhig. Gegen Ende des Schuljahres 1990/91 wird aber immer deutlicher, dass die Behörden aus dem gesamten Einzugsgebiet unserer Schule Eltern, die ihre Kinder gern zu uns schicken möchten, vor uns warnen. Viele Eltern lassen sich verunsichern, andere, die uns im Unterricht gesehen haben, schicken ihre Kinder trotzdem gern. Der Erziehungsrat verlängert im Sommer 1992 die provisorische Bewilligung für unsere Schule um weitere drei Jahre. Die definitive Bewilligung erteilt er nicht. Der offizielle Grund ist die finanzielle Situation des Kantons. Allerdings wird in einem ausführlichen Protokoll, das sich im wesentlichen auf einen Bericht der Bezirksschulpflege stützt, auf eine angeblich "einseitige" Pädagogik hingewiesen. Diese Einschätzung beruht, wie wir später feststellen müssen, auf gründlicher Desinformation über den VPM und unsere Schule. Zudem wird an meinen fachlichen Fähigkeiten gezweifelt. Diese Zweifel stützen sich z. B. auf Anrufe einer ehemaligen Mutter, deren Kind nie in meiner Klasse war. Sie gebraucht in ihren Telephonaten und Interviews dieselben Stereotypen aus der Medienkampagne, die schon in der Beschwerde gegen mich vorgebracht worden waren. Es gelingt ihr nicht, die Eltern gegen mich aufzubringen. Mit mir persönlich hat sich diese Mutter nie auseinandergesetzt, sie hat nie mit mir über den VPM gesprochen. Heute tritt sie "anonym" auf, da sie angeblich mit "Repressionen" rechnen müsse: Aus der Anonymität lässt sich sogar eine derart bösartig-haltlose Behauptung vorbringen.

Beispiele, die das heutige Ausmass der Verketzerung des VPM und seiner Mitglieder zeigen, sind Menschen, die in aller Öffentlichkeit über meine Schulführung Unwahrheiten erzählen, mich aber überhaupt nicht kennen; Beispiel ist ein Schild an unserer Schule, dass mit den roten Buchstaben "VPM" besprayt wird; Beispiel ist eine Schulpflegerin, die mich früher als ausgezeichnete Lehrerin bezeichnet hat, die heute systematisch das Vertrauen einer Mutter zu mir untergräbt; Beispiel ist ein Schulpfleger, der eine Schulpsychologin, die gern ein Kind an unsere Schule überweisen möchte, fragt, ob sie von uns bezahlt werde. Diese Liste liesse sich seitenlang weiterführen. Die Zumutungen und Nachstellungen, denen ich täglich ausgesetzt bin, haben das Mass des menschlich Erträglichen längst überschritten. Es ist schwierig, nicht bitter zu werden.

„Ich musste feststellen, dass die Schüler, die bis vor kurzem noch ansprechbar gewesen waren, nun gefühlsmässig gegen mich eingestellt waren."

Alfred Kaufmann, Mittelschullehrer

Geboren 1957 in S., als zweiter von drei Söhnen. – Konfession: reformiert. – Zivilstand: verheiratet. – Interessen: lesen, Zeitfragen, Ski fahren, Informatik. – Schulen in W. und O., Gymnasium in B. – Ab 1977 Studium an der Universität Z. – 1980/81 Sprachaufenthalt in England. – 1984 Lizentiat in Englisch und Deutsch. – 1987 Erste Unterrichtstätigkeit an einem Gymnasium. – Herbst 1989 Nichterneuerung des Lehrauftrags im Zusammenhang mit der Mitgliedschaft im VPM.

Schüler gehen auf Distanz

Im Januar 1987 begann ich meine Tätigkeit am Gymnasium R. als Lehrbeauftragter für das Fach Englisch. Anfangs unterrichtete ich lediglich eine Klasse, 1989 waren es deren drei. Der Unterricht verlief bis zum Herbst 89 ohne nennenswerte Zwischenfälle. Ich hatte mit der Bubenklasse, um die es im folgenden vor allem geht, ein gutes Verhältnis, und der Lehr- und Lernbetrieb verlief normal. Die Beziehungen zwischen mir und den Schülern waren gut, der gegenseitige Kredit war spürbar da. Obwohl die Klasse C als reine Bubenklasse nicht eben als brave, kooperative Klasse auffiel, sondern als lebendige, heterogene Gruppe junger Männer, erteilte ich meinen Unterricht gerne. Da die Englischstunden oft am späteren Nachmittag und im Anschluss an Turnstunden stattfanden, war es verständlich, dass die Konzentration der Schüler zuweilen zu wünschen übrigliess. Stimmungsmässig war aber selbst in solchen Stunden das gegenseitige Wohlwollen da. Schliesslich kannten wir uns seit fast drei Jahren.

Im März 1989 fragte mich die Klasse, ob ich mit ihr und ihrem Klassenlehrer in eine freiwillige Arbeitswoche fahren würde. Ich sagte zu und freute mich auf die Gelegenheit, die Schüler noch besser kennenzulernen. Mit einigen von ihnen entwickelte sich denn auch eine gute Beziehung, vor allem in der Freizeit, beim Skifahren oder beim Tennis. Es war ein Erlebnis für mich zu sehen, wie gewisse Schüler in "ihrem" Sport auflebten und es genossen, ihrem Lehrer etwas beibringen zu können.

Nach den Herbstferien 1989 begann ich den Englischunterricht im Hinblick auf die Maturitätsanforderungen noch verbindlicher als bisher zu gestalten. Dazu gehörten der systematische Erwerb des Vokabulars und Aufsatzlehre. Etwa Mitte November entwickelte sich jedoch eine negative Stimmung in der Klasse, die schon bald ein solches Ausmass annahm, dass ich zuerst nicht verstand, was vor sich ging. Ich musste feststellen, dass die Schüler, die bis vor kurzem noch ansprechbar gewesen waren, nun gefühlsmässig gegen mich eingestellt waren und der Kredit *schlagartig* weg war. Die Klasse wehrte sich nun gegen jegliche Anforderung und brachte den Unterricht in der letzten Woche vor Weihnachten durch mehrere boykottierte Stunden (z. B. Abbrennen von einem halben Dutzend "Wunderkerzen") zum Erliegen. Was war geschehen? Gab es fachliche Gründe? Verlangte ich zuviel von den Schülern? War ich zuwenig gut vorbereitet? War mir die methodisch-didaktische Gewandtheit über Nacht abhanden gekommen? In einer gegenseitigen Aussprache erhoben die Schüler Vorwürfe gegen meinen Unterricht, die derart seltsam anmuteten, dass ich zunächst nicht wusste, wie ich sie einzuordnen hatte. Die Schüler gaben an, sie hätten zu unserer Lektüre keinen Zugang gefunden, die Vokabeltests empfänden sie als Disziplinierungsmassnahme, die Art meiner Diskussionsführung sei stur, die Aufsatzlehre zwinge sie in ein bestimmtes Schema, aus dem sie nicht mehr herauskämen (!), ich hätte ein zu normatives Bild von einem Gymnasiasten (!), ich hätte den Zugang zu ihnen verloren.

Vorurteile beginnen zu greifen

Alarmiert durch diese Vorwürfe, setzte ich mich mit dem Klassenlehrer in Verbindung. In einem längeren Telephongespräch vor Weihnachten erfuhr ich von ihm, dass die Klasse nebst den fachlich-didaktischen "Vorbehalten" seit einiger Zeit ganz persönliche Vorbehalte gegen mich habe. Sie hatten durch einen Schüler erfahren, dass ich ein "Lieblingianer" sei. *Dies sei ein starkes Element gegen mich.* Jetzt wurde mir klar, was sich seit fast zwei Monaten abgespielt hatte. Die Schüler traten mit einem *Vorurteil* an mich heran, das sie vorher nicht gehabt hatten. Natürlich: Sie wussten aus den Hetzartikeln der Presse, dass "Liebling"-Lehrer stur und unflexibel seien, ein Schwarzweissdenken hätten, dauernd nur Leistung fordern würden und die Schüler mit ihrer "Ideologie" beeinflussen wollten. Ganz offensichtlich war es für die Schüler mit diesem "Wissen" unmöglich geworden, sich von mir anleiten zu lassen. Für sie war ich nicht mehr Herr K., sondern ein "Liebling".

Nachdem ich dies erfahren hatte, suchte ich den Rektor auf, zuerst, um ihn über die Sache zu informieren, dann, um ihn um eine Stellungnahme zu ersuchen. Ich schilderte ihm, wie verheerend sich die Rufmordkampagne der Medien gegen den VPM auf meinen Unterricht auswirkte. Ich versuchte ihm verständlich zu machen, welches Gift diese Hetze für die Beziehung zwischen mir und der Klasse war, welch zerstörerische Wirkung die von aussen in die Schule getragene Diffamierung hatte. Ich bat ihn, mir zu helfen, meinen Ruf in der Klasse wiederherzustellen. Es wäre für ihn ein leichtes gewesen, den Schülern das Lernen wieder zu ermöglichen, indem er meine Fachkompetenz bestätigt und auf die Hetzkampagne gegen den VPM hingewiesen hätte. Soweit sollte es aber nicht kommen.

Die Klasse war in den folgenden Wochen nicht zu einem kooperativen, ernsten Mitmachen zu bewegen, selbst dann nicht, als ich mit ihr zusammen einen neuen Semesterplan erstellte. Zu sehr waren die Schüler davon überzeugt, dass mein Unterricht entlang den von ihnen vorgeschlagenen Wegen unmöglich sei. Der Klassenlehrer nahm nicht für mich Stellung, da er selbst der Überzeugung war, ich hätte "Führungsprobleme" und dass das "Problem VPM" vergleichsweise unbedeutend sei. Zudem hatte er wie die Schüler die Vorstellung, der VPM sei eine "Sekte", und er sah Bezüge zwischen meinem "problematischen" Verhalten in der Klasse und meiner Mitgliedschaft im VPM. Der Rektor war ebenfalls nicht bereit, das Problem des Rufmordes, das ich ihm in aller Deutlichkeit geschildert hatte, ernst zu nehmen. Er sagte mir, dass er mich nach Ende des Frühlingssemesters nicht mehr anstellen werde, da ich "wegen jedes Details zu ihm komme" und nicht erkennen wolle, dass meine Probleme hier an der Schule ausschliesslich meiner "Führungsschwäche" zuzuschreiben seien. Ich war erstaunt und empört. Der Rektor wusste so gut wie ich, dass ich vor diesen Vorfällen *noch nie* bei ihm vorgesprochen hatte. Ich hatte jahrelang zu seiner Zufriedenheit gearbeitet, und er hatte es nicht für nötig befunden, mich einmal in einer meiner Lektionen zu besuchen!

War die "Führungsschwäche" nur vorgeschoben, und überliessen sie mich bewusst dem Agitieren der Schüler, damit sie einen Grund hätten, um mich wegzudrängen? Habe ich als Lehrer keinen arbeitsrechtlichen Schutz? Wo ist noch menschliche Fairness zu finden? Wo Gerechtigkeit? Fragen über Fragen, die mich nachts nicht schlafen liessen.

Die Stimmung gegen mich machte sich nun bald auch in den beiden anderen Klassen bemerkbar. Eine Klasse mit jüngeren

Schülern hatte schon im Dezember in ähnlicher Weise wie die älteren Schüler versucht, den Unterricht zum Erliegen zu bringen. Als sie aus dem hauswirtschaftlichen Praktikum zurückkehrten, machten sie planmässig eine für mich wichtige Praktikumsstunde zunichte, indem sie schlecht vorbereitet erschienen, teilnahmslos waren oder Erdnüsse zu essen begannen. Aufgrund meiner Erfahrung mit schwierigen Situationen in anderen Klassen war mir rasch klar, dass diese Aktion in eine seit Wochen geschürte Stimmung gegen mich eingebettet war: Ich stand nicht einem Disziplinarproblem, sondern dem Problem der *Obstruktion aus Voreingenommenheit* gegenüber.

Nach den Sportferien kam der Rektor in die erste Stunde der Klasse C, "um mit den Bürschchen ein Wort zu reden". Er bat mich, dabeizusein, und so musste ich mir noch einmal während vierzig Minuten anhören, was die Schüler an mir auszusetzen hatten. In bezug auf das "Problem VPM" sagte ein Schüler, ein Kollege habe zwei-, dreimal erzählt, was in diesem Verein gemacht werde, und sie hätten sich dann darüber lustig gemacht. Ein anderer Schüler warf mir vor, ich würde Dinge an ihnen ausprobieren, die ich in diesem Verein gehört hätte. Ein dritter bemerkte, ich hätte eben immer gewollt, dass *jeder* in der Klasse lerne und verstehe, was ich sage. Als ich dann gemerkt hätte, dass das nicht bei allen funktioniere, sei ich in Schwierigkeiten gekommen. Für mich waren damit genügend Hinweise vorhanden, dass ich es in letzter Zeit tatsächlich mit einer Schülerschaft zu tun gehabt hatte, die mit dem Gefühl in die Englisch-Stunde gekommen war, vor ihnen stehe – im Gegensatz zu vorher – nun auf einmal ein unfähiger, höriger Lehrer mit abstrusen und gefährlichen pädagogischen Ansichten, ein Lehrer, der bei jeder Schwierigkeit "den Zürichberg hochrennt, um sich beim VPM sagen zu lassen, was er jetzt zu tun hätte" (Zitat des Klassenlehrers), kurz, dass die Schüler mit jenem Bild des Lehrers zu mir gekommen waren, das die Medien und einzelne Feinde des VPM in der Bevölkerung aufgebaut hatten. Die Manipulation der Meinung durch Zeitungen und Fernsehen trug hier in meiner Schulstube bittere Früchte. Die "Unterstützung" des Rektors war in dieser Form für mich kontraproduktiv: Zwar wies er darauf hin, dass mir aus der Tatsache, dass ich bei diesem Verein sei, kein Vorwurf gemacht werden könne. Stimmungsmässig solidarisierte er sich jedoch mit den Schülern. Er bat sie lächelnd darum, den Unsinn in den Englischstunden doch auf ein "normales Niveau" herunterzusetzen. Die Stellungnahme war alles andere als dazu geeignet, mich als qualifizierten, engagierten Lehrer in meiner Ehre wiederherzustellen, das verleumderische Vorurteil zu entkräften und bei den Schülern vielleicht sogar Betroffenheit auszulösen. Seine Worte waren nicht von Ernst und Echtheit getragen.

Getrübte Wahrnehmung

Was mich in dieser ganzen Zeit nachdenklich stimmte, war die Tatsache, dass sich sowohl meine Schüler als auch meine Kollegen und die Schulleitung nicht darüber im klaren waren, wie sehr ihre Wahrnehmung bereits durch die methodische Verleumdung in den Medien beeinflusst war. So war es möglich, dass auch gute Kollegen sich nicht für mich einsetzten und unsicher waren: Vielleicht habe mich der Rektor wirklich nicht wegen des VPM entlassen ... Vielleicht sei ich doch nicht so kompetent, wie sie bis anhin gedacht hatten ... Vielleicht würde ich mich im Schulzimmer ganz anders verhalten als im Lehrerzimmer ... Vielleicht sei doch etwas dran an diesen Artikeln über den VPM ... Vielleicht hätte ich wirklich von einer Woche auf die andere den Zugang zu den Schülern verloren ...

Dabei ist dies einer der Hauptgründe, die mich dazu veranlassen, mich auch heute im VPM weiterzubilden: Ich lernte dort und lerne immer besser, wie man eine gesunde zwischenmenschliche Beziehung aufbauen kann. Eine Beziehung, die frei ist von Gewalt, eine gleichwertige, aber verbindliche Beziehung, in der gemeinsames Wachsen, gemeinsame Entwicklung möglich ist.

“ *Meine Schulpflegerin (...) besuchte mich einmal zufällig an meinem Geburtstag. Die Kinder begrüssten mich mit einem Lied und machten mir mit kleinen Überraschungen eine Freude. Die Schulstunde verlief ruhig, und die Schüler arbeiteten eifrig. Meine Schulstunden gefielen ihr gut, betonte die Schulpflegerin nun, meine Schulführung sei ja nicht das Problem. Aber mir fehle es “am Menschlichen”.* ”

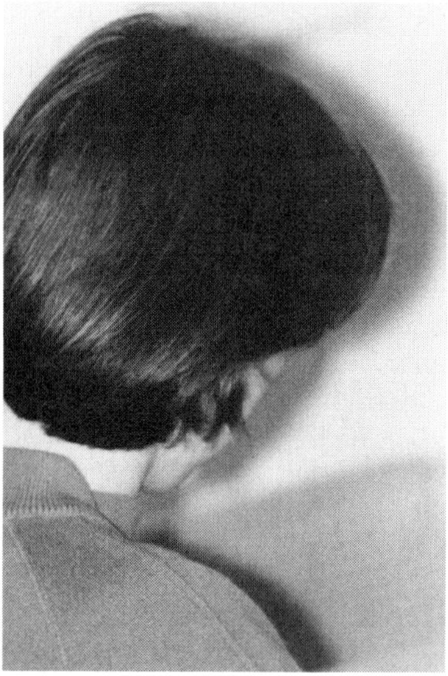

Rita Späni, Primarlehrerin

36 Jahre alt, katholisch, ledig. Aufgewachsen in einer Gemeinde an der Stadtgrenze von Z. Vater Mediziner, Mutter Hausfrau. Besuch der Sekundarschule, anschliessend des Lehrerseminars. Seit 1978 in verschiedenen Gemeinden als Primarlehrerin tätig. Interessen: wandern, lesen, malen, musizieren.

Erst viel Anerkennung, dann Feindseligkeiten und Kündigung

Nach fünfzehn Jahren Berufserfahrung gefällt mir meine Aufgabe als Lehrerin je länger, desto besser. Die tägliche Arbeit mit den Kindern erfüllt mich, und ich freue mich, wenn ich beobachte, wie sie sich entwickeln, vergnügt lernen und stolz sind auf ihre Fortschritte.

Bei meinem Stellenantritt 1988 in K. war ich gespannt auf meine Erstklässler. Schon nach wenigen Tagen wurde mir klar, dass sich in meiner Klasse ausgesprochen viele verhaltensauffällige Kinder zusammengefunden hatten. Andy* zum Beispiel hatte die Angewohnheit, sein Heft zu zerknüllen, sich auf den Boden zu werfen und zu toben, wenn er nicht der schnellste war. Reto* bedachte jeden mit üblen Schimpfwörtern, wenn ihm nicht passte, was von ihm verlangt wurde. Seine Kameraden plagte er sehr. Einmal zerrieb er einem Mädchen eine Schnecke im Gesicht. Sandro* hatte wenig Geduld beim Lernen, sein Umgangston liess sehr zu wünschen übrig: Häufig beschimpfte er die Erwachsenen und setzte die Gleichaltrigen herab.

Sehr bald nahm die Kindergärtnerin Kontakt mit mir auf, um sich nach ihren ehemaligen Sprösslingen zu erkundigen. Sie habe noch nie so schwierige Kinder gehabt, betonte sie, bestürzt darüber, dass alle ihre Sorgenkinder in die gleiche Klasse eingeteilt worden waren.

Ich stand vor einer neuen, besonderen Situation. Bald suchte ich die Zusammenarbeit mit der Schulpflege und den Schulpsychologen. Gespräche mit den Eltern trugen zu einer positiven Entwicklung bei. Sie unterstützten mich und ermutigten ihre Kinder, in der Klasse mitzutun. Ich wollte jedem Kind die Chance geben, vom Unterricht zu profitieren und sich in den Klassenverband zu integrieren. Das Lernklima durfte nicht durch das Fehlverhalten einzelner unzumutbar beeinträchtigt werden. Ich leitete die Kinder spielerisch und wohlwollend zum Lernen und zum Mittun in der Klasse an, förderte jeden Schüler individuell, integrierte schwierige Kinder und war um die Entwicklung eines positiven Klassengeistes bemüht.

Zwölf Wochen nach Schulbeginn hatte sich die Situation bereits etwas beruhigt. Die Schulpflegerin war bei ihrem ersten Besuch sehr beeindruckt: Ihr gefalle meine direkte und fröhliche Art, die Kinder, von denen sie einige sehr schwierig finde, individuell entgegenzunehmen und anzuleiten.

Eine Versetzung bringt Dorfintrigen zutage

Noch immer war eine gewisse Unruhe in der Klasse. Sie sollte sich in den folgenden zwei Monaten noch steigern. Ursache war in erster Linie eine Bande, die Reto insgeheim gegründet hatte. Im Unterricht fiel er schliesslich nur noch durch negatives Verhalten auf, was ich mit Blick auf die ganze Klasse nicht mehr verantworten konnte. Deshalb leitete ich Retos Versetzung ein. Ich war auch nicht erstaunt zu hören, dass vier Elternpaare einen "Elternrat" gebildet hatten, weil sie über das Verhalten einzelner Kinder in der Klasse besorgt waren. Sie schlugen unter anderem die Versetzung dieser Schüler vor. Gerne nahm ich ihre Anregungen entgegen. Ich lud Andy und seine Eltern zu einer gemeinsamen Besprechung ein, schilderte den Ernst der Lage und forderte von Andy, dass er von nun an nicht mehr aus der Rolle fallen dürfe.

Unabhängig von den Forderungen der Eltern musste ich Reto versetzen, denn er hatte sich trotz allen Bemühungen nicht beruhigen können. Die Situation in der Klasse verbesserte sich schlagartig. So fiel ich aus allen Wolken, als mir die Schulpflege kurz darauf mitteilte, dass sich besagter "Elternrat" über mich und meine Schulführung beschwert hatte.

Anfänglich wusste ich nicht, warum die Eltern nicht zuerst mit mir gesprochen hatten. Erst später wurde deutlich, dass ich in Dorfintrigen hineingeraten war. Besonders die Mutter Romans* hatte verlangt, dass Andy aus der Klasse genommen werden solle, da ihr eigenes Kind unter ihm leide. Sie fand es ungerecht, dass ich Reto aus der Klasse gegeben hatte und nicht Andy. Tatsächlich zeigte auch Andy grosse Verhaltensauffälligkeiten, er hatte sich aber im Gegensatz zu Reto nach verschiedenen Gesprächen umzustellen begonnen. Romans Mutter behauptete zudem, ich hätte ihr Kind weniger gern als Andy. Diese Vorwürfe waren absolut unberechtigt; sie beruhten unverkennbar auf Vorurteilen gegenüber Andy und seinen Eltern. Es passte Romans Mutter nicht, welcher politischen Partei Andys Vater angehörte. Da ich ihren Vorurteilen nicht folgte, hatte sie sich bei anderen Eltern Unterstützung gesucht. So war es zu dieser Beschwerde bei der Schulpflege gekommen.

Nach einem Gespräch mit drei Mitgliedern der Schulpflege hielt die Schulpräsidentin unmissverständlich fest, "dass es sich um Probleme handelt, welche die Kinder in den Klassenverband mitgebracht haben und die sich bereits im Kindergarten manifestierten. Sie resultieren also keineswegs aus der Schulführung von Frau Späni (...) Sie hat die Probleme der auffälligen Schüler rasch erkannt und versucht, sie zusammen mit Eltern und deren Beratern abzubauen. Dabei kann bereits heute gesamthaft von einer positiven Entwicklung gesprochen werden."

Da es nicht in die Kompetenz der Eltern fällt, Einfluss auf die Zusammensetzung einer Klasse zu nehmen oder sie gar zu diktieren, war es nur korrekt und fair, dass sich die Schulpflege hinter mich stellte. Die Schulpräsidentin tröstete mich damit, dass ich die Anwürfe der Eltern auf keinen Fall persönlich nehmen dürfe, es handle sich um bekannte Intrigen in der Gemeinde.

Romans Mutter gibt keine Ruhe

Trotz allen Versuchen, die positive Mitarbeit der Eltern zu gewinnen, gab vor allem Romans Mutter keine Ruhe. Ich solle einen Elternabend durchführen, forderte sie. Die Stellungnahme der Schulpflege zur Klassensituation habe nur bewiesen, dass sie unfähig sei.

Ich lud zum Elternabend ein, war es mir doch ein Anliegen, auch mit Romans Mutter einen Konsens zu finden. Da ich aber damit rechnete, dass sie an besagtem Elternabend meine Kursbesuche beim VPM ins Spiel bringen würde, informierte ich die Schulpräsidentin vorsorglich. Sie nahm es zur Kenntnis.

Am Elternabend brachten sich einige Eltern sehr interessiert und konstruktiv ein. Leider aber wurde die gute Stimmung bald von Romans Mutter gestört. Sie forderte in scharfem Ton, ich müsse in meinen pädagogischen Massnahmen konsequenter sein. Dann griff sie auch die Schulpflege an: Reto sei Opfer der schlechten Klassenzusammensetzung geworden. Die Schulpräsidentin wies die Vorwürfe zurück. Die Versetzung des Schülers sei genau abgeklärt worden.

Das stimmte. Um so erstaunter war ich über das, was ich am nächsten Tag von derselben Schulpräsidentin zu hören bekam: Es habe sie erstaunt, dass die Eltern nicht mehr Negatives über mich vorgebracht hätten, sie habe den Eindruck, sie hätten nicht alles gesagt. Warum suchte die Schulpräsidentin plötzlich nach möglichen Angriffsflächen bei mir? Bis zu diesem Zeitpunkt hatte sie mir doch immer wieder für meinen grossen Einsatz und meine ausgezeichnete Arbeit gedankt. Weshalb dieser Wandel?

Nach dem Elternabend benahm sich Roman ausgesprochen frech. Die Schulpräsidentin empfahl mir, mit dem Schulpsychologen Kontakt aufzunehmen. Im Mai 1990 lud ich ihn zu einem Besuch in meiner Klasse ein. Er war beeindruckt, wie positiv sich die ihm bekannten Problemkinder entwickelt hatten. Das Lernklima sei ausgezeichnet, er sehe keinen Grund, irgend etwas zu unternehmen.

Von überall her bekam ich Anerkennung für meine Arbeit. Am Ende des zweiten Schuljahres, als ich mit den Kindern ein Theaterstück aufführte, gaben viele ihrer Begeisterung Ausdruck. Die Kinder hatten ihre Rollen eifrig und mit grosser Originalität gespielt. Die Schulpflegerin, die mich von Anfang an besucht hatte, würdigte meine Arbeit: Ihr gefalle es gut in meiner Klasse, mein Ton mit den Kindern, die Stimmung – einfach alles.

In diesen zwei Jahren hatte sich also eine schöne Lernstimmung entwickelt. Und nicht zuletzt dank der guten Zusammenarbeit mit der Schulpräsidentin war es auch möglich gewesen, die Stimmungsmache von Romans Mutter gegen mich nicht um sich greifen zu lassen.

Mein Kollegium – ein Beispiel von Intoleranz

Das sollte sich jedoch nun plötzlich alles ändern. Zuerst bekam ich es im Kollegium zu spüren. Im Februar 1990 begann mich ein Kollege unvermittelt sehr abschätzig zu behandeln. Er stiess sich daran, dass ich meine Kaffeetasse mit Haushaltpapier abtrocknete. Eine Kollegin behauptete, ich würde sie dadurch "ausschliessen". Kurz darauf erfuhr ich, dass meine Kollegen mich und mein

Mitwirken im VPM ohne mein Beisein im Lehrerzimmer verhandelt hatten. Um mehr Offenheit bemüht, thematisierte ich die Stimmungsmache gegen mich und den VPM am Lehrerkonvent und stellte die Vorwürfe richtig.

Meine Kollegen schlugen eine Supervision vor und forderten beim Pestalozzianum[G] einen Supervisor an. So, wie sie sich mir gegenüber verhalten hatten, sah ich allerdings keinen Anlass teilzunehmen. Ich vermutete, dass die Supervision nur dazu dienen sollte, mich weiter zu isolieren. Ich hatte auch keine Gewähr, dass die Probleme fair behandelt würden. Dies teilte ich den Kollegen mit, betonte aber, jederzeit zu persönlichen Gesprächen bereit zu sein.

Alle reagierten äusserst unkollegial. Sie beschuldigten mich, "nicht teamfähig" zu sein, ich müsse mich nicht wundern, wenn niemand mehr etwas mit mir zu tun haben wolle. Wie ich erfuhr, sprachen sie in der Supervision mehrmals über mich. Die Stimmung wurde immer feindseliger.

Die Schulpräsidentin schwenkt um

Auch die Schulbehörden begannen von mir abzurücken. Nachdem ich die Schulpräsidentin im März 1990 über mein Mitwirken beim VPM informiert hatte, stellte sie in den folgenden Gesprächen meine bis zu dieser Zeit so hoch geschätzte berufliche Kompetenz plötzlich in Frage. Sie warf mir vor, ich würde die Kinder bestrafen und sei eine "lieblose" Lehrerin. Und die Schulpflegerin unterstützte sie: Ihr hätten zwar die Stunden bei mir immer gut gefallen, doch es könnte ja sein, dass ich ein "Sonntagsgesicht" zeige, wenn Schulbesuch komme.

Als ich die Schulpräsidentin in einem Brief auf ihren Meinungswandel ohne realen Anlass hinwies, antwortete sie mir, sie habe meine Schulführung bisher nur nicht als Ursache der Schwierigkeiten genannt, weil sie mir damit kaum einen Dienst erwiesen hätte. Sie schob mir den Schwarzen Peter zu: "Ich bedaure, dass die von mir vorgebrachten Äusserungen nicht auf fruchtbaren Boden gefallen sind, und ich weiss nicht, ob Sie nicht willens oder nicht fähig sind, Ihre eigenen Handlungsweisen auf dem Hintergrund meiner Aussagen selbstkritisch zu überdenken."

Ich war erschüttert und empört. Wieso fielen mir die beiden Frauen so in den Rücken? Während zweier Jahre war allen Beteiligten klar gewesen, dass meine Klasse sehr problematisch war. Nun wurde ich plötzlich auf der persönlichen Ebene massiv angegriffen.

Ich sollte die Supervision besuchen, meinte die Schulpräsidentin. Sie sei von mir enttäuscht, dass ich nicht an der Supervision teilnähme. An Schwierigkeiten in einem Kollegium seien doch immer alle beteiligt. Ich ging darauf ein und nahm an zwei Sitzungen teil.

Supervision als Mittel zur Ausgrenzung

Gleich zu Beginn der ersten Sitzung nötigte mich der Supervisor, meine persönlichen Gefühle darzulegen, obwohl ich mehrmals erklärt hatte, erst eine Weile zuhören zu wollen. Ich wolle auch nicht, dass er mich für die Dauer der ganzen Sitzung zum Thema mache. Sofort wurde mir vorgeworfen, ich sei nur zum "Schnüffeln" gekommen. Auch forderte der Supervisor die Kollegen auf, negative Gefühle mir gegenüber zu äussern. Sie taten es. Eine Kollegin erzählte, sie träume nachts, ich würde sie erwürgen. Solche Äusserungen liess der Supervisor einfach zu, ohne sie in irgendeiner Art zu kommentieren.

In der zweiten Sitzung, an der seltsamerweise auch die Schulpräsidentin teilnahm, warfen mir die Kollegen plötzlich meine Anwesenheit vor, obwohl sie mich vorher stark unter Druck gesetzt hatten zu kommen. Ich würde ihnen die Supervision "versauen", sie wollten mich nicht dabeihaben. Selbst die Schulpräsidentin stimmte in diesen Chor ein. Was ich auch tat, sie benutzten alles, um mir das Leben schwer zu machen.

Am letzten Schultag vor den Sommerferien fand auf dem Schulhausareal ein Abschiedsfest für zwei Kolleginnen statt. Verunsichert ging ich hin, da man mir den Zeitpunkt nicht genau gesagt hatte. Als ich den Hausvorstand auf diese Unklarheit hin ansprach, teilte er mir mit, das Kollegium habe mich nicht dabeihaben wollen und er sehe keine Chance, dass sich diese Einstellung in nächster Zeit verbessere; ich müsse mir wohl über meine Zukunft Gedanken machen.

Aber nicht nur ich wurde ausgegrenzt. Im Herbst 1990 trat eine neue Handarbeitslehrerin ihre Stelle im Schulhaus an. Da wir uns spontan gut verstanden und sie auch unbekümmert Kontakt zu mir aufnahm, wurde sie von meinen Kollegen vor mir gewarnt. Sie sollte sich entweder für sie oder für mich entscheiden. Als sie sich dadurch nicht einschüchtern liess, wurde auch sie von allen Kollegen gemieden.

Meine Kollegen schürten die Stimmung gegen mich sehr aktiv. Im folgenden Schuljahr zeigten sich die verheerenden Auswirkungen.

Ich muss gehen

Meine Schulpflegerin, die auch Präsidentin der Wahlkommission war, besuchte mich einmal zufällig an meinem Geburtstag. Die Kinder begrüssten mich mit einem Lied und machten mir mit kleinen Überraschungen eine Freude. Die Schulstunde verlief ruhig, und die Schüler arbeiteten eifrig. Meine Schulstunden gefielen ihr gut, betonte die Schulpflegerin nun, meine Schulführung sei ja nicht das Problem. Aber mir fehle es "am Menschlichen". Sie werde sich in der Wahlkommission dafür einsetzen, dass ich nicht gewählt würde. Einige Eltern hätten sich bei ihr beschwert, ihre Kinder kämen nicht gerne in die Schule.

Ich erinnerte sie daran, wie eifrig die Kinder mitgearbeitet hatten. Und die Bastelarbeiten der Kinder zu meinem Geburtstag seien doch auch ein Zeichen, das für sich spreche. Darauf gab sie keine Antwort. Sie wollte mir auch nicht sagen, wer sich beschwert hatte. Anscheinend hatte es Romans Mutter doch geschafft, einige Eltern gegen mich aufzuwiegeln. Der Schulpflegerin kam dies offenbar gelegen.

Wie ich befürchtet hatte, wurde meine Wahlbewerbung zurückgewiesen. Die Schulpflegerin überreichte mir das Schreiben mit den Worten: "Wir verzichten darauf, bei Ihnen eine schöne Lektion anschauen zu kommen." Als Gründe wurden "erhebliche Unstimmigkeiten im Lehrerteam" und "überdurchschnittlich zahlreiche Beanstandungen von Eltern" angegeben. Gleichzeitig teilte man mir mit, dass ich auf Schuljahresende gehen müsse. Das war wie ein Schlag ins Gesicht.

Die Eltern empören sich

Als die Eltern davon erfuhren, waren sie empört. Sie schrieben an die Schulpflege, und die Mehrheit der Eltern unterzeichnete den Brief: "Wir haben Frau Späni während fast drei Jahren als Unterstufenlehrerin in unserer Klasse schätzengelernt. Sie hat mit viel Einfühlung und hohem didaktischem Geschick die nicht leichte Klasse geführt und auch kleine Rebellen bei der Stange gehalten. Vor allem schätzten wir, dass sie die unterschiedlichen Bedürfnisse der Kinder erkannte und gezielt darauf einging. Didaktisch hat sie es verstanden, den Schulstoff über die Lehrmittel hinaus thematisch zu gliedern und durchzugestalten. Nie hat sie versucht, einseitig Einfluss auf die Kinder zu nehmen."

Die Eltern wünschten eine Aussprache. Leider traten bei dieser Gelegenheit zwei Eltern, die Schulpflegerin, der neue Schulpräsident und zwei Kollegen derart dominant auf, dass sich nur wenige Eltern getrauten, etwas zu sagen. Die Schulpflegerin meinte zwar, sie könne mir vom Fachlichen her ein gutes Zeugnis ausstellen, aber dann holte sie aus: Eine konstruktive Zusammenarbeit zwischen mir und der Schulpflege sei nie zustande gekommen, ich hätte nie etwas angenommen und keine Kritik gelten lassen. Sie hätten mit mir zu viel Arbeit gehabt, ohne dass sich ein Erfolg eingestellt habe. Und im Schulhaus gebe es enorme Schwierigkeiten. Leider stimmte auch der Schulpräsident ein. Lediglich einige Eltern und die Handarbeitslehrerin stellten sich mutig hinter mich.

Rückblickend wundere ich mich, wie ich dieses letzte Schuljahr überhaupt überstehen konnte, wurde ich doch jeden Tag persönlich scharf attackiert. Während der ganzen Zeit blieben mir die Schüler das grösste Anliegen. Für sie vor allem setzte ich mich ein, darin sah und sehe ich meine zentrale Aufgabe als Lehrerin.

Heute habe ich zum Glück eine neue Stelle, andere Kinder, die mir schon sehr ans Herz gewachsen sind. Die Arbeit mit ihnen erfüllt mich mit grosser Genugtuung.

“Kaum jemand hatte den Mut, wirklich für mich einzustehen. Auch die Mitglieder der Schulpflege enttäuschten mich schliesslich. Auch sie folgten der angeheizten Stimmung und schrieben nicht den Verursachern der leidigen Angelegenheit, sondern mir die Schuld für die verfahrene Situation zu.”

Maria Zinner, Kindergärtnerin

Geboren 1959, jüngstes Kind, Kindheit und Schulzeit in der Zentralschweiz. – Kindergärtnerinnenseminar, langjährige Tätigkeit als Kindergärtnerin. – Interessen: Gitarre spielen, lesen.

Eine geschätzte Kindergärtnerin wird hinausgeekelt

Meine eigene Zeit als Kindergartenkind liegt heute etwa drei Jahrzehnte zurück. Dennoch erinnere ich mich gut an meine Kindergärtnerin, die ich liebte. Bereits zu dieser Zeit hatte ich den Wunsch, selbst Kindergärtnerin zu werden.

Heute kann ich bereits auf eine mehr als zehnjährige Erfahrung in diesem Beruf zurückschauen. Von Anfang an faszinierte es mich, die individuelle Entwicklung der einzelnen Kinder mitzuverfolgen. Ich stellte in meiner Arbeit bald fest, wieviel Erfahrung es braucht, ein Kind wirklich zu verstehen. Jetzt kann ich – aus der Perspektive der Erwachsenen – ermessen, welch eine gute Kindergärtnerin ich selber gehabt hatte.

Weil ich früh das Bedürfnis empfand, mehr Einblick in die Entwicklung von Kindern zu erhalten, suchte ich eine geeignete Fortbildungsmöglichkeit. In den Weiterbildungsveranstaltungen des VPM fand ich schliesslich, was mir entsprach. Die psychologische Weiterbildung wirkte sich sehr positiv auf meine Arbeit im Kindergarten aus. Die Eltern meiner Kinder brachten mir zunehmend mehr Vertrauen entgegen und schätzten meine Kenntnisse. Auch die Kolleginnen begrüssten mein Engagement, und meine Vorgesetzten gaben mir ihre Anerkennung zum Ausdruck, indem sie mir eine feste Anstellung anboten.

Erste Anschuldigungen

Nur eine ältere Kollegin hatte offensichtlich aus persönlichen Gründen Schwierigkeiten mit mir. Da ich mit ihr jedoch nicht sonderlich eng zusammenarbeiten musste, erwuchsen mir daraus vorerst keine grösseren Probleme. Ich ahnte allerdings nicht, wie unsäglich es sich auswirken würde, dass sie eines Tages von meiner VPM-Mitgliedschaft erfuhr. Sie brachte es innerhalb eines Jahres fertig, mir so viele Schwierigkeiten zu bereiten, dass meine Arbeit als Kindergärtnerin in dieser Stadt nahezu unmöglich wurde.

Was hier im Hintergrund gegen mich aufgebaut wurde, war für mich zunächst nur hin und wieder spürbar. Nach einiger Zeit wollte sich meine Kollegin vom Parallelkindergarten plötzlich nicht mehr mit mir zum Mittagessen treffen. Ich dachte vorerst, sie habe keine Zeit mehr. Doch dann kam es in kurzen Abständen zu weiteren sonderbaren Vorfällen. So attackierte mich die Freundin der älteren Kollegin in einer Sitzung wie aus heiterem Himmel dermassen aggressiv, dass mir jedes Wort der Verteidigung im Halse steckenblieb. Der Anlass zu dieser Attacke war frei erfunden. Sie brachte vor, mein Verhalten sei grundsätzlich unkollegial, und begründete dies damit, dass ich ohne ihr Wissen eine Fortbildung besucht hätte. Die Vorarbeit der älteren Kollegin war so erfolgreich, der Angriff ihrer Freundin so scharf gewesen, dass sich keine meiner übrigen Kolleginnen für mich einsetzte. Nach diesem Vorfall war es nicht mehr möglich, mit den Kolleginnen über die Sitzung oder über Vorbehalte, die sie mir gegenüber inzwischen offensichtlich hatten, zu sprechen. Dies machte mich sehr betroffen. Wie hatte es je soweit kommen können?

Die Medienkampagne gegen den VPM war bereits in vollem Gange. Offensichtlich genügten meiner älteren Kollegin, die irgendwie von meiner Mitgliedschaft im VPM erfahren hatte, die in den Medien verbreiteten Diffamierungen und das konstruierte Beispiel meiner angeblichen Unkollegialität, um gegen mich zu intrigieren. Auch in der Lehrerschaft, in der ich bis dahin gut angesehen war, brachte sie mich in Verruf. Es war ihr nicht zu beschwerlich, während der Kindergartenzeit ins grosse Lehrerzimmer zu gehen, das fünf Gehminuten entfernt lag. Dort sprach sie in meiner Abwesenheit über meine VPM-Mitgliedschaft und bezichtigte mich vor versammelter Lehrerschaft der Unkollegialität. All dies wurde mir von Lehrern berichtet, die sich den Kopf nicht vernebeln liessen. Diesen Lehrerkollegen war es zu jenem Zeitpunkt noch klar, dass nicht mein Verhalten, sondern dasjenige der Kollegin höchst unkollegial war.

Mich beschäftigte all dies sehr. Ich konnte nicht mehr schlafen, denn ich musste annehmen, dass eine Kampagne gegen mich ins Rollen kommen würde. Ich überlegte, wie ich mich zur Wehr setzen könnte. Ich realisierte, wie ich an meinem Arbeitsort immer mehr ausgegrenzt wurde. Trotzdem versuchte ich, mit den Kolleginnen wie gewohnt zusammenzuarbeiten, und bat den Schulpräsidenten um eine Aussprache mit ihm und den Kolleginnen. Es erleichterte mich, dass mein Vorgesetzter in der dazu anberaumten Sitzung klare Worte sprach und die Kolleginnen anwies, die Streitigkeiten zu beenden. Dies gefiel nun aber meiner Gegnerin gar nicht. Sie hielt bis zuletzt an ihrem Vorwurf fest, ich sei unkollegial, und keine andere Kollegin hatte den Mut, sich für mich einzusetzen. Damit nicht genug. In der Folge verbreitete meine Gegnerin in der Lehrerschaft, der Schulpräsident habe sie nicht unterstützt. Damit schürte sie die Stimmung gegen mich weiter. Es wurde unmissverständlich klar, dass sich die Kampagne nicht mehr nur gegen mich richtete, sondern auch gegen den Schulpräsidenten, weil er für eine konstruktive Zusammenarbeit plädiert hatte. Er wurde kurzerhand als inkompetent bezeichnet. Wer in der Kampagne nicht mitmachte, wurde ausgegrenzt und diffamiert.

Immer weitere Kreise

Auch schreckte offenbar zumindest ein Mitglied des Kollegiums nicht davor zurück, die Unterstellungen, die man mir machte, in die Gemeinde hinauszutragen. Ich war wenig erstaunt, als mir die Mutter eines Kindes von "Gerüchten" über mich berichtete. Bis anhin hatte ich die Eltern nicht mit unseren internen Auseinandersetzungen belasten wollen. Doch jetzt war es nötig, sie zu informieren. Alle waren empört und sicherten mir ihre volle Unterstützung zu. Auch brachten sie zum Ausdruck, dass sie meine Arbeit als Kindergärtnerin sehr schätzten. Sie setzten sich zusammen und schrieben einen Brief an die Schulpflege, worin sie Aufklärung über die Situation verlangten. Das tat mir wohl und gab mir wieder neuen Elan für die Arbeit.

Der Brief der Eltern wurde nie beantwortet! Statt dessen lud mich der Schulpräsident zu einem Gespräch ein, in dem er mich aufforderte, meine Stelle, die ich nun schon seit Jahren pflichtbewusst und mit Freude versehen hatte, zu kündigen. Andernfalls würde er mich versetzen. Meine junge Kollegin aus dem Parallelkindergarten habe zum Ausdruck gebracht, sie könne nicht mehr mit mir zusammenarbeiten. Was war geschehen?

Offensichtlich hatte der Schulpräsident dem Druck der Kolleginnen nachgegeben. Ich war enttäuscht, empört und nicht bereit, die von ihm vorgeschlagene, entwürdigende Lösung zu akzeptieren. Ich wandte mich an einzelne Schulpfleger sowie an Stadträtin G.* und erhoffte mir von ihnen Unterstützung im Sinne einer fairen Abklärung des Vorgefallenen sowie der eigentlichen Verantwortung in allem. Statt zu einer Klärung beizutragen, verlangte die Stadträtin völlig unerwartet in einem Antrag an die Schulpflege, dass ich, eine gewählte Kindergärtnerin, mit Hilfe eines Juristen meines Amtes enthoben werden solle. Ich war schockiert! Sahen meine Vorgesetzten denn nicht mehr, dass ich trotz aller Widerwärtigkeiten, deren Entstehung auf eine blosse Intrige zurückzuführen war, nach wie vor gute Arbeit leistete und die Eltern vollumfänglich zufrieden waren?

Dem unglaublichen Antrag der Stadträtin wurde nicht stattgegeben. Aber die Gegenseite gab nicht auf. Man versuchte, mit anderen Mitteln meine Kündigung herbeizuführen. Ein Jassfreund der Stadträtin reichte im Gemeinderat eine Interpellation zum VPM ein. Es wurde u. a. gefragt, was der Stadtrat zu tun gedenke, wenn Jugendliche durch Lehrer des VPM "negativ beeinflusst" würden. Die Absicht war allen Beteiligten klar. Um auch den nötigen politischen Druck zu erzeugen, verfasste der Interpellant selber einen Artikel, in dem er Formulierungen einbrachte, die auch meine Entlassung jederzeit ermöglichen sollten. Diesen sandte er, gezeichnet mit falschen Initialen, an verschiedene Regionalzeitungen. Eine Zeitung schrieb daraufhin: "R. interessiert es, so betonte er gegenüber dem (...) Anzeiger, ob der Stadtrat und die Schulpflege gegebenenfalls auch Kündigungen nicht ausschliessen würden."

Die Redaktorin einer Regionalzeitung beteiligte sich eifrig daran, mich in der Bevölkerung zu verunglimpfen. In *fünf* Artikeln wiederholte sie die stereotypen Unterstellungen gegen mich und den VPM und spielte so die Angelegenheit gezielt hoch. Ich konnte diese öffentlichen rufschädigenden Anschuldigungen nicht stehenlassen. Meine berufliche Zukunft war in Frage gestellt. Meine Richtigstellung wurde jedoch nicht angenommen.

Zum Glück gab mir eine andere Zeitung die Möglichkeit, die Diffamierungen richtigzustellen. Der zuständige Redaktor hatte die Kampagne gegen mich aufmerksam mitverfolgt. Er kam zu folgendem Schluss: "Die Interpellation von R., vollamtlicher Parteisekretär, war alles andere als ein Meisterstück. Menschen zu verurteilen ist offenbar leichter, als nachher ihre Unschuld zu beweisen." Ich war froh, einen Menschen gefunden zu haben, der den erfundenen Geschichten über mich nicht Glauben schenkte und mir Gehör verschaffen wollte. Trotz seinem positiven Kommentar kritisierten mich Mitglieder der Schulpflege dafür, dass ich öffentlich Stellung genommen und mich gegen die Angriffe gewehrt hatte. Wie aber hätte ich denn sonst handeln sollen?

Anonyme Drohungen

Um noch mehr Druck auf die Schulpflege auszuüben und so meine Entlassung herbeizuführen, kündigten nun die drei genannten Kolleginnen. So gaben sie demonstrativ zum Ausdruck, man könne mit mir nicht zusammenarbeiten. Den Höhepunkt dieser neuen Bestrebungen bildete ein anonymes Flugblatt, das kurz darauf in der ganzen Stadt zu lesen war. Offensichtlich wollte man mich zermürben. Ich war fassungslos. Da stand zum Beispiel: "Wir hoffen, dass Sie eigentlich nicht so bösartig sind, wie Sie sich in der Presse präsentiert haben. Wir sind überzeugt, dass Sie nur das Sprachrohr und Werkzeug des VPM sind. (...) Sollte das Theater Ihrerseits kein Ende nehmen, werden Sie uns kennenlernen." Der gehässige Ton und die offene Drohung, die hier ausgesprochen wurde, trafen und verletzten mich sehr.

Kaum jemand hatte den Mut, wirklich für mich einzustehen. Auch die Mitglieder der Schulpflege enttäuschten mich schliesslich. Auch sie folgten der angeheizten Stimmung und schrieben nicht den Verursachern der leidigen Angelegenheit, sondern mir die Schuld für die verfahrene Situation zu. Eine bittere Erfahrung. Die Behörde machte schliesslich die Politik, die gerade opportun war. Dieser eindeutige Vertrauensbruch der Schulpflege bewog mich letztlich, der Stadt tatsächlich den Rücken zu kehren und eine andere Stelle zu suchen, wo meine sorgfältige Arbeit als Kindergärtnerin geschätzt wird. Zum Abschied schrieb der erwähnte Redaktor, der als einziger den Mut hatte, die Verleumdungen gegen mich nicht zu kolportieren: "Eltern, deren Kinder die sympathische und fröhliche Kindergärtnerin unterrichtet hat, haben gute, anerkennende Worte geäussert. Dies soll ihr Trost und Kraft geben, das unschöne, unchristliche, politisch motivierte Vorgehen, welches gegen sie inszeniert wurde, zu vergessen."

"Ich hatte im Interesse der Schüler vorgeschlagen, sie auf die Schädlichkeit der Drogen hinzuweisen und davor zu warnen. Die Lehrer können Drogenmissbrauch bei Schülern nicht zulassen. Das war der eigentliche Grund, weshalb ich zum Schweigen gebracht werden sollte."

Anna Petrini, Primarlehrerin

Anstelle eines Steckbriefes: Ich bin meinem Beruf als Lehrerin mit Leib und Seele verbunden. Ich übe ihn gerne aus und freue mich täglich auf meine Schüler, auch wenn mir die im folgenden geschilderten Begebenheiten sehr zugesetzt haben. In all dieser Zeit habe ich von verschiedenster Seite Anteilnahme und Hilfe erfahren, so dass ich schliesslich gestärkt aus dieser schwierigen Etappe meines Lebens hervorgegangen bin. Lessings Maxime hat sich für mich bewahrheitet: "Nur die Sache ist verloren, die man aufgibt." Die nachstehend geschilderten Schwierigkeiten wurden mir bereitet, weil ich bei der Wahrheit geblieben bin und mein Recht auf freie Meinungsäusserung auch dann noch beansprucht habe, als man mich bedrohte. Dabei soll es auch in Zukunft bleiben. Anderes könnte ich weder mit meinem Gewissen noch mit meiner Verantwortung für die Schüler und gegenüber den Eltern vereinbaren.

"Es ist etwas faul im Staate Dänemark"

Ich bin nun im 10. Jahr Unterstufenlehrerin und immer im gleichen Schulhaus in W. tätig gewesen. Seit fünf Jahren bin ich gewählte Lehrerin. Die Schüler beim Lernen zu fördern, bei Schwierigkeiten gemeinsam mit ihnen Lösungen zu finden, sie miteinander zu befreunden gehörte immer zu den Zielen meiner Arbeit. Im Kollegium war ich sehr beliebt, wegen meiner ruhigen Art und nicht zuletzt auch wegen meines natürlichen Gerechtigkeitsgefühls. Ich nahm immer für Kollegen Stellung, die in irgendeiner Hinsicht benachteiligt waren oder bot meine Unterstützung an, wenn sie Schwierigkeiten hatten. Mein Engagement für die Schule war im ganzen Kollegium anerkannt. Ich wurde bald einmal Hausvorstand-Stellvertreterin und war damit faktisch zur Nachfolgerin des Hausvorstandes bestimmt. Zum Schulpräsidenten, zu den Mitgliedern der Behörde, zu meinen Kollegen sowie meinen Schülern und deren Eltern hatte ich immer eine gute und vertrauensvolle Beziehung. Fragen und Missverständnisse, wie sie sich in unserem Beruf normal ergeben, liessen sich immer klären. Besucher meines Unterrichts beeindruckt die gelöste, zufriedene, humorvolle Stimmung, die sie in meiner Klasse antreffen. Daran hat sich bis heute nichts geändert.

Der heutige ED-Fichierer G. B. wird mein Kollege

Die Situation an der Schule änderte sich, als der Junglehrer G. B. im Februar 1988 zu uns ins Kollegium kam. Zunächst waren die eher älteren Kollegen oder Schulpfleger Zielscheibe seiner etwas jugendlich anmutenden "Hoppla, jetzt komm ich"-Haltung. Allen fiel auf, dass er sich bei jeder Gelegenheit mit seinen privilegierten Beziehungen zu G. K., Chef der Abteilung Volksschule in der ED, brüstete, bei dem er verkehrt und dessen Nachbar er ist.

Etwa ein Jahr nach seinem Eintritt begann G. B. meine Stellungnahmen im Konvent gezielt zu entwerten. Er kommentierte meine Äusserungen zu Sachfragen mit dem vernehmbaren Gemurmel: "Jaja, lasst sie doch reden, sie ist eben ein Liebling." Auch gegenüber Kollegen titulierte er mich als "Liebling". Dies war der Anfang einer Entwicklung, die mein Ansehen bei den Kollegen untergraben sollte: Meine Worte sollten weniger ernst genommen, am besten überhört werden. Ich stellte ihn hierauf zur Rede und forderte ihn auf, meine Privatsphäre und die Kollegialität in Zukunft zu achten. Dies blieb ohne Erfolg. G. B. kündigte mir statt dessen an, er werde mit allen Mitteln verhindern, dass ich Hausvorständin würde.

Als Begründung führte er die angebliche "Unterwanderungsstrategie" des VPM an, wie sie damals insbesondere in den Köpfen der politisch links orientierten Studenten um den sogenannten "Verein Studierender an der Universität Zürich" (VSU) herumspukte. G. B. "argumentierte" schon damals so vollständig nach diesem Schema, dass man getrost auf entsprechende Kontakte schliessen durfte.

Inzwischen ist G. B. als der bei der Erziehungsdirektion[G] (ED) angestellte Fichenaktuar gegen den VPM bekanntgeworden. Es ist kein Geheimnis mehr, dass die ED und er eng mit der Organisation "Psychostroika"[G] zusammenarbeiteten. Ein grosser Teil der VPM-Fichen, die G. B. für die ED "betreut" hat, stützt sich auf das von diesen Kreisen zusammengestellte Material. Spätestens seitdem ist auch klar, von wem G. B., dessen sonstige Äusserungen nicht unbedingt von der Gabe intensiver Auseinandersetzung zeugten, sein "profundes Wissen" über den VPM her hatte.

G. B., K.-E. Merki und M. W.: Gemeinsame Front gegen den VPM im "Tages-Anzeiger"

Im Frühsommer 1989 wurde eine sogenannte "Pressedokumentation" über den VPM von "Psychostroika" in alle Redaktionsstuben und insbesondere an alle Schulbehörden verschickt. Auch mein Schulpräsident war damit "beglückt" worden. Obwohl es allein die Privatsache jedes Bürgers ist, welchem Verein er angehören will, ist dieser Angriff auf unbescholtene Lehrer von den Medien, insbesondere vom "Tages-Anzeiger" mitgetragen worden. Der aus der Winterthurer linksmilitanten Politszene stammende K.-E. Merki – der inzwischen als Autor des schwer diffamierenden Kapitels über den VPM aus dem Pestalozzianum-Buch[G] in Erscheinung getreten ist – veröffentlichte am 21. Juli

1989 im “Tages-Anzeiger” einen grossangelegten Artikel über den VPM. Darin wurde die abstruse Unterwanderungsgeschichte der VSU-Studenten aufgewärmt mit dem Ziel, die Lehrer im Zürcher Schulwesen, die sich beim VPM weiterbilden, aufzuspüren und zu melden. M. W., der Stellvertreter von G. K., lieferte ihm dazu die nötigen Stichworte. Er behauptete, dass sich “Lieblinganhänger” unter den Volksschullehrern befinden müssten, die sich aber nicht offen als solche zu erkennen geben würden. Er verstieg sich sogar zu der Falschinformation, diese Lehrer stünden in einer “abhängigmachenden Therapie”, was die ED ablehne.

In dieser Äusserung eines Beamten der ED war bereits alles enthalten, was später als Vorwand für die Fichierung dieser Lehrer dienen sollte: Das Konstrukt von der Unterwanderung des Zürcher Schulwesens durch Lehrer, die angeblich “blindlings Direktiven des VPM folgen” würden. Offensichtlich hätte die ED schon damals brennend gerne über eine entsprechende Fichen-Liste verfügt. M. W. missachtete mit seinen öffentlichen Äusserungen die Neutralitätspflicht und missbrauchte seine Stellung aufs schwerste, um unbescholtene Lehrer in ein schiefes Licht zu rücken.

G. B. präsentiert der ED die Lösung: sich selbst

Eine Woche später erschien im “Tages-Anzeiger” eine Seite von mehrheitlich polemisch und diffamierend abgefassten Leserbriefen zum Merki-Artikel. Neben den Leserbriefen aus der Feder von Gründungsmitgliedern von “Psychostroika” erschien auch ein Brief meines Kollegen G. B., in dem er mein Privatleben ohne Namensnennung an die Öffentlichkeit zerrte. G. B. bedauerte in seinem Leserbrief, dass bisher keine “Konfrontation” mit dieser Vereinigung gesucht worden wäre. Er wollte glauben machen, er hätte in mir eine “Agentin” des VPM gefunden, die sich tarnen würde. Um ihn dann zum Schweigen zu bringen, hätte ich ihm “mit massiven, repressiven Mitteln” meiner “ganzen Organisation” gedroht. Damit meinte er wohl meine Mahnung, er solle auch mir gegenüber den kollegialen Anstand wahren.

G. B. stellte sich sodann selbst als Vorbild für andere Lehrer hin, wie man gegen solche angeblichen “VPM-Unterwanderer” vorgehen solle: Man müsse sofort die Schulpflege informieren. Er hoffe, "dass jede Person, jede andere Lehrperson, der ähnliches oder gleiches geschieht, gleich handeln wird!" Dieser Aufruf zur Meldung von Lehrern sollte schliesslich der ED einen rechtswidrigen Überblick verschaffen, welche Lehrer des Zürcher Schulwesens sich privat im VPM weiterbilden.

Kein Schutz beim Schulpräsidenten: Der Schulpräsident ist Partei

Gegen den öffentlichen Angriff meines Kollegen G. B. musste ich mich wehren. G. B. hatte in seinem Leserbrief geschrieben, er habe sofort die Schulpflege "informiert". Worüber? In welcher Form? Das wollte ich von meinem Schulpräsidenten wissen, um dazu Stellung nehmen zu können. Ich verlangte ein Gespräch und bat den Schulpräsidenten um Schutz vor den Verleumdungen gegen meine Person. Nachdem der Schulpräsident zunächst zu leugnen versuchte, dass der Leserbrief von meinem Kollegen stammte, nahm er schliesslich ganz eindeutig für G. B. Partei, dessen Verhalten ihm nicht im geringsten missfiel und den er mit allen Mitteln zu decken versuchte.

Der Schulpräsident lehnte es rundweg ab, mich gegen die Diffamierungen zu schützen. Er empfahl mir, mich nicht weiter mit dem VPM in Verbindung zu bringen. Er brachte zum Ausdruck, er hätte nicht gedacht, dass eine Persönlichkeit wie ich sich zu dieser Vereinigung "bekennen" und sich in eine "derartige Abhängigkeit" begeben würde. Er liess deutlich erkennen, dass er seine "Informationen" über den VPM nicht aus sachlichen Quellen bezog, sondern aus dem Umfeld von "Psychostroika" und von G. K., seinem Bruder in der ED. Es wurde mir klar, dass mein Schulpräsident nicht über der Sache stand und ich von ihm keine Bereitschaft erwarten konnte, mir den notwendigen Schutz zu gewähren.

Interne Supervisionsgruppe als Instrument zur Ausgrenzung

Auf Initiative einiger Kollegen, vor allem solcher, die noch nicht lange in unserem Kollegium waren, wurde im Langschuljahr auch in unserem Schulhaus eine sogenannte Supervisionsgruppe eingerichtet. Der Supervisor war uns vom Pestalozzianum[G] zugeteilt worden. Da mir der Schulpräsident in der Verteidigung meiner persönlichen Rechte keinen Schutz gewährte, entschloss ich mich teilzunehmen, in der Hoffnung, negativen Klischees im direkten Gespräch in der Gruppe entgegenwirken zu können. G. B. hatte vor allem bei den neueren Kollegen schon ziemlich gegen mich intrigiert. Doch auch innerhalb der Supervisionsgruppe sollte ich systematisch in die Rolle der Aussenseiterin gedrängt werden.

Bei einer der regelmässigen Sitzungen dieser Gruppe ging eine neue Fachlehrerin, die mich persönlich überhaupt nicht kannte, so weit, mich in unflätiger Weise zu beschimpfen. Ich verwahrte mich dagegen und verlangte anschliessend vom Supervisor eine klare Regelung, wonach sich derartige Entgleisungen künftig nicht wiederholen dürften. Dies quittierte der Supervisor seinerseits mit Beschimpfungen. Unter anderem kreierte er damals die Formel, die seither in amtlichen Dokumenten über mich kursiert: Ich sei "nicht teamfähig".

Drogenprävention im Quartier: auf der Akzeptanzlinie

Im Winter 1989 war einer breiteren Öffentlichkeit im Quartier bewusst geworden, dass auch bei uns ein Drogenproblem bestand. Jugendliche erklärten in der Dezember-Nummer der Quartierzeitung, sie kämen ausgerechnet im Umfeld der Schule zum erstenmal mit Drogen in Kontakt: "Wir haben im Schulhaus L. jeweils in der Pause gekifft." – "Ich bin im Schulhaus L. zum erstenmal an der Oberstufe mit Drogen in Kontakt gekommen. Ich habe auf dem Schulhausplatz geraucht. In meiner Klasse haben noch ein paar andere gekifft." Viele Lehrer waren alarmiert und betroffen. Sie wollten etwas unternehmen, ein gemeinsames Vorgehen absprechen.

Der Schulpräsident liess eine Erklärung in der darauffolgenden Nummer der Quartierzeitung veröffentlichen. Sie war irreführenderweise mit "Die W.er Lehrerinnen" unterzeichnet. Die meisten Lehrer des Quartiers hatten diese Erklärung nie gesehen und waren damit nicht einverstanden. Der Schulpräsident hatte die vom Gesetz vorgesehenen Gremien, die Lehrerkonvente, von der Mitsprache ausgeschlossen und sie in der Behandlung der wichtigen Frage, wie die Schule die hier zutage tretende Problematik des Drogenkonsums von Schülern angehen wollte, ausgebootet.

Auf Initiative des Quartiervereinspräsidenten gründete sich eine Arbeitsgruppe zur Suchtprävention, an der sich verschiedene städtische Einrichtungen beteiligten, u. a. auch die Schule. Meine Sachkompetenz bewog die Kollegin, die an der Arbeitsgruppe bereits teilnahm, mich zu den Treffen dieser Gruppe einzuladen. Ich wurde herzlich willkommen geheissen und nahm in meiner Freizeit an der Arbeit teil. Diese gestaltete sich zunächst durchaus positiv, wenn sich auch bald herausstellte, dass das Vorhaben stark von den Drogenakzeptanzvorstellungen der städtischen Suchtpräventionsstelle beeinflusst war, welche die Arbeit "fachlich betreute".

Mit meinem Engagement in dieser Arbeitsgruppe kam ich als Lehrerin auch meinem gesetzlichen Auftrag nach. Die Schule muss die Schüler vor den Drogen bewahren. So verbietet § 84 der Volksschulverordnung ganz klar den Drogenkonsum in der Schule: "Der Alkohol- und Drogenkonsum sowie das Rauchen sind den Schülern untersagt." § 55 des Gesundheitsgesetzes verpflichtet die Gemeinden, die Schüler zu einer "zweckmässigen Pflege der Gesundheit" anzuleiten. "Dazu gehören der Unterricht über gesunde Ernährungs- und Lebensweise und die Folgen der Genussgifte."

W. wird zum "Modellfall" für die städtische Suchtprävention im Quartier

Die angesichts des komplexen Problems zu erwartenden Meinungsverschiedenheiten wurden in der Kommission anfänglich offen und in kooperativem Geist ausgetragen. Dies änderte sich sofort, als die Suchtpräventionsstelle und das dahinterstehende Gesundheits- und Schulamt der Stadt im Frühjahr 1990 aus dieser Arbeitsgruppe den Modellfall machen wollten, wie nun in allen Quartieren der Stadt Zürich gearbeitet werden sollte. Unter Beteiligung vieler Kreise und einer "Verankerung im Quartier" sollte die Generallinie der Drogenakzeptanz durch die sogenannten Experten der Suchtpräventionsstelle der Stadt Zürich (Schirmherrschaft Stadträtin E. Lieberherr) durchgesetzt werden.

Die Suchtpräventionsstelle tritt in erster Linie für die Akzeptanz des "Drogengebrauchers" ein. Das Ziel einer drogenfreien Gesellschaft ist für sie "unrealistisch" und von daher schon gar nicht anzustreben. Sie sieht im Drogenkonsumenten ein "Opfer unserer Gesellschaft", das auf die angeblich unmenschlichen Zwänge der Leistungsgesellschaft mit dem Konsum von Drogen reagiere. Von diesem systemkritischen Ansatz her neigen "Fachleute" dieser Observanz, die heute in Zürich das Sagen haben, zur Intoleranz gegenüber jeder anderen Auffassung, mag sie auch noch so differenziert sein. Andersdenkende würden sich auf die Seite des "Systems" und damit gegen die Drogenkonsumenten stellen.

Für die Arbeitsgruppe Suchtprävention W. gab es plötzlich Publizität; Interviews und sogar eine Sendung beim Fernsehen standen an. Jetzt befürchteten die Strategen der Akzeptanzlinie offensichtlich, dass auch meine Argumente nach aussen dringen und die konzertierte Akzeptanzauffassung "stören" könnten.

Ich hatte im Interesse der Schüler vorgeschlagen, sie auf die Schädlichkeit der Drogen hinzuweisen und davor zu warnen. Die Lehrer können Drogenmissbrauch bei Schülern nicht zulassen. Das war der eigentliche Grund, weshalb ich zum Schweigen gebracht werden sollte. Es war mir ein besonderes Anliegen, die fehlenden Informationen über die schädliche Wirkung von Haschisch auszugleichen und vor dessen Verharmlosung zu warnen, da die Schüler vor allem von Haschischkonsum berichteten. Daraufhin wurde auch ich schnell von den Wortführern der Akzeptanzlinie als "repressiv" hingestellt und mit entsprechenden Klischees versehen. Über alles durfte in der Kommission gesprochen werden – über Waldputzete, Weihnachtsbazar, Rockfestivals oder Theaterstücke auf der gesellschaftskritischen Linie – nur über eines nicht: über die Drogen und ihre schädlichen Wirkungen. Wer wie ich von der Pflicht der Schule zu einer sachlichen Drogenaufklärung ausging, hatte in dieser Kommission, so wollten es die politisch motivierten Strategen, offenbar nichts zu suchen. Kurz: Ich musste aus der Kommission entfernt werden.

Einschüchterungsversuche des Schulpräsidenten

Die "Aufgabe", mich aus der Arbeitsgruppe zu entfernen, übernahm kein geringerer als mein Schulpräsident. Er tauchte im Frühling 1990 plötzlich unangemeldet in meinem Schulzimmer auf und teilte mir in schroffer Form mit, ich hätte ab sofort meine Mitarbeit in der Arbeitsgruppe zu sistieren und *künftig in den Drogenfragen Stillschweigen zu bewahren.* Seinen Auftritt schloss er mit einer Serie eigentlicher Drohungen ab: "Ihre Meinung ist mit der von mir und der Suchtpräventionsstelle nicht vereinbar. Schweigen Sie! Sie sind in der Kommission unerwünscht. Haben Sie mich verstanden? Ich toleriere Ihre Teilnahme an den Kursen des VPM, aber Sie müssen schweigen. Wenn Sie Ihre Meinung weiterhin verbreiten, geht gegen Sie etwas los im Quartier, das für Sie sehr unangenehm sein wird." Im Anschluss daran liess der Schulpräsident verbreiten, an der Kommission dürften nur von ihm bestimmte Delegierte teilnehmen. Ich sei nicht delegiert.

Den Rest besorgten böse Intrigen, die mit allen erdenklichen Mitteln inszeniert wurden. Der Tenor war durch G. B. vorgegeben; die Ausgrenzung wurde durch den Schulpräsidenten, den Quartiervereinspräsidenten, Schulpflegerinnen und eine besonders intrigante Hausvorständin aus dem Nachbarschulhaus betrieben: Ich sei nichts anderes als der "verlängerte Arm des VPM". Gefälschte "Aktennotizen" und falsche "Informationen" dieses kleinen Kreises von Leuten, die sich zu diesem schändlichen Treiben hergaben, spielten dabei die Hauptrolle. Selbst gewisse Pfarrer des Quartiers, Jugendarbeiter und Kollegen beteiligten sich verdeckt und offen aktiv an der Hetze gegen den VPM und an der Stimmungsmache gegen mich. Man verbot mir schliesslich im Sommer 1990 ohne formellen Beschluss der Arbeitsgruppe und von einem Tag auf den andern, aufgrund reiner Stimmungsmache, die Sitzungen der Arbeitsgruppe weiter zu besuchen.

Auf meine Beschwerde folgen Attacken gegen verfassungsmässig garantierte Grundrechte

Der Rechtsberater der Erziehungsdirektion machte mich darauf aufmerksam, dass in meinem Fall als einziges Rechtsmittel eine

Aufsichtsbeschwerde gegen die Amtsführung des Schulpräsidenten in Frage komme. Ich reichte sie im September 1990 ein. Der Schulpräsident sollte seiner Pflicht nachkommen, mich vor Verleumdungen zu schützen und ein kollegiales Miteinander wiederherzustellen. Für mich konnten nicht weniger Rechte gelten als für alle anderen auch.

Die Bezirksschulpflege erklärte sich für nicht zuständig und leitete meine Beschwerde an den Bezirksrat weiter. Dort liegt sie seither – unbearbeitet.

Zur gleichen Zeit war der Schulpräsident nicht untätig geblieben. In seiner Stellungnahme an die Bezirksschulpflege zu meiner ihn betreffenden Beschwerde baute der Schulpräsident eine "Argumentation" auf, nach der mein Verhalten durch die Mitgliedschaft beim VPM so bestimmt sei, dass ich "vernünftigen Argumenten nicht zugänglich" sei. Das "unverständliche, unvernünftige und sture Verhalten" würde eine Abhängigkeit vom VPM zeigen, was "letztlich für die innere geistige Freiheit und Neutralität der Volksschule" eine Gefahr darstelle. Zur Begründung berief er sich dabei auf die Vorgänge um die Arbeitsgruppe Suchtprävention und warf mir vor, ich hätte die Arbeit gestört. Zugleich schrieb er: "Ich empfahl ihr in ihrem Interesse, sich in der Frage der Suchtprävention in der Öffentlichkeit zurückzuhalten." Es ist – um mit Shakespeare zu sprechen – schon "etwas faul im Staate Dänemark", wenn der Schulpräsident sowohl die Vereinsfreiheit wie die Meinungsäusserungsfreiheit in solch eklatanter Form missachtet.

Ohne mein Wissen veranlasste die Vizepräsidentin der Schulpflege daneben Zusammenkünfte unter Kollegen und schliesslich auch eine Sitzung mit Vertretern der Schulpflege, in denen meine Kollegen "einmal sagen sollen, was alles mit A. P. nicht geht". Meine mir zugeteilten Schulpfleger, die in dieser Angelegenheit hätten einbezogen werden müssen, wurden bewusst nicht eingeladen, da bekannt war, dass sie dieses unkorrekte Vorgehen missbilligten. Von der letzten vor mir geheimgehaltenen Sitzung habe ich zufällig erfahren und nahm dann daran teil. Der Schulpräsident erklärte diese Zusammenkunft kurzerhand zu einem Hauskonvent. Die Kollegen zeigten sich an einer Klärung der Probleme interessiert. Die anwesenden Mitglieder der Kreisschulpflege sabotierten dieses Anliegen immer wieder, indem sie Vorurteile gegen meine Person zu erzeugen versuchten.

Diese Treffen hinter meinem Rücken erbrachten trotzdem nicht das von den Initiatoren und dem Schulpräsidenten erhoffte Resultat: Die Kollegen waren nicht dazu zu bringen zu erklären, dass sie mit mir nicht mehr zusammenarbeiten wollten, und ich konnte selbstverständlich auch nicht erklären, dass ich auf mein Recht auf freie Meinungsäusserung und Vereinsfreiheit verzichten würde. Deshalb musste mit noch gröberem Geschütz aufgefahren werden.

Eine öffentliche Verleumdung in offizieller Amtsausübung

Die nächste Gelegenheit bot sich an einer Ausschusssitzung des Kreiskonventes. Der Präsident B. B. sprach zum Traktandum "Diskussion VPM". B. B. ist Lehrervertreter in der Kreisschulpflege. Vor einiger Zeit hatte er geäussert, er wolle in seinem Schulhaus keine "Lieblinge". Obwohl es seine Pflicht gewesen wäre, ausgleichend zu wirken, warnte er die Lehrer des gesamten Schulkreises, insbesondere die jungen, ausdrücklich davor, sich mit "VPM-Leuten" auf Gespräche einzulassen. Sie sollten Distanz zu diesen Lehrern wahren. Er empfahl den Lehrern die Lektüre des gerichtlich eingeklagten Pamphlets von E. Sorg[G] über den VPM "zur Orientierung". Die Isolation, in die ich wegen meines Standpunktes zum Drogenproblem systematisch gebracht werden sollte, sollte dadurch verstärkt werden.

Was konnte ich gegen ein derart unfaires Vorgehen, einen Aufruf zur Ächtung durch offizielle Mandatsträger an ordentlichen Konventen tun? Ich entschloss mich, zusammen mit anderen betroffenen Lehrkräften meines Schulkreises, die Anwürfe B. B.s in einem Rundschreiben an die Kollegen richtigzustellen. Ende Januar und Anfang Februar 1991 erhielten unsere Kollegen im Schulkreis zwei entsprechende, sachlich gehaltene Briefe.

Die Kreisschulpflege verschickte am 11. März 1991 als Reaktion auf die Richtigstellungen meiner Kollegen und von mir an ihre Mitglieder und die Lehrerschaft eine Warnung vor dem VPM und den Lehrern, die sein Fortbildungsangebot beanspruchen. Darin brachte die Kreisschulpflege ihre Verwunderung zum Ausdruck, dass die Lehrer, nach all den Schwierigkeiten, die sie ihnen bereitet hat, nicht von sich aus den Schulkreis verlassen wollten: "Erstaunlicherweise sind die Ihnen bekannten Lehrkräfte, die sich als Exponentinnen ihres Vereins in Szene setzen, nach wie vor gewillt, im Schulkreis weiterzuarbeiten oder wiederbeschäftigt zu werden! Es wäre an der Zeit, wenn diese von sich aus die Konsequenzen ziehen würden." Die Warnung schliesst mit der Ankündigung: "Das Büro der Kreisschulpflege erwägt, gegen diese Lehrkräfte des VPM disziplinarisch oder administrativ vorzugehen. Die ersten Schritte dazu wurden nun eingeleitet." Wohlgemerkt: Ohne dass diesen Lehrern auch nur ein einziger Vorwurf gemacht werden könnte.

Willkürliches, nichtiges Disziplinarverfahren

Zeitgleich mit diesem Schreiben fand ich einen Brief der Kreisschulpflege in meinem Briefkasten vor, in dem mir ein *Disziplinarverfahren* angekündigt wurde, ohne dass man mir auch nur andeutungsweise einen Grund dafür genannt hätte. Der Schulpräsident forderte mich darin in ultimativer Form auf, zu 16 Fragen Stellung zu nehmen. Die Fragen zielten darauf ab, meine persönliche Integrität in Zweifel zu ziehen. Da hiess es unter anderem: "Haben Sie gesundheitliche Probleme?" oder "Denken Sie an einen Urlaub?" Damit sollte mein Gesundheitszustand in Frage gestellt werden, um so einen Vorwand zu schaffen, unter dem sie mich aus dem Schuldienst hätten entfernen können.

Tatsächlich liegen keinerlei Pflichtverletzungen oder Disziplinarverstösse von meiner Seite vor. Oder soll es neuerdings bereits ein Disziplinarverstoss sein, wenn ich die von Amtsträgern unter Missbrauch ihres Amtes verbreiteten Verleumdungen gegen meine Person in sachlicher Form zurückweise und richtigstelle – oder mein Wissen zum Drogenproblem weitergebe?

Der Schulpräsident stellt Antrag auf Amtsenthebung

Am 24. April 1991 erhielt ich ein Schreiben der ED des Kantons Zürich, worin man mir die Durchführung eines Disziplinarverfahrens durch die Personalkommission des Erziehungsrates anzeigte. Der Schulpräsident hatte allen Ernstes den Antrag gestellt, es sei mir die Lehrerlaubnis zu entziehen. Dabei berief er sich auf § 9, Ziff. 2 des Unterrichtsgesetzes. Dieser Paragraph soll es an sich ermöglichen, einen schwer straffälligen Lehrer für die Zeit der Strafuntersuchung zu suspendieren. In der Begründung des Disziplinarverfahrens sucht man vergeblich nach einem Umstand, der eine derart schwerwiegende Massnahme gegen mich rechtfertigen würde. Statt dessen war dort ein absolut haltloses, verworrenes Konstrukt zu lesen: Meine Mitgliedschaft im VPM wirke sich so aus, dass ich völlig "fremdbestimmt" sei und den "Direktiven der VPM-Leitung blindlings" folgen würde. Mithin sei ich "eine Gefahr" für die mir anvertrauten Kinder und gemäss der "Logik" dieses Antrags eine "Bedrohung der demokratischen Volksschule". Diese Vorwürfe leitete der Schulpräsident einzig und allein aus meiner Mitgliedschaft beim VPM ab.

Das ist gleichermassen absurd wie verletzend. Wenn ich in einem Kurs Informationen bekommen und in persönlicher Auseinandersetzung mit diesem Thema und anderen Personen Erkenntnisse gewonnen habe, dann ist das nicht ein Zeichen für mein "Fremdbestimmt-Sein", sondern für meine Bereitschaft, etwas hinzuzulernen. Ich habe nie eine fremde Meinung geäussert, sondern immer meine eigene. Sie beruht auf Auseinandersetzung und auf meinem persönlichen Interesse, das ich von meinem früheren Beruf im medizinischen Bereich bereits mitbrachte. Die Voraussetzungen aus jenem Beruf sind eine gute Grundlage dafür, sich in Fragen wie der Drogenprävention fundierte Kenntnisse anzueignen. Was an meiner Haltung bedrohlich und gefährlich sein soll, bleibt das Geheimnis des Schulpräsidenten. Über Gefahren im Strassenverkehr werden Schulkinder heute gründlich und wirksam aufgeklärt. Das macht sie nicht ängstlicher, sondern sicherer. Nur über Gefahr und Wirkung von Drogen erfahren sie nichts Fundiertes. Eine Gefahr für die Schule war nicht ich. Gefahr besteht dort, wo den Schülern suggeriert wird, "es gäbe einen verantwortbaren Umgang mit Drogen" und "ausprobieren sei harmlos".

Die unerhörten Anwürfe meines Schulpräsidenten und seine ehr- und persönlichkeitsverletzenden Formulierungen beruhen auf nichts anderem als auf Ressentiments und davon abgeleiteten

Konstruktionen. Das Verfahren wurde also von der ED Zürich eröffnet, obwohl überhaupt keine Pflichtverletzungen oder Disziplinarverstösse gegen mich vorgebracht werden konnten.

Offensichtlich war es von Anfang an beschlossene Sache, dem Antrag auf meine Amtsenthebung zu entsprechen. Bevor die Kommissionsmitglieder überhaupt den Antrag mit seinen Beilagen zur Kenntnis bekommen hatten, wird von deren Sekretär der Ausgang des Verfahrens formuliert: "Abzuklären wird vorerst die Möglichkeit einer freiwilligen, evtl. gesundheitsbedingten Beurlaubung sein. Damit werden wir aber vermutlich nicht weit kommen. Letztlich bleibt wohl eine disziplinarische Amtseinstellung unerlässlich." Diesen Leitfaden erhielten die übrigen Personalkommissionsmitglieder, versehen mit: "Beiliegende Eingabe der Kreisschulpflege YZ zur Kenntnis." Es stand also von Anfang an fest: Das Ziel war meine Amtsenthebung. Ich hatte somit gar nie die Chance eines gerechten Verfahrens und fand mich grösster Amtswillkür ausgesetzt.

Skandalöses, erniedrigendes Verfahren

In etwa zweiwöchigem Abstand wurden ausschliesslich Personen zur Aussprache geladen, die der Schulpräsident vorgeschlagen hatte. Meine Zeugen wurden nicht vorgeladen. Ich wurde von Anfang an behandelt, als sei ich das Problem oder als hätte ich Probleme verursacht. Die Personalkommission forderte mich ununterbrochen dazu auf, mein Verhalten zu ändern. Ich wurde sogar gefragt, ob ich mich nicht eines "zurückhaltenden Verhaltens bezüglich Drogenprävention" befleissigen könne. Ich benannte demgegenüber all die Lügen und Intrigen, die man gegen mich und meinen guten Ruf in Szene gesetzt hatte, und insistierte auf den Fakten. Das passte der Personalkommission nicht. Meine Aussagen wurden hämisch kommentiert oder mit erniedrigenden und beleidigenden Ermahnungen quittiert. Selbst vor Bemerkungen zu meiner Ehe machte die Personalkommission nicht halt.

Das Benehmen der Kommissionsmitglieder, die das Verfahren gegen mich führte, zeigte mir, dass es ihnen nicht um ein gerechtes Verfahren ging, sondern darum, den Druck zu verstärken, den der

Schulpräsident gegen mich ausübte, um meine Meinung auszuschalten. So wurde ich mehrmals aufgefordert, einen Schlussstrich zu ziehen und nicht mehr über das Gewesene zu sprechen, die Attacken von seiten der Behörde aus dem Spiel zu lassen und zu schweigen. Ein Kommissionsmitglied, M. W., scheute sich nicht, die Absicht des Verfahrens anlässlich der Kollegenbefragung klar zu nennen: "Hat das nun gemässigte Verhalten etwas zu tun mit dem hiesigen Verfahren? Hiervon hatte sie [A. P.] seit zirka Mitte März dieses Jahres Kenntnis." Mit seiner verunglimpfenden Formulierung verletzt dieses Mitglied übrigens seine Neutralitätspflicht, was keinen Einzelfall darstellte. Seine Entgleisung demonstriert, dass er sowohl menschlich als auch in seiner Funktion als Amtsträger überfordert ist. Die Botschaft ist klar: Wir wollen, dass ihre Kollegin still ist, es interessiert uns, ob sie das Verfahren einschüchtert. Ich hätte also ganz einfach all die Verleumdungen still hinnehmen sollen und nicht mehr davon sprechen.

Alles Bemühen von einzelnen Exponenten der Kommission, mir aus den Aussagen der einseitig ausgewählten Befragten einen Strick zu drehen, schlugen aber fehl.

Nach den Einvernahmen beredete die Personalkommission am 22. August 1991 das weitere Vorgehen. Die Mitglieder der Kommission stellten fest, "dass keine Angriffspunkte wegen klarer Pflichtverletzungen vorhanden sind", dass "auch keine Straftatbestände" vorliegen und "eindeutig zu wenig greifbare Vorwürfe vorhanden" sind. Die Personalkommission erinnerte sich immerhin daran, dass ihre Entscheidung auch vor dem Verwaltungsgericht standhalten müsste: "Nur auf Grund von Fakten kann entschieden werden. Für ein anderes Vorgehen würde das Verwaltungsgericht kein Verständnis haben." Sie musste schliesslich feststellen: "Formell liegen keine Vorwürfe der Pflichtverletzung vor, welche eine Amtseinstellung rechtfertigen könnten." Die Personalkommission hätte das Verfahren also einstellen müssen. Doch sie entschied anders: Mit Schreiben vom 21. Oktober 1991 teilte sie mir mit, sie verzichte "vorläufig" darauf, in meinem Fall einen Entscheid zu fällen. Sie stellte im Brief falsche Behauptungen auf, verdrehte Sachverhalte, ermahnte mich gleichzeitig eindringlich zu Wohlverhalten und *verbreitete dieses Schreiben* über den Antragsteller hinaus *in missbräuchlicher Weise an einen nicht legitimier-*

ten, provokativ grossen Adressatenkreis. Die Personalkommission wollte mir also unter keinen Umständen zu meinem Recht verhelfen. Aus der Besprechung zum weiteren Vorgehen wird deutlich, weshalb: "Entweder wir stellen das Verfahren ein oder warten, bis sie in eine Sackgasse gerät." Denn: "Der Druck muss unbedingt aufrechterhalten werden, ..." Hier verrät sich die Kommission bis in ihren unnachahmlichen Sprachgebrauch. Was ist von einer Untersuchungskommission zu halten, deren Mitglieder in ihren eigenen Worten warten wollen, bis die "Angeschuldigte" in "eine Sackgasse gerät", und welche bewusst die Absicht erklärt, weiter auf sie Druck ausüben zu wollen.

Ankläger und "Gericht" waren in diesem Verfahren in mehr als einer Hinsicht einig. Persönliche Abhängigkeiten und Beziehungen spielten dabei nachweislich eng ineinander. Die Sitzungsprotokolle und meine Berichtigungen dazu zeigen jedem unbefangenen Beobachter: Dieses Verfahren war zutiefst undemokratisch und unwürdig. Es hatte nichts mit Rechtsstaatlichkeit zu tun, sondern sehr viel mehr mit seelischer Misshandlung. Zum Schluss der Sitzung vom 22. August 1991 brachte ein Kommissionsmitglied zusammenfassend das Resultat auf den Punkt: Seine Worte sprechen für sich: "Ich frage mich, wie die Lehrer eine Einstellung des Verfahrens empfinden würden. Es darf gegenüber der Personalkommission kein Vertrauensbruch entstehen. Wir müssen noch eine letzte Chance bieten, bis die Falltüre zuschnappt."

Der Schulpräsident will die Ehrverletzungsklage abwenden. – Höchste Stellen der Erziehungsdirektion sagen Ja zu einem Beugeverfahren

Keine der Oberbehörden wollte dem Unrecht entgegentreten, das an mir begangen worden war, obwohl es ihre Pflicht gewesen wäre. Die Bezirksschulpflege kümmerte sich nicht weiter um die unhaltbaren Zustände im Schulkreis, erklärte sich als nicht zuständig für meine Beschwerde, und der Bezirksrat legte sie aufs Eis. Schon nach den ersten Aussprachen in meinem Disziplinarverfahren hatte mir der Vorsitzende der Personalkommission kurz und bündig mitgeteilt: Ich könne von diesem Gremium nicht erwarten, dass hier die Wahrheit überprüft werde. Was hätte ich denn sonst von der Oberbehörde erwarten sollen, welche so tat, als würde sie ein gerechtes Verfahren durchführen? Die Nichtigkeit des Disziplinarverfahrens lag schon lange offen auf der Hand. Aber man verweigerte mir den Entscheid, der mich rehabilitieren musste. Wenn die Personalkommission mir nicht zu meinem Recht verhelfen wollte, musste ich mich selber um die Wiederherstellung rechtmässiger Zustände kümmern.

So war es unausweichlich, dass ich den masslosen und unverdienten Angriff auf die Würde meiner Person, wie er in der Antragsbegründung des Schulpräsidenten zum Ausdruck kam, einklagen musste. Nach meiner gerichtlichen Strafklage gegen den Schulpräsidenten wegen seiner ehrverletzenden Äusserungen forderte dieser die ED sofort mündlich und schriftlich wiederholt auf, das Verfahren mit dem Antrag auf Amtsenthebung wieder aufzunehmen, da meine Klage ein Beweis dafür sei, dass ich zu keiner Verbesserung des Vertrauens beitragen wolle. Da der Präsident der Schulpflege seine ehrverletzenden Äusserungen nicht mehr alleine verantworten wollte, verschanzte er sich hinter seinem Büro. Das führte dazu, dass per gerichtlicher Verfügung verlangt wurde, ich müsse auch die Büromitglieder in bezug auf einen Teil der Anklagepunkte einklagen. Auch diese *eine* Anklageerhebung gegen vier Büromitglieder und den Präsidenten wurde vom Schulpräsidenten am 4. Juni 92 per Brief an die Personalkommission prompt zu meinen Ungunsten ausgelegt: Der Schulpräsident nahm diese Klage zum Vorwand, mir erneut eine angebliche "Störung des Vertrauensverhältnisses" vorzuwerfen. Im gleichen Schreiben ersuchte er die Personalkommission, "umgehend die notwendigen Massnahmen zu treffen". Diese reagierte sofort. In ihrem Protokoll vom 22. Juni 92 steht denn auch: "Die Kommission stellt fest, dass das gegenseitige Vertrauen gänzlich abhanden gekommen ist (Frau AP hat in der Zwischenzeit offenbar *weitere Strafanzeigen* eingereicht)." Es wird schliesslich beschlossen, zwei Angestellte der ED hätten "einen Antrag auf Amtsenthebung vorzubereiten". Das weitere Vorgehen sei mit den obersten Stellen abzusprechen.

In einem Gespräch holt sich die Personalkommission den Segen von ganz oben. Der Angestellte, der über "meinen Fall" informierte, machte sich zu dem Gespräch eine Aktennotiz, die in meiner Personalakte liegt. In dieser Aktennotiz vom Juli 92 heisst es, die allerhöchsten Stellen in der Erziehungsdirektion seien der Meinung, "dass aufgrund der neueren Ereignisse *(Klagen)* und der alten Situation ein Antrag auf Amtseinstellung versucht werden sollte". Diese Stellen wollten aber nicht, dass die Vereinsmitgliedschaft im Antrag an den ER [Erziehungsrat] eine Rolle spielte. "Am besten wäre wohl, den VPM zumindest in der Begründung nicht zu erwähnen."

Damit wird mit nicht zu überbietender Deutlichkeit klar: Das ganze Verfahren gegen mich hatte zum einzigen Zweck, mich zu bezwingen, zu schädigen und auszuschalten. Das hatte ich schon bald geahnt, hohe Beamte und Funktionäre der Erziehungsdirektion spielten doch in der ganzen Volksverhetzung gegen den VPM und gegen mich eine traurige Rolle. Meine Vermutung hatte ich einigen von ihnen auf den Kopf zugesagt. Im Dezember 92 anlässlich eines öffentlichen Auftrittes eines Personalkommissionsmitgliedes äusserte ich ihm gegenüber diese Vermutung nach der Veranstaltung. Dieser hatte sich wieder einmal stark gemacht inmitten der Hetzer gegen den VPM. Bei der Durchsicht meiner sogenannten Personalakte hatte ich nun dafür den Beweis. Die Behörde, welcher die Aufsichtspflicht obliegt und damit die Verpflichtung, dem Recht zum Durchbruch zu verhelfen, hatte kläglich versagt. Sie weigerte sich nicht nur, mir gegenüber ihrer Fürsorgepflicht nachzukommen, sondern sie versuchte wiederholt aktiv, mich mit allen Mitteln zu verunglimpfen, mir meine Rechtsmittel aus der Hand zu schlagen und mich meiner beruflichen Existenz zu berauben.

Ein Wille, aber kein gangbarer Weg – die Personalkommission strandet

Es war mithin von Anfang an beschlossene Sache gewesen, das Verleumdungskonstrukt meines angeblichen "Fremdbestimmt-Seins" als Grund für meine Amtsenthebung, ungeachtet der eindeutigen Sachlage, geltend zu machen. Wie mag es im Gemüt eines Menschen aussehen, der, ohne mit der Hand zu zittern, mit einem Federstrich beschliesst, einem Menschen die Existenz zu nehmen?

Wie kann er nach einem solchen Henkersurteil zur Tagesordnung übergehen?

Der entsprechende Antrag ist zwar bis heute noch nicht gestellt worden, das Disziplinarverfahren ohne Urteil ausgesetzt. Inzwischen sind mehr als zwei Jahre ins Land gegangen. Die Entfernung aus dem Amt schwebt als Drohung weiter täglich über meinem Haupt. Die verantwortliche Oberbehörde mutet mir zu, täglich zur Schule zu gehen im Wissen, dass man jede Äusserung, die meinen Verleumdern nicht passt, als neuerliche Verletzung der Disziplin auslegen wird. Dabei konnte die untersuchende Behörde bis heute nicht sagen, worin ich denn bisher die Disziplin verletzt haben soll. Vielleicht gelingt es diesen Attentätern, die in oberste Amtsstellen hineinreichen, mich eines Tages aus meinem geliebten Beruf zu drängen. Beugen aber werden sie mich nie. Bisher ist es ihnen auch nicht gelungen, mein gutes Einvernehmen mit meinen Schülern und ihren Eltern wirklich zu stören.

Die vielen zwischenmenschlichen Erlebnisse, die sich im Unterricht ergeben, brachten es mit sich, dass zwischen den Schülern und mir viel Verbundenheit entstand. Kinder sind in ihrer natürlichen Zugewandtheit offen gegenüber allem, was sie umgibt. Das tägliche Gestalten eines Stücks gemeinsamen Lebens und Lernens in der Schule sind Erfahrungen, die den Beteiligten in guter Erinnerung bleiben. Wenn mich ehemalige Schüler treffen, berichten sie schnell das eine oder andere Erlebnis, worauf ich etwas sagen soll. Dann kann es vorkommen, dass da ein Kind vor mir steht, dessen Eltern heimlich von Behördenmitgliedern aufgewiegelt worden sind und versucht haben, etwas Negatives über mich auszusagen, um dem Schulpräsidenten Munition für meine Amtsenthebung zu liefern. Diese Erfahrung macht manch eine Begegnung betrüblich. Zwar nehme ich wegen des Kindes den Kontakt gerne auf, doch stimmt es mich traurig. Es kann auch vorkommen, dass ein ehemaliger Schüler sich aus Befangenheit versteckt. Wieder ein anderes Kind, das gar nicht in meiner Klasse ist, spricht mich öfters an, will dies und das von mir wissen. Es holt sich auf dem Pausenplatz Hilfe und Unterstützung, um mit andern Kindern spielen zu können, lässt sich trösten, wenn es umgefallen ist. Es erzählt von seinem Kummer mit den Freunden oder berichtet, was es gelernt hat. Wir verstehen uns, und doch bleibt da die bittere Erfahrung, dass die mir völlig unbekannten Eltern per Gesuch an die Kreisschulpflege es "auf jeden Fall vermeiden wollen", ihr Kind einer Lehrerin "auszusetzen", die VPM-Mitglied ist. Mit diesen täglichen Diskriminierungen konfrontiert zu sein, ist hart. Es macht auch manche Begegnung nicht leicht. Nächtliche Anrufe, anonyme ordinärste Beschimpfungen, Schmierereien, anonyme Post und die Tatsache, dass einige Kollegen heute einen Bogen um mich machen oder ihre persönlichen Aversionsgefühle an mir ausleben, heimlich verleumderisch über mich reden, weil ich zu einer Mitbürgerin zweiter Klasse erklärt werden soll, gehören zu den bittersten Erfahrungen in meinem Alltag. Dazu gehört auch, dass gewisse Schulbehördemitglieder Eltern und Kollegen gegenüber Unwahrheiten über mich verbreiten, um Vorurteile und ablehnende Gefühle gegen mich zu erzeugen. Solche Vorfälle machten mir in den letzten Jahren das Leben schwer.

Nicht geächtet, nicht gemieden und nicht verhöhnt zu werden ist zwar ein Menschenrecht. Es wird aber nach dem Willen der Erziehungsdirektion für mich und viele meiner Freunde für ungültig erklärt. Trotzdem bleibe ich optimistisch. Nebst der Unterstützung von Mitgliedern des VPM und durch den VPM selbst haben mir viele Menschen durch Anteilnahme und Mithilfe gezeigt, dass sie mit mir gegen Diskriminierung ankämpfen, dass sie auf ihre eigene Beobachtung vertrauen, gerne den Kontakt zu mir pflegen und mich schätzen. Solche Zeichen menschlicher Verbundenheit mit mir und meinem Anliegen machen mir Mut.

“*“Du hast nun sicher langsam festgestellt, dass es für dich in diesem Schulkreis keine Zukunft gibt.” Als ich ihn frage, ob es wegen meiner Mitgliedschaft im VPM sei, antwortete er schnippisch. “Ja natürlich.”*”

Hannes Eberli, Sekundarlehrer

Geboren 1957 in O. als ältester von vier Kindern in bürgerlichem Haushalt. – Konfession: reformiert. – Zivilstand: ledig. – Interessen: Fussball spielen, Ski fahren, wandern, photographieren, gut essen mit Freunden. – Jugend und Schulen in O. und Z. – 1980 bis 1983 Sekundarlehrerstudium in Zürich. – 1983 bis 1985 Vikariate im ganzen Kanton Zürich. – 1985 bis 1990 Verwesertätigkeit als Real- und Sekundarlehrer an der öffentlichen Schule in der Stadt, dann Entlassung (offiziell “Nichtwiederanforderung”) wegen Mitgliedschaft im VPM, seither an einer Privatschule.

"... dass es für dich in diesem Schulkreis keine Zukunft gibt"

Seit Anfang 1984 gebe ich als Sekundarlehrer im Kanton Zürich Schule. Die ersten zwei Jahre vikarisierte ich in verschiedenen Schulgemeinden und sah so in einige Lehrerzimmer hinein. Von November 1985 an war ich in der Stadt tätig, zuerst an der Real-, dann an der Sekundarschule. Wie meinen Visitationsberichten, den Stimmen anderer Behörden und vieler Eltern zu entnehmen ist, habe ich immer gute und engagierte Arbeit geleistet. Von Anfang an übte ich meinen Beruf gerne aus. Meine Freude an der Arbeit mit Jugendlichen ist in den letzten Jahren mit zunehmender Erfahrung und Kompetenz noch gewachsen.

Keine "Lieblinge" im Schulhaus

Im Oktober 1988 liess mein Parallellehrer, der Kreiskonventspräsident (Lehrervertreter) ist, mir gegenüber so nebenbei fallen, er wolle keine "Lieblinge" in seinem Schulhaus. Dies berührte mich seltsam, da ich mich im VPM weiterbildete. Aber ich lächelte nur und schwieg, da unser Verhältnis bis anhin sehr gut gewesen war und ich die politisch motivierte öffentliche Agitation nicht ins Schulhaus hineintragen wollte. Es blieb bei dieser Bemerkung.

Von August 1988 bis März 1989 half ich am Aufbau des Schulversuchs K+S (Kunst und Sport) mit. Dann teilte mir der Präsident unserer Kreisschulpflege ganz unverhofft mit, ich würde nun doch keine Stelle an diesem Versuch erhalten, da ich noch "zu unerfahren" sei – und dies nach fünf Jahren Schulpraxis. Nachdem er dann aber Lehrkräfte einstellte, die viel weniger Erfahrung hatten als ich, wurde mir klar, dass der wahre Grund für diese sachlich völlig ungerechtfertigte Absage darin zu suchen war, dass zwei am Versuchsaufbau beteiligte Personen aus der Pädagogischen Abteilung der Erziehungsdirektion der Ansicht waren, als VPM-Mitglied stünde ich ihren "Reform"-Ideen im Wege, wobei der Präsident offenbar derselben Meinung war.

Im Frühjahr 1989 eröffnete mir mein Parallellehrer, ihm sei zugetragen worden, ich sei ein "Liebling". Da erst realisierte ich, dass hinter meinem Rücken gegen mich agitiert wurde. Einige Zeit später erfuhr ich, dass eine meiner ehemaligen Schulpflegerinnen, ein Mitglied der Sozialdemokratischen Partei, im Begriffe war, mein Privatleben bezüglich meiner VPM-Zugehörigkeit zu überprüfen. Sie war der Meinung, "Lieblinge" hätten sich zu deklarieren.

Auch mein Parallellehrer schien seine Meinung über mich nun immer mehr von seinen Vorurteilen über den VPM als von unserer dreijährigen gemeinsamen Tätigkeit abhängig zu machen. Offenbar unterhielt er sich mit meiner zweiten Schulpflegerin (ebenfalls Mitglied der SP). Wie ich den persönlichen Kontakten und den Schulpflegesitzungen entnommen hatte, war diese von mir immer sehr angetan gewesen. Auch hatte ich einige Male sehr offen und persönlich mit ihr sprechen können. Auf jeden Fall wusste mein Parallellehrer nun zu berichten, dass eben diese Schulpflegerin auch über meine VPM-Mitgliedschaft informiert sei und auf einmal an mir und meiner Art, Schule zu geben, irgend etwas "komisch" finde. Einen konkreten Grund für ihre Meinungsänderung konnte er nicht angeben.

Für das folgende Schuljahr musste ich das Schulhaus wechseln. Zuvor hatte mir meine Visitatorin (auch SP) in ihrem Bericht bestätigt: "In den drei Jahren, in denen ich Herrn E. besuche, zeigt sich seine Begabung für die Lehrertätigkeit immer deutlicher. Anfängliche kleine Unsicherheiten im Auftreten und im Umgang mit Schülern sind verschwunden, geblieben sind sein Engagement und seine Bereitschaft, sich über die normale Verpflichtung hinaus für schwierige oder leistungsschwache Schüler einzusetzen ... Phantasie und Flexibilität zeigen sich auch in den Lektionen selbst."

Schon bevor ich im neuen Schulhaus zu unterrichten begann, erzählte mir eine Lehrerkollegin, meine zukünftige Parallellehrerin und eine weitere Kollegin seien nicht begeistert, dass ich zu ihnen komme, da ich "auch so ein Liebling" sei. Trotz diesem "Malus" begegnete ich den neuen Lehrerkollegen offen und unvoreingenommen.

Marco und Christian

Ich hatte eine grosse Klasse mit 24 Schülern zu führen. Zwei Schüler, Marco* und Christian*, fielen schon bald durch überaus destruktives Verhalten auf. Marco repetierte bei mir die 1. Sekundarklasse und hatte vor dem Schuljahresbeginn im August 1989 eine schon beinahe einjährige Drogenerfahrung. Schon nach wenigen Wochen rauchte er mit einem anderen Kollegen zusammen in der Zehn-Uhr-Pause am Rande des Pausenplatzes Haschisch, was viele Mitschüler, vor allem aber deren Eltern sehr verunsicherte. Vor den Herbstferien beklagte sich Marco, diese Schule sei "stressig", es gehe hier zu "wie im Militär". Als meine Parallellehrerin darauf zum Ausdruck brachte, dass er nicht mehr tragbar sei und grosse Unruhe in die Klasse bringe, schloss ich mich nach reiflicher Überlegung ihrer Meinung an. Ich stellte nach mehreren Gesprächen mit seinen Eltern vor den Weihnachtsferien den Antrag an den Schulpräsidenten, Marco in eine Schule zu überweisen, die dafür eingerichtet ist, ihm die nötige Unterstützung und Betreuung zukommen zu lassen. In einem darauffolgenden Gespräch zwischen Eltern, Lehrern und dem Schulpräsidenten erwähnten die Eltern, ihr Sohn fühle sich von mir fallengelassen. Der Schulpräsident entgegnete, das stimme sicher nicht, das müsse eine Projektion des Schülers sein. Er kenne mich nun schon einige Jahre und könne sich nicht vorstellen, dass ich einen Schüler fallenlasse.

Anfang Februar sprach der Schulpräsident dann alleine mit Marco (man muss wissen, dass solche Einzelgespräche mit Schülern eine Spezialität des Schulpräsidenten sind, was in der Folge eine grosse Rolle spielte). Einige Tage später führte ich meinerseits ein Gespräch mit dem Präsidenten, in dem nun plötzlich auch er die Meinung vertrat, ich hätte Marco fallengelassen. Ich stellte fest, dass es Marco offenbar gelungen sei, ihn umzustimmen. Im Elterngespräch habe er noch ganz anders gesprochen. Er rechtfertigte sich damit, dass er mir einfach den Eindruck des Schülers habe mitteilen wollen. Ich hielt entgegen, es sei wichtig, diesen Schüler für einige Zeit aus seinem bisherigen Umfeld herauszunehmen, da sein Drogenkonsum schon ziemlich intensiv sei. Nun warf er mir vor, meine Drogenaufklärung, welche Ausdruck der Drogenpolitik des VPM sei, habe bei diesem Schüler versagt. Nur den Kopf schütteln konnte ich über seine darauffolgende, widersprüchliche Aussage, er sei für die Drogenlegalisierung, aber gegen das Haschischrauchen auf dem Pausenplatz. Letzteres war bloss ein Lippenbekenntnis, da er die real existierenden Drogenprobleme in verschiedenen Oberstufenschulhäusern immer bagatellisiert und überhaupt nicht adäquat angegangen hatte. (Pausenplätze werden nach Schulschluss oder zum Teil schon während der Schulzeit zu Drogenumschlagplätzen; von einer Drogenparty berauschte Schüler hatten einen Schulsylvester sabotiert usw.)

Ablehnung des Antrags und Eklat

Ende Februar 1990 verfügte der Schulpräsident die Ablehnung meines Antrages. Diese Verfügung, die selbstverständlich auch Marco zu Gesicht bekam, bestärkte diesen in seiner negativen Haltung und bewirkte, dass er mir gegenüber noch ausfälliger wurde. Seine Leistungen wurden noch schlechter, so dass die Parallellehrerin und ich einen Antrag auf Nichtbestehen der 1. Sekundarklasse stellen mussten. Ein halbes Jahr nach meinem Antrag, anlässlich der Promotionssitzung, entschied dann die Schulpflege, Marco in dem von mir geforderten Sinne aus der Schule herauszunehmen und die Eltern zu überzeugen, ihn in einem Internat, wo er besser betreut werden könnte, unterzubringen.

In der Zwischenzeit waren Marco und Christian in alkoholisiertem Zustand von der Polizei in unserem Quartier aufgegriffen worden, nachdem sie an mehreren Autos die Pneus aufgestochen hatten. Auch Christian war zuvor schon bei der Parallellehrerin und mir durch höchst unanständiges Benehmen, Nichtstun und immer intensiver werdenden Drogenkonsum aufgefallen. Nur eine Woche nach der Pneustecherei telephonierte Christian – wohl im Rauschzustand – einem wildfremden Menschen und beschimpfte diesen in übelster Weise unter Verwendung meines Namens: "Du huärä Ar…, du verd… Sau… Ich chann dir mini Telephonnummerä scho gäh, aber ich säg dir, eimal muesch du mir alüütä, du Ar… Ich heisse (dann kam mein voller Name), mini Telephonnummerä isch (dann kam meine private Telephonnummer), du Ar…, du verd…" Christian hatte in seinem Zustand nicht bemerkt, dass er mit einem Telephonbeantworter verbunden war, der das Gespräch aufzeichnete. Der so Beschimpfte spielte mir das Tonband vor. Ich erkannte die Stimme sofort. Wir spielten das Band Christians Mutter vor, welche verzweifelt zum Ausdruck brachte, dass ihr Sohn nun in ein Internat oder Heim müsse. Wir rieten ihr, die Sache gut mit ihrem Mann zu besprechen.

Unter den Schülern des Schulkreises hatte es sich, wie erwähnt, herumgesprochen, dass der Schulpräsident sich gerne Zeit für ein persönliches Gespräch nehme, wenn ein Schüler mit einem Lehrer nicht einverstanden sei. Auch Christian machte dies so. Er erzählte ihm, ich wolle ihn von der Schule "schmeissen", was ich nie gesagt hatte. Ohne vorher mit mir über den Wahrheitsgehalt Christians Aussage gesprochen zu haben, sicherte der Präsident dem Schüler seine "Hilfe" zu. Als ich dies von der Mutter von Christian erfuhr, telephonierte ich dem Präsidenten sofort, um diese Sache zu besprechen. Ich kam nur bis zu seiner Sekretärin. Sie erklärte mir, der Präsident habe in den eineinhalb Wochen bis zu den Frühlingsferien und auch in den Ferien keine Zeit mehr, mich zu empfangen! Auch dieses Beispiel zeigte mir, was sich schon lange angedeutet hatte: Der Präsident war überhaupt nicht mehr bestrebt, meine pädagogischen Anliegen zu unterstützen.

Bestärkt durch meine Lehrerkollegen im Schulhaus, stellte ich daraufhin den Antrag auf Versetzung von Christian. Diesen Antrag hat mir der Präsident bis heute nicht beantwortet. Ich musste Christian bis zum Ende des Schuljahres in meiner Klasse behalten, ohne dass der Vorfall mit dem Schulpräsidenten geklärt worden wäre.

Doch damit nicht genug. Schon einige Monate vorher hatte er mir gegenüber, entgegen seiner Verpflichtung, jegliche Unterstützung vermissen lassen, als ich in der Supervision unseres Schulhauses von einem Gestalttherapeuten des Pestalozzianums[G] in übelster Weise als "Liebling" beschimpft und fertiggemacht worden war, weil ich meine Meinung über eine sinnvolle Drogenprävention dargelegt und auf die Gefahren einer Legalisierung hingewiesen hatte.

"... ein guter Lehrer, aber leider im VPM"

Das Finale war kurz, aber schmerzlich. Der Präsident wusste seit April 1990, dass die Schülerzahlen für das neue Schuljahr sehr knapp sein würden. Sowohl er als auch der Lehrervertreter, mein ehemaliger Parallellehrer, der nach eigenen Aussagen an der Bürositzung, an der dies besprochen wurde, teilgenommen hatte, unterliessen es, meine Parallellehrerin und mich darüber zu informieren, dass unsere Stellen allenfalls aufgehoben werden müssten. Der Präsident setzte im Schulkreis sogar zwei neue Verweser ein, ohne mir eine der beiden Stellen anzubieten, falls die meine gestrichen würde. Seine Rücksichtslosigkeit ging so weit, dass er mich noch den Oberstufensporttag unseres Schulkreises, an dem über 500 Schüler beteiligt waren, organisieren und durchführen liess. *Einen* Tag danach eröffnete er meiner Parallellehrerin und mir, dass unsere beiden Stellen aufgehoben werden müssten. Meiner Parallellehrerin bot er eine schulhausinterne Lösung an, so dass sie ihre Stelle behalten konnte, für mich wollte er keine Möglichkeiten einer weiteren Beschäftigung sehen, obwohl es üblich ist, wie mir ein erfahrener Lehrerkollege erklärte, bewährte Verweser bei derartigen Engpässen im eigenen Schulkreis oder dann in einem anderen weiter zu beschäftigen. Seit beinahe fünf Jahren hatte ich mich zur vollsten Zufriedenheit aller für diesen Schulkreis eingesetzt, und nun dies! Schon das Weggerissenwerden von meinen Schülern war für mich ein harter Schlag. Dieses Abgeschobenwerden und das Infragestellen meiner beruflichen Zukunft aber, obwohl ich mir keinen Fehler vorzuwerfen hatte, setzten mir seelisch stark zu.

In einem Brief setzten sich 16 von 19 Elternpaaren meiner Schüler für mich ein. Doch auch dieses Bemühen prallte am Präsidenten ab. Ärgerlich stimmte mich seine interne Stellungnahme, die über Lehrerkollegen bis zu mir durchdrang: "Herr E. ist ein guter Lehrer, bei Schülern und Eltern beliebt, aber leider im VPM." Nun konnte ich die vom Lehrervertreter seit März 1990 immer wiederkehrende Bemerkung "Suche dir doch anderswo eine Stelle" besser einordnen. Menschlich enttäuscht hatte mich, dass er es als Lehrervertreter und ehemaliger Parallellehrer unterliess, etwas zu unternehmen, um dieses anrüchige Vorgehen auffliegen zu lassen, hatte er doch vom geplanten Abschiebungsmanöver gewusst.

Weil mich der Präsident erst eine Woche vor Ende des Schuljahres entlassen hatte, bestand keine Chance mehr, auf das neue

Schuljahr hin eine Stelle an der öffentlichen Schule zu finden. Am selben Tage sprach dann der Lehrervertreter nochmals Klartext: "Du hast nun sicher langsam festgestellt, dass es für dich in diesem Schulkreis keine Zukunft gibt." Als ich ihn fragte, ob es wegen meiner Mitgliedschaft im VPM sei, antwortete er schnippisch: "Ja natürlich."

Der genannte Schulpräsident konnte aber in anderen Fällen einem Lehrer auch grosses "Wohlwollen" entgegenbringen: Bis zum Juli 1990 hatte er G. B. als Primarlehrer beschäftigt. Dieser G. B. wurde dann vom Vorsteher der Abteilung Volksschule und Bruder unseres Schulpräsidenten G. K. an die Erziehungsdirektion geholt mit dem Auftrag, Fichen über VPM-Mitglieder und andere Menschen anzulegen. Das tat er dann auch fleissig ...

Und noch etwas bleibt anzumerken. Da ich mich durch das Vorgehen des Schulpräsidenten in meinen Rechten verletzt fühlte, strebte ich einen Rekurs gegen meine so kurzfristige Nichtwiederanforderung an. Zweieinhalb Jahre nach seiner Einreichung liegt dieser Rekurs noch immer unbehandelt beim Bezirksrat.

“*Die Vertreterin des Sozialamtes geriet in helle Aufregung (...) Sie erklärte, dafür besorgt zu sein, dass kein “Liebling” diese Stelle erhalte.*”

Sabine Abegg, Sozialarbeiterin

1948 als drittes Kind von Hans und Johanna Abegg in Z. geboren. Primar- und Sekundarschule, Lehre als Konfektionsverkäuferin. Heirat 1976. 19 Jahre Berufstätigkeit an verschiedenen Stellen. Ausbildung zur Sozialarbeiterin. 1988 Anstellung bei einer gesamtschweizerisch tätigen sozialen Institution. Scheidung 1989. 1992 Entlassung, seitdem arbeitslos. Interessen: lesen, wandern, Sport, besonders aber Gespräche mit Freunden über das Zeitgeschehen sowie über geschichtliche und kulturelle Ereignisse.

Erst Feindseligkeiten, dann Entlassung: die bitteren Früchte der Vorurteile

Schon in jungen Jahren hatte ich mich immer wieder für Menschen in schwierigen Lebenssituationen engagiert. Durch die Erlebnisse, die ich dabei machte, erhielt ich Einblick in die verschiedenen menschlichen Probleme. So entstand in mir der Wunsch nach einer Ausbildung, die mich befähigen würde, mein soziales Engagement als eigentlichen Beruf auszuüben. Dies war der Grund, dass ich mich nach einigen Jahren erfolgreicher Tätigkeit im erlernten Beruf zu einem Berufswechsel entschloss und zur Sozialarbeiterin ausbilden liess. Danach suchte ich mir eine interessante und verantwortungsvolle Stelle. Ich fand sie bei einer sozialen Institution, die gesamtschweizerisch tätig ist. Als Projektleiterin im Bereich Kinderbetreuung konnte ich mich voll engagieren. Meine Arbeit war schön und vielseitig. Ich hatte die Aufgabe, die Öffentlichkeit für die Notwendigkeit einer guten ausserfamiliären Kinderbetreuung zu sensibilisieren, ich beriet Eltern und Elterngruppen fachlich, organisatorisch und persönlich, arbeitete Elternkurse aus und führte sie durch. In diesen Kursen vermittelte ich pädagogisches Grundwissen sowie Kenntnisse im Bereich der Organisation und des Vereinswesens. Gerade diese Kurstätigkeit verlangte pädagogisches Geschick und die Fähigkeit, sich in die unterschiedlichsten Situationen einzufühlen. Die Arbeit mit den Eltern war mir das Liebste, und mein Engagement war entsprechend gross.

Meine Arbeit wurde von allen sehr geschätzt und von meinem Arbeitgeber als qualitativ hochstehend gelobt. Viele Eltern bedankten sich für die Unterstützung, die sie von mir erfahren hatten. Ich denke noch oft an die vielen lieben Briefe, die ich im Laufe meiner Tätigkeit erhalten habe. Auch meine Mitwirkung in verschiedensten Kommissionen und Arbeitsgruppen wurde als konstruktiv und anregend begrüsst. Im Laufe der Zeit entwickelten sich viele Beziehungen, auch wirkliche Freundschaften. Ich war mehr als zufrieden mit meiner Situation. Meine Tätigkeit half mir, die Lücke, die meine Scheidung hinterlassen hatte, wieder sinnvoll zu füllen.

Dann, nach zwei Jahren, kam die fatale Kehrtwendung. Auf einmal sollte ich nur noch ein Störfaktor sein, den es zu beseitigen galt – und dies allein wegen meiner "Nähe zum VPM".

"Wie stehen Sie zum VPM?"

Die Schwierigkeiten begannen mit einem Mandat, das ich im Zusammenhang mit meiner Tätigkeit im Vorstand eines Verbandes ausübte. Dieser Vorstand delegierte mich in die Aufsichtskommission der verbandseigenen Schule, zu deren Präsidentin ich gewählt wurde. Ich traf sowohl den Vorstand als auch ganz besonders die Schule in einem desolaten Zustand an. Es galt, verschiedene Massnahmen zu ergreifen, um die Schule vor der Schliessung zu retten. Auch die Wahl einer neuen Schulleitung gehörte dazu, was von einer Arbeitsgruppe vorbereitet wurde. Diese Arbeitsgruppe, bestehend aus einer Lehrervertreterin in der Aufsichtskommission, einer Vertreterin des zuständigen Sozialamtes und mir als Präsidentin der Aufsichtskommission, traf sich im Herbst 1990 zur ersten Durchsicht der eingegangenen Bewerbungen. Darunter war auch eine Bewerbung, aus der hervorging, dass der gut qualifizierte Bewerber Kurse beim VPM besuchte. Die Vertreterin des Sozialamtes geriet in helle Aufregung, als ich meinte, dies sei eine gute Bewerbung. Sie erklärte, dafür besorgt zu sein, dass kein "Liebling" diese Stelle erhalte. Falls dies nicht berücksichtigt werde, streiche sowohl die Stadt als auch der Kanton die Finanzierung, und dann könne die Schule sehen, wo sie hinkomme.

Bereits in der nächsten Sitzung der Aufsichtskommission wurde ich selbst zur Zielscheibe gemacht. Die Vertreterin des Sozialamtes, die mir noch eine Woche zuvor für meinen Einsatz zur Stabilisierung der Schule sowie der Aufsichtskommission gedankt hatte, stellte mir, unterstützt von zwei Kommissionsmitgliedern und in Absprache mit ihren Vorgesetzten im Sozialamt, die folgenden Fragen: "Wie sollen Bewerber, die sich öffentlich zum VPM bekennen, im Auswahlverfahren berücksichtigt werden? Wie soll eine nicht deklarierte VPM-Zugehörigkeit bei den Bewerbern eruiert werden? Wie stehen Sie zum VPM?"

Selbstverständlich nahm ich Stellung; die letzte Frage beantwortete ich nicht, da meine eigenen Kursbesuche beim VPM meine Arbeit in keiner Weise tangierten und ich private und berufliche Belange zu trennen weiss. Nun begannen mich die drei Personen zu beschimpfen. Ich sei nicht ehrlich, behindere die konstruktive Arbeit. Es sei nicht verantwortbar, dass jemand vom VPM eine öffentliche Stellung bekleide, schon gar nicht in einer pädagogischen Funktion.

Als Präsidentin abgewählt – drei Buchstaben genügen

Die Frage nach meinem Verhältnis zum VPM diente unverkennbar und von Anfang an nur dazu, die Inszenierung meiner Abwahl einzuleiten. Ich hätte das Vertrauen zur Aufsichtskommission zerstört und sei wegen meines Kontaktes zum VPM als Präsidentin nicht tragbar. Nach einem mehr als zweistündigen Verhör wurde ich noch in derselben Sitzung als Präsidentin abgewählt. Die drei waren so massiv geworden, dass alle Anwesenden meiner Abwahl zustimmten, obwohl anfänglich noch die meisten Vorstandsmitglieder hinter mir gestanden hatten. Drei Buchstaben hatten genügt, um in nur zwei Stunden sowohl mein privates als auch mein berufliches Engagement vergessen zu machen und mich als Person zu ächten.

In der Folge wurde mit dem Einverständnis des Verbandsvorstandes eine Verleumdungskampagne gegen mich entfacht. Der Vorstand schwärzte mich sogar bei meinem Arbeitgeber an. Meine Arbeit zählte nichts mehr, ich galt nur noch als "ferngesteuert". Sogar mein grosser Einsatz wurde mir zum Vorwurf gemacht: Ich hätte versucht, die Schule und den ganzen Verband zu "unterwandern". Plötzlich war ich angeblich "unzulänglich" und "zu keiner Zusammenarbeit fähig". Mit frei erfundenen, verleumderischen Aussagen über meine Person wurden die zuständigen Gremien solange beeinflusst, bis ich aus der Aufsichtskommission und an der Generalversammlung 1991 auch aus dem Vorstand abgewählt wurde. Eine Beteiligte leitete diese Information gezielt an die Presse weiter, so dass ich in der gesamten Schweiz durch die Medien gezogen wurde. So konnte man im Zürcher "Tages-Anzeiger" über mich lesen, ich hätte einen "Dauerstreit" entfacht, hätte einen "auffallend unqualifizierten Kandidaten forciert", der ebenfalls "VPM-Aktivist" sei, wie sich angeblich erst "später herausstellte".

Diese haltlosen Vorwürfe zielten darauf, mich auch bei meinem Arbeitgeber untragbar erscheinen zu lassen.

Das war aber noch lange nicht alles. Man griff meine Mitarbeit in verschiedenen anderen Kommissionen solange an, bis ich dort ebenfalls ausgeschlossen wurde. Schliesslich wurde ich an keine Fachtagung und in keine Arbeitsgruppe mehr eingeladen. Sämtliche anderen im Bereich Kleinkind tätigen sozialen Institutionen und Gremien isolierten mich, obwohl ich meinen Arbeitgeber als Fachmitarbeiterin in diesem Bereich weiterhin zu vertreten hatte.

Isoliert und in der Arbeit behindert

Der Verband und seine Präsidentin trugen wesentlich dazu bei, dass mir mein Arbeitgeber im Frühjahr 1991 das Mandat im Verband und sogar das Vertrauen in meine Arbeit entzog. Von da an war ich unzumutbaren Arbeitsbedingungen ausgesetzt. So wurde mein Arbeitsplatz aus meiner Abteilung in ein einsames Büro ausgelagert. Ich wurde zu *keiner* Sitzung mehr eingeladen und erhielt keine Informationen mehr. Ich wurde kaum mehr gegrüsst, kaum jemand richtete noch ein Wort an mich. Meine Vorgesetzten unterstützten mich in der Arbeit nicht mehr. Es ging sogar so weit, dass mein Arbeitgeber – immerhin handelte es sich um eine soziale Institution – seinen Auftrag im Bereich der Familien- und Elternarbeit gar nicht mehr wahrnahm.

Eifrig wurden Gründe für eine Kündigung konstruiert. Da meine Vorgesetzten sachlich nichts beanstanden konnten, unterschoben sie mir "Teamunfähigkeit". Bald weigerte sich die ganze Abteilung, mit mir zusammenzuarbeiten, und mir wurde schriftlich untersagt, an den Abteilungssitzungen teilzunehmen. Ja eigentlich sollte ich gar nicht mehr in der Abteilung erscheinen.

Auch meine Arbeit als Kursleiterin wurde stark behindert. Aufgrund des erwähnten Artikels im "Tages-Anzeiger" entstand eine Stimmung, die einzelne Kursteilnehmerinnen, aber auch Vereine aktiv werden liess. Auffallend war die standardisierte "Kritik" an meiner Kurstätigkeit: Ich würde völlig veraltete Theorien verwenden, womit unter anderem Alfred Adler, Ruth Bang und René Spitz gemeint waren. Die Kurse bestünden nur aus einem oberflächlichen Anschneiden vieler Themen, ohne dass darüber diskutiert werden könne. Ich würde andere Meinungen nicht berücksichtigen und Einwände der Kursteilnehmerinnen sofort abblocken. Meine Verbindung zum VPM sei immer wieder "spürbar" gewesen. Die Kritik war absurd: Kursteilnehmerinnen, die zuvor ihre Begeisterung und ihren Dank für das Gelernte bezeugt hatten, behaupteten plötzlich, sie hätten nach den Kursen immer einen "Klumpen im Magen" gehabt.

Alles wurde auf eine angebliche Unzulänglichkeit meiner Person abgewälzt. Deshalb fühlten sich alle berechtigt, mich zu kritisieren, gehässig zu behandeln und aus den verschiedenen Gremien und Kommissionen zu eliminieren. In Wahrheit ging es aber um den VPM, denn bevor mein Kontakt zum VPM bekanntwurde, waren ich als Person und meine Arbeit sehr geschätzt.

Wie ein Mensch minderen Wertes

Die letzten zwei Jahre waren für mich eine äusserst schwierige Zeit. Niemand war da, der sich innerhalb oder ausserhalb der Institution für mich eingesetzt hätte. Ich war völlig isoliert. Meine Versuche, im Gespräch die Probleme zu lösen, prallten an einer unsichtbaren Wand ab. Ich war wirklich "abgestempelt und ausgegrenzt", wurde wie ein Mensch minderen Wertes behandelt. Oft kamen mir Erzählungen meiner Eltern in den Sinn, wie man mit Menschen zu der Zeit des Nationalsozialismus umgegangen war.

Alles wurde unternommen, um mir die Weiterarbeit zu verunmöglichen. Es schmerzte mich sehr, mit ansehen zu müssen, wie meine Arbeit an Bedeutung verlor, wie mein Engagement ins Lächerliche gezogen wurde, wie das, was ich im Laufe der Zeit aufgebaut hatte, durch blosse Vorurteile zerstört wurde. Jeden Tag musste ich mit dem Wissen zur Arbeit gehen: Kein Mensch wird sich darum kümmern, ob ich hier bin oder nicht, kaum einer wird ein Wort an mich richten, keiner wird mich zu einer Tasse Kaffee einladen. Man sprach nur noch mit mir, um mich zu verunglimpfen. Die ständige Isolation tat mir weh, manchmal befielen mich Selbstzweifel. Am schlimmsten war jedoch, dass sich Menschen abwandten, mit denen mich zuvor freundschaftliche Beziehungen verbunden hatten. Gemeinsam gemeisterte Schwierigkeiten, gemeinsam erlebte Freuden, all das galt plötzlich nichts mehr.

Wieviel Unterstützung sie durch mich erhalten hatten, war vergessen. Ich musste erfahren, dass nicht mehr ich als Mensch zählte, sondern dass nur noch irgendwelchen Medienmärchen über den VPM Glauben geschenkt wurde.

Das ganze Problem war derart konstruiert, die Vorwürfe waren derart haltlos, dass ich diese Ungerechtigkeiten nicht auch noch mit einer eigenen Kündigung legitimieren wollte. Ich liebte meine Arbeit und sah darin einen wichtigen Beitrag zur konstruktiven Lösung von Problemen. Ausserdem wusste ich, dass ich auf einer schwarzen Liste stand. Dies wurde mir nach einem persönlichen Vorstellungsgespräch bestätigt mit dem Hinweis, ein SP-Gemeinderat habe meinen Namen auf einer Liste von "VPM-Sympathisanten" gefunden. Ich musste annehmen, dass ich im sozialen Bereich keine Stelle mehr fände. So hielt ich die Zeit, bis man mir kündigte, durch und suchte wenigstens in meiner Arbeit noch einen gewissen Halt.

Heute bin ich seit einem halben Jahr ohne Arbeit. Einige Vorgesetzte hatten sich zwar gegen meine sofortige Entlassung gewehrt, sie wussten aber, dass sich im Zuge einer Umstrukturierung die "unangenehme Angelegenheit" durch Streichung meiner Stelle lösen liesse.

Es ist mein grösster Wunsch, in meinem Beruf weiterzuarbeiten. Immer wieder bewerbe ich mich. In der Regel kommen meine Bewerbungen umgehend mit der Bemerkung zurück, meine Qualifikationen seien sehr gut, die Wahl sei aber auf jemand anders gefallen. Kommt es dennoch zu einem Vorstellungsgespräch, erhalte ich spätestens dann eine Absage, wenn der neue Arbeitgeber Erkundigungen über mich eingezogen hat. Dass ich wegen meiner "VPM-Nähe" keine Stelle finden kann, wurde mir sogar schon schriftlich mitgeteilt. Ich bilde mich in einem Verein weiter, der sich dagegen wehrt, dass bewährte Werte und Strukturen unserer Gesellschaft aufgelöst und zerstört werden; deshalb werde ich faktisch mit einem Berufsverbot belegt!

Warum engagiere ich mich trotzdem noch im VPM?

Während meiner Ausbildungszeit war mir sehr schnell bewusst geworden, dass ich zur Bewältigung meiner Arbeit ein vertiefteres

Wissen über Erziehungsfragen benötigen würde. Dieses Wissen wurde und wird mir im VPM geboten. Weil ich meine eigenen ethischen Werthaltungen im VPM wiederfand, begann ich mich mit seinen Grundlagen näher auseinanderzusetzen. Hier hörte ich zum erstenmal, dass der Mensch bei geeigneten Voraussetzungen lernen und sich entwickeln kann und dass Lernstörungen mit gefühlsmässigen Erlebnissen zusammenhängen. Das Wissen, dass wir Menschen unser Verhalten im Umgang mit unseren Bezugspersonen entwickelt haben und somit auch wieder verändern können, erfüllte mich mit Optimismus. Menschliche Beziehungen in verschiedenen Formen und Inhalten gestalten und ausschöpfen zu können, bereicherte mich. Die Aussicht, schwierige Lebenssituationen mit entsprechender Unterstützung auch als Erwachsener noch verändern zu können, motivierte mich, die Weiterbildung im VPM aufzunehmen. Hier erhalte ich nicht nur ein breites theoretisches Wissen, sondern ich lerne es auch im Alltag umzusetzen. Ich habe gelernt, mich mit Wohlwollen in die unterschiedlichsten Situationen einzufühlen und den Ratsuchenden so zu unterstützen, dass er wieder in die Lage kommt, seine Probleme selbständig und konstruktiv zu lösen. Ich schätze auch die stetige, vertiefte Auseinandersetzung mit Zeitfragen sowie die wissenschaftlich fundierte Erarbeitung aller Probleme, die sich in der heutigen Zeit stellen. Das vielseitige Angebot des VPM ermöglicht mir, mich in meiner Persönlichkeit so weiterzuentwickeln, wie ich es will.

> “*Sie sind hier ein Fremdkörper. Und den muss man beseitigen.*”

Luzi Hemmi, Lehrer für Sport und Geographie

1950 geboren. Aufgewachsen in I. als jüngstes von drei Geschwistern. Reformiert. Neun Jahre Volksschule, Lehrerseminar in R. Unterricht auf allen Grundschulstufen. Umzug nach Z., Werkstudent. Turn- und Sportlehrerdiplom, Geographiefachlehrer. Unterricht an Berufsschulen, Mittelschulen, an einem Lehrerseminar. Seit 1975 an der Kaufmännischen Berufsschule in Z., seit 1981 als Hauptlehrer. Berufsbegleitendes Pädagogikstudium.

Lucia Lehmann, Gymnasiallehrerin

Geboren 1951 in M. als letztes von drei Kindern, einziges Mädchen. Evangelisch. Verheiratet. Jugend und Schulen an verschiedenen Orten. 1973 Matur in einer Grossstadt. Studium am gleichen Ort. 1981 Examen in Germanistik, Politologie und Erziehungswissenschaften. Seit 1980 als Lehrerin auf verschiedenen Schulstufen tätig, 1988 bis 1991 an der Kaufmännischen Berufsschule in Z. Bis Sommer 1993 befristeter Lehrauftrag in R. Kein neuer Lehrauftrag in Aussicht.

Hanna Weiss, Mittelschullehrerin

Jahrgang 1955. Zweite und jüngste Tochter des Zugführers Johann Lamour und seiner Frau Lotte. Evangelisch. Verheiratet. Aufgewachsen in einer Kleinstadt. Primarschule, Gymnasium, Matura. Studium in G., Pädagogik, Germanistik, später noch Geschichte. Promotion. Zusatzausbildung in N. Berufsschulunterricht. Umzug nach Z. Lehraufträge an verschiedenen Schulen, 1989 bis 1991 an der Kaufmännischen Berufsschule in Z. Seit Sommer 1992 arbeitslos.

Andri Bergamin, Lehrer für Sport, Deutsch und Psychologie

Jahrgang 1952. Aufgewachsen in S. Eltern: Werner B., Schreinermeister, Hedi B., Hausfrau. Älterer Bruder, jüngere Schwester. Nicht verheiratet. Lehrerseminar in R. 3 Jahre Primarschulunterricht in einem Bergdorf. Sportlehrerstudium in Z. Seit 1979 Turn- und Sportlehrer an der Kaufmännischen Berufsschule in Z. Berufsbegleitend Psychologiestudium an der Universität und Fachlehrerausbildung in Deutsch. 1990 Wahl zum Hauptlehrer für die Fächer Sport und Deutsch.

Angela Kägi, Mittelschullehrerin

Geboren 1955 in T. Lizentiat 1980. Eintritt ins Berufsleben 1983. Promotion 1985. Zusatzstudium Pädagogik, Abschlussprüfung 1988. Höheres Lehramt 1990. Eintritt in die Kaufmännische Berufsschule in Z. 1988.

Barbara Pfister, Mittelschullehrerin

Aufgewachsen in D. Studium an verschiedenen Universitäten: Germanistik, Geschichte, Politikwissenschaft und Philosophie. Hauptarbeitsgebiete: Literaturtheorie und politische Theorie. Promotion. Ausbildung zur Mittelschullehrerin. Lehrtätigkeit an verschiedenen Schulen. 1988 bis 1991 an der Kaufmännischen Berufsschule in Z. Hobbies: Literatur, Musik, Kochen.

Katharina Treichler, Mittelschullehrerin

Geboren in D. Nach der Matura Studium der Germanistik, Politikwissenschaft und Sportwissenschaft in Z. und F. 1981 Wissenschaftliche Prüfung für das Lehramt an Gymnasien. 1985 Diplom für das Höhere Lehramt. 1981 bis 1984 wohnhaft in Z. und dort als Lehrerin tätig. 1984 bis 1988 Hauptlehrerin für Sport und Deutsch an einer Kaufmännischen Berufsschule in S. Von 1988 bis 1991 Lehrbeauftragte an der Kaufmännischen Berufsschule in Z. Hobbies: Literatur, Tanz und Volleyball, Garten.

Die Drogenfrage, das Ende der freien Meinungsäusserung

Luzi Hemmi, seit achtzehn Jahren an der Kaufmännischen Berufsschule in Z.

Vor etwa zwanzig Jahren kam ich als ausgebildeter Primarlehrer nach Z. Einige Unterrichtserfahrungen hatte ich schon auf verschiedenen Altersstufen sammeln können. Ich war fest entschlossen, noch ein Sportstudium an der ETH zu absolvieren, um meinen Kindheitstraum zu verwirklichen. Kurz vor Studienabschluss bekam ich an der Kaufmännischen Berufsschule einige Stunden, 1981 wurde ich zum Hauptlehrer gewählt. In all den Jahren entwickelte sich zu vielen Kollegen eine freundschaftliche Beziehung, und ich fühlte mich an dieser Schule wohl.

Immer an Weiterbildung interessiert, schloss ich ein Geographiestudium an der Universität ab. Auf privater Basis bildete ich mich auch in psychologischen Fragen weiter, in der Lehr- und Beratungsstelle von F. L. Diese Weiterbildung half mir, meinen Unterricht zu verbessern und für die vielfältigen Alltagssorgen der Jugendlichen mehr Verständnis aufzubringen. Im Verein zur Förderung der Psychologischen Menschenkenntnis nehme ich noch heute alle Angebote wahr, die für mich persönlich und meinen Beruf nützlich sind. Am VPM gefällt mir, dass ich ohne Verpflichtung und absolut freiwillig, so lange es mir beliebt, Kursangebote, Seminare, Schulungswochen usw. belegen kann, die mir persönlich zusagen. Die Zusammenarbeit von Pädagogen, Psychologen, Ärzten und anderen bedeutet für mich eine grosse persönliche Bereicherung.

Nach fünfzehn Jahren Schulpraxis entschloss ich mich, mein Unterrichtspensum zu reduzieren, um meine praktischen Erfahrungen zusätzlich mit einem Pädagogikstudium an der Universität zu vertiefen. Da stehe ich heute mitten darin.

In der Zwischenzeit hatten mehrere Kollegen, die sich auch im VPM weiterbilden, an meiner Schule zu unterrichten begonnen. Die meisten von ihnen wurden im Frühjahr 1988 angestellt, als wegen einer Lehrplanänderung neue Deutschlehrer gesucht wurden.

Alle kannten sich bis zu dem Zeitpunkt nur vom Sehen. Mit ihnen zusammen gründete ich später den Arbeitskreis Drogenfreie Schule VPM.

Wir sind beunruhigt

Im Rahmen der Deutschfachschaft, zu der sechs von uns gehörten, entwickelte sich allmählich eine freundschaftliche und konstruktive Zusammenarbeit. Einige bildeten eine Vorbereitungsgruppe und tauschten Material aus.

Bald fiel uns aber auf, dass einzelne Schüler in schlechtem Zustand waren. Bei einigen war es offensichtlich, dass Drogen im Spiel waren. Auf Grund unserer Weiterbildung im VPM waren wir darauf sensibilisiert, Symptome von Drogenkonsum bereits im Anfangsstadium wahrzunehmen. Im Gespräch mit anderen Kollegen bestätigten sich unsere beunruhigenden Beobachtungen: Auch sie berichteten von Schülern, die teilnahmslos im Unterricht sassen, wenig Interesse zeigten und in ihren Leistungen stark nachliessen. Auf Anforderungen reagierten die Schüler häufig überraschend aufbrausend. Einzelne Kollegen waren öfter mit der Situation konfrontiert, dass Schüler aufgrund ihres Drogenkonsums sogar ihre Lehre abbrechen mussten. Die Schüler selbst erzählten, mehr als die Hälfte ihrer Klassenkameraden hätten Drogenerfahrung.

Im Frühjahr 1990 griff der Rektor dieses Problem an einer Lehrerversammlung auf. Er wies ebenfalls auf die alarmierende Situation an der Schule hin und wollte ihr mit einer konsequenten Aufklärungskampagne entgegenwirken. Sein Ziel war eine drogenfreie Schule. Er forderte alle Lehrer auf, aktiv mitzuhelfen, und kündigte als einen ersten Schritt eine Drogenpräventionsveranstaltung für die Lehrer an. Als Referenten hatte er den Immunologen Professor G. eingeladen, der uns als Mitinitiator einer Organisation bekannt war, die auf dem Platzspitz, der grössten offenen Drogenszene Europas, Spritzen verteilte; vor der Schliessung des Platzspitz waren es über 10 000 täglich. Professor G. setzte sich als Mitglied der Drogencharta[G] nachweislich für die Freigabe aller Drogen ein. Deshalb war für uns klar: Er würde das Konzept des Rektors niemals mittragen können.

Wir hielten es für unsere Pflicht, mit dem Rektor über diesen Sachverhalt zu sprechen. Gleichzeitig erzählten wir ihm von der Gründung unseres Arbeitskreises Drogenfreie Schule VPM, mit dem wir sein Anliegen unterstützen wollten – es freute ihn sichtlich. Den Referenten kannte er nicht, er war ihm von einem Mitglied der Aufsichtskommission, dem Geschäftsführer des Trägervereins der Schule, empfohlen worden. Interessanterweise war auch dieser Herr Mitglied der Drogencharta. Der Rektor zeigte sich über unsere Informationen besorgt. Wenn das stimme, was wir über Professor G. erzählten, dann sei er tatsächlich nicht der richtige Mann. Er könne dem allerdings nicht genauer nachgehen, da er in den nächsten Tagen seinen dreimonatigen Weiterbildungsaufenthalt in den USA antreten werde. Er verwies uns in dieser Angelegenheit an den Prorektor.

Die Veranstaltung mit Professor G. stand unmittelbar bevor. Deshalb mussten wir handeln. Wir schickten einen Brief an die Mitglieder der Aufsichtskommission der Schule, in dem wir unter anderem darauf aufmerksam machten, dass Professor G. kein Fachmann für Drogenprävention sei und das Konzept einer drogenfreien Schule nicht unterstützen werde. Zudem teilten wir ihnen mit, was uns Schüler über das Ausmass des Drogenkonsums unter ihren Klassenkameraden berichtet hatten. Ihre Angabe, dass etwa fünfzig Prozent unserer Schüler Drogen nähmen, sollte uns noch schwer zu schaffen machen.

Auf keinen Fall dürfen wir zu Wort kommen!

Einige Tage später hing plötzlich ein Brief am Informationsbrett im Lehrerzimmer – ein Antwortschreiben des Konventsvorstands auf unseren Brief an die Aufsichtskommission. Der Brief war voller Vorwürfe und Verfälschungen: Wir hätten die Schüler diffamiert, wir wollten der Schulleitung Vorschriften machen, wir würden unsere Meinung als die einzig richtige hinstellen, wir würden dem Ruf der Schule schaden … Wir nahmen die Herausforderung an und befestigten daneben ein Antwortschreiben, worin wir für eine offene Diskussion warben. Mit den einzelnen Kollegen kam schnell eine rege Diskussion über die Drogenfrage in Gang. War das gewissen Leuten nicht recht? Jedenfalls schlug der

Konventspräsident einige Tage später einen "Tages-Anzeiger"-Artikel aus dem Vorjahr über den VPM am Infobrett an. Eigentlich hätte er das nicht tun dürfen, da das Bezirks- und Obergericht in Z. viele darin enthaltene Aussagen als persönlichkeitsverletzend eingestuft und verboten hatte. Doch er erreichte sein Ziel: Gesprächsthema war jetzt nicht mehr das Drogenproblem an der Schule, sondern der VPM. Eine sachliche Diskussion über den VPM war zu diesem Zeitpunkt bereits nicht mehr möglich. Er hatte sich vor allem mit seiner klaren Stellungnahme gegen jeglichen Drogenkonsum bei den in Zürich dominanten Medien unbeliebt gemacht und wurde seit einiger Zeit in zahlreichen Artikeln scharf attackiert. Dieses Trommelfeuer hatte sowohl bei unseren Kollegen als auch bei der Schulleitung seine Wirkung getan. Wir erhielten Briefe von seiten des Prorektors und des Präsidenten der Aufsichtskommission, in denen sie unsere Glaubwürdigkeit in Zweifel zogen und behaupteten, wir schadeten dem Ruf der Schule, obwohl wir uns ja mit unserem Brief bloss schul*intern* geäussert und uns nicht an die Öffentlichkeit gewendet hatten. Wir liessen diese Angriffe nicht auf uns sitzen und blieben trotz allem mit unseren Kollegen im Gespräch. Vielleicht wurde es gerade deshalb Mode, mit verleumderischen Artikeln über den VPM sogenannt aufzuklären – in Wirklichkeit aber negative Stimmung zu machen und die Diskussion mit uns zu ersticken. Wenn wir uns dagegen wehrten, wurde uns dies von einigen als mangelnde Kritikfähigkeit und undemokratisches Verhalten ausgelegt.

Was wir in der Folge erleben mussten, machte uns betroffen: Kollegen begannen uns als "Sektenmitglieder" zu bezeichnen, egal, ob sie uns kannten oder nicht. Einige getrauten sich nicht mehr, mit uns Kaffee zu trinken. Eine Kollegin rief an und bat darum, sie nicht mehr zu grüssen, sie wolle mit uns nicht in Verbindung gebracht werden.

In dieser Stimmung fand dann die Drogenpräventionsveranstaltung für die Lehrer statt. Sie bestätigte unsere schlimmsten Befürchtungen. Professor G. äusserte sich überhaupt nicht zum Haschischproblem, dem Problem, das an unserer Schule vorrangig gewesen wäre, sondern er beschäftigte sich zum Beispiel mit sogenannten "Hobbyfixern". Allein mit diesem Begriff verharmloste er die zerstörerische Wirkung von Heroin gewaltig. Den 270 anwesenden Lehrern hatte Professor G. nicht mehr zum Thema Prävention zu sagen, als dass sie nicht in Panik verfallen sollten, wenn ein Schüler berichte, er habe schon drei- oder viermal gefixt. Er ermutigte die Lehrer, mit dem Schüler zu sprechen; sie bräuchten dazu keine spezielle Schulung, wer den guten Willen habe, verhalte sich automatisch richtig.

Zu diesen Äusserungen wollten wir natürlich unbedingt etwas sagen, zumal uns der Prorektor im Vorfeld aufgefordert hatte, unsere Auffassung mit derjenigen Professor G.s zu konfrontieren. Nun konnte er sich offenbar nicht mehr daran erinnern. Jeder von uns hatte sich darauf vorbereitet, wir alle meldeten uns zu Wort, aber der Prorektor versuchte uns zu ignorieren. Nur weil sich zunächst kein anderer Kollege meldete, sah er sich genötigt, schliesslich doch einen von uns kurz zu Wort kommen zu lassen, jedoch nicht ohne beizufügen, er wolle keine "Glaubensbekenntnisse" hören. Wir fühlten uns betrogen: Eine Drogenpräventionsveranstaltung für Lehrer, an der keine Diskussion und keine kritischen Fragen zugelassen sein sollten?

Eine Woche danach fand ein Lehrerkonvent statt. Wir hatten uns vorgenommen, unser Anliegen – und was daraus geworden war – vor der gesamten Lehrerschaft darzulegen. Am Konvent können normalerweise alle Lehrer ihre Fragen und Anliegen zur Sprache bringen. Es lag uns daran, unseren Kollegen vor Augen zu führen, dass wir innerhalb kürzester Zeit an der Schule zu Unpersonen geworden waren, und das nur, weil wir in der Drogenfrage unsere wohlbegründete Meinung eingebracht hatten und uns nicht hatten einschüchtern lassen. Unsere Kollegin, Frau Pfister, hatte kaum die ersten Sätze gesprochen, als sie von einem Lehrer buchstäblich niedergeschrien wurde. Er stellte den Antrag, sie nicht weiterreden zu lassen. Frau Pfister versuchte sich dadurch nicht beirren zu lassen. Der Konventspräsident übertönte sie via Mikrophon, so dass sie sich nicht mehr verständlich machen konnte. So weit war es also inzwischen gekommen. Sogar im offenen Lehrerkonvent setzten sich diejenigen durch, die sich aggressiv gebärdeten. Viele Kollegen waren nicht einverstanden, aber keiner traute sich, seine Meinung zu äussern. Wir waren vollkommen niedergeschlagen. Dennoch entschlossen wir uns, am

Jahresabschlussessen teilzunehmen, um trotz allem mit einzelnen Kollegen wieder ins Gespräch zu kommen.

Man will uns einschüchtern

In die gleiche Zeit fielen eigentliche Einschüchterungsversuche der Schulleitung. Ein Kollege aus dem Arbeitskreis wurde vom Prorektor in autoritärem Ton angegangen. Unsere Angabe von fünfzig Prozent Drogenkonsumenten an der Schule sei nicht belegt, das werde Konsequenzen haben. Ein Abteilungsleiter erschien zu einem unangemeldeten Schulbesuch bei Frau Kägi, die erst kurz zuvor vom Rektor besucht worden war. Wegen ihrer Mitgliedschaft im VPM müsse er ihr besondere Aufmerksamkeit widmen. Obwohl er ihre Lektion als sehr gut bewertet hatte, enthob er sie stillschweigend ihrer Funktion als Klassenlehrerin. Erst Wochen später erfuhr sie zufällig durch eine Mutter davon. Nach den Sommerferien klopfte derselbe Abteilungsleiter während des Unterrichts bei Frau Kägi. Völlig unbeherrscht fuhr er sie vor der Türe an, was sie sich dabei gedacht habe, als Zeugin gegen die Konventspräsidentin auszusagen. Die neugewählte Konventspräsidentin hatte über längere Zeit im Lehrerzimmer und bei den Schülern verbreitet, Frau Treichler setze Schüler unter Druck und "mache sie fertig", wenn sie Drogen nähmen. Frau Treichler hatte sich gezwungen gesehen, wegen dieser schwerwiegenden, stetig wiederholten Vorwürfe Klage einzureichen, nachdem die Konventspräsidentin trotz mehrerer Klärungsversuche auf nichts eingegangen war. Frau Kägi hatte mehrere Auftritte der Konventspräsidentin, bei denen sie ausfällig geworden war, miterlebt und konnte sie bezeugen. Dies passte dem Abteilungsleiter nicht. Nach dem vergeblichen Versuch, sich mit ihm zu verständigen, wollte Frau Kägi in die Klasse zurück. Er verbot es ihr mit der Bemerkung, er bestimme, wann unterrichtet werde und wann nicht. Auch den Versuch, das Gespräch beim Rektor produktiver weiterzuführen, unterband er mit den Worten, er bestimme, wann sie wohin gingen, und sie müsse jetzt da vor ihm stehenbleiben. Kurz darauf befahl er ihr, wieder in die Stunde zu gehen, sie sei ja völlig "lernresistent".

Dieses Verhalten des Abteilungsleiters war für uns unfassbar, deutete es doch an, was noch auf uns zukommen könnte. Offensichtlich schreckte man vor nichts zurück. Wir hatten allerdings noch Hoffnung. Wir glaubten, dass der Rektor nach seinem Weiterbildungsurlaub die Situation an der Schule wieder beruhigen könnte. Deshalb hatten wir ihm während der Sommerferien einen ausführlichen Bericht über die Ereignisse geschrieben.

Unsere Hoffnung schien sich vorerst zu bestätigen. Auf den Beginn des neuen Schuljahres sandte er allen Schülerinnen und Schülern einen Appell für eine drogenfreie Schule, in dem er ganz in unserem Sinne vor Haschisch warnte und eine verstärkte Kontrolle auf dem Schulhausareal ankündigte. Die Lehrer rief er einige Tage später dazu auf, sich in ihren Äusserungen zu dem schwelenden Konflikt sowohl innerhalb der Schule als auch im Kontakt gegen aussen grösste Zurückhaltung aufzuerlegen.

"Die Sieche rüered mer use ..."

Bei dieser positiven Entwicklung sollte es allerdings nicht bleiben. Nur eine Woche nach dem Appell des Rektors wurde der Konflikt von aussen neu angeheizt. Am 12. September 1990 erschien auf der Titelseite des "Tagblattes der Stadt Zürich" ein Artikel, in dem sich vor allem der bereits erwähnte Geschäftsführer des Trägervereins zu Wort meldete. An diesem Morgen, an dem sich alle Schüler und alle Lehrer der Schule zum gemeinsamen Sportfest trafen, wurden wir also in einem städtischen Gratisblatt mit einer Auflage von fast 200 000 Exemplaren als Lehrer hingestellt, die "Unwesen treiben" und die Stimmung im Lehrerzimmer verdürben. Wir waren entsetzt darüber, wie perfid unser Anliegen und unser Verhalten öffentlich verleumdet wurde. Wie würden unsere Schüler reagieren? Was würden die Kollegen, die Eltern und die Lehrmeister unserer Schüler von uns denken? Und was würde der Rektor tun? Zwei Tage zuvor hatte er uns noch zu beruhigen versucht, als wir ihm vom Anruf des "Tagblatt"-Journalisten berichteten: Das sei eine Hexenjagd, er werde das verhindern. Es war ihm nicht gelungen, der Artikel war trotzdem erschienen. Würde er zu uns stehen, nachdem nun auch er in der Öffentlichkeit so unter Druck geraten war?

Obwohl wir alles mögliche befürchteten: Daran, was gut drei Wochen später geschehen sollte, dachten wir noch nicht – an unsere Entlassung. Zunächst beschäftigten wir uns damit, den "Tagblatt"-Artikel und die folgenden Veröffentlichungen in der "Neuen Zürcher Zeitung" und im "Tages-Anzeiger" richtigzustellen.

Im "Tages-Anzeiger" hatte sich der Rektor nur sechs Tage nach dem "Tagblatt"-Artikel in aller Form von uns distanziert. Dort hatte er geäussert, die Anti-Drogen-Kampagne der Schule sei "kein Werk von 'Lieblingen'[G]", obwohl er sich in der Frage der Drogenprophylaxe ganz auf unsere Argumente abstützte. Im Lehrerzimmer wurde es für uns immer unerträglicher. Einige Kollegen versuchten andere davon abzuhalten, überhaupt noch mit uns zu reden. Sie bezeichneten diejenigen, die in der Drogenfrage mit uns übereinstimmten, als psychisch krank. Eine Kollegin, die seit zwei Jahren gut mit uns befreundet gewesen war, nahm von einem auf den anderen Tag Abstand von uns. Wenn wir uns im Lehrerzimmer zu unseren Deutschkollegen an den Tisch setzten, standen sie auf. Ein Kollege ging so weit zu sagen: "Sie sind hier ein Fremdkörper. Und den muss man beseitigen."

Eine Woche vor der Sitzung der Aufsichtskommission, an der der Konflikt behandelt werden sollte, berichtete ein Schüler von einem Gespräch mit einem anderen Lehrer: "Weisch, die Sieche rüered mer use; nur de Rekter isch's Problem." Wir versuchten verzweifelt, die Mitglieder der Aufsichtskommission zu informieren. Niemand wollte sich auf ein Gespräch mit uns einlassen, einige beschwichtigten, es werde an der Sitzung nichts entschieden.

Am 4. Oktober 1990 fand die folgenschwere Sitzung statt. Am folgenden Tag, dem letzten Schultag vor den Herbstferien, wurde jeder einzeln ins Rektorat bestellt. Dort eröffnete der Präsident der Aufsichtskommission jedem einzelnen, dass sein Lehrauftrag nicht mehr verlängert werde. Die beiden gewählten Lehrer erhielten einen Verweis. Unfassbar! Die Entscheidungsträger und Vollstrecker dieser Massnahme hatten uns kein einziges Mal angehört.

Entlassen!

Am gleichen Abend trafen wir uns, um zu überlegen, was wir tun könnten. Wir waren alle noch ganz benommen. Wie war eine solche Ungerechtigkeit möglich geworden? Wo könnten wir Unterstützung finden, dass diese Entscheidung zurückgenommen würde? Auf jeden Fall hatten unsere Schüler, ihre Eltern und Lehrmeister, aber auch unsere Kollegen Anrecht darauf, auch unsere Sicht der Dinge zu erfahren. Wir machten uns daran, die Geschehnisse aufzuschreiben, stundenlang suchten wir Adressen heraus. Aber auch die Öffentlichkeit musste informiert werden. Wir bereiteten uns auf eine Pressekonferenz vor und setzten einen Termin fest.

Wir planten, sowohl über die Abläufe an der Schule und die Hintergründe der Eskalation zu informieren als auch das Drogenpräventionskonzept des VPM vorzustellen, damit man sich ein unverfälschtes Bild davon machen konnte. Als wir aber am Morgen vor unserer eigenen Pressekonferenz die "Neue Zürcher Zeitung" aufschlugen, waren wir entsetzt. Diese renommierte Zeitung hatte doch tatsächlich an eben diesem Tag einen Artikel plaziert, in dem sie von unserer Entlassung berichtete und uns Störung des Schulbetriebs vorwarf. Sie zitierte Schulleitungsmitglieder und den Anwalt der Schule mit Aussagen wie: "massive Verletzung der Loyalitätspflicht", "Psychoterror gegen Andersdenkende" usw. Mit derartigen Anschuldigungen wurde unser Engagement abqualifiziert. Das hatte uns bis zu diesem Zeitpunkt noch niemand vorgeworfen. Wie sich später herausstellte, hatte der Anwalt der Schule inzwischen eine massgebliche Rolle im Vorgehen gegen uns übernommen. Es empörte uns, mit welcher Leichtfertigkeit er derartige Äusserungen über uns verbreiten liess und unseren Ruf schädigte, hatte er uns doch nur einen Tag vor seinem Interview mit der "Neuen Zürcher Zeitung" geschrieben, er habe gerade erst die Akten erhalten. Im übrigen stand später, als wir die Verantwortlichen zur Rechenschaft ziehen wollten, niemand mehr zu diesen Zitaten. Und die "Neue Zürcher Zeitung"? Sie hatte sich mit ihrem Artikel quasi auf die Ebene des Boulevardjournalismus begeben, in der erkennbaren Absicht, die Glaubwürdigkeit unserer Informationen an der Pressekonferenz herabzusetzen und die Berichterstattung der anderen Medien durch ihre Parteinahme zu beeinflussen.

Wir hatten beabsichtigt, an jenem Morgen den anwesenden Journalisten zu berichten, was mit uns und unserem Anliegen in den vorangegangenen Monaten geschehen war. Dabei wollten wir deutlich machen, dass unsere Entlassung allein mit unserer Stellungnahme gegen Drogen zu tun hatte. Offensichtlich endete das verfassungsmässige Recht auf freie Meinungsäusserung an der Drogenfrage. Wir konnten aber die katastrophalen Auswirkungen der Berichterstattung der "Neuen Zürcher Zeitung" nicht mehr auffangen. Am nächsten Tag bezogen sich praktisch alle Zeitungen im Tenor auf ihre Vorgabe und ignorierten bis auf wenige Ausnahmen *alles*, was sie von uns erfahren hatten.

Am ersten Schultag gingen wir mit sehr gemischten Gefühlen wieder zur Schule. In erster Linie beschäftigte uns, was unsere Schüler sagen würden. Was wir befürchtet hatten, traf jedoch nicht ein. Alle wollten genau erfahren, was sich eigentlich abgespielt hatte. Sie empörten sich darüber, dass man sie als direkt Betroffene nicht gefragt hatte. Einige Klassen überlegten, wie sie uns helfen könnten. Sie schrieben an die Schulleitung und baten sie, die Entlassungen rückgängig zu machen. Aus allen Briefen ging hervor, wie sehr sie uns als Lehrer schätzten. Sie hatten unsere Informationen über Drogen sehr interessiert aufgenommen und waren froh gewesen über unsere sachliche und klare Stellungnahme.

Der Rektor macht seine Drohung wahr: "Wir werden alle Mittel einsetzen ..."

Anders die Schulleitung. Die Briefe der Schüler würden sowieso im Kübel landen, kündigte der Prorektor an. Um zu verhindern, dass unsere Sicht überhaupt noch zur Sprache kommen konnte, liess uns der Rektor am ersten Schultag zu sich kommen und verbot uns, mit den Schülern über die ganze Angelegenheit zu sprechen. Da wir unseren Schülern auf ihre Fragen aber Antwort geben wollten, fuhren der Rektor und der Präsident der Aufsichtskommission noch stärkeres Geschütz auf: Sie schrieben einen Brief an die Lehrgeschäfte und Eltern *aller* Schüler, in dem sie unsere Entlassung mit genau den Gründen rechtfertigten, die erstmals (!) im Artikel der "Neuen Zürcher Zeitung" angeführt worden waren, "aggressiv", "unloyal", "agitatorisch" ... Und noch ein neuer Vorwurf kam hinzu: Wir seien während des Schulbetriebs für die Zielsetzungen des VPM eingetreten. Wir staunten, wie sich die Begründungen in kürzester Zeit und von Mal zu Mal veränderten.

Die Lehrerversammlung von Anfang November 1990 benutzte der Rektor als Forum für ein Tribunal gegen uns. Geschlossen sass die Schulleitung auf dem Podium. Das liess nichts Gutes erwarten. Der Rektor stellte uns vor der gesamten Lehrerschaft als Störenfriede hin. Es sei eine Flut von Beschwerden über uns eingegangen, gab er an. (Wir bekamen weder vorher noch hinterher jemals eine Beschwerde zu Gesicht.) Inhaltlich liess er sich nicht auf die Vorwürfe gegen uns ein. Unsere Bemühungen, uns gegen das, was uns widerfahren war, zu wehren, zog er ins Lächerliche. Rhetorisch gekonnt schüchterte er das Kollegium so ein, dass sich am Ende kaum einer getraute, nicht zu klatschen. Die Angst war körperlich zu spüren, Kollegen rückten von uns ab, schlichen sich davon, grüssten nicht mehr. Alles geschah angeblich zum Zweck, den guten Ruf der Schule zu retten, der wohl nur durch rückhaltlose Offenheit hätte wiederhergestellt werden können.

Wir hatten uns von der rektoralen Schmährede noch nicht erholt, als überraschend ein ausführliches Interview im "Tages-Anzeiger" erschien. In aller Öffentlichkeit stellte uns der Rektor darin als engstirnig hin und behauptete, wir würden Andersdenkende verunglimpfen. In Wirklichkeit waren ja wir selbst wegen unserer Meinung schwer verunglimpft und entlassen worden. Bei uns entschuldigte sich der Rektor später damit, er sei vom betreffenden Journalisten zum Interview genötigt worden, dieser hätte sonst einen Artikel über seine Schule als "Drogenhölle" veröffentlichen wollen.

Dass wir diese ganze Zeit, in der wir praktisch täglich mit Anfeindungen und Beschuldigungen konfrontiert waren, überstanden und unseren Beruf ausüben konnten, war uns nur möglich, weil wir uns konsequent gegen alle Verleumdungen wehrten. Wir liessen nichts auf uns sitzen. Doch offensichtlich ärgerte eben das unsere Gegner am meisten. Der Konventsvorstand zum Beispiel verlangte von der Aufsichtskommission, sie solle unsere Agitation, wie er es nannte, und unser Briefeschreiben sofort unterbinden. Um dieser Forderung Nachdruck zu verleihen, sollte das Kollegium in geheimer Abstimmung über unsere sofortige Entlassung entscheiden. Dieses Mittel war neu. Die Lehrer sollten die ungerechte Entscheidung von Aufsichtskommission und Schulleitung im nachhinein mittragen oder sie verschärfen. Die Abstimmung fand statt, fiel aber offenbar nicht zur vollen Zufriedenheit ihrer Initianten aus. Man hörte in der Folge nichts mehr von ihr.

Die Stimmung an der Schule war aber inzwischen derart, dass sich im Lehrerzimmer Unglaubliches ereignete. Eine Kollegin aus unserem Arbeitskreis fand eines Tages eine tote Maus in ihrem Fach. Als ehemalige Schüler – Erwachsene –, die sich für uns engagierten, vor der Schule ein Informationsblatt verteilten, warf eine Lehrerin ihnen an den Kopf: "Eu sött me verschüsse!"

Man kann sich vorstellen, wie wohltuend es für uns war, wenn uns einzelne Kollegen trotz alledem ihre Sympathie kundtaten. Die meisten wagten dies allerdings nur, wenn kein dritter anwesend war. Auch in Kontakten mit der Bevölkerung erfuhren wir immer wieder positive Resonanz, trotz allem, was über uns in Umlauf gebracht worden war. Viele Lehrmeister unterstützten uns mit einer Petition an den Regierungsrat und die Aufsichtskommission der Schule, in der sie unsere Wiedereinstellung forderten. Bei der Sammlung von Unterschriften für eine Petition an die Behörden zum Schutze des VPM und seiner Mitglieder – bei der 20 000 Unterschriften zusammenkamen – brachten viele Menschen zum Ausdruck, dass sie unsere Entlassung ein grosses Unrecht fänden.

Der Präzedenzfall ist geschaffen

Seit diesen Ereignissen Anfang Dezember 1990 gerieten der VPM und wir in der Öffentlichkeit immer stärker ins Schussfeld. Im Schweizer Fernsehen waren sogar unsere Konventspräsidentin und der Geschäftsführer des Trägervereins der Schule zu sehen. Unser Fall tauchte mit grosser Regelmässigkeit immer dort auf, wo man Lehrern, die sich im VPM weiterbilden, Schwierigkeiten machen wollte. Schlimm genug, dass wir selbst dauernd verleumdet und beschimpft wurden und bald keine Stelle mehr haben sollten, nun sollten auch noch unsere Kollegen darunter zu leiden haben.

Rechtliche Schritte schienen uns nun unumgänglich. Es musste doch eine Institution geben, bei der man sich zumindest einmal über den Entscheid der Aufsichtskommission beschweren konnte. Wir versuchten es mit einem Rekurs bei der kantonalen Volkswirtschaftsdirektion, da ja der Kanton die Schule zu mehr als 90 Prozent finanziert. Dazu brauchten wir eine schriftliche Begründung seitens der Aufsichtskommission; wir hatten sie bereits am Tag nach der Kündigung verlangt. Es dauerte zwei Monate, bis wir sie bekamen – wieder voll von Allgemeinplätzen, Verdrehungen, Unterstellungen. Der Volkswirtschaftsdirektor war nicht an einer sachlichen Klärung interessiert. Er lehnte jegliches Gespräch mit uns ab. Nachdem unsere Rekurse von seiner Seite als "unzulässiges Rechtsmittel an eine unzulässige Rechtsmittelinstanz" bezeichnet worden waren, zogen wir sie zurück. Wir wollten die Strapazen eines jahrelangen Rechtsstreites zu dieser Frage mit ungewissem Ausgang und unabsehbaren Kosten nicht auf uns nehmen.

Eines jedoch war klar geworden: Die monatelange Medienkampagne hatte auch bei den Behörden ihre Wirkung getan. Da es keine andere Möglichkeit gab, musste die irreführende Darstellung unseres Falles durch die Medien gerichtlich korrigiert werden. Der Geschäftsführer des Trägervereins hatte den Anstoss zu allen Verleumdungen gegeben mit seiner Behauptung, wir würden unser "Unwesen treiben". Die "Neue Zürcher Zeitung" hatte aus einem Brief von Schulleitungsmitgliedern Unhaltbares zitiert; auch der Anwalt der Schule hatte uns mit dem Begriff "Psychoterror" auf unglaubliche Art verleumdet.

Wir vertrauen darauf, eines Tages doch noch zu unserem Recht zu kommen und in unserer Ehre wiederhergestellt zu werden – wie lang und enttäuschungsreich der Weg durch die verschlungenen Gänge der formalistischen Justiz auch sein mag.

Was inzwischen an der Schule bezüglich Drogenaufklärung durchgeführt wurde, bestätigt uns, dass wir unseres Standpunktes in der Drogenfrage wegen entlassen wurden. Unsere aktiven Gegner haben nun in diesem Bereich die Fäden fest in der Hand. Es sind nur "Experten" zu Wort gekommen, die eine Drogenfreigabe befürworten und vielfach sogar mehr oder weniger direkt für Drogen Propaganda machen. Als Pädagogen schmerzt uns das; es geht letztlich um das Wohl unserer Jugendlichen und um dasjenige unserer Gesellschaft überhaupt.

Was seit den Entlassungen geschehen ist

Luzi Hemmi

Ich hätte nie gedacht, dass jemand für ein redliches Anliegen derart schmählich behandelt werden könnte, nur wegen seines Engagements für eine menschengerechte, wohlfundierte Drogenprophylaxe. Für mich waren das bittere Erfahrungen.

Die Situation an meiner Schule hat sich durch die ganze Geschichte geändert. Mein gewählter Kollege und ich sind zur Zeit noch geduldet. Ich muss allerdings befürchten, dass wir nächstes Jahr nicht mehr wiedergewählt werden. Noch mehr bedrückt mich, dass mir viele Mitglieder des Kollegiums – es gibt wenige Ausnahmen – heute befangen begegnen oder dass sie sogar die zum Teil fast zwanzigjährige Beziehung abgebrochen haben. Keiner von ihnen hat sich für irgendeinen von uns eingesetzt. Als Lehrer aber schmerzt mich ganz besonders, dass die vielen tausend Jugendlichen an der Schule nicht mehr umfassend über Drogen und ihre Gefahren orientiert werden dürfen. Warum sollte ihnen das eigentlich nicht zustehen?

Hanna Weiss

Heute sehe ich, dass alles, was damals gegen uns inszeniert wurde, nur ein Anfang war. Dieselben "Argumente", mit denen man uns aus der Schule eliminierte, tauchten später bei anderen Kollegen wieder auf. Das Feindbild "VPM-Lehrer" ist inzwischen gezimmert, und schon mehr als einmal konnte ich beobachten, wie jemand bei mir buchstäblich die Hörner wachsen sah. Diese Mauer zu überwinden, ist ungemein schwer.

Ein Trost sind die ehemaligen Schüler. Manchmal schon bin ich einem auf der Strasse begegnet. Ihre spontane Freude in der Begegnung zeigt mir immer wieder, dass an diesem Feindbild etwas nicht stimmen kann. Ab und zu hört man auch munkeln, dass der eine oder andere ehemalige Kollege unsere Sicht von der Lage an der Schule bestätigt: "Die haben völlig recht gehabt."

Meine berufliche Zukunft steht heute in den Sternen. Es sollte nicht das letzte Mal bleiben, dass ich ausgegrenzt wurde.

Zunächst hatte ich eigentlich Glück. Ich konnte an einem Gymnasium für eine Lehrerin einspringen, die aus familiären

Gründen kurzfristig ausscheiden musste. Ein Jahr lang konnte ich dort bleiben. Dann musste ich mich erneut nach Stunden umschauen.

Von einem Kollegen hörte ich, er sei vom Rektor einer Kantonsschule angefragt worden, könne aber diese Stunden nicht annehmen. Ich hoffte. Vielleicht fände ich hier eine Schule, an der ich einmal länger bleiben könnte? Sofort meldete ich mich beim Rektor. Nachdem ich ihm meine Unterlagen zugeschickt hatte, lud er mich zum Vorstellungsgespräch ein. Er nahm mich sehr freundlich auf, zeigte mir das Schulhaus und sicherte mir am Ende des Treffens den Lehrauftrag zu.

Zuversichtlich fuhr ich nach Hause. In den nächsten Wochen nahm alles seinen normalen Gang. Ich erhielt den Anstellungsvertrag, den ich unterschrieben zurückschickte, konnte Stundenplanwünsche anbringen, traf mich mit meinem Mentor. Kurz vor den Sommerferien rief mich der Rektor noch einmal an, ob ich eventuell noch mehr Stunden übernehmen könne. Erfreut sagte ich zu. Inzwischen hatte ich von Freunden erfahren, dass ein junger Kollege, der auch Kurse im VPM besucht, das andere halbe Pensum des scheidenden Lehrers erhalten hatte. Bisher hatten wir uns nur vom Sehen gekannt. Ich freute mich auf die Zusammenarbeit.

Soweit sollte es jedoch nicht kommen. Alles weitere können Sie im Bericht von Erminio Abbagnale[*] nachlesen. Der Ablauf war haargenau derselbe: Absage des Rektors in den Sommerferien: "Zu meinem persönlichen Bedauern muss ich Ihnen mitteilen, (…) dass meine vorgesetzte Behörde, das (…) Erziehungsdepartement, Ihren Anstellungsvertrag nicht bestätigt." – Briefe und Telefonate. Was waren die Gründe? Der Rektor wich aus. Die zuständigen Personen waren in den Ferien. Floskeln wie: "Im gegebenen Zeitpunkt …" – Dann endlich folgte eine erste Antwort: "Einem andern, besser geeigneten Bewerber den Vorzug gegeben" – Wir erinnerten uns: Jener Brief des Rektors an einen uns bekannten Studenten mit dem Angebot, unsere neunzehn Stunden zu übernehmen. – Beschwerde an den zuständigen Regierungsrat. – Vernehmlassung beim Erziehungsdepartement: "Um die fragliche Lehrbeauftragtenstelle hat sich lediglich die Beschwerdeführerin beworben", und: "Wir haben die Rektoren … ersucht, inskünftig bei Stellenbewerbungen, die ihnen aus irgendwelchen Gründen konfliktträchtig erscheinen, das Erziehungsdepartement frühzeitig zu informieren."

Ungereimtheiten, Widersprüche, Unehrlichkeiten – keiner gibt klare Auskünfte, keiner will zuständig sein.

Meine Empörung über die Ungerechtigkeit zerfällt in der Mühle amtlicher Unnahbarkeit zu Resignation. Und doch liegt es klar auf der Hand. Ausser unserer Fachkombination haben mein junger Kollege und ich nur eines gemeinsam: Wir sind Mitglieder des VPM. – Sind wir deshalb vogelfrei?

Für das laufende Schuljahr konnte ich in den Sommerferien keine Stelle mehr finden. Ich vikarisiere. Zweimal hatte ich bisher Glück. Ich zweifle, ob es mir treu bleiben wird. Die Behörden im einen Kanton führen meine Fiche, im anderen Kanton verweigert man mir von höchster Stelle die Lehrerlaubnis. Das Leben wird immer enger.

Andri Bergamin

Da ich im Frühling 1990 gewählt worden war, wurde ich nicht, wie meine Kollegen, von der Schule gewiesen. Das Leben dort wird mir heute aber nicht leicht gemacht. Überraschend verbot die Schulleitung meinem Kollegen Luzi Hemmi und mir, ein gemeinsam geplantes Klassenlager durchzuführen. Mein Unterricht im Fach Psychologie, den ich seit einigen Jahren erteilt hatte, wurde kommentarlos gestrichen, obwohl sich genügend Schüler für meinen Kurs interessierten. Eine Beschwerde, die ich nie zu Gesicht bekommen habe, lieferte den Vorwand für einen unüblichen Schulbesuch. Angeblich hätte ich eine unordentliche Klassenführung. Da der zuständige Abteilungsleiter dies nicht bestätigt fand, griff er mich persönlich an: Ich sei als Lehrer einfach nicht überzeugend. Dies, nachdem ich dreizehn Jahre an dieser Schule unterrichtet hatte und erst kurze Zeit vorher gewählt worden war.

Die Ereignisse an der Schule haben auch das Verhältnis zu den Kollegen verändert. Obwohl sie fast täglich mit Desinformation über den VPM eingedeckt werden, wagt kaum einer, bei mir nachzufragen, was es damit auf sich hat. Das beschäftigt mich heute am meisten.

Lucia Lehmann

Trotz der nicht einfachen Situation im Kollegium ist mir der Weggang von der Schule nicht leichtgefallen. Die vielen kleinen Geschenke, Blumen, Briefe und Karten meiner Schüler berührten mich sehr, machten mir den Abschied aber nicht leichter. Ich machte mich sofort auf Stellensuche, jedoch ohne Erfolg. Ich musste mich arbeitslos melden, mit der Zuversicht, bald wieder als Lehrerin arbeiten zu können.

Im Kanton Zürich war nichts zu machen, trotz allen Bemühungen. Nach einem halben Jahr erhielt ich dann wieder Stunden, allerdings von vornherein zeitlich begrenzt und sehr weit weg. Um zu meinem jetzigen Arbeitsplatz zu gelangen, muss ich anderthalb Stunden mit dem Zug fahren.

Angela Kägi

Die Zeit nach der Entlassung war schwierig. Glücklicherweise unterrichtete ich noch an einer weiteren Schule. Ich führte dort zwei Klassen, mit denen ich keine grösseren Schwierigkeiten hatte. So stand ich nicht ganz auf der Strasse. Wie mir später jedoch eine Schülerin erzählte, setzte eine Kollegin schlimme Gerüchte über mich in Umlauf: Sie warnte meine Schüler regelrecht vor mir, natürlich ohne mit mir je nur ein Wort gesprochen zu haben. Mitten im Schuljahr nahm mir dann der Rektor eine meiner beiden Klassen weg – offensichtlich wollte er mich dazu bewegen, seine Schule freiwillig zu verlassen. Eine Entlassung auf kaltem Wege? Auch er redete nicht mit mir; ich erfuhr von der Stundenkürzung durch den Kollegen, der meine Klasse übernahm. Ihm war das sehr unangenehm, hatte doch der Rektor ihm erzählt, ich sei einverstanden.

Auch auf der Stellensuche machte ich die Erfahrung, dass mich der Fall an der Kaufmännischen Berufsschule in Z. stigmatisiert hatte. Viele Bewerbungsschreiben blieben ganz unbeantwortet, oder die Absage war in einem unverbindlichen und höflichen Ton gehalten. Zwei Beispiele scheinen mir jedoch besonders erwähnenswert: So erhielt ich in einem Nachbarkanton ein Angebot. Der Vertrag war so gut wie gemacht, da flatterte völlig überraschend die Absage ins Haus. In diesem Fall war der Rektor wenigstens ehrlich: Meine Mitgliedschaft im VPM mache es unmöglich, dass ich an seiner Schule unterrichte. Am Telefon präzisierte er: Ein Kollege habe derart "ausgerufen", dass er auf eine Anstellung verzichten müsse. Er weiche also dem Druck der Strasse? Da möge ich schon recht haben, entgegnete er, aber er könne nicht anders ...

Etwas Ähnliches spielte sich kurze Zeit später ab. Auf Empfehlung eines Hochschullehrers, der mich aus einer Prüfung kannte, bot mir ein Rektor ein volles Pensum an. Ich willigte gerne ein. Noch am gleichen Tag, einige Stunden später, zog er sein Angebot telefonisch zurück. Es gehe leider nicht; im Kollegium sei Widerstand aufgekommen; man kenne mich aus der Sache an der Kaufmännischen Berufsschule ... Auch hier fragte ich, wer denn an seiner Schule die Lehrer anstelle und ob Zeugnisse ausschlaggebend seien oder Presseerzeugnisse. Der Rektor gab zurück, er sehe die Problematik, könne sich dem Druck aus dem Kollegium aber nicht entgegenstellen. Ich wäre an seiner Schule wohl sowieso nicht glücklich geworden.

Zum Glück fand ich schliesslich eine Anstellung an einer Schule, an der der Rektor beim Stichwort VPM nicht direkt kopfscheu wird und zu den liberalen Grundlagen unseres Schulwesens steht. Ob die Kollegen das auch so halten? Meine Erfahrungen machen mich skeptisch.

Barbara Pfister

Am meisten beschäftigt mich, dass es in der Schweiz nicht mehr möglich ist, seine Meinung zu bestimmten kontroversen Fragen offen zu äussern, ohne schwerwiegende Konsequenzen in Kauf nehmen zu müssen. Bemerkenswerterweise verhinderten an unserer Schule gerade diejenigen eine sachliche Auseinandersetzung, die sonst so gerne ausgesprochen basisdemokratische Forderungen auf ihre Fahnen schreiben. Für mich ist es nach wie vor erschreckend, dass es nur ein paar wenige Aktivisten brauchte, um eine Stimmung zu schaffen, in der sich andere Kollegen plötzlich nur noch im Lift getrauten, mich zu grüssen oder sonstwie unbeobachtet ihre Sympathie zum Ausdruck zu bringen. Bitter war auch die Erfahrung, dass der Rektor seine Zusicherung brach, eine versöhnliche Lösung zu suchen.

Die Entlassung bedeutet für mich eine ungewisse Zukunft. Eine Zeitlang arbeitslos zu sein, liesse sich verschmerzen. Schlimmer ist allerdings die gezielte, durch nichts zu rechtfertigende Rufschädigung, die mit der Entlassung verbunden war. Ihre Wiedergutmachung liegt heute wenigstens zum Teil in der Hand der Gerichte. Auch in meinem neuen Lehrerzimmer gibt es einzelne Kollegen, die in meiner Anwesenheit unüberhörbar über die "Sieche vom VPM" schimpfen. Sie wissen nicht, wer ich bin. Ich weiss nicht, wer sie sind. Sie wiederholen das, was in der Zeitung steht. Sonst wissen sie nichts. Sie kennen die Tätigkeit des Vereins nicht, sie kennen niemanden, der sich im VPM weiterbildet. Wird sich alles wiederholen? Solche Kollegen trüben die Freude, sich mit anderen im Lehrerzimmer zu treffen. Ich muss täglich damit rechnen, dass die neu entstandenen freundschaftlichen Beziehungen wieder zerstört werden.

Katharina Treichler

Die Ereignisse an der Schule und die darauffolgende Entlassung waren einschneidende Erlebnisse in meinem Leben. Was ich bisher nur aus Biographien politisch Verfolgter und Diskriminierter der Exilliteratur kannte – Ausgrenzung, Verlust des Arbeitsplatzes, Beschneidung der Meinungsfreiheit, Diffamierung, massive Einschüchterung und Existenzängste – war für mich nun plötzlich Wirklichkeit geworden. Erinnerungen an Erzählungen meiner Familie über den Grossvater, der während des Nationalsozialismus wegen mangelnder Linientreue seine Stelle als Lehrer verloren hatte, wurden in mir lebendig. Dass Kollegen im Gespräch unter vier Augen unserer Einschätzung der Drogenproblematik an der Schule zustimmten, sich aber aus Angst, ihre Stelle zu verlieren, nicht getrauten, öffentlich dazu zu stehen, verstärkte meinen Eindruck von Parallelen zu Methoden aus der dunkelsten Zeit der neueren Geschichte. Schmerzhaft war für mich die Erfahrung, dass sich einige Kollegen an der Schule, zu denen sich freundschaftliche Beziehungen entwickelt hatten, nicht mehr getrauten, sich mit mir zusammen im Lehrerzimmer zu zeigen, oder plötzlich im Gespräch sehr befangen waren, und dass das Unterrichten in einzelnen Klassen auf Grund von Intrigen einer Kollegin kaum mehr möglich war. Ein Lichtblick war es für mich zu erfahren, dass sich viele meiner Schüler durch die Kampagne, wie sie gegen uns inszeniert worden war, nicht davon abbringen liessen, mir ihre Sympathie entgegenzubringen und sich bei mir persönlich für die Aufklärung über die Gefährlichkeit von Drogen zu bedanken.

Eine völlige Umstellung in meinem Leben brachte die Zeit kurz nach der Entlassung mit sich. Ich schrieb Dutzende von Bewerbungen und unterrichtete teilweise gleichzeitig an fünf verschiedenen Orten stundenweise Studenten, Lehrlinge, Mittelschüler, Kaderleute in der Industrie und Fremdsprachige im Fach Deutsch. Daneben hatte ich mich als Teilzeitarbeitslose einmal in der Woche auf dem Arbeitsamt zu melden. Neben der Einarbeitung an den neuen Arbeitsplätzen, den unregelmässigen Arbeitszeiten, dem Vorbereiten neuen Unterrichtsstoffs und den Vorstellungsgesprächen war ich zusammen mit meinen Kollegen des Arbeitskreises damit beschäftigt, Richtigstellungen zu schreiben auf all die Unwahrheiten und Diffamierungen, die in den Medien über uns verbreitet wurden. Besonders schwer empfand ich es, dass in dieser Situation Familienleben, Besuche von und bei Freunden, Freizeit, Feierabend und Ferien immer von Sorgen belastet waren und die berufliche Zukunft im Ungewissen lag. Heute bin ich als Lehrbeauftragte an zwei verschiedenen Gymnasien tätig. Mein Beruf gefällt mir sehr gut, aber immer wieder schleicht sich die Angst bei mir ein, eines Tages auf Grund von Intrigen und politischen Machenschaften nicht mehr unterrichten zu können.

“Vom Schulpräsidenten und vom Präsidenten der Kindergartenkommission wurde mir allen Ernstes befohlen, dass ich mich fortan über die Themen Schul- und Kindergarten“reformen” sowie VPM nicht mehr äussern dürfe.”

Marie Albrecht, Logopädin

1948 als zweites Kind einer grossen Handwerkerfamilie in der Innerschweiz geboren. – Bis 1960 Besuch der Primarschule in einer Landgemeinde, dann Gymnasium im Internat und Ausbildung zur Heilpädagogin. – Nach 6 Jahren heilpädagogischer Arbeit mit Kindern Hochschulstudium in Psychologie. 1972 Lizentiat, 1975 Promotion. Danach 17 Jahre an öffentlichen Schulen und in privater Praxis. – Zahlreiche Weiterbildungen, wegen der ethischen Haltung und der sorgfältigen wissenschaftlichen Arbeitsweise besonders gern bei F. L. und später bei Dr. B. im Rahmen des VPM. – 1990 Teilpensum als Logopädin. 1991 Kündigung wegen Mitgliedschaft beim VPM.

Zur Kündigung genötigt – trotz fachlich und menschlich tadelloser Arbeit

Im Sommer 1990 sollte in einer Stadt im Zürcher Unterland ein neuer Sprachheilkindergarten aufgebaut werden. Nachdem ich während rund 20 Jahren berufliche Erfahrungen als Psychologin, Heilpädagogin und Logopädin gesammelt hatte, lockte mich diese neue Aufgabe. Die Schulpflege hatte schon länger eine Fachkraft für Logopädie gesucht und hatte nicht mehr damit gerechnet, dass sich eine so gut qualifizierte Bewerberin melden würde. Man wollte mich deshalb sofort einstellen. Also machte ich mich mit meiner zukünftigen Kollegin, der ebenfalls neu eingestellten Sprachheilkindergärtnerin, bekannt. Nach einem Besuch in ihrem damaligen Sprachheilkindergarten und nach längerem Austausch über unsere pädagogische und logopädische Arbeitsweise hatte ich den Eindruck gewonnen, dass wir in unseren Auffassungen so weit übereinstimmten, dass die Grundlage für eine gute Zusammenarbeit gegeben war. Ich sagte also zu. Meine angehende Kollegin, ich nenne sie aus Diskretionsgründen Anna*, hatte anfänglich Bedenken, ich könnte mit meinem Universitätsstudium "zu gebildet" sein. Weil eine Anstellung für mich und für die Schulbehörde nur in Frage kam, wenn wir beide einverstanden waren, war ich gespannt, wie sie sich entscheiden würde. Einige Tage später erfuhr ich, dass Anna zugesagt hatte. Während der Sommerferien sahen wir uns einige Male, weil wir den Sprachheilkindergarten einrichten mussten. Anna erzählte mir, was sie sich überlegt hatte. Sie fand, dass wir beide uns gut ergänzen könnten. Sie wolle Gewinn aus meinen Erfahrungen in der Erziehungsberatung ziehen, und sie stelle mir ihre Erfahrungen als Sprachheilkindergärtnerin gerne zur Verfügung. Das freute mich, und ich schaute unserer gemeinsamen neuen Arbeit voller Zuversicht entgegen.

Unsere kleinen Schüler, für die nach den Sommerferien ebenfalls ein neuer Lebensabschnitt begann, lebten sich bei uns rasch ein. Wir leiteten die Kinder nach bewährten pädagogischen Grundsätzen an. In guter Zusammenarbeit gelang es uns, ein Klima zu schaffen, in dem sich die Kinder untereinander befreundeten. Fröhliches Spiel und fleissiges Lernen fanden in unserem Sprachheilkindergarten ihren Platz. Doch leider wurde unsere gute Zusammenarbeit schon bald nach diesem vielversprechenden Anfang verunmöglicht.

Eine skandalöse "Aktennotiz"

Unter den auf der Erziehungsdirektion des Kantons Zürich erstellten Lehrerfichen, die Kantonsrat S. Ende 1992 der "Interessengemeinschaft gegen Lehrer-Fichen" übergeben hatte, findet sich eine Aktennotiz in Form einer gefüllten A4-Seite, die meine Tätigkeit in diesem Sprachheilkindergarten betrifft. Die "Aktennotiz zuhanden der Abteilung Volksschule" der Erziehungsdirektion ist datiert auf den 9.7.92. Meine Tätigkeit in jener Kleinstadt hatte ich jedoch am 15.8.91 beendet. Die Aktennotiz ist also *nachträglich*, mehr als ein Jahr später erstellt worden. Verfasser ist der damals für mich zuständige Sonderschulberater der Erziehungsdirektion des Kantons Zürich. Die Notiz enthält nichts als persönliche Vorwürfe von Anna an mich. Diese subjektive Meinung meiner Kollegin gibt der Sonderschulberater als *seine eigene* Beurteilung wieder. Ohne dass er sich selber ein Bild von Fakten und Realitäten gemacht hätte, gibt er das durch und durch missgünstige Konstrukt mangelnder Gesprächsbereitschaft, der Teamunfähigkeit, des Missionierens und der Verweigerung jeder Kooperation wieder. Unter anderem wirft er mir vor, ich hätte die Elterngespräche nicht mit Anna gemeinsam geführt. Als "Beweis" werden einzig die Aussagen meiner von der öffentlichen Diffamierungskampagne der Zürcher Medien gegen den VPM in ihrem Urteil schwer beeinflussten Kollegin angeführt. Anna suchte ihre unverkennbar von Vorurteilen geleitete und geprägte Wahrnehmung zu untermauern, indem sie mir sogenannt "impertinentes VPM-Gehabe" – was immer das bedeuten mag – anlastete.

Wieso wird ein Jahr nach Beendigung eines Dienstverhältnisses und ohne Nachfrage bei mir als der Betroffenen eine solche Akte erstellt und zu den Lehrerfichen geliefert? Es ist interessant, dass diese Fiche der Erziehungsdirektion gemäss Datierung just zu dem Zeitpunkt geliefert wurde, zu dem die Erziehungsdirektion die zahlreichen Entlassungen und Nichteinstellungen wegen

Vereinszugehörigkeit beim VPM mit verschiedensten vorgeschobenen Begründungen zu verschleiern versuchte, wie die Leidtragenden dieser Entlassungswelle untereinander bald feststellten.

Was sich von Mitte 1990 bis Mitte 1991 wirklich ereignete

Im Juni 1990 berichtete die Schweizerische Kindergartenzeitschrift über Reformpläne für die Kindergartenstufe. Als heilpädagogisch und pädagogisch tätige Fachlehrerin interessierten mich diese Reformvorschläge und auch die Theorien und pädagogischen Auffassungen, die dahinter stehen. Im Rahmen der Fortbildungsveranstaltungen des VPM hatte ich mich unter anderem mit entwicklungspsychologischen Befunden, mit verschiedenen pädagogischen Ansätzen und den entsprechenden philosophischen und psychologischen Grundlagen gründlich auseinandergesetzt. Beim Studium der Reformen wurde mir immer klarer, dass hinter vielen didaktischen Hinweisen undeklariert eine antipädagogische[G] Haltung steht.

Ich war über die Ergebnisse unserer in intensiver Zusammenarbeit gewonnenen Analyse der Kindergarten"reformen" betroffen. Entwicklungspsychologische Befunde und die pädagogischen Erfahrungen von Generationen legten den Schluss nahe, dass diese "Reformen" für die Kinder die Gefahr von Verwahrlosung, Bildungsarmut, Orientierungslosigkeit und Sinnlosigkeit bringen würden. Mit diesen grundlegenden, tiefgehenden und weitreichenden Veränderungen der erzieherischen Haltung, Ethik und Praxis war eine Umwälzung des sozialen und gesellschaftlichen Lebens absehbar. Es war mir deshalb wichtig, die Sache mit vielen Kollegen breit und gründlich zu diskutieren. Ich betrachtete dies als meine Pflicht im Rahmen eines demokratischen Meinungsbildungsprozesses. Auch Anna gegenüber tönte ich an, was mich beschäftigte. Gerne hätte ich mit ihr über die pädagogischen Inhalte und Ziele der geplanten Kindergarten"reformen" gesprochen. Sie zeigte sich interessiert, äusserte aber, sie wolle nichts über dieses Thema lesen. Sie ziehe es vor, sich dann am Kindergärtnerinnenkapitel zu informieren.

Kurze Zeit später hielt eine Kollegin von Anna für die Kindergärtnerinnen einen Vortrag. Thema waren die geplanten Kindergarten"reformen". Annas Kollegin äusserte in ihrem Vortrag Bedenken, hinter den Veränderungen im Schulwesen könnten Pläne zu einer politischen Umwälzung stehen. Dies war für Anna Anlass, mit mir das Gespräch über die "Reformen" wieder aufzunehmen. Wenig später fand das regionale Kapitel statt. Es wurde von Befürwortern der Kindergarten"reform" für ihre Propaganda missbraucht. Anstatt auf einen Diskussionsbeitrag zu den "Reformen" sachlich einzugehen, den der Arbeitskreis "Integrative Sozialerziehung im Kindergarten VPM" ausgearbeitet und verschickt hatte, verunglimpften die Wortführerinnen des Kapitels ihre Kolleginnen vom Arbeitskreis. Sie lenkten von den wichtigen pädagogischen und entwicklungspsychologischen Einwänden ab, indem sie die Verfasserinnen persönlich angriffen und verunglimpften. Die Wirkung auf Anna war verheerend. Aufgewiegelt kam sie von diesem Konvent zurück. Sie warf mir vor, der VPM, d.h. der Arbeitskreis "Integrative Sozialerziehung im Kindergarten VPM", habe eine "Kampagne" gegen die Kindergarten-"reform" betrieben. Mir unterstellte sie, ich hätte sie missbraucht, indem ich ihr gegenüber meine Bedenken über die "Reformen" geäussert hatte.

Wenige Wochen später erschien im Zürcher "Kirchenboten" ein Artikel von Pfarrer Stückelberger, der darin dem VPM die Existenzberechtigung rundweg absprach. Diese Stellungnahme des politisch engagierten, bekannten Seelsorgers hatte für meine Kollegin Gewicht. Sie schleuderte mir Stückelbergers Worte ins Gesicht: "Jawohl, der VPM hat keine Existenzberechtigung!"

Von da an ging Anna aktiv gegen mich vor. Es gibt verschiedene Hinweise, dass sie dabei aus dem Hintergrund von einer geschulten Gestaltpsychologin[G], einer Mitarbeiterin Hilarion Petzolds[G], angeleitet wurde. In der verhetzten Gefühlslage, in der sie sich mittlerweile befand, konnte sie leicht von "Reform"- und Gestaltaktivisten eingespannt werden. Interessant zu beobachten war auch, dass Anna ungefähr vom gleichen Zeitpunkt an ihre frühere pädagogische Haltung im Kindergarten Zug um Zug aufgab und sich an den "Reformern" auszurichten begann. Hierbei wurde sie vom gleichen Sonderschulberater angeleitet, der ein Jahr später der Erziehungsdirektion die erwähnte Aktennotiz über mich zukommen liess. Anna weigerte sich von nun an, mit mir zu sprechen.

Mit der Angabe, unsere Beziehung verbessern zu wollen, wurde ich von der Schulbehörde zu einer Aussprache mit Anna eingeladen. Auf Grund der Klagen Annas wurde mir vom Schulpräsidenten und vom Präsidenten der Kindergartenkommission allen Ernstes befohlen, mich fortan über die Themen Schul- und Kindergarten"reformen" sowie VPM nicht mehr zu äussern. Ausserdem wurde mir vorgeschrieben, ohne die Gegenwart meiner Kollegin keine Elterngespräche mehr zu führen. Bisher hatte es am Wunsch der Eltern und im Ermessen von uns beiden gelegen, ob eine alleine mit den Eltern sprach oder ob wir uns gemeinsam mit ihnen berieten. Anna fügte an der Aussprache den mir bereits bekannten Unterstellungen einen weiteren Vorwurf bei: Ich hätte unseren ersten Brief an die Eltern unserer Schüler entworfen! Anna hatte ihn korrigiert und abgeschickt. Mein Vergehen lag nach Annas Sichtweise in der Tatsache, dass der Entwurf von mir stammte. Vor unserem Schulbeginn im Sommer war sie dankbar gewesen, dass ich ihr etwas Arbeit abgenommen hatte. Sie hatte wegen Krankheit das Bett hüten müssen …

Zehn Tage nach dieser Aussprache fand eine Sitzung mit allen Kindergärtnerinnen und Vertretern der Schulbehörde statt. Jene Kindergärtnerin, die den kritischen Vortrag über die Kindergarten"reformen" gehalten hatte, sollte dabei durch persönliche Diffamierungen unglaubwürdig gemacht werden. Im Kontakt mit Anna hatte ich mich im Interesse unserer gemeinsamen Schüler strikt an das mir auferlegte Redeverbot gehalten. Hier jedoch war ich unter Kolleginnen und konnte nicht schweigen! Ich charakterisierte die unsachliche, verletzende Vorgehensweise, wies die Unterstellungen gegen die auf unredliche Art angegriffene Kollegin zurück und nahm nochmals zu den Auswirkungen der Kindergarten"reformen" Stellung. Bald zeigte sich, dass es nicht um die Sache, sondern um den VPM gehen sollte. Eine gestaltpsychologisch geschulte Kindergärtnerin schlug vor, einen bekannten Gegner des VPM, Herrn G. K., Chef der Abteilung Volksschule in der Erziehungsdirektion Zürich, für eine Information über den VPM einzuladen. Offensichtlich war sie mit ihm in Verbindung und wurde von ihm in ihrem Vorgehen eventuell auch beraten. Aus Erfahrung wusste ich, dass dabei nur Desinformation zu erwarten war. Es erschien mir notwendig, eine derart einseitige, jeder Verständigung abträgliche Veranstaltung zu verhindern. Mit der Unterstützung eines Kollegen schrieb ich dem Schulpräsidenten und bat ihn, von diesem Vorhaben Abstand zu nehmen. Er kam dann unserer Bitte im Interesse einer ungestörten Zusammenarbeit im Kollegium denn auch entgegen.

Ein aufschlussreiches Kündigungsgespräch

Drei Monate später wurde ich von meiner Schulbehörde telefonisch kurzfristig zu einem Gespräch eingeladen. Ich ahnte, was kommen würde. Auf dem Sekretariat erwarteten mich der Präsident der Kindergartenkommission, der Schulpräsident und der Schulsekretär. Man legte mir nahe zu kündigen. Während die ein Jahr später vom Sonderschulberater verfasste Aktennotiz die tatsächlichen Vorgänge dann bis zur Unkenntlichkeit entstellte, verrieten die Aussagen der beiden Präsidenten den wahren Kündigungsgrund. Diese Aussagen, die ich in einem Gedächtnisprotokoll unmittelbar nach dem Kündigungsgespräch festgehalten habe, sind derart bezeichnend und typisch für zahlreiche mir inzwischen bekannte Fälle, dass ich hier einige wiedergeben möchte. Der Schulpräsident betonte im Verlauf des Gesprächs mehrere Male, dass er mir "fachlich nichts vorwerfen und über die Arbeit, die ich in seiner Schulgemeinde als Logopädin mache, nichts Negatives sagen" könne. Es war für ihn auch klar, dass das Problem bei Anna lag, die auf Grund von "Einbildungen" – wie er es nannte – "den Rank mit mir nicht finde". Sie sei nicht bereit, mit mir zusammenzuarbeiten, und habe deshalb das Ultimatum gestellt zu kündigen, "sofern er mich, Marie Albrecht, behalte". Er bestätigte mir, Annas Emotionen hätten "ihren Ursprung nicht im kognitiven Bereich". Sie kämen "aus dem Bauch heraus". Im Anschluss an diese deutlichen Worte erklärte er mir, weshalb er trotz allem von mir verlangen müsse, dass ich meine Stelle kündige: "Einige Leute hätten aktiv daran gearbeitet, Lehrkräfte, die dem VPM angehören und in seiner Gemeinde arbeiten, zu verleumden." Er befürchte, durch eine weitere Stellungnahme, die diesen Umtrieben einen Riegel schieben würde, "den Unmut dieser Leute auf sich zu ziehen", und dass er, wie er wörtlich sagte, zu hören bekommen könnte: "Jetzt spinnt der auch; ist der auch im VPM?"

Das war also der Punkt. Obwohl der Schulpräsident das Problem genau erfasst hatte, konnte er es sich nicht leisten, die "richtigen" Konsequenzen zu ziehen – aus Furcht vor sozialem und politischem Druck, indem er in die Nähe des VPM gerückt und wie dieser diffamiert werden könnte.

Am 9.4.1992 kündigte ich. Da die Sprachheilkindergärtnerin und die Logopädin für ihre enge Zusammenarbeit einen gewissen pädagogischen Konsens brauchen, dieser als Folge der Verleumdungskampagne gegen den VPM offensichtlich nicht mehr gegeben war, gab ich nach. In meinem eingeschrieben übersandten Schreiben gab ich – um spätere Verdrehungen zu vermeiden – die hier zitierten Passagen aus dem Kündigungsgespräch wieder. Obwohl sie für den Schulpräsidenten recht kompromittierend waren, wurde meinem Schreiben nie widersprochen. Der Sonderschulberater der Erziehungsdirektion kommentierte ein Jahr später meine Kündigung in der Aktennotiz vom 9.7.1992 wie folgt: Ich hätte "überraschenderweise ohne grosses Rekurs- oder Prozess-Trara die Stelle verlassen". In ihrer von Unterstellungen durchsetzten und mithin persönlichkeitsverletzenden Art ist auch diese Notiz charakteristisch für die Rufmordkampagne gegen den VPM und seine Mitglieder.

Trotz all der belastenden Verunglimpfungen und obwohl Anna das Gespräch und die Zusammenarbeit verweigerte, war es möglich, auch über die letzten Monate hinweg mit den Kindergartenkindern eine aufbauende pädagogische und logopädische Arbeit aufrechtzuerhalten, die Kinder zu fördern und die Eltern in ihrer Aufgabe zu unterstützen. Dank der Unterstützung, die ich bei meinen Kollegen im VPM fand, konnte ich auch diese Aufgabe erfüllen.

Abschliessend soll die Mutter eines meiner Schüler kurz zu Wort kommen. Im September 1992 hatte das Schweizer Fernsehen eine Sendung ausgestrahlt, die mit mehreren wahrheitswidrigen und konstruierten Beispielen den Zuschauern weismachen wollte, dass Schüler unter Lehrern, die sich im VPM weiterbilden, zu leiden hätten. Darauf reagierte diese Mutter, indem sie mir schrieb: "Nach unserer Diskussion habe ich gar nicht das Gefühl, dass es sich beim VPM um einen sektenähnlichen Verein handelt. Im Gegenteil! Ich kenne natürlich nur Sie – aber dafür weiss ich, dass Sie für uns eine wunderbare Lehrerin sind, immer bereit zu helfen, wenn immer es nötig ist. Mein Sohn und ich haben Sie liebgewonnen, und wir sprechen oft über Sie. Und dank Ihnen hat er jetzt fast keine Schwierigkeiten beim Sprechen mehr ..." Dieses positive Echo auf meine pädagogische Tätigkeit in jener Zürcher Gemeinde ist nicht das einzige. Es gibt deren noch mehr. Gerne hätte ich meine Tätigkeit fortgesetzt.

Dem Leser, der nun geneigt ist, meine Ausgrenzung aus dieser Schulgemeinde als Fehlleistung einer Schulbehörde zu betrachten, die sich nach dem Diktat einer streitbaren Kindergärtnerin richtete, möchte ich die Aktennotiz auf der Erziehungsdirektion des Kantons Zürich in Erinnerung rufen. Jene nachträglich verfasste Rechtfertigung der mir unrechtmässig abgenötigten Kündigung verrät eine ganze Strategie, nach der die Erziehungsdirektion gegen Lehrkräfte vorgeht, gegen die sie nichts anderes einzuwenden hat, als dass sie ihre Meinung zu den geplanten Schul"reformen" offen aussprechen. Dieses Vorgehen der Zürcher Erziehungsbehörde, das durch eine beachtliche Zahl weiterer Fälle belegt ist, zeigt eine äusserst bedenkliche Entwicklung. Vieles weist darauf hin, dass demokratische Errungenschaften, wie beispielsweise das Recht auf freie Meinungsäusserung und die Vereinsfreiheit, ernstlich gefährdet sind.

„Wird sich meine Befürchtung bewahrheiten, dass niemand die vergangenen Ereignisse als Unrecht empfindet?"

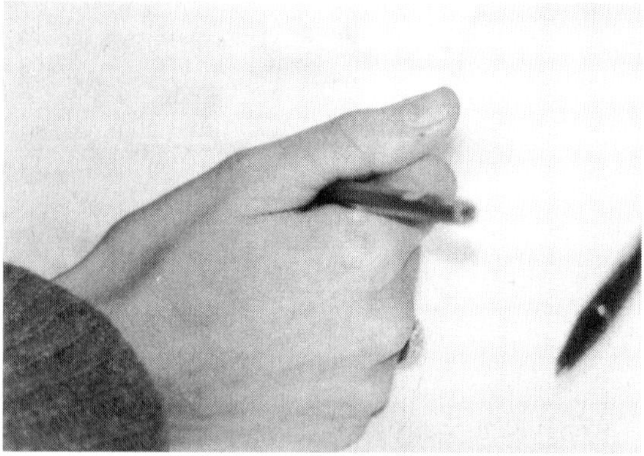

Monika Lader, Primarlehrerin

Geboren 1959 im Kanton Z. – Zweites von drei Kindern. – Konfession: katholisch. – Schulen und Jugend in F. – Banklehre und Primarlehrerausbildung. – Interessen: lesen, wandern, zeichnen, schreiben.

Eine Wahl wird verhindert

Die Sonne strahlt an diesem Morgen im Jahre 1991 und verspricht einen schönen Frühlingstag. Trotzdem fällt es mir nicht leicht, ins Tram zu steigen, das mich wie üblich zum Schulhaus führt. Heute haben wir Hauskonvent. Wie werden meine Kollegen auf das Geschehene reagieren? Wird sich meine Befürchtung bewahrheiten, dass niemand die vergangenen Ereignisse als Unrecht empfindet? Doch spüre ich die Hoffnung in mir, dass der eine oder andere Kollege mir mit Rat und vielleicht sogar mit Tat beistehen wird.

Die Glocke schrillt, und meine Zweitklässler stürmen wie immer ins Zimmer. Schon bald sehe ich mich von ihnen umringt, und wie gewohnt plaudern sie munter und fröhlich durcheinander. Sie lassen mich für Stunden den bevorstehenden Konvent vergessen. Kaum haben sich die Kinder nach Schulschluss verabschiedet, beschleicht mich wieder diffuses Unbehagen.

Beim Betreten des Lehrerzimmers erblicke ich den Blumenstrauss auf einem Gestell. Ist der wohl für mich gedacht? Ich ertappe mich dabei, wie ich trotz gutem Willen den üblichen Mitteilungen nicht folgen kann. Meine Gedanken kreisen um die Ereignisse in den vergangenen Monaten. Mit dem Ziel vor Augen, meinen Beruf als Lehrerin noch lange ausüben zu dürfen, war mir während des nun abgeschlossenen Wahlverfahrens keine Arbeit zuviel gewesen. Abrupt werde ich aus meinen Gedanken gerissen. Die Kollegin A.* informiert die Lehrerschaft darüber, dass ich von der Schulpflege nicht zur Wahl vorgeschlagen worden sei. Dabei überreicht sie mir den Blumenstrauss und ein Kärtchen mit folgendem Inhalt:

"Liebe Monika, wir Lehrerinnen und Lehrer haben Dich als Kollegin gerne und hoffen, dass Du weiterhin in unserem Schulhaus mit dabeibleibst. Der Entscheid der Schulpflege beeinträchtigt unsere Wertschätzung Deiner Person nicht. Deine Kolleginnen und Kollegen."

Mir kommen die Tränen: Aus Gerührtheit, weil ich mich über das Kärtchen und den Blumenstrauss freue, zugleich aber aus Enttäuschung über den nicht erwarteten negativen Entscheid der

Schulpflege – und aus Gefühlen des Alleingelassenseins, weil alle Kollegen diesen Entscheid stumm akzeptieren. Hätte ich eigentlich damit rechnen müssen?

Wahlbesuche: "Es war so gut ..."

Schlaglichtartig tauchen Erinnerungen aus den letzten Wochen auf. Kurz nach den Weihnachtsferien 1990/91, ich erwartete den Besuch der ersten Wahlkommission, schritt ich gedankenversunken die Schulhaustreppen hinunter: "Falls nun der Schulbesuch nach der Pause vor der Türe steht, bin ich genügend vorbereitet? Klappt das Lied mit den Orff-Instrumenten?" Derart angespannt, traf mich die folgende Begebenheit besonders hart: Mitten auf dem Lehrertisch lag der mir bereits bekannte, verleumderische "Weltwoche"-Artikel über den VPM. Dachten meine Kollegen jetzt, ich würde unter Verfolgungswahn leiden oder sei eine "Sektiererin" und "Gleichgeschaltete", wie es dieser Artikel über VPM-Mitglieder implizierte? Wer hatte wohl – und weshalb? – diesen Artikel ausgerechnet in dieser Zeit hingelegt? Auf meine Frage, von wem er komme, meldete sich anfänglich niemand. Erst später erfuhr ich, dass es die Kollegin B.* gewesen war. Von diesem Moment an war allen klar, dass ich dem VPM in irgendeiner Weise nahestand.

Eine gute Woche später, am 16.1.1991, besuchte mich die erste Wahlkommission in zwei aufeinanderfolgenden Stunden. Nach der ersten Lektion lobte sie meinen Unterricht mit den Worten: "Die Kinder konnten kaum warten, bis sie ins Zimmer durften. Man merkt genau, dass sie gern zu Ihnen in die Schule kommen. Man spürt auch, dass es Ihnen gut gefällt, Schule zu geben." Die zweite Lektion verliess die Kommission 20 Minuten vor Schluss mit der Bemerkung: "Es war so gut, es hat keinen Sinn, dass wir noch länger bleiben."

Gestärkt durch dieses positive Erlebnis, sah ich dem nächsten Wahlbesuch zuversichtlich entgegen, und auch dieser verlief gut. Alle diese Gedanken kamen mir beim Hauskonvent wieder. Den Blumenstrauss in der Hand, verliess ich niedergeschlagen die Sitzung. Wo lag die Ursache zu diesem abschlägigen Bescheid? Was hatte ich falsch gemacht?

Als ich erfuhr, dass die Kreisschulpflege die Ausschreibung von Primarschulstellen annulliert hatte, bat ich um ein Gespräch mit dem Schulpräsidenten, Herrn F.* Dieses fand am 4. April 1991 gemeinsam mit dem Kreiskonventspräsidenten, Herrn H.*, sowie meinem Hausvorstand, Herrn R.*, statt. Herr F. erläuterte mir, dass die Wahlkommission mit meinen Leistungen zufrieden sei. Die Schulpflege habe vom Fachlichen her Ja gesagt, aber wegen meiner VPM-Zugehörigkeit Nein. Die Schulpflege, die eine politische Behörde sei, dürfe sich so etwas leisten. Herr F. erklärte mir, dass man früher ja auch niemanden von "linksaussen" gewählt habe. Er meinte: "Ich möchte Ihnen nur mitteilen, dass die Schulpflege vom Kreis B.* den Beschluss gefasst hat, im gegenwärtigen Stand der Diskussion, in dem wir jetzt um diesen Verein stehen, sich momentan nicht an eine Person zu binden, die wir nicht ganz fassen können. Vielleicht tun wir Ihnen Unrecht. Das ist durchaus möglich. Ich gebe zu, es ist ein politischer Entscheid. Aus einem Gefühl heraus darf man aber politische Entscheide treffen."

Herr H. sagte: "Wir wollen uns nicht hinter der Aussage verstecken, dass Sie im Schulegeben nicht gut gewesen seien. Wenn Sie fachlich ungenügend wären, wäre die Sache erledigt. Dies ist bei Ihnen aber nicht so, sondern Ihre Aktivmitgliedschaft im VPM." Herr R. äusserte sich: "Ich kann es vielleicht auch hier bestätigen, die Lehrerschaft vom Schulhaus steht voll hinter Dir."

Ich empfand ein Gefühl von unendlicher Ohnmacht, gleichzeitig aber auch Wut und Enttäuschung. Ich kam nicht mehr zur Ruhe. Es leuchtete mir nicht ein, dass mir die Möglichkeit einer Volkswahl verwehrt bleiben sollte. Es traf mich besonders schmerzlich, da ich schon als Kind den Wunsch gehabt hatte, später selbst als Lehrerin tätig zu sein. Während einer kurzen Phase in meiner Primarschulzeit hatte ich grosse schulische Schwierigkeiten. Meine damalige Lehrerin hatte es verstanden, mir mit grossem Einfühlungsvermögen die nötige Hilfe zu geben. Aus diesem Erlebnis heraus war mein Anliegen entstanden, Kindern über allfällige schulische und soziale Schwierigkeiten hinwegzuhelfen.

Um diesem Wunsch fachlich und menschlich auch gerecht zu werden, hatte ich nach geeigneten Weiterbildungsmöglichkeiten gesucht, die ich schliesslich im VPM fand. Mich faszinierte die Auseinandersetzung mit pädagogischen und psychologischen

Fragen, das Forschen und Weiterlernen in einem Verein, der sich in seiner Arbeit nicht von politischen Modeströmungen leiten lässt, sondern sich an fundierten und wissenschaftlichen Kriterien orientiert.

Rekurse

Nach der oben beschriebenen Sitzung mit dem Schulpräsidenten empfand ich, dass dieser Entscheid unrechtmässig gefällt worden war. Deshalb entschloss ich mich, dagegen zu rekurrieren. Zählen sollten doch allein meine fachlichen und pädagogischen Fähigkeiten, nicht aber meine Zugehörigkeit zu einem demokratisch organisierten Verein.

Am 9. Januar 1992 entschied der Bezirksrat Zürich, nicht auf meinen Rekurs einzutreten. Einerseits stützte er sich auf die juristisch umstrittene Auffassung, dass einem abgewiesenen Bewerber um eine freie Staatsstelle gegen den Wahlakt kein Rekursrecht zustehe. Andererseits verstosse die Kreisschulpflege nicht gegen das Recht der Vereinsfreiheit, da ich weiterhin als Verweserin im Schulkreis B. tätig sein könne und dies nicht vom Verzicht auf die Mitgliedschaft beim VPM abhängig gemacht werde.

Der Protokollführer des Bezirksrates sowie mein Rechtsberater erachteten es als nicht aussichtslos, diesen Entscheid anzufechten. Die Tatsache, dass im Schulblatt des Kantons Zürich vom Oktober 1991 keine Lehrerstelle für Primarschulen im Schulkreis B. zur definitiven Besetzung ausgeschrieben war, unterstützte meine Rekursabsicht: durch die Nichtausschreibung bestand keine Möglichkeit, mich erneut einem Wahlverfahren zu stellen. (An dieser Stelle möchte ich hinzufügen, dass auch im Oktober 1992 keine Lehrerstelle zur Besetzung durch Wahl ausgeschrieben worden ist. Der Schulkreis B. beteiligte sich zum zweitenmal als einziger Schulkreis in der Stadt W. nicht an der Stellenausschreibung.) So reichte ich beim Regierungsrat gegen den abschlägigen Entscheid des Bezirksrates fristgerecht Rekurs ein, da ich nach wie vor überzeugt war, dass die Nichtdurchführung meiner Wahl auch eine Verletzung des Wahlrechts und einen Verstoss gegen die Wahlfähigkeit der Stimmberechtigten des Schulkreises R. darstellte.

Am 1. Juli 1992 erhielt ich einen abschlägigen Regierungsratsentscheid. Mein Anwalt hatte den Eindruck, dass sich die Kantonsregierung unter Vorschiebung formalistischer Kriterien um einen Entscheid in der Sache gedrückt hatte. Die Schulpflege hatte ausdrücklich meine berufliche Qualifikation gelobt, mich aber – zugegebenermassen – auf Grund meiner privaten Vereinszugehörigkeit nicht zur Wahl vorgeschlagen. Um eine Volkswahl mit Sicherheit zu verhindern, hatte die Schulpflege gar das Wahlverfahren abgebrochen und damit den Stimmbürgern die Wahlmöglichkeit entzogen. Der Regierungsrat war der fälligen Stellungnahme zu dieser Verletzung der verfassungsmässig garantierten Vereinsfreiheit ganz einfach ausgewichen. Es wird sich zeigen, ob das Bundesgericht dieses formalrechtlich begründete Ausweichmanöver billigen oder jenseits der Formaljuristerei das Inhaltliche, Wesentliche in seinen Entscheid einbeziehen wird: den Schutz grundlegender Menschen- und Bürgerrechte einer rechtschaffenen, unbescholtenen Schweizer Staatsbürgerin und Lehrerin.

«Von jetzt an verhielt sich Hugo mir gegenüber äusserst distanziert. Wenn er gezwungen war, mit mir zu sprechen, schaute er an mir vorbei.»

Anna Ruoff, Psychologin

Geboren 1960 in Z. als älteste von drei Töchtern des Aurelio Piazzi, italienischer Gastarbeiter, und der Elsbeth Piazzi geb. Streiff, Hausfrau. – Konfession: katholisch. – Zivilstand: verheiratet. – Interessen: lesen, handarbeiten, mit dem Computer arbeiten, wandern, tanzen, singen, Musik hören, Ausdauer- und Krafttraining; bevorzugte Lektüre: Lebensberichte, Romane. – Schulen in Z., F. und D. bis zur Matura 1980; Studium der Psychologie und Pädagogik an der Universität in Z. bis zum Lizentiat 1984; verschiedene Anstellungen in Privat- und Berufsschulen, in einer psychiatrischen sowie in einer Entzugs- und Therapieklinik; seit 1985 teilzeitlich eigene Praxis.

… und wieder: VPM

Am 3. September 1990 begann ich in einer Entzugs- und Therapieklinik in F.* als Betreuerin zu arbeiten. Den Leiter der Institution, Herrn Bernhard A.*, hatte ich über Schüler, die ich in einer Privatschule unterrichtet hatte, persönlich kennengelernt. Weil ich von meinen Schülern einen ausgezeichneten Eindruck hatte und ihre positive Lernhaltung der Arbeit in der Drogeninstitution zuschrieb, war in mir der Wunsch entstanden, in dieser Klinik zu arbeiten. Um das zu ermöglichen, gab ich meine Stelle in der Privatschule auf.

Im offiziellen Vorstellungsgespräch mit Herrn Bernhard A. kam ich auf den VPM und die Hetzkampagne zu sprechen. Es könne gut sein, vermutete ich, dass er bald von dritter Seite über mich "informiert" werde. Bernhard – ich war inzwischen per du mit ihm – beeindruckte das nicht besonders; er selbst hatte schon am eigenen Leib erlebt, was es bedeutet, in den Medien diffamiert zu werden. Ich sollte mir keine Gedanken machen, beruhigte er mich. In seiner Institution könnten Leute mit verschiedenen fachlichen und weltanschaulichen Hintergründen zusammenarbeiten.

Auf der Therapiestation waren wir acht Mitarbeiter: Sozialarbeiter, ehemalige Süchtige, Psychiatriepfleger. Teamleiter unserer Abteilung war Hugo*, ebenfalls gelernter Psychiatriepfleger. Als Psychologin zwar überqualifiziert, war ich dennoch überzeugt, Wertvolles lernen und von den Erfahrungen der Kollegen profitieren zu können. Die Arbeit mit den Patienten war psychisch aufreibend, machte mir aber grosse Freude. Allen Mitarbeitern der Drogenstation war meine Mitgliedschaft im VPM bekannt. Einige hatten noch nichts vom VPM gehört. Vereinzelt kam ich im Lauf der Zeit mit dem einen oder anderen Kollegen in ein interessantes Gespräch.

Am 3. Oktober 1990 strahlte ein Privatradio eine Sendung zum Thema VPM aus, an der auch mein Vorgesetzter, Bernhard A., als unabhängige Person teilnahm. Wohlwollend äusserte er sich anlässlich dieser Sendung über die Mitarbeiterin in seiner Institution, die VPM-Mitglied sei und mit der er gute Erfahrungen gemacht habe. Probleme gebe es keine, ausserdem habe die Mitarbeiterin nie ein Geheimnis um ihre VPM-Mitgliedschaft gemacht.

In verschiedenen Gesprächen tauschte ich mich mit Bernhard über unsere Erfahrungen und Ansichten zum Drogenproblem und zur Drogentherapie aus. Darüber hinaus übertrug er mir oft spezielle Aufgaben und holte bei gewissen Problemen meine Meinung ein. Ausserdem sprachen wir über die Hetzkampagne gegen den VPM. Bernhard zeigte sich empört und versicherte mir, dass ich in seiner Institution nichts zu befürchten hätte.

Am 19./20. November 1990 fand das vom VPM durchgeführte "I. Internationale Symposium gegen Drogen in der Schweiz" statt. Bernhard war dazu eingeladen. Er verzichtete jedoch auf die Teilnahme und bot dem Teamleiter und mir an, an seiner Stelle das Symposium zu besuchen. Am Symposium zeigte sich für mich zum erstenmal, dass Hugo auf Grund der Medienkampagne über den VPM bereits stark fehlinformiert war. Den interessanten Ausführungen der Professoren aus verschiedenen Ländern konnte er kaum folgen. Bereits nach kurzer Zeit meinte er zu wissen, dass die Forschungsergebnisse der international anerkannten Fachleute sehr fragwürdig seien. Hugo zog es vor, die Veranstaltung vorzeitig zu verlassen. In den nächsten Tagen bekam ich mit, wie er sich mehrmals abschätzig über das Symposium äusserte. Das Niveau der Vorträge war für ihn offensichtlich zu hoch gewesen.

Mit der Zeit bemerkte ich, dass die Mehrheit des Teams das bewährte Drogentherapiekonzept von Bernhard nicht wirklich bejahen konnte. Manche Kollegen verkehrten im "Kanzlei-Zentrum", einer linksalternativen Begegnungsstätte. Einer von ihnen verteilte eine Broschüre, in der für Drogenliberalisierung geworben wurde. In einer Diskussion äusserten sich zwei Kollegen wohlwollend über Haschisch. Hugo meinte, wenn seine Kinder einmal in der Pubertät seien, wäre es ihm lieber, sie würden einen Joint rauchen als ein Glas Bier trinken. Solche Einstellungen gegenüber Drogen beunruhigten mich zusehends. Wir arbeiteten doch in einer Institution, die alle Drogen verurteilte und die Drogenabstinenz als oberstes Ziel hatte!

Am 20. Dezember 1990 zitierte mich Hugo als mein direkter Vorgesetzter zu sich. In einer sogenannten Standortbestimmung kritisierte er meine Arbeit mit den Patienten und meine Zusammenarbeit im Team. Sämtliche Kritikpunkte konnte er auf mein Nachfragen weder mit Beispielen begründen noch sonstwie schlüssig erklären, so dass sie sich als völlig haltlos erwiesen. In diesem Gespräch "warnte" er mich davor, das Thema VPM bei den Kollegen anzusprechen. Damit würde ich bei ihnen negative Reaktionen hervorrufen.

Weil das Gespräch mit Hugo nichts Gutes verhiess, wandte ich mich einen Tag später, am 21. Dezember, an Bernhard. Dieser erachtete alle Kritikpunkte, die Hugo vorgebracht hatte, als unbegründet. Spontan meinte er, Hugo habe Vorurteile gegen mich wegen meiner Mitgliedschaft beim VPM. Diese Einschätzung fand ich sehr interessant, meinte ich doch, der Grund für sein unfaires Verhalten sei eher in persönlichen Motiven wie Konkurrenzgefühlen und Eifersucht begründet. Bernhard äusserte weiter, Hugo sei noch nicht lange Teamleiter und müsse noch viel lernen. Ich solle ruhig sagen, wo ich mit ihm nicht einverstanden sei. Auf diese Weise könne Hugo von mir lernen.

Noch am selben Tag wies mich Hugo erneut zurecht. Probleme zwischen uns hätte ich gefälligst mit ihm und nicht mit Bernhard zu besprechen. Ich solle nicht "petzen" gehen, sondern den Dienstweg einhalten.

Von jetzt an verhielt sich Hugo mir gegenüber äusserst distanziert. Wenn er gezwungen war, mit mir zu sprechen, schaute er an mir vorbei. In den Teamsitzungen hörte er mir nicht zu, nahm meine Anregungen und Gedanken nicht entgegen, delegierte mir kaum noch Aufgaben. "Beschwerden" von seiten der Patienten nahm er unhinterfragt entgegen und unterstützte die Patienten dadurch in ihren falschen Meinungen. Die Auswirkung davon war, dass meine Bemühungen, mit den Patienten zu arbeiten, kaum mehr auf positives Echo stiessen. Ich geriet zusehends in die Rolle eines "Sündenbocks".

Ein Erlebnis im Zusammenhang mit der unschönen Arbeitsatmosphäre machte mich besonders betroffen. Anlässlich der Weihnachtsfeier, an der jeweils alle Patienten und Mitarbeiter aller Abteilungen sowie Ehemalige teilnahmen, führten die Patienten meiner Abteilung einen Sketch auf. Dargestellt wurde das Betreuerteam bei der Arbeit. Eine Patientin, die Mühe mit meiner konsequenten Haltung hatte, stellte meine Person dar. Im Sketch ging es darum, dass ein Betreuer einem Patienten eine Urinprobe abnehmen musste. Die Patientin meldete sich. Bevor sie sich jedoch ins UP-Räumchen begab, "bewaffnete" sie sich mit Gummistiefeln, Gummihandschuhen, Ölpelerine, Taucherbrille und Regenschirm. Nur so würde sie es wagen, eine Urinprobe abzunehmen. Der ganze Saal lachte, ich schämte mich zutiefst über diese Niedertracht. Gleichzeitig war ich empört. Es war typisch, dass mein den allgemeinen Richtlinien entsprechendes Verhalten im Umgang mit den zum Teil HIV-positiven oder aidskranken Patienten, nämlich bei der Abnahme von Urinproben stets Handschuhe zu tragen, so krass verdreht und ins Lächerliche gezogen wurde. War doch in den Medien seit längerer Zeit ein Zerrbild von den im VPM vorgeschlagenen Vorsichtsmassnahmen geschaffen worden. Nebenbei bemerkt, hatte Bernhard nicht nur einmal meine verantwortungsvolle Handhabung der Urinproben hervorgehoben.

Aufgrund der Stimmungsmache mir gegenüber distanzierten sich auch die Kollegen immer mehr von mir. Ich merkte, wie sie mich zu meiden begannen und ich kaum mehr mit ihnen in einen natürlichen Kontakt kommen konnte.

Eine (Dis-)"Qualifikation"

Am 24. Januar 1991 überfiel mich Hugo unvermittelt mit der Frage, ob ich eigentlich nicht endlich die Konsequenzen aus der unmöglichen Situation ziehen wolle. Es müsse doch sehr unangenehm für mich sein, in dieser Stimmung zu arbeiten. Ich gab ihm zu verstehen, dass er mitverantwortlich für diese Situation sei und dass ich nicht im Sinn hätte zu gehen. Darauf reagierte Hugo mit einer Drohung: Er habe ja noch meine Qualifikation zu machen. Ich fragte ihn ganz direkt, ob er mir kündigen wolle. Diese Frage bejahte er glatt.

Noch am selben Tag berichtete ich Bernhard den Vorfall. Er lachte und meinte, ich solle mir nur keine Sorgen machen. Hugo könne mir gar nicht kündigen, das liege nicht in seiner Kompetenz. Ausserdem könne ich die Qualifikation anfechten.

Am nächsten Tag – es war Freitag, der 25. Januar – hatte Hugo die Qualifikation bereits fertig ausgefüllt und bestellte mich zum sogenannten Qualifikationsgespräch. Die Beurteilung meiner

Arbeit und Person war absolut vernichtend und stimmte in keinem Punkt mit der Realität überein. Der vorgedruckte Qualifikationsbogen wies verschiedene Beurteilungskriterien mit je einer Bewertungsskala von fünf Möglichkeiten auf. Bei allen Kriterien hatte Hugo konsequent die zweitschlechteste Möglichkeit angekreuzt. Die Beurteilung, die dabei herausgekommen war, hatte weder in bezug auf die beschriebenen praktischen und theoretischen Kenntnisse und Fähigkeiten noch in bezug auf meine Persönlichkeit etwas mit mir zu tun.

Zu jedem einzelnen Punkt verlangte ich von Hugo eine Begründung für die schlechte Beurteilung. Keine einzige sogenannte Begründung war haltbar. Als ich ihn darauf aufmerksam machte, dass eine besonders krasse Aussage glatt gelogen sei, ging Hugo so weit zu sagen: "Ich schreibe es trotzdem so hin!" Daraus wurde deutlich, dass es Hugo in keiner Weise um eine faire Beurteilung ging und er seiner Sache sehr sicher war. Von wem wurde er gepuscht? Von wem gedeckt?

Es war sehr auffallend, dass sich die einzigen konkreten Aussagen, die Hugo machen konnte, auf den Zeitraum vom 18. bis zum 24. Januar, also auf die vergangene Woche, beschränkten. Dies liess die Vermutung aufkommen, dass er seine "Beweise" vorsätzlich in diesem Zeitraum gesammelt hatte, um mich "belasten" zu können. Bis zum Beurteilungstermin hatte meine Probezeit immerhin fünf Monate gedauert, während derer Hugo bis auf die Standortbestimmung nie irgendwelche Kritik geäussert hatte.

Nachdem durch mein genaues Nachfragen klar geworden war, dass Hugo kein Beurteilungskriterium vernünftig begründen konnte, notierte er auf den Qualifikationsbogen: "Auch im Qualifikationsgespräch zeigt sich Frau Ruoff nicht kooperativ und einsichtig." Wäre es für Hugo einsichtig und kooperativ gewesen, wenn ich allen unrichtigen Behauptungen zugestimmt hätte?

Es war offensichtlich, dass Hugo die treibende Kraft in der Stimmungsmache gegen mich war. Schon kurze Zeit nach meinem Stellenantritt hatte ich gemerkt, dass es für ihn nicht einfach war, mit mir zusammenzuarbeiten. Als Akademikerin und Psychologin mit einiger Erfahrung im therapeutischen Bereich war ich ihm intellektuell und teilweise auch im Umgang mit den Patienten überlegen. Eigentlich hätte das für ihn eine Gelegenheit sein können dazuzulernen, genauso wie ich auch von seiner reichhaltigen Erfahrung im Umgang mit Drogensüchtigen profitieren konnte. Leider veranlassten ihn sein Neid und die Vorurteile gegenüber dem VPM, meine Arbeit und meine Person immer mehr in Frage zu stellen.

Wie Bernhard mir geraten hatte, machte ich mich nach dem Qualifikationsgespräch sofort daran, die Qualifikation in einem Rekurs anzufechten. Jeden einzelnen Punkt stellte ich im schriftlichen Rekurs richtig. Ausserdem schrieb ich Bernhard einen persönlichen Brief, in dem ich ihm meine Überlegungen zu den Hintergründen genau und offen auseinandersetzte. Ich legte ihm auch meine Vermutung dar, dass ein grosser Teil des Teams sein Konzept unterlaufe, wobei ihnen kein noch so schändliches Mittel zu schade sei. Diese Vermutung konnte ich mit stichhaltigen Argumenten begründen. Als ich Rekurs und Brief am Nachmittag des 29. Januar abgeschickt hatte, war ich überzeugt davon, dass Bernhard seinen Einfluss geltend machen und mir helfen würde.

Eine tiefe menschliche Enttäuschung

Am 30. Januar erhielt ich morgens eingeschrieben und express die Kündigung – unterschrieben vom höchsten Vorgesetzten, Herrn Stadtrat K.* Ich war völlig konsterniert. Wie war es möglich, dass die Kündigung von oberster Stelle kam, nachdem mir doch Bernhard noch vor zwei Tagen gesagt hatte, ich solle mir keine Sorgen machen? Hatte er Kenntnis von dieser Kündigung? Wenn nein, war er umgangen worden, indem Hugo die Qualifikation direkt an den Stadtrat geschickt hatte? Aber, fiel mir ein, die Qualifikation musste ordnungsgemäss auch vom Vorgesetzten, das heisst von Bernhard, unterschrieben worden sein. Wie war das alles zu erklären?

Am nächsten Tag bat ich Bernhard telefonisch um einen Termin. Am Telefon wirkte er auffallend kühl und distanziert. Ausserdem hatte er erst in vier Tagen einen Termin frei. Sonst war er immer sofort für ein Gespräch mit mir bereit gewesen.

Was ich dann am 4. Februar im Gespräch mit Bernhard erlebte, konnte ich kaum fassen. Noch nie in meinem Leben hatte ich eine solche menschliche Enttäuschung erlebt. Er verhielt und äusserte sich mir gegenüber, als sei er ein anderer Mensch und als existierten unsere Vorgeschichte und Zusammenarbeit nicht. Vor Hugo, den er zum Gespräch eingeladen hatte (!), verkündete er, er habe keinen Grund, an Hugos Aussagen zu zweifeln. Hugo sei ein erfahrener Teamleiter (plötzlich!) und geniesse sein volles Vertrauen. Was ich ihm da in meinem Rekurs geschrieben hätte, sei unter jedem Niveau. Auf diese Ebene könne und wolle er sich nicht einlassen. Als ich ihn daran erinnern wollte, dass er mir noch vor kurzem gesagt habe, Hugo habe Vorurteile gegen mich wegen meiner VPM-Mitgliedschaft, widersprach mir Bernhard und meinte, das hätte *ich* damals gesagt. *Er* habe vermutet, dass persönliche Motive im Spiel seien. Ich war völlig vor den Kopf gestossen und sprachlos angesichts solcher Verdrehungen. Offensichtlich war ihm viel daran gelegen zu vertuschen, dass die Kündigung etwas mit meiner VPM-Mitgliedschaft zu tun hatte.

Bis zum Ablauf meines Arbeitsvertrages arbeitete ich unter sehr schwierigen Umständen. Die Mehrheit der Kollegen sprach kaum mehr mit mir. Aus Bemerkungen entnahm ich, dass Kollegen Kenntnis vom Brief hatten, den ich Bernhard persönlich geschrieben hatte.

Einige Patienten waren so gegen mich eingespritzt, dass ich keine Chance hatte, mit ihnen zu arbeiten. Nach meinem letzten Arbeitstag verabschiedeten sich nur zwei Kollegen von mir. Weder Bernhard noch Hugo noch sonst jemand von der Verwaltung erachtete es für nötig, sich von mir zu verabschieden.

Es stellt sich natürlich die Frage, was in der Institution wirklich vor sich gegangen war. Was war geschehen, dass Bernhard eine solche Kehrtwendung gemacht hatte? War er unter Druck gesetzt worden? Wenn ja, von wem? Vom Team als Ganzem oder von höherer Stelle? Bis heute sind diese Fragen für mich offen.

Zwischenstation

Nach den unerfreulichen Erfahrungen in der Drogenentzugs- und Therapieklinik unterrichtete ich an zwei Berufsschulen. Leider dauerte diese Zeit nur ein Jahr. Danach waren an einer Schule keine Stunden mehr zu bekommen. Die zwei Klassen, die ich unterrichtet hatte, wurden anderen Lehrern zugeteilt. Ein pikantes Detail:

An besagter Berufsschule waren wir als Mitglieder des VPM zu dritt. Bei der Neuzuteilung der Stunden mussten vier Kollegen je zwei Klassen abgeben, was bedeutete, dass drei Kollegen gar keine Stunden mehr hatten. Drei der vier Kollegen mit massiver Stundenreduktion waren die drei Lehrer vom VPM! Seltsamerweise bekamen Lehrbeauftragte, die weniger lange als wir an der Schule waren, zusätzlich Klassen zugeteilt.

Ich war auf Stellensuche und bewarb mich regelmässig. Persönlich ziehe ich es vor, bereits in der Bewerbung darüber zu informieren, dass ich mich seit Jahren im VPM weiterbilde. Von den weit über hundert Stellen, für die ich mich beworben hatte, erhielt ich fast ausschliesslich Absagen.

Auch in der Lehrwerkstätte: keine Ruhe

Nach den Sommerferien 1992 begann ich ein dreimonatiges Vikariat an einer Berufsschule in T.* Die Schule ist Bestandteil einer der wenigen Lehrwerkstätten in der Schweiz. Die Lehrlinge lernen also ihren zukünftigen Beruf in der Werkstätte selber. Die Institution existiert bereits seit über 100 Jahren und hat eine schöne Tradition. Stets war die jeweilige Schulleitung bestrebt, den Lehrlingen eine möglichst gute Ausbildung angedeihen zu lassen. Mein Vikariat umfasste 16 Stunden pro Woche. Ich unterrichtete sechs Klassen verschiedener Stufen.

In den Klassen des vierten Lehrjahres war im Deutschunterricht das Verfassen einer Dokumentation angesagt. Im Zusammenhang mit dem Sammeln von Material stellte ich den Schülern verschiedene Artikel aus Tageszeitungen zur Verfügung, darunter auch einen Artikel von Dr. Franziska Haller aus einer Abstinenten-Zeitschrift zum Thema Fahruntauglichkeit unter Cannabis-Einfluss. Einige Schüler waren an diesem Artikel interessiert und verwandten ihn für ihre Dokumentation.

Zwei Wochen vor den Herbstferien betrat ich am Morgen die Klasse 4b. Der Unterricht fand im Computerzimmer statt, da die Schüler für ihre Dokumentation den Computer benützen konnten. Die meisten Schüler waren bereits an der Arbeit, doch irgend etwas lag in der Luft. Toni* fragte mich, was die vielen akademischen Titel beim Namen von Franziska Haller bedeuteten. Unter anderen Titeln stand dort "Psychologin VPM". Ich erklärte dem Schüler alle Abkürzungen. Kaum hatte ich meine Erklärungen beendet, fing Kurt* an, mich über den VPM auszufragen. Ob und wie lange ich Mitglied sei, wollte er wissen. In der Klasse war es still, alle hörten genau zu. Dann begannen auch andere Schüler, mich mit Fragen zu bedrängen. Ich erklärte, dass ich ihnen gerne über den VPM berichten würde, aber nicht während der Stunde. Wir könnten uns einmal nach der Schule zusammensetzen, falls sie dies wünschten. Auf meinen konkreten Vorschlag gingen die Lehrlinge jedoch nicht ein. Sie versuchten weiter, mich dahin zu bringen, auf ihre nicht freundlich gemeinten Fragen Antwort zu geben.

Den Vorfall meldete ich nach der Stunde sofort dem Abteilungsleiter. Es stellte sich heraus, dass dieser noch nichts vom VPM gehört hatte. Zu meinem Vorgehen meinte er, ich hätte den Schülern einen fairen Vorschlag gemacht.

Nach diesem Tag hatte ich keine Ruhe mehr. Bis auf eine Klasse sprachen mich alle auf irgendeine Weise auf den VPM an. In der Werkstatt, wo die Lehrlinge aus allen Klassen Kontakt miteinander haben, wurde über mich gesprochen. Über Schüler erfuhr ich, dass sich ein Werkstattlehrer ihnen gegenüber negativ über den VPM geäussert hatte, so wie es in den Zeitungen steht. Hetzartikel wurden herumgereicht, an Pinwände im Treppenhaus und in den Schulzimmern aufgehängt. Ich war fast täglich damit beschäftigt, den Schülern etwas zum VPM zu sagen, Artikel abzuhängen oder mich gegen Beleidigungen zu wehren. Es war schrecklich, was die Zeitungen in den Gemütern angerichtet hatten.

Einmal riefen mir Schüler aus Klassen, die mich nicht kannten, auf dem Korridor verächtlich "VPM, VPM!" nach. Ich drehte mich sofort um und fragte, wer gerufen habe. Keiner meldete sich. Glücklicherweise hatte ich Lehrerkollegen, die mir halfen. Obwohl der Abteilungsleiter in der Klasse Stellung bezog und ihnen aufzeigte, ihr Verhalten sei rassistisch, hielt das eine andere Klasse nicht davon ab, mir wenig später auf dieselbe Weise nachzurufen. Wie weit würde die Niedertracht noch gehen?

In den zwei Klassen im vierten Lehrjahr war die Stimmung inzwischen so verdorben, dass ein geordneter Unterricht kaum mehr möglich war. Auf dem Gang wurde ich von einem Schüler angesprochen, ob ich im VPM sei. Weder grüsste er, noch richtete er sonst ein Wort an mich. In der Klasse musste ich hören, mein Notenmassstab sei ein "VPM-Massstab", jede Massnahme oder Methode eine "VPM-Methode". Schüler wurden unglaublich frech, verloren jeden Anstand. Ob ich dieses oder jenes im VPM gelernt hätte; ich sei stur, humorlos, kalt, ungerecht, ich würde keine andere Meinung gelten lassen. Die Übereinstimmung mit den Diffamierungen in den Medien lag auf der Hand.

Mit der Zeit bestätigte sich mein Verdacht: Die Situation hatte ein einziger Lehrling ins Rollen gebracht, nämlich Kurt aus der Klasse 4b. Es stellte sich heraus, dass er als ehemaliger Student an der Universität in Z. Kontakt mit Dagobert Ohnigkeit[G] gehabt, in einschlägigen Kreisen verkehrt und das miserable Buch von Eugen Sorg[G] gelesen hatte. Diese Vorgeschichte, gepaart mit einer überheblichen und respektlosen Haltung anderen Menschen gegenüber, reichte aus, den Grossteil der Schüler einer Schule gegen eine Lehrkraft aufzubringen.

Am letzten Schultag eskalierte die Situation: Ich verliess das Klassenzimmer der Klasse 4a, weil ich auf dem Sekretariat etwas zu erledigen hatte. Damit man die Situation verstehen kann, muss ich erklären, dass das betreffende Klassenzimmer über zwei Eingänge verfügt, wobei der eine direkt auf die Dachterrasse führt, von wo aus man einen anderen Teil des Gebäudes erreichen kann. Durch diesen Ausgang verliess ich nun das Zimmer. Als ich das Schulzimmer wieder betreten wollte, merkte ich, dass die Schüler mich ausgesperrt hatten. Ich stand draussen, es regnete in Strömen, und ich hatte weder Schirm noch Mantel bei mir. Einmal rief ich den Schülern zu, sie sollten den Unsinn lassen und sofort die Türe aufmachen. Die Schüler reagierten jedoch nicht darauf und liessen mich weiter im Regen stehen. Das war der Abschied von dieser Klasse, in der ich bis zu den Störungen besonders gerne unterrichtet hatte. Später erfuhr ich, dass einige Schüler mit dem üblen Vorgehen nicht einverstanden gewesen waren, sich aber nicht getraut hatten, gegen die Anführer Stellung zu nehmen.

Zu meinen Erlebnissen in der Lehrwerkstätte muss ich hinzufügen, dass ich mit den Lehrerkollegen und dem Abteilungsleiter Glück hatte. Im Gegensatz zu vielen Freunden im VPM, die oft unter ihren Berufskollegen zu leiden haben, hatte ich Kollegen, die das Vorgehen der Schüler verurteilten und versuchten, mir in meiner schwierigen Situation beizustehen. Auch der Abteilungsleiter hat alles in seiner Macht Stehende unternommen, um die unheilvolle Entwicklung zu stoppen. Leider ist es nicht gelungen: Die Macht der Medien war stärker. Trotzdem möchte ich ihm und den anderen meinen grossen Dank aussprechen. Sie haben meine volle Hochachtung. Ihre Redlichkeit und menschliche Verlässlichkeit helfen mir, die Hoffnung nicht aufzugeben.

Meine Situation heute

Nun bin ich wieder arbeitslos. Wie meine berufliche Situation in Zukunft aussehen wird, ist offen. Ob es in Zeiten der Rezession möglich ist, an der Berufsschule Stunden zu bekommen, ist fraglich. Vielleicht muss ich doch noch einen weiteren Beruf erlernen, in einem Bereich, wo die VPM-Mitgliedschaft nicht relevant ist.

Warum ich immer noch im VPM bin? Diese Frage will ich gerne beantworten: Als ich fünfzehn Jahre alt war, lernte ich die "Zürcher Schule" F. L. kennen. Dort fand ich auf Anhieb Unterstützung für meine Schwierigkeiten. Zu Hause hatte ich solchen Streit mit dem Vater, dass ich mir nicht mehr vorstellen konnte, mit ihm zu sprechen. Als Gastarbeiterkind hatte ich nicht das Gefühl, dass mir der Besuch des Gymnasiums zustehen würde. Darüber hinaus liebäugelte ich mit dem Ausprobieren von Drogen. Durch die Hilfe und konkrete Anleitung in meinen aktuellen Lebensfragen wurde ich befähigt, die schwierige Zeit der Pubertät und des Erwachsenwerdens zu bewältigen. Das Verhältnis zu meinem Vater verbesserte sich zu unserer beider Freude. Die Matura schloss ich erfolgreich ab. Schon seit einigen Jahren hatte ich den Plan entwickelt, selber Psychologin zu werden, um die Hilfe, die ich erfahren hatte, weitergeben zu können. Im Jahre 1984 schloss ich das Psychologiestudium ab. Seit dieser Zeit ist es mein grösster Wunsch, meinen erlernten Beruf in Ruhe ausüben zu können. Ich hoffe von Herzen, das vorliegende Buch werde einen Beitrag dazu leisten, dass ich und alle meine Kollegen einmal wieder in Ruhe werden arbeiten können und dass die wertvolle Arbeit des VPM auch in der Öffentlichkeit die gebührende Anerkennung findet.

“*Die neuen Lehrer wurden vor mir gewarnt, denn eine der neuen Kolleginnen fragte mich nach einem halben Jahr, was eigentlich an mir so gefährlich sein solle.*”

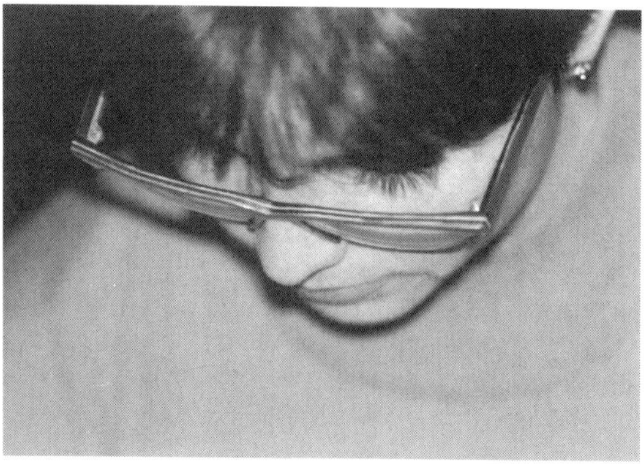

Rosmarie Berger, Primarlehrerin

Geboren 1961 als erstes Kind von K. Berger, Schlosser, aufgewachsen in E. – 1968–1974 Primarschule, 1974–1977 Sekundarschule. 1977–1981 Unterseminar. 1981–1983 Lehrerausbildung. – 1983–1989 Lehrerin in E. (3 Jahre Unterstufe, 3 Jahre Einschulungsklasse für fremdsprachige Neuzuzüger). 1989–1992 Lehrerin in B. Ab 1992 gewählte Lehrerin in E. – Interessen: tanzen und Gymnastik, seit 1980 Leiterin im Turnverein E., lesen, diskutieren, seit 1986 Kursteilnehmerin im VPM, ab 1992 Mitglied.

Verheerende Auswirkungen der Medienkampagne

Ich sass wie üblich nach der Schule an meinem Schreibtisch und machte mir noch ein paar Notizen für den nächsten Tag. Im freundlichen, geräumigen Schulzimmer hingen die wunderschönen Zeichnungen der Zweitklässler, die noch vor kurzem aufmerksam, eifrig oder auch zappelig meinem Unterricht gefolgt waren. Wieviel hatten sie doch in den letzten eineinhalb Jahren gelernt! Nach den Weihnachtsferien würde eine Praktikantin in die Klasse kommen. Ich hatte sie bereits kennengelernt und freute mich auf die Zusammenarbeit mit ihr, darauf, ihr etwas von meinem Wissen weiterzugeben. Schon als Kind war Lehrerin mein Traumberuf, da ich damals von meiner ersten Lehrerin so begeistert gewesen war. Ich wollte so werden wie sie, ich wollte die Sorgen der Kinder verstehen und ihnen beim Lernen helfen. Im Unterseminar erzählte uns eine ältere Pädagogiklehrerin vom Individualpsychologen Alfred Adler. Ich weiss noch, wie mich seine Fähigkeit, sich in Kinder einzufühlen, berührt hatte. Erst einige Jahre später, als ich schon eine Weile unterrichtet hatte, lernte ich über einen Kollegen das Angebot des VPM kennen. Die Veranstaltungen und der rege Austausch über Fragen des menschlichen Zusammenlebens auf der Grundlage von Individualpsychologie, Tiefen- und Entwicklungspsychologie beeindruckten mich. Durch die Kurse im VPM gewann ich vertiefte Einsicht in das Wechselspiel zwischen meinen Schülern und mir. Sie ermöglichten mir, mehr Verständnis für die Eigenart jedes einzelnen Kindes und die Dynamik in der Klasse zu erhalten. Dies und die kontinuierliche Auseinandersetzung mit Zeitfragen – wie die Gewaltproblematik oder die zunehmende Verwahrlosung – bestärkten mich immer wieder aufs neue, die Herausforderungen meines Berufs mit Freude anzunehmen.

Nun unterrichtete ich also seit Sommer 1989 in B.* und hatte mich von Anfang an mit Freude in der Schulgemeinde engagiert. Aufgrund meiner Erfahrung mit fremdsprachigen Schülern wurde ich nicht nur von Kollegen oft um Rat gefragt. In einer Arbeitsgruppe Deutschunterricht für Fremdsprachige setzte ich mich für eine gute Zusammenarbeit unter den Lehrkräften ein. Einige Lehrerkollegen und Schulpflegemitglieder gaben mir zum Ausdruck, wie sehr sie meine Unterstützung schätzten. Auch im schön gelegenen und modern ausgestatteten Schulhaus gefiel es mir ausgesprochen gut. Ich dachte daran, mich im folgenden Jahr zur Wahl zu stellen, da ich mir gut vorstellen konnte, mich länger in dieser Gemeinde einzurichten. Doch leider kam alles anders.

"Kainszeichen"?

Eines Morgens Ende Januar 1991 hing ein sechsseitiger aggressiver und auf primitivste Weise bösartiger Artikel gegen den VPM aus der Boulevardzeitschrift "Bonus 24"[G] im Lehrerzimmer. Darüber stand geschrieben: Was Lehrer über den VPM wissen sollten! Ich hätte laut schreien können: "Nein, nicht auf dieser Ebene!" Ich sagte aber nichts. Ausserdem war dies gerade der letzte Tag mit der Praktikantin, und ich wollte diesen noch ruhig gestalten. So nahm ich den Artikel kurzerhand von den Kastenwänden herunter. Derjenige, der ihn aufgehängt hatte, würde sich dann schon melden. Tatsächlich wurde am nächsten Tag kurzfristig ein Pausenkonvent einberufen. Als ich ins Lehrerzimmer kam, sassen schon alle Kollegen erwartungsvoll da. Mit Herzklopfen setzte ich mich an den einzigen freien Platz. Ein Kollege hielt nun einen Vortrag über Meinungsfreiheit und sagte, jemand habe dagegen verstossen, indem er den Artikel weggenommen habe. Ich meldete mich zu Wort und erklärte ruhig, warum ich dies getan hatte.

Plötzlich kam mir in meinem bis anhin freundlichen Kollegium eine Welle von Feindseligkeit entgegen. Mehrere Kollegen warfen mir vor, ich würde sie bevormunden und wolle ihnen Vorschriften machen. Gleichzeitig fielen hässliche, von lauter Vorurteilen geprägte Worte über den VPM. Mit soviel Unverständnis hatte ich nicht gerechnet. Ich bot das Gespräch auf einer sachlichen Ebene an. Eine junge Kollegin fasste den Mut zu sagen, sie finde es nicht richtig, dass alle so über mich hergefallen seien.

Nach diesem Konvent ging ich wie geschlagen ins Klassenzimmer zurück. In den folgenden Pausen gaben mir meine Kollegen zu spüren, dass sie mein Vorgehen missbilligten. Ich versuchte ihnen etwas über die wirklichen Ziele und Anliegen des VPM und über die Verleumdungskampagne zu erzählen, die von einigen Medien gegen den Verein geführt wurde. Doch es war, als ob ich ein Kainszeichen auf der Stirn trüge. Dass der Artikel nur so von diffamierenden und teilweise sogar gerichtlich verbotenen, verleumderischen Aussagen strotzte, war für meine Kollegen gar nicht von Bedeutung. Wie sollte ich ihnen auch erklären, weshalb sich gewisse Journalisten über Verbote hinwegsetzen?

Wie gerne hätte ich mit ihnen diskutiert, wie man die Jugend vor Drogenkonsum bewahren, ihr einen Sinn im Leben vermitteln und positive Werte mitgeben könnte.

Doch ihr ganzes Denken war vom Inhalt von Zeitungsartikeln beherrscht. Die von den Medien konstruierte, angebliche Gefährlichkeit des VPM war von nun an Thema Nummer eins. Wenn ich jedoch das Lehrerzimmer betrat, verstummten alle. Ich war in den Augen der andern nicht diejenige, die den VPM wirklich kennt, sondern eine "Abhängige", die nicht selber denken kann. So wollten es die Clichés. Statt mit mir zu sprechen, forderten einige Kollegen ein Streitgespräch zwischen einem ihnen bekannten VPM-Gegner, einem ehemaligen Mitglied und mir als VPM-Vertreterin. Ein solches Streitgespräch erschien mir nicht der geeignete Weg, um sachgerecht zu informieren. Ich lehnte ab, was mir den Vorwurf der Diskussionsverweigerung einbrachte.

Mit der Zeit merkte ich, dass vor allem ein Kollege im Hintergrund immer wieder Stimmung machte. So versuchte er Kolleginnen, die noch mit mir sprachen, zu verunsichern. Einer Kollegin, deren Mann Arzt ist, erzählte er eines Morgens, dass viele Ärzte in Zürich dem VPM nahestünden und ihre Patienten an diesen Verein verwiesen. Als ich ihn nach der Schule darauf ansprach, brauste er auf und beschimpfte mich. Wieder in meinem Schulzimmer, setzte ich mich an den Schreibtisch. Während des Unterrichts war es mir bis jetzt immer noch gelungen, ganz für meine Schüler da zu sein. Jetzt aber konnte ich meine Tränen nicht mehr zurückhalten. Seit vor zwei Wochen dieser Artikel aufgehängt worden war, hatte ich keinen ruhigen Tag mehr erlebt. Die hässliche Stimmung wurde täglich durch neue Zeitungsartikel geschürt, die jeweils ans Anschlagbrett im Lehrerzimmer gehängt wurden. Stellen, die auf mich passen sollten, waren mit gelbem Leuchtstift markiert. Hatte keiner mehr ein Gefühl für mich? Was ging hier vor? Wie gerne wäre ich einfach wieder einmal unbeschwert ins Lehrerzimmer gegangen und hätte mich mit meinen Kollegen normal unterhalten!

Vorübergehende Ruhe kehrte erst ein, als die Schulpflege die Kollegen zu gegenseitiger Toleranz anhielt und Anweisung gab, keine Artikel mehr aufzuhängen. Ich schöpfte Hoffnung. Die Beruhigung hielt jedoch nicht lange an. Bald schon hingen statt der Artikel leere Zeitungsausschnitte mit der Aufschrift "Zensur" oder Bierdeckel mit "passenden" Sprüchen wie "Es liegt vielen auf der Zunge ..." an den Wänden des Lehrerzimmers. Gleichzeitig machten Kollegen immer wieder Stimmung gegen die Schulpräsidentin. Es gelang ihnen mittels eines Protestbriefes, die Schulpräsidentin zu zwingen, ihre Anweisung zurückzunehmen. Drahtzieher war stets der gleiche Kollege, der von wenigen Gleichgesinnten bei seinen Aktionen unterstützt wurde.

Zufällig kam ich eines Nachmittags gerade dazu, als dieser Kollege ans Telefon gerufen wurde: "Du muesch as Telifon, R. F. vom Pestalozzianum[G]!" Der Kollege, der beim Gestalttherapeuten F. Kurse besucht, bezeichnete diesen als Hauptgegner des VPM. Es war mir bekannt, dass F. bei "Problemen in Kollegien" Supervisionen durchgeführt hatte, in denen dann ein VPM-Mitglied als Ursache des Problems hingestellt worden war. So war es nicht weiter verwunderlich, dass mich die Kollegen nun wiederholt bedrängten, mich auf eine Aussprache mit dem Kollegium und einem Gesprächsleiter einzulassen. Ich schlug vor, doch einfach normal miteinander zu sprechen. Doch keiner traute sich. Blieb ich bei meinem Standpunkt, bezeichneten mich dieselben Kollegen, die kein Jota von dem ihren abwichen, als stur oder gar aggressiv. Ein Kollege drohte, wenn ich so weitermache, sei ich nicht mehr lange die geschätzte Kollegin.

Auch die Schulpräsidentin wurde weiter unter Druck gesetzt. Unter dem Motto, die Zusammenarbeit zwischen Schulpflege und Lehrerschaft zu verbessern, wurde eine Veranstaltung organisiert. In Workshops wurden "Vorwürfe" gegen die Präsidentin gesammelt und auf Plakaten aufgelistet. Diese wurden im Plenum aufgehängt und mit Scheinwerfern beleuchtet. Es war schrecklich mitzuerleben, wie sie sich für alles rechtfertigen musste.

An einer Aussprache im Kollegium, zu der eine Supervisorin hinzugezogen wurde, nahm ich nicht teil. Danach wurde ich noch mehr gemieden. Ich fühlte mich wie eine Aussätzige. Nur zwei Kolleginnen zeigten mir, wenn niemand dabei war, dass sie mir trotz allem noch gut gesinnt waren.

Etwas Beruhigung

Vor den Sommerferien wurde ich zu einer Aussprache mit der Schulpflege und den Kollegen, die mir das Leben so schwermachten, vorgeladen. Die Schulpflege hatte genug und wollte endlich wieder Ruhe haben. Da ich mir nichts *mehr* wünschte als eine Normalisierung der Situation, nahm ich gerne teil. Meine Festigkeit trug dazu bei, dass dieses Gespräch eine gute Wirkung hatte.

Auch der Umstand, dass einige Kollegen die Stelle wechselten, ermöglichte es, dass das neue Schuljahr ohne nennenswerte Zwischenfälle begann. Ich konnte mich endlich wieder unbelasteter meinen Drittklässlern widmen. Im Lehrerzimmer war das Thema VPM vom Tisch oder wurde nur noch hinter vorgehaltener Hand verhandelt. Immerhin war es wieder möglich, mit einigen Kollegen ins Gespräch zu kommen. Die neuen Lehrer wurden vor mir gewarnt – eine der neuen Kolleginnen fragte mich nach einem halben Jahr, was eigentlich an mir so gefährlich sein solle. Ich blieb dennoch zuversichtlich und wagte den Versuch, mich zur Wahl zu stellen. Gerüchteweise erfuhr ich aber, dass man mich wegen meiner "VPM-Nähe" nicht wählen wolle, und in der Tat: als ich meine Wahlbewerbung zurückzog, bedankte sich die Schulpräsidentin für den "weisen Entscheid". Gleichzeitig lobte sie meinen Einsatz in der Schulgemeinde und meine gute Arbeit als Lehrerin. Meine Illusion, dass man mich in B. je wieder wie jede andere Lehrerin behandeln würde, war endgültig zerronnen.

Unterdessen hatte ich mich in E., meinem ehemaligen Schulort, um eine Wahlstelle beworben. Da ich dort aufgewachsen war, seit über zehn Jahren eine Gymnastikgruppe leitete und bereits einmal sechs Jahre unterrichtet hatte, rechnete ich mit guten Chancen. Die beiden Kommissionen, die mich besuchten, schlugen mich einstimmig zur Wahl vor. Ich freute mich, wollte aber noch den definitiven Beschluss der Behörde abwarten. Bei der anhaltenden Stimmungsmache der Medien gegen den VPM musste ich mit allem rechnen. Tatsächlich wurde der Entscheid der Schulpflege auf einen “Hinweis”, den ein Kommissionsmitglied nachträglich bekommen hatte, zurückgestellt. Mein Name sei auf einem VPM-Inserat gefunden worden. Die Wahlkommission musste ihren Vorschlag nochmals überprüfen. So wurde das Wahlverfahren um Monate verzögert. Wieder war meine Arbeit als Lehrerin durch die Auswirkungen der Medienkampagne in Frage gestellt. Eine Kündigung in B. war in dieser Ungewissheit nicht möglich. Nach langer Wartezeit wurde mir dann sechs Wochen nach dem Kündigungstermin der positive Wahlentscheid mitgeteilt. Wie war es mir unangenehm, nun nachträglich kündigen zu müssen! Die Schulbehörde in B. erklärte sich bereit, mich gehen zu lassen, unter der Bedingung, dass ich die Kosten für die Ausschreibung der zu besetzenden Lehrerstelle übernehme. Mit Bangen erwartete ich das Ende der Einsprachefrist. Erst vor kurzem hatte in einem anderen Schulkreis ein Elternbasisgrüppchen eine offene Lehrerwahl erzwungen und versucht, die Wahl eines VPM-Mitglieds zu verhindern. Zu meiner Erleichterung blieb aber diesmal alles ruhig.

So arbeite ich nun in E. seit Sommer 1992 als gewählte Lehrerin. Schon vor Schuljahresbeginn wussten Eltern und Kollegen, dass “jemand vom VPM” kommt. In zwei Schulhäusern war ich deshalb “unerwünscht”. Auch einzelne Eltern begegneten mir anfänglich mit Misstrauen, weil ich eine von “denen” sei. Trotz solcher Vorkommnisse konnte ich mich in Ruhe einarbeiten. Die Kinder kommen gerne in die Schule. Es macht mir Freude, die lebhaften Erstklässler in das Reich der Buchstaben und Zahlen einzuführen und sie zu einem konstruktiven Miteinander anzuleiten. Mit den Eltern hat sich eine schöne Zusammenarbeit entwikkelt. Auch im Kollegium fühle ich mich respektiert. Ich hoffe, dass Ausgrenzungen, wie ich sie in B. schmerzlichst erleben musste, nicht mehr vorkommen.

Die freundschaftliche, anteilnehmende Unterstützung, die ich im VPM während dieser schweren Zeit erlebt hatte, war für mich eine tiefe Erfahrung. Da mich der unermüdliche Einsatz dieses Vereins für eine lebensbejahende Erziehung unserer Jugend mehr denn je überzeugt, bin ich ihm vor einem halben Jahr als Mitglied beigetreten.

“*An Anlässen mit Kolleginnen bleibt der Platz neben mir oft leer. Die regelmässige gemeinsame Mittagsrunde hat sich aufgelöst. An grösseren Veranstaltungen dreht man sich nach mir um, meine Stellungnahmen werden gezielt unterdrückt.*”

Vreni Tobler, Kindergärtnerin

Geboren 1954 in L. als zweites Kind des G. T., Schreiner in L. – Konfession: reformiert. – Zivilstand: geschieden. – Interessen: Kunst, malen und textiles Kunsthandwerk, lesen, wandern. – Jugend und Schulen in L. – 1970 Vorkurs, ab 1971 Fachklasse für Werklehrer an der Schule für Gestaltung in Z. – 1975 Abschluss mit Diplom, Unterrichtstätigkeit als Fachlehrerin für textiles Gestalten und Leitung von Ferienkursen für Lehrer und Kindergärtnerinnen an der Schule für Gestaltung in Z. – 1976–1979 Werklehrerin in T. – 1979 Kindergartenseminar in Z., Abschluss 1981 mit Diplom. Weiterbildung in Psychologie. 1983 Kindergärtnerin in der Gemeinde N. Seit 1986 gewählt.

Hintergründe und Stationen eines Kesseltreibens

Frühjahr 1983. Ich sitze mit einer lebendigen Schar Buben und Mädchen im Stuhlkreis. Zwei Kinder sprechen Deutsch, alle anderen verstehen kein Wort; sie und ich, alle schauen wir uns gleichermassen erwartungsvoll an. Meine erste Kindergartenklasse: Wie lange habe ich mich auf diesen Moment gefreut! Im Rahmen meiner Erstausbildung (ich bin auch Werklehrerin) hatte ich schon alle Stufen unterrichtet, auch Kindergärtnerinnen und Lehrer an der Schule für Gestaltung. Mein Interesse an der Pädagogik aber weckte in mir den Wunsch, selber Kinder zu unterrichten. Inzwischen bin ich zehn Jahre in der Gemeinde N.* tätig. Seit einigen Jahren arbeite ich mit einer Kollegin, die wie ich Mitglied im VPM ist, in freundschaftlichem und bereicherndem Miteinander in einem Doppelkindergarten zusammen.

Die vielen Eltern, die mich und meine Arbeit mit ihren Kindern kennenlernten, konnten miterleben, wie gerne ihre Kinder zu mir kommen. Sie waren beeindruckt von der gemeinschaftlichen, wohlwollenden Atmosphäre, vom gewaltfreien Umgang und vor allem von der selbstsicheren Art, in der die Kinder viele eigene Anregungen einbrachten. Auch die vielen Ausländer- und Asylantenkinder fühlten sich in die Kindergemeinschaft eingebunden. Es sprach sich bei den Müttern herum, dass ich ihnen in der Erziehungsarbeit gerne behilflich war und dass man mit mir über alles gut sprechen könne. Daran hat sich bis heute nichts geändert.

Die Kolleginnen, die mich wegen meiner Art und meinen stets gut begründeten Argumenten sehr schätzten, wählten mich vor drei Jahren einstimmig zur Stufenvertreterin. Mit dem Primarlehrerteam bestand ein reger Austausch, und gerne fragten die Kollegen nach meiner Meinung. Bei den Behörden war all dies bekannt, und ich genoss den entsprechenden Respekt. Mein anerkanntes Wirken war das Resultat einer langjährigen Weiterbildung.

Es war mir immer wichtig, neben der praktischen Pädagogik auch die Theorie genau zu erarbeiten. Kleine Kinder sind auf "ihre" Kindergärtnerin stark ausgerichtet. In dieser Einsicht lag für mich eine grosse Verantwortung. Darum legte ich Wert auf die

Schulung meiner eigenen Persönlichkeit. Die spannenden und immer praxisorientierten Seminare und Fortbildungsveranstaltungen des VPM boten mir über Jahre hinweg Gelegenheit, die Bedeutung der Erziehung und die Entwicklung des Kindes unter Einbezug seines sozialen Umfeldes genau zu studieren. Bei allen Themen, auch bei den aktuellen, wie zum Beispiel der zunehmenden Gewalt, gehört selbstverständlich die Auseinandersetzung mit der vorhandenen Fachliteratur dazu.

Statt Diskussion ein Flächenbrand

In der Verbandszeitschrift der Kindergärtnerinnen wurde eines Tages Michel Foucault[G] zitiert. Dieser Autor war mir als Modephilosoph der 68er Bewegung bekannt, der mit allen bisher gültigen Werten gebrochen hatte. Mit zwei Kolleginnen analysierte ich den Artikel und verfasste einen Leserbrief, in dem wir auch den linkspolitischen Einfluss auf die Kindergartenpädagogik thematisierten. Dieser Leserbrief wurde wie alle folgenden nicht veröffentlicht. Damals ahnten wir nicht, welche Tragweite die Auseinandersetzung mit der "Antipädagogik"[G] noch erhalten sollte.

Bald darauf wurden in derselben Zeitschrift die "neuen Leitideen"[G] für den Kindergarten vorgestellt. Angepriesen wurden sie damit, dass sie mit dem bisher gültigen "Rahmenplan von 1971"[G] "unvereinbar" seien. Es brauchte nicht viel, um zu erkennen, dass eine Erziehung, die sich an allgemein respektierten Werten unserer Gesellschaft orientiert, ausser Kraft gesetzt werden sollte. Freiräume wurden gefordert. Die Kinder sollten einen Ort haben, der "frei von bürgerlichen Einflüssen" ist. Die Kindergärtnerin sollte sich "zurücknehmen" und den Kindern als "Dienerin" zur Verfügung stehen. Vor allem aber sollten Kinder alles tun dürfen, was sie im "Hier und Jetzt" gerade als lustvoll empfinden.

Dass die Kindergartenarbeit so schnell und ohne breite Diskussion grundlegend verändert werden sollte, und das noch gesamtschweizerisch, konnte der Sache des Kindergartens nicht gerecht werden. So dachte und äusserte ich mich. Auf Wunsch der Kolleginnen stellte ich im November 1990 die Theorie der Antipädagogik[G] vor und verglich sie mit analogen Stellen in den neuen "Leitideen 90"[G] des Verbandes.

Eine Woche nach meinem Vortrag war Aufregung im Team. Zwei der vertrautesten Kolleginnen schimpften über mein Referat zur Antipädagogik[G], obwohl sie es gar nicht gehört hatten. Bei einer Sitzung verliessen sie demonstrativ den Raum und erstickten damit jede Auseinandersetzung durch unkontrollierten Ärger und Verwirrung. Dieser plötzliche massive Stimmungsumschwung nach jahrelanger guter Zusammenarbeit schockierte mich.

Die Zuversicht, die ich hatte, mit den Kolleginnen doch noch in der Sache im Gespräch bleiben zu können, wurde mir an der nächsten Sitzung schmerzlich genommen: Mit Ausnahme der dienstältesten Kollegin G.* waren bereits alle voller Aversionen und schrien mir Vorwürfe ins Gesicht. Ich hätte Kolleginnen verunsichert, ich hätte das ganze Team gespalten usw. Ich war perplex: Was ging hier vor? Was waren das für ausgefallene Töne? Wie kommt so etwas auf einmal in unser Team?

Ich weiss heute, dass sich die Kolleginnen heimlich getroffen hatten, um uns beide bei den übrigen Kollegen als "gefährlich" hinzustellen. Dies hatte fatale Auswirkungen und zerstörte bleibend alles, was an Kollegialität, Vertrauen und freundschaftlicher Beziehung in unserem Team vorhanden gewesen war, auf einen Schlag. Ich habe auch guten Grund anzunehmen, dass eine eigentliche "Spezialistin" für das Vorgehen gegen "VPM-Lehrer" aus dem Pestalozzianum[G] meine Kolleginnen "beraten" hatte.

Wie ein Flächenbrand breiteten sich in den folgenden Wochen die Gerüchte, die längst zu eigentlichen Lügen angewachsen waren, im ganzen Kanton aus. Verbandsmitglieder, Praktikantinnen, Teilnehmer von Wiedereinsteigerinnenkursen, alle wurden sie weit über die Stadt hinaus "informiert", hineingezogen und gegen "VPM-Lehrkräfte" mobilisiert. Wer nicht mitlaufen wollte, wurde mittels Unterschriftensammlung oder Telephonanrufen unter Druck gesetzt. Es galt, Farbe zu bekennen. Auf wessen Seite stehst du? Es gab keine Möglichkeit mehr, neutral zu bleiben.

In dieser Situation schloss ich mich mit anderen Kolleginnen aus dem VPM zusammen, die der Entwicklung der Dinge ebenfalls mit Sorge entgegensahen. Wir gründeten den "Arbeitskreis für integrative Sozialerziehung im Kindergarten VPM", um uns damit ein Forum zur Diskussion unserer Gedanken und Analysen zu schaffen – trotz allen Bemühungen von Verbandsseite, gerade diese Diskussion zu verhindern. In unserer ersten Publikation, die wir gesamtschweizerisch versandten, machten wir auf die Inhalte der "Leitideen"[G] aufmerksam und übten sachliche Kritik an der darin propagierten Antipädagogik[G]. Der Verband aber schätzte unsere Eigeninitiative nicht. Wir fragten uns, weshalb, nachdem man doch an einer grossen politischen Tagung in Bern einige Zeit vorher die Kindergärtnerinnen ausdrücklich aufgefordert hatte, aus ihrem Mauerblümchendasein endlich aufzuwachen, hinzustehen und zu sagen, was sie dachten und forderten. Offensichtlich galt dies nur für Statements, die linientreu waren. Unsere zweite Publikation wurde dann totgeschwiegen, die dritte ebenso.

"VPM-Lehrer" müssen ersetzt werden

Doch zurück zu meinem Arbeitsort. Ebenfalls im November 1990 warnte der SP-Schulpfleger und Leiter der Sucht- und Prophylaxestelle am Pestalozzianum[G] die Schulpflege vor den "VPM-Lehrern" und berief sich dabei auf G. K. von der Erziehungsdirektion, der schon lange etwas gegen "VPM-Lehrer" habe. Diese Stellungnahme hatte katastrophale Folgen. Die Lehrerkollegen, allen voran einige Mitglieder der SP, begannen heimlich zu ermitteln, welche Lehrer unserer Gemeinde noch im VPM seien. Es handelte sich um drei Lehrer und zwei Kindergärtnerinnen. Interessanterweise schimpfte man ab sofort nur noch pauschal über uns. Alle seien wir "militärisch, unkollegial und rigide". Auf einen Schlag sollten wir alle nicht mehr in unsere Ämter passen, in die jede von uns demokratisch und durchweg einstimmig gewählt worden war. Auf die Frage eines stutzig gewordenen Kollegen, was denn gegen alle zur selben Zeit einzuwenden sei, hiess es, man wolle keine VPM-Diskussion. Auch das war eine Antwort!

Bei der "Lösung des VPM-Problems" in unserer Gemeinde half die Erziehungsdirektion selber mit, das heisst, sie gab juristische Rückendeckung für eine grossangelegte, gut vorbereitete Urnenabstimmung. Es sollte darüber abgestimmt werden, ob wir "VPM-Lehrer" – und zwar nur wir – noch in unseren Ämtern akzeptiert werden könnten – ein Novum in der Geschichte der Gemeinde N. Jedesmal, wenn ich an der Urne vorbeiging, die zwei Tage vor der Abstimmung in unserem Schulhaus bereitgestellt worden war, gab es mir einen Stich im Herzen, hier wurde etwas abgewürgt – ein Ersticken beschlossen. Wo blieben Recht und Freiheit? Ich ahnte, endgültig zu verlieren, was mir soviel bedeutete, nämlich die Wertschätzung meiner Kollegen und den Respekt vor meiner guten pädagogischen Arbeit, meiner Persönlichkeit, meinem Wissen: Ich wurde ausgegrenzt. Das Zusammengehörigkeitsgefühl mit den mir vertrauten Kollegen im Lehrerzimmer hatte bisher wesentlich zu meiner positiven Stimmung in der Arbeit mit den Kindern beigetragen und mein Engagement für die Schule getragen. Jetzt war es soweit, dass Kollegin R.* ihre Hand zurückzog, als ich ihr die meine zum Gruss reichte.

Die Abstimmung fand statt. Aber war sie rechtmässig? Lebten wir nicht mehr in der freien Schweiz? Beim Auszählen des Stimmresultates mussten mein Kollege Paul Fischer* und ich als Lehrervertreter selber mithelfen. Bilder aus der Geschichte unseres Jahrhunderts stiegen in mir auf ... Lediglich sieben von fast hundert Lehrern getrauten sich, mich in meinem Amt zu bestätigen; bei meinem Kollegen Paul Fischer waren es noch weniger. Die Unterstufenlehrerin meines Schulhauses hatte einen empörten Kommentar zu unseren Gunsten auf die Rückseite des Stimmzettels geschrieben. Der Zettel wurde bei der Auszählung von einem "auf Linie" gebrachten "Kollegen" zerfetzt und landete – bevor ihn jemand lesen konnte – im Papierkorb. In welchem Land befand ich mich? Ein beschriebener Stimmzettel sei schliesslich ungültig, man führe diese Abstimmung "demokratisch korrekt" durch! Eine andere uns gut gesinnte Kollegin erzählte mir Monate später, dass das Schulhaus, welches forderte "Lehrervertreter, die VPM-Anhänger sind, müssen spätestens auf Ende Schuljahr ersetzt werden", den Sieg mit einem ausgelassenen Hausfest gefeiert habe. Mir wurde buchstäblich schlecht. In jenem Schulhaus gab es gar keinen Lehrer vom VPM!

Ein Buchverbot und meine Fassungslosigkeit

Zur selben Zeit erschien im Zürcher "Tages-Anzeiger" ein diffamierender Artikel von Kurt-Emil Merki. Darin wurde deutlich, dass gewisse Lehrerkollegen in unserer Gemeinde mit den Zürcher "Kämpfern gegen den VPM" Verbindung hatten. Es hiess, ein "besorgter Vater" habe dem "Tages-Anzeiger" das Bilderbuch "Susanne und Andreas" zugestellt. Dieses "gefährliche" Büchlein zeuge von der "Hygiene-Hysterie" der Autorin.

Diese Autorin war ich! Genauer gesagt, ich hatte vor fünf Jahren eine Bilderreihe zu möglichen Hygienesituationen im Kindergarten gezeichnet, weil ich den fremdsprachigen Kindern in Bildern zeigen wollte, was ich andern nebenbei kurz sagen konnte, wie zum Beispiel, dass man nach dem Spielen im Sandkasten oder nach dem Aufsuchen des WC die Hände waschen sollte, falls sie es vergessen hatten. Aus der Zeitung musste ich nun erfahren, dass die Erziehungsdirektion eine Buchbesprechung über "Susanne und Andreas" in Auftrag gegeben hatte, was aber noch nicht offiziell sei. Die Verfasserin der Besprechung nehme aber dezidiert Stellung: "Kinder sollten dem nicht ausgesetzt werden."

Damit waren plötzlich auch die Eltern meiner Kinder involviert. Ich schwankte zwischen Verzweiflung, Not und Empörung. Ich konnte es nicht fassen, dass ich wegen eines privaten Bilderbüchleins in einer Zeitung wie dem "Tages-Anzeiger" mit einer Auflage von 270 000 einfach so als "Hygiene-Hysterikerin", ja sogar als eine "Gefahr" für meine Kinder gebrandmarkt und entwürdigt wurde. Ohne die tatkräftige Unterstützung beim Richtigstellen der Unwahrheiten und bei der Analyse der diesem Artikel zugrundeliegenden Strategie, vor allem aber ohne die Empörung meiner Freunde hätte ich diese Situation nicht durchgestanden.

Ich reagierte auf den Artikel gemeinsam mit meiner Kollegin mit einem Elternabend zum Thema "Susanne und Andreas" sowie Hygieneerziehung.

Ich hatte an diesem Abend Angst. Die Stimmung war bereits durch Unterschriftensammlungen gegen uns angefacht worden. Die meisten Teilnehmer hatten zudem den schrecklichen Artikel gelesen, der mit dem Ausdruck "Arbeitskreisaktivistin" eine skrupellose Politstrategin aus mir zu machen versuchte. Der Schulpräsident, der Schularzt, die Inspektorin, die Kindergartenpräsidentin, zukünftige Eltern und die Eltern unserer Kindergartenkinder waren anwesend. Es war, als ob es darum ginge, eine Hexenküche auffliegen zu lassen. Einige Eltern hatten sich kurz vorher plötzlich zur sogenannten "Besorgten Elternschaft N." organisiert. Sie schleusten gegen meinen Willen einen "Tages-Anzeiger"-Journalisten ein. Auch er hatte offensichtlich einen direkten Kanal zur Erziehungsdirektion. Er war nämlich im Besitz des im "Tages-Anzeiger" erwähnten, inoffiziellen Schreibens der Erziehungsdirektion zu meinem Büchlein. Der Eindringling hatte die Frechheit, daraus zu zitieren und ohne Erlaubnis Kopien dieses auf Verängstigung der Eltern angelegten Schreibens zu verteilen. Er und einige aufgewiegelte Eltern verfolgten offensichtlich das Ziel, eine von uns VPM-Kindergärtnerinnen aus dem Quartier zu entfernen.

Ein starkes Gefühl der Entrüstung ergriff mich. Seit Jahren hatte ich engagierte und gute Arbeit geleistet und mir nichts zuschulden kommen lassen, im Gegenteil! Kraft dieser Empörung und der Tatsache, dass andere Menschen im Raum stutzig wurden, mich unterstützten oder auch sehr bewegt waren über das angerichtete Unglück, gelang es mir, den Eltern aufzuzeigen, wie ich wirklich arbeite. Ich machte ihnen verständlich, dass es im Kindergarten nicht um Ideologien geht, sondern darum, die Kinder durch Erfolgserlebnisse zu stärken und sie zu lehren, eigenständig zu denken. Wo sie sich später engagieren oder welche Weltanschauung sie später haben würden, sei einzig und allein Sache der Familie und des heranwachsenden Kindes. Zum Erstaunen der anwesenden Behördenvertreter gelang es, sich mit den meisten Eltern wieder zu einigen. Die politisierten und organisierten Mütter allerdings blieben bei ihren Forderungen. Nachdem die Schulpflege beschlossen hatte, dass ich bleiben könne, schickten sie ihre Kinder in ein anderes Quartier oder zur Kollegin. Diese, so argumentierten sie, stünde "dem VPM weniger nahe".

Durch das von der Erziehungsdirektion mitinszenierte Hygienekonstrukt wurden meine persönlichen Zeichnungen als Bilderbuch "Susanne und Andreas" weitherum bekannt. Um dem VPM als Ganzem Schaden zuzufügen und einen "Beweis" für die angebliche "Gefährlichkeit" von Lehrern vom VPM zu schaffen, schreckte die Erziehungsdirektion nicht einmal davor zurück, das Bilderbuch mit einem Rundschreiben im ganzen Kanton auf ihren "Index der verbotenen Bücher" zu setzen. Ein Büchlein, das von Fachleuten im In- und Ausland ausschliesslich als "angemessen", "sehr geeignet" und "ausgezeichnet" bewertet wurde. Wie war so etwas möglich? Durch dieses unglaubliche Vorgehen tauchte nun mein Name in jedem Lehrerzimmer des Kantons auf.

Tote Enten, leere Stühle

Gleichzeitig mit der Konstruktion des "Hygieneproblems" kam es in meinem Kindergarten zu Vorfällen abscheulicher Art. Unsere von den Kindern heissgeliebten vier asiatischen Laufenten waren plötzlich spurlos verschwunden. Wenige Wochen später drang jemand am hellichten Tag in den Kindergarten ein und hinterliess ein makabres Szenario: Farbbecher lagen auf dem Boden, die von mir vorgezeichneten Bilder waren verschmiert. Am schrecklichsten aber war, dass eine der zwei Riesenschnecken, die wir seit Jahren im Kindergarten beobachtet hatten, verstümmelt war. Im Terrarium lag eine Marionettenpuppe mit ausgestreckten Gliedern, das Gesicht in der Erde wie eine Leiche. Das Tischtuch rund um das Terrarium war von zahlreichen Messerstichen zerschnitten. Der Polizist, der sich der Sache annahm, war erschüttert. Er war sicher, dass die Tat mir gegolten hatte und nur ein Erwachsener sie begangen haben konnte. Ich war schockiert, mir wurde übel – ich musste erbrechen. Aber vor allem war ich damit beschäftigt, den Kindern diesen Anblick zu ersparen. Es gelang nicht ganz. Eveline sass in der Nähe des Terrariums. Immer wieder drehte sie sich um. Dann wandte sie sich unruhig und traurig an mich: "Darf ich die Schnecke über das Wochenende nach Hause nehmen, wissen Sie, damit ihr im Kindergarten nicht noch einmal etwas passieren kann?" Ich musste weinen.

Aufgerüttelt durch den Vandalenakt, ging ich einer anderen Merkwürdigkeit nach: Aus der Unterkellerung kommend hatte sich einige Wochen zuvor ein widerlicher Gestank breitgemacht. Die Frage nach der Ursache liess mich nicht mehr ruhig schlafen. Weil niemand sonst dazu bereit war, krochen meine Kollegin und ich, ausgerüstet mit einer Taschenlampe, in die Unterkellerung. Wir fanden die Kadaver von zwei meiner verschollenen Enten. Sie hatten nur von Menschenhand dorthin gelangen können. Die Tiere waren also unter unseren Füssen einen qualvollen, erbärmlichen Tod gestorben. Das war vor den Sommerferien 1991. Ich habe es bis heute nicht übers Herz gebracht, den Kindern zu erzählen, was wirklich geschehen ist.

Alle diese Erlebnisse waren begleitet von vielen Kleinigkeiten, die in ihrer Summe zutiefst weh tun: An Anlässen mit Kolleginnen bleibt der Platz neben mir oft leer. Die regelmässige gemeinsame Mittagsrunde hat sich aufgelöst. An grösseren Veranstaltungen dreht man sich nach mir um, meine Stellungnahmen werden gezielt unterdrückt. Meine Wahl in den Vorstand des Berufsverbandes wurde mit hohem Mehr abgelehnt. An der Delegiertenversammlung des Kantonalen Lehrervereins musste ich erleben, wie ein "Kollege" aus meiner Gemeinde sich erhob und ausrief: "Was diese Frau da blabbert, das braucht Ihr nicht ernst zu nehmen, das kennen wir, die heisst Vreni Tobler, arbeitet in der Gemeinde N. und ist im VPM." Für diesen Akt erntete er grossen Applaus ...

Selbst wohlmeinende Kollegen sind verunsichert und ziehen sich zurück. Sie vermeiden konsequent das Thema VPM. So gut diese "neutrale" Einstellung gemeint ist, so löst sie doch Befangenheit und Unbehagen aus, weil sie echte Anteilnahme verhindert. Angetanes Unrecht kann durch Schweigen weder gelindert noch verhindert werden.

Vom aufrechten Gang

Trotz aller Versuche, meine Arbeit zu stören, gibt es positive Stimmen, die sich nicht ersticken liessen. Es sind die Stimmen der Inspektorinnen und vor allem die Stimmen von Eltern: "Frau T. ist eine kompetente und engagierte Lehrkraft, und ich bin froh, dass meine Kinder sie als Mensch erfahren durften." Oder: "Ich war froh, dass ich mich an Sie wenden durfte, um meinem Sohn etwas auf seinem Lebensweg zu helfen. Ich wünsche Ihnen viel Freude und Kraft im Umgang mit den nächsten Knirpsen."

Dieses Wohlwollen macht mich widerstandsfähig gegen die Ausgrenzung und die ständigen kleinen Hässlichkeiten. Nach wie vor arbeite ich mit viel Freude, Einsatz und Genugtuung. Ich habe meine Würde und die Offenheit zu kooperieren behalten. Die Analysen des VPM zur politischen Situation ermöglichten es mir, die schmerzlichen Attacken nicht persönlich zu nehmen, richtig einzuordnen und angemessen abzuwehren. Ganz im Sinne des Zitates von Goethe, welches uns die in jeder Beziehung aufrechte Kollegin G. in den strubsten Zeiten zu Neujahr schrieb: "Wir sind nicht klein, wenn Umstände uns zu schaffen machen, nur wenn sie uns überwältigen."

“ *Es war eine schizophrene Situation. Die Eltern der letzten Klasse hatten sich bei mir für die geleistete Arbeit herzlich bedankt, die neuen Eltern wollten ihre Kinder nicht zu mir schicken.* ”

Paul Fischer, Primarlehrer

Geboren 1958. Mittlerer von drei Söhnen. Vater: Schreiner, Mutter: Hausfrau. – Konfession: reformiert. – Zivilstand: ledig. – Interessen: lesen (v. a. Sachbücher), Gitarre spielen, Volleyball. – Primarschule, Bezirksschule und Kantonsschule mit Matura im Aargau. Verschiedene Tätigkeiten in verschiedenen Bereichen. 1985–1987 SPG und PLS in Oerlikon. Mehrere Vikariate, seit 1988 Verweser in N.

Chronik einer "Hexenverfolgung"

Kollege P. M. fragt mich, ob ich bereit wäre, in der nächsten Amtsperiode das Amt des Hausvorstandes zu übernehmen. Er habe das jetzt vier Jahre gemacht und denke, dass ich der richtige Mann für dieses Amt sei. Ich würde spüren, wie man mit den Kollegen umgehen müsse, und könne die gute Stimmung im Lehrerzimmer weiter erhalten.

Im ersten Moment erwidere ich, dass ich erst seit zwei Jahren Lehrer sei.

"Du kannst auf grosse Unterstützung von allen Kollegen zählen", beruhigt er mich. Eine Woche später willige ich ein. Die Mutter einer Schülerin freut sich darüber, dass ich dieses Amt übernommen habe. Sie ist sehr angetan von der Art, wie ich unterrichte, und berichtet, wie gerne ihre Tochter zur Schule gehe. Am ersten Schultag nach den Sommerferien habe sie gesagt: "Das ist der schönste Tag in meinem Leben. Jetzt darf ich endlich wieder in die Schule."

Für mich begann nun eine anstrengende, aber auch sehr befriedigende Zeit. Schule, Lehrerschaft und Schulpflege bildeten jetzt meine hauptsächliche Beschäftigung. Im Herbst trat Schulpfleger S. an mich heran: "Sie sollten sich nun wählen lassen. Die Eltern sind begeistert von Ihnen, und jetzt als Hausvorstand wäre das doch selbstverständlich."

In der Folge besuchen Mitglieder von Wahlkommissionen[G] meinen Unterricht. Die Schulpfleger geizen nicht mit Lob: "Wie nett Sie das mit den Kindern machen, und alles ohne Druck, alles spielerisch." Ich konnte praktisch sicher sein, dass gegen meine Wahl niemand etwas einzuwenden hatte.

Dann begann das, was ein Schulpfleger später eine "Hexenverfolgung" nennen sollte.

In einer Schulpflegesitzung, als es um die Drogenwarnung eines Polizisten ging, bemerkte Schulpfleger W. K.: "Da steckt wohl der VPM dahinter." In der Sitzungspause konnte ich ein Gespräch zwischen dem Schulpräsidenten und W. K. mitverfolgen, der damals noch nicht wusste, dass ich mich im VPM weiterbilde. "Der VPM ist eine ganz gefährliche Organisation", meinte

W. K., "der VPM unterwandert Institutionen. Wir müssen schon aufpassen hier in N.*, wegen den Lehrern."

"Die waren schon bei mir. Wir hatten ein Gespräch. Die sind aber gar nicht so", entgegnete der Schulpräsident. Nun wollte W. K. wissen, wer diese Lehrer seien, doch der Schulpräsident gab keine Antwort und versuchte nochmals, W. K. zu beschwichtigen. Dieser geriet zusehends in Argumentationsnotstand und musste sich nun auf höhere Instanzen berufen: "Herr K. aus der Erziehungsdirektion sieht das aber auch so."

Mir wurde nun klar, warum W. K. so nachhaltig auf den Schulpräsidenten einredete. Er hatte eine Autorität aus der ED hinter sich. An der gleichen Sitzung informierte er die SP-Fraktion über seine Ansichten zum VPM. Hier ist anzufügen, dass mein Kollege P. M. mit der SP-Schulpflegerin M. M. verheiratet ist; so wird verständlich, dass P. M. am Tage nach der Schulpflegesitzung im Lehrerzimmer herumfragte, ob ich im VPM sei. Ich weiss nicht, wie die Kollegen darauf reagiert haben. Nur ein Kollege sagte: "Wenn du schon herumschnüffelst, dann frag' ihn doch selber!" Eine Woche später, ich hatte gerade meine Zweitklässler an der Schulzimmertür verabschiedet, kam P. M. auf mich zu und stellte die bewusste Frage. Obwohl es sich hier um mein Privatleben handelte, antwortete ich ihm offen. Darauf drohte er mir: "Ich werde das Thema am Hauskonvent aufbringen müssen, und es wird auch die Eltern interessieren, in welchem Verein du da bist. Und bevor es dann zu Verhältnissen wie am KV kommt, gibt es dann etwa 80 freie Lehrerstellen im Kanton."

Ich war verzweifelt, denn jetzt dämmerte mir, wozu dieser Kollege imstande sein würde. Jetzt war ich genötigt, mir jeden weiteren Schritt genau zu überlegen. Ich informierte nun meine Kollegen selber über meine Mitgliedschaft im VPM, über die Pressekampagne gegen den Verein und darüber, dass viele Aussagen, die über den VPM in Umlauf gebracht wurden, gerichtlich untersagt waren. Über diesen Schritt nach vorn war P. M. überrascht. Er versuchte verschiedene Kollegen gegen mich aufzubringen. Er selber und eine von ihm dazu überredete Kollegin schrieben gehässige Briefe an den Schulpräsidenten.

Eines Morgens flüsterte mir ein besorgter Kollege zu, dass sich die Kollegen im Lehrerzimmer erzählten, ich würde die Kinder so manipulieren, dass sie später zu "Faschisten" würden. Der VPM sei "gegen die Juden". Eine Kollegin habe Angst um die Kinder, die zu mir in die Schule gehen müssten. Man müsse den Anfängen wehren, Hitler, man wisse ja. Meine Kollegin Vreni Tobler und ich fühlten uns in dieser Situation völlig überfordert, weil sich die Schauermärchen über uns und den Verein mit rasender Geschwindigkeit verbreiteten. Das einzige, was mich in dieser Zeit noch beruhigte, war der Austausch mit den andern Kollegen vom VPM.

"Hilfe" aus der ED

Von Beruhigung der Lage konnte in der Folge keine Rede sein, ganz im Gegenteil. Der Schulpräsident kam auf die aus seiner Sicht völlig logische Idee, die Erziehungsdirektion um Hilfe anzufragen. Der Chef der Abteilung Volksschule der Erziehungsdirektion, Herr K., schlug vor, eine Informationsveranstaltung mit ihm und Herrn T., ebenfalls ED, zu machen. Wenn wir schon damals Belege dafür gehabt hätten, welche Rolle diese beiden Schlüsselfiguren in der Auseinandersetzung um den VPM spielten, hätten wir den Schulpräsidenten vielleicht überzeugen können, von der Veranstaltung in dieser Besetzung Abstand zu nehmen. Es gelang uns jedoch nicht.

Es blieb uns also nichts anderes übrig, als dafür zu sorgen, dass die Lehrerschaft auch ausgleichende Informationen über den VPM erhielt.

Wir setzten uns dafür ein, eine entsprechende Veranstaltung zu organisieren. Wir konnten den Vereinspräsidenten, die fachliche Leiterin und verschiedene Pädagogen des VPM dazu gewinnen, Kurzreferate zu halten. Die Einladungen schickten wir an alle Lehrer und Schulpfleger.

Der Schulpräsident liess sogar seine auf diese Zeit angesagte Bürositzung ausfallen. Ausserdem lud er die gesamte Schulpflege und die Bezirksschulpfleger ein. Alle kamen. Die meisten zeigten sich interessiert. Doch einzelne SP-Aktivisten aus der Lehrerschaft und aus der Schulpflege buhten die Referenten aus und riefen während des Referates Kommentare in den Saal.

Eine Woche später fand dann die vorgesehene Veranstaltung der Erziehungsdirektion statt. Herr K. sagte seine Teilnahme kurzfristig ab, aus unbekannten Gründen. Die Veranstaltung hatte aber auch ohne sein direktes Zutun verheerende Folgen. Dank der Unterstützung durch Herrn T. von der ED konnte P. M. eine vorbereitete, achtminütige Rede vorlesen, in der er sich zur Aussage verstieg, der VPM sei eine "Gefahr für die Volksschule". Der "totalitäre Anspruch" des VPM sei ihm zuwider, der Verein grenze Menschen aus, so zum Beispiel Homosexuelle, er erzeuge Panik und gebe seine wahren Ziele nicht bekannt. Seine Ausführungen schloss P. M. mit der Aussage: Der VPM erzeuge Elend. Ihm lägen glaubhafte Aussagen von Leuten vor, dass sie sich nur unter grössten Problemen vom VPM hätten lösen können und wegen dieses Vereins Jahre von ihrem Leben verloren hätten.

Derartig massive Anschuldigungen konnten wir nicht auf uns sitzen lassen. Wir Lehrer vom VPM schrieben deshalb P. M. einen Brief, in dem wir ihm rechtliche Schritte androhten, falls er nicht wenigstens die gröbsten ehrverletzenden Aussagen zurücknähme. Als der Schulpräsident von diesem Brief erfuhr, verlangte er von uns, dass wir uns bei P. M. entschuldigten. Was sollten wir tun? Wir verloren den Mut, uns gegen die Verleumdungen zu wehren. Die anderen Kollegen schauten stillschweigend zu.

P. M. hatte seinen ersten Sieg an der ED-Veranstaltung errungen. Der Präsident hatte sich hinter ihn gestellt. Jetzt konnte man also den nächsten Schritt tun. Was tatsächlich im Hintergrund alles passierte, wissen wir nicht. Was augenfällig wurde, waren Artikel in der Zeitung, Briefwechsel von Kollegen mit der ED, Telefonate unter den Kollegen. Es gab Beschwerden über mich an den Konventspräsidenten von Kollegen, die nie etwas mit mir zu tun gehabt hatten. Am niederschmetterndsten allerdings war der Antrag eines Nachbarschulhauses an das Konventsbüro: "Lehrervertreter, die VPM-Anhänger sind, müssen spätestens auf Ende dieses Schuljahres ersetzt werden." Damit war das jähe Ende meines Engagements für die Schulgemeinde angekündigt.

Schmerzliche Abwahl als Hausvorstand

An einem Samstag wurde ich telefonisch zu einem Gespräch eingeladen, das am Montag stattfinden sollte. Zwei weitere Kollegen aus der Gemeinde, die sich auch im VPM weiterbilden, wurden zum gleichen Termin eingeladen. Der Sonntag war wieder einmal überschattet von Ungewissheit und Angst. Was konnte uns erwarten?

Im Stadthaus eröffnete uns der Schulpräsident, dass er uns anrate, die Wahlbegehren zu sistieren. Es wäre ein Zeichen des guten Willens von unserer Seite, wenn wir so der Schulgemeinde ein offenes Wahlverfahren ersparten. Gleichzeitig wurde uns nahegelegt, unsere Ämter freiwillig niederzulegen, damit so eine Urnenabstimmung umgangen werden könne.

An dieser Sitzung verlor ich den Boden unter den Füssen. Nachdem mich P. M. seinerzeit aufgefordert hatte, das Amt des Hausvorstandes zu übernehmen, nachdem mir Schulpfleger S. nahegelegt hatte, mich wählen zu lassen, sollte ich jetzt beides freiwillig aufgeben? In den nächsten Tagen drehte sich alles in meinem Kopf.

Nach schlaflosen Nächten und stundenlangen Diskussionen mit meinen Freunden und Angehörigen teilte ich dem Schulpräsidenten mit, dass ich mein Wahlbegehren sistieren lasse; dass ich aber das Amt des Hausvorstands weiterführen werde, da ich von der Lehrerschaft gewählt worden sei. Der Konventspräsident war über diese Entscheidung nicht erfreut, denn nun mussten wir aus unseren Ämtern abgewählt werden.

Das Abwahlverfahren war schmerzlich, zeigte es doch, wie tief die Verleumdung schon gegriffen hatte. Als Hausvorstand war ich Mitglied des Wahlbüros und musste die hundert Stimmzettel meiner Lehrerkollegen selber mit auszählen. Hundertmal: "Wollen Sie die nachstehend aufgeführten Lehrervertreter in ihrem Amt bestätigen?" Und dann lauter Nein, Nein, Nein ... Ganze acht Ja-Stimmen konnte ich für mich notieren.

Eine hundertköpfige Lehrerschaft, alles Lehrer, die den Kindern in der Schule Toleranz und Kooperation beibringen sollten, war dazu gebracht worden, dass nur einige wenige mich als Hausvorstand bestätigen wollten. Persönlich kannten mich nur etwa zwanzig Lehrer, und die hatten mich erst vor kurzer Zeit einstimmig gewählt.

Nun durfte man mich auch meiden. Das Gespräch mit mir starb endgültig ab. Wenn ich im Lehrerzimmer erschien, wechselten die Kollegen schnell das Thema oder verstummten.

Einzelne Schulpfleger empfahlen mir, aus dem VPM auszutreten. Das war sicher nett gemeint, schmerzte mich aber zutiefst, zielte es doch darauf ab, mich für die Zukunft in meiner Persönlichkeit und in meinem Denken zu demütigen und meiner Freiheit zu berauben. Es ist meine freie Entscheidung, in welchem Verein ich mitmache. Es ist mir ein grosses Anliegen, im VPM mitzuarbeiten. Sollte ich etwa austreten, nur weil der Zeitgeist diesem Verein scharf ins Gesicht weht? Sollte ich meine Überzeugungen, meine Werte aufgeben? Sollte ich diesen Verleumdungen rechtgeben? Sollte ich unfaires Verhalten damit bekämpfen, dass ich meine Lebenseinstellung preisgab?

Schizophrene Situation

Als im Sommer die neuen Erstklässler eingeteilt werden sollten, zeigte es sich, dass das Thema VPM-Lehrer auch die Elternschaft erreicht hatte. Am Elternabend, den die Schulgemeinde für die neuen Erstklässler-Eltern organisierte, wollte ein Vater wissen, was die Schulpflege gegen die "VPM-Lehrer" unternehmen werde. Was sollte man tun, wenn man sein Kind nicht zu einem solchen Lehrer in die Schule schicken wollte? Die Schulpflege riet den Eltern, Gesuche zu stellen.

Und sie wurden geschrieben. Alle wurden berücksichtigt. Es war eine schizophrene Situation. Die Eltern der letzten Klasse hatten sich bei mir für die geleistete Arbeit herzlich bedankt, die neuen Eltern wollten ihre Kinder nicht zu mir schicken. Trotz allem wurden mir wieder Kinder zugeteilt. Bald meldete sich ein besorgter Vater beim Schulpräsidenten: "Wieso muss ich mein Kind zu so einem Lehrer schicken. Ein Freund hat mir Schlimmes über diese Lehrer erzählt. Es stand in der Zeitung." Nach den Angaben dieses Freundes sei ich ein "Sadist", der die Kinder plage, und die Kinder würden unter mir leiden. Der Schulpräsident, dem dies nun doch zuweit ging, bezeichnete diese Anwürfe als Lügen und konnte den Vater beruhigen. Das Kind kam zur Schule, und schon innert kurzer Zeit konnte ich eine gute Zusammenarbeit mit dem Vater aufbauen. Die Kinder kommen mit Freude zur Schule. Die Eltern sind froh, dass die Kinder gerne kommen und sich gut entwickeln. Trotzdem entschloss sich die

Schulpflege, für das laufende Schuljahr keine Lehrerwahlen durchzuführen, weil sie eine offene Wahl fürchtete.

Dann wurde es wieder ruhiger in der Gemeinde, und die Beziehungen normalisierten sich langsam. Im Spätsommer brach ein neues Schuljahr an. Und wieder begann in den Medien ein eigentliches Trommelfeuer gegen unseren Verein. In einer Gemeinde wurde eine Kindergärtnerin entlassen, aus dem einzigen Grund, weil sie in unserem Verein Kurse besucht hatte.

Im November hätte die Schulpflege nun meine Wahl als Primarlehrer durchführen sollen. Der Termin verstrich, nichts geschah. Im Dezember erhielten alle drei Verweser eine Einladung zu einem Gespräch mit dem Präsidenten. Er eröffnete uns, dass man uns wegen der Stimmung in der Bevölkerung nicht wählen könne. Obschon sich sowohl die Eltern meiner ehemaligen als auch diejenigen meiner jetzigen Schüler in Sammelbriefen zu meinen Gunsten an die Behörden wandten, bleibe ich "ein Lehrer zweiter Klasse".

Reaktionen von Eltern

Sammelbrief der ehemaligen Eltern:

"Wir möchten Ihnen zuerst recht herzlich für die sehr gute Arbeit danken, welche Sie mit unsern Kindern von der 1. bis zur 3. Klasse geleistet haben.

Da man täglich in den Zeitungen Negatives über den VPM liest, möchten wir auch einmal etwas Positives zu diesem Thema beitragen.

Die Kinder sind sehr gerne zu Ihnen in die Schule gegangen, und auch der "Geist" in der Klasse unter den Kindern war sehr gut. Ebenfalls war auch die Zusammenarbeit zwischen Ihnen und uns Eltern ausgezeichnet.

Wir als Eltern möchten mit unserer Unterschrift klar festhalten, dass wir mit Ihrer Arbeit in obiger Klasse sehr zufrieden waren, und wir hoffen, dass Sie noch lange Lehrer bei uns in der Gemeinde sein werden."

Sammelbrief der jetzigen Eltern:

"Wir Eltern, deren Kinder Sie heute unterrichten und erziehen, möchten Ihnen hiermit unser volles Vertrauen und unsern Dank aussprechen.

Eines können wir Eltern, vor allem aber unsere Kinder mit Bestimmtheit versichern:

Solange Sie so bleiben, wie Sie sind – ein sehr begabter, einfühlsamer, guter Lehrer, der die Kinder sicher führt und sie individuell zu verstehen versucht –, werden Sie noch unzählige, ermutigende Zeilen erhalten.

Ihnen wünschen wir noch weiterhin viel Freude und Kraft, Ihren Beruf noch lange ausüben zu können, so dass noch viele Kinder mit einer positiven Einstellung, voller Freude und Begeisterung Ihren Unterricht besuchen mögen."

“Die eine Kommission lobte das nette Verhältnis zu den Schülern, das Klima der Offenheit und die reichhaltigen und guten Schülerarbeiten. Eine andere Kommission charakterisierte meinen Unterricht als “steif und leblos”.”

Barbara Weber, Primarlehrerin

Zweites Kind von Veronika und Heinz W. – Jahrgang: 1958. – Konfession: katholisch – Zivilstand: ledig – Ausbildung: Primarschule in S., Sekundarschule in W., 1980 Abschluss der Primarlehrerausbildung im Kanton X., zweite Lehrerausbildung zur Erlangung des Zürcher Lehrerpatents am Primarlehrerseminar in Z. – Interessen: Gesang, Musik, Sport, Psychologie. – Vikariate an der Unter-, Mittel- und Oberstufe, vierjährige Tätigkeit an zwei Privatschulen in Z., nach der zweiten Lehrerausbildung während fünf Jahren Stelle an der Unterstufe in S., seit Sommer 1990 Mittelstufenlehrerin in E.

Entlassung – gegen den Willen von Eltern und Schülern

An meinem Pult sitzend, korrigiere ich die Hefte meiner Fünftklässler. Wie viel die schreiben! Das war damals anders gewesen: Die Korrekturarbeit war schneller erledigt, denn Zweitklässler kritzeln Buchstaben um Buchstaben langsam hin. Vor mir auf dem Tisch liegt noch die Karte von Sandra, einer ehemaligen Schülerin. "Liebe Frau Weber, ich habe inen noch nie geschrieben, deshalb habe ich inen jetzt geschrieben. Sie sind immer noch meine liblings Lehrerin, und ich denke immer noch an sie. Am liebsten will ich sie immer noch als Lehrerin. Viele Liebe Grüsse von Sandra. Schreiben sie wider zurück."

Sandra war ein Jahr zuvor eine meiner Zweitklässlerinnen in S. gewesen. Dieses Echo freut mich sehr, weckt aber auch schmerzliche Erinnerungen.

Ich hatte fünf Jahre in S. unterrichtet. All die ersten Jahre hindurch wäre ich nie auf die Idee gekommen, dass in diesem Kollegium jemand derart ausgegrenzt werden könnte, wie es mir schliesslich geschah. In guter Erinnerung behielt ich nebst einzelnen Kollegen vor allem meine damaligen Schüler und deren Eltern, die mich während der ganzen Zeit voll unterstützt hatten. Noch kurz vor der Entlassung durch die Schulpflege hatte mir Sandra geschrieben: "Ich hoffe das sie bleibenchönen. Ich vinde das einfach gemein. Den Briff ist fon der ganzen Familie und libe Grüse. Sandra." Und auch Lara schrieb mir in grossen Lettern: "Ich möchte das nie Somerferien sind. Das Frau Weber nicht weg muss. Grüse Lara."

Vor über einem Jahr hatte ich diese Briefchen beiseite gelegt. Nun werden die Erinnerungen an die unerfreulichen und belastenden Ereignisse in S. wieder wach. Sie waren durch die interessante Arbeit mit den Schülern an der neuen Stelle etwas in den Hintergrund getreten.

Andrea schrieb mir damals: "Ich will kein abschlusfest machen, ich will das Frau Weber dableibt. von Andrea." Das "Abschlussfest" wurde natürlich kein eigentliches Fest, es gab auch wirklich nichts zu feiern. Ich spazierte mit meinen Schülern im Wald. Wir machten ein kleines Feuer und grillierten Würste. Anschliessend sangen wir im Schulzimmer noch ein Lied, und ich wünschte den Kindern alles Gute für ihre Zukunft. Die Tränen standen mir zuvorderst. Auch der Abschied von den Eltern, die eigens dafür zu mir ins Schulzimmer gekommen waren, fiel schwer. Dann stand ich plötzlich alleine da mit den vielen Säcken und Kisten, die mir die Schüler zum Auto geschleppt hatten. Ich packte die vielen Sachen, die sich während fünf Jahren angestaut hatten, in den Kofferraum. Nach dieser warmherzigen Verabschiedung stimmte es mich traurig, dass sich die meisten Kollegen überhaupt nicht von mir verabschiedeten. Zwar steckte mir am Morgen eine Kollegin noch eine nette Karte zu: "Nach dieser für Dich qualvollen Zeit wünsche ich Dir Abstand von der leidigen Sache, Entspannung, neuen Horizont der Freude. Ich danke Dir für Deine Hilfsbereitschaft und grüsse Dich freundlich, Rita*." Jetzt erinnere ich mich wieder, wie Rita vor nicht allzu langer Zeit zu mir gesagt hatte, der Grund meiner Nichtwahl sei einzig und allein meine Mitgliedschaft im VPM.

Die abweisende Haltung einiger Kollegen mir gegenüber hatte derart gewirkt, dass selbst eine Kollegin, mit der ich näher befreundet war, immer zurückhaltender reagierte.

Entlassung mitten im Klassenzug und gegen den Willen der Eltern! Dass mir dies in S. passieren könnte, hätte ich mir wirklich nie auch nur im Traum vorstellen können. Vor sieben Jahren war ich von den Lehrerkollegen freundlich aufgenommen worden.

Die Arbeit mit den Schülern machte mir grosse Freude. Endlich konnte ich meine Erfahrung wieder einbringen, nachdem ich eine zweite Lehrerausbildung absolviert hatte, um an einer öffentlichen Schule unterrichten zu können. Nachdem ich fünf Jahre lang an Privatschulen unterrichtet oder wochenweise andere Lehrer vertreten hatte, ging ich voll Begeisterung an die neue Aufgabe heran, eine Klasse während dreier Jahre als Klassenlehrerin zu führen. Die Zusammenarbeit mit meinen Kollegen im Schulhaus war unkompliziert, und mit meiner Parallellehrerin tauschte ich Erfahrungen und oft auch Arbeitsmaterial aus. Die ersten drei Jahre fühlte ich mich uneingeschränkt wohl im Kollegium.

Ich übernahm meine Erstklässler im Herbst 1987, also mitten im Schuljahr. Der hohe Ausländeranteil und einige verhaltensauffällige Schüler machten eine intensive Zusammenarbeit mit den Eltern und Behörden notwendig. Über die Fortschritte meiner Schüler freute ich mich sehr, und auch Schulpfleger und Eltern äusserten sich anerkennend darüber, was ich mit der schwierigen Klasse in kurzer Zeit erreicht hatte. Dies kam auch in den guten Visitationsberichten zum Ausdruck.

Erstes Wahlverfahren – erste Widersprüche

Da ich auch längerfristig in S. unterrichten wollte, stellte ich mich 1989 zur Wahl. Innerhalb von drei Monaten besuchten mich drei Kommissionen der Schulpflege zu je vier Mitgliedern. Die erste Kommission äusserte sich nach ihrem Besuch sehr positiv zum Stand meiner Schüler und zu meiner Schulführung. Während des zweiten Wahlbesuchs verlangte ein Schulpfleger, dass seine Wahlkommission mehr als die vorgeschriebenen drei Stunden bei mir zu Besuch bleiben könne. Ich verstand diesen Vorschlag nicht und empfand ihn als eine Misstrauensäusserung. Ich mass dem seltsamen Vorfall jedoch keine grosse Bedeutung zu, um so weniger, als mir der Schulpräsident bald darauf schriftlich den Entscheid der Wahlkommission mitteilte: "Sehr geehrte Frau Weber, ich freue mich sehr, Ihnen mitteilen zu dürfen, dass Sie von der Wahlkommission Primarlehrer den Mitgliedern der Kreisschulpflege zur Wahl vorgeschlagen werden. Die Plenarsitzung der Kreisschulpflege wird übermorgen stattfinden. Sie dürfen annehmen, dass die Kreisschulpflege dem Antrag der Wahlkommission Folge leisten wird."

Am Morgen vor der Plenarsitzung gratulierten mir meine Kollegen in der Zehn-Uhr-Pause zur bevorstehenden Wahl. Ein Kollege überreichte mir Blumen. Eine Stunde später wurde ich aufgefordert, dringend zur Schulpflege zu kommen. Dort teilte mir der Schulpräsident mit, ich müsse mit grösster Wahrscheinlichkeit mit einem negativen Resultat rechnen. Das Büro der Kreisschulpflege werde an der Plenarsitzung den versammelten Schulpflegern empfehlen, mich nicht vorzuschlagen. Er forderte mich auf, die Wahlbewerbung zurückzuziehen. Damit wäre die Angelegenheit für das Büro der Schulpflege elegant vom Tisch gewesen. Ich fühlte mich von diesem Vorgehen vor den Kopf gestossen und beschloss, mich vorläufig nicht vom Wahlverfahren zurückzuziehen. Am selben Abend lehnte die Kreisschulpflege in einer geheimen Abstimmung, einem eher unüblichen Verfahren, meine Wahl ab. Die Kreisschulpflege folgte aber nicht dem Vorschlag der Wahlkommission, sondern schloss sich dem Beschluss des Büros an. Die Mitglieder des Büros jedoch konnten meine Schulführung gar nicht beurteilen, da es ja die Wahlkommission war, die mich besucht hatte. Der Schulpräsident tröstete mich damit, ich könne mich ja in einem Jahr wieder zur Wahl stellen.

Später erfuhr ich, dass sich einige Mitglieder der Wahlkommission vom Verhalten des Büros in ihrer Kompetenz beschnitten und desavouiert gefühlt hatten. In der Aussprache mit der Schulpflege über den Ablehnungsentscheid wurde deutlich, dass zwar fachliche Gründe vorgeschoben wurden, diese aber derart gesucht waren, dass sie keinesfalls den Entscheid begründen konnten. Diesen Eindruck bestätigte im nachhinein auch ein Schulpfleger, der mir gegenüber äusserte, er wisse den wahren Ablehnungsgrund, dürfe ihn aber nicht sagen. Auch mein Kollege, der Hausvorstand, wusste nichts von fachlichen Gründen, tönte aber an, ich sei eben im "falschen Verein" tätig.

Mit diesem "falschen Verein" meinte er offensichtlich den VPM. Da ich bisher weder mit meinem Kollegen noch mit der Schulpflege über meine Kursbesuche beim VPM gesprochen hatte, erstaunte es mich sehr, dass diese Information bei einigen Kollegen und Schulpflegern kursierte.

Zweites Wahlverfahren: Widersprüche häufen sich

Zwei Jahre später stellte ich mich erneut zur Wahl. Ich hatte allen Grund anzunehmen, dass ich diesesmal gewählt würde, hatte ich doch weiterhin von Schülern, Eltern und Behördevertretern nur positives Echo bekommen. Die Arbeit mit der neuen Klasse gefiel mir sehr, und es hatte sich eine gute Klassengemeinschaft entwikkelt. In Gesprächen brachten die Eltern zum Ausdruck, wie gern ihre Kinder in die Schule kämen.

Nach dem Besuch der ersten Wahlkommission wurde ich zu meiner Schulführung befragt. Ein Kommissionsmitglied wollte den Sinn eines Rechenspiels, welches ich an diesem Morgen mit den Schülern durchgeführt hatte, wissen. Es handelte sich um ein einfaches, bekanntes Spiel. Ich erklärte ihm Sinn und Ablauf sehr genau. Er ging nicht darauf ein und stellte mir seltsamerweise kurz darauf nochmals dieselbe Frage. Im weiteren Verlauf des Gesprächs fragte er mich nach der Ideologie der "Neuen Schule Zürich", einer Privatschule, an der ich, wie er aus den Bewerbungsunterlagen ersehen konnte, während eines Jahres gearbeitet hatte. Ich war sehr verdutzt über diese Frage nach der Ideologie, nicht etwa nach dem Konzept dieser Schule und gab meiner Verwunderung Ausdruck. Vermutlich beruhte die seltsame Frage auf einer Verwechslung der "Neuen Schule Zürich" mit der "Zürcher Schule F. L." und zielte auf meine Kursbesuche bei letzterer bzw. später beim VPM ab. Diesen Organisationen wurde allerdings in gewissen Medien wiederholt eine "Ideologie" unterschoben.

Bei einem nächsten Besuch schrieb ein Mitglied der Wahlkommission für alle andern sichtbar auf einen Zettel: "Mich stört das Verhalten der Schüler!" Diese Bemerkung überraschte und verunsicherte mich, war ich doch gerade an diesem Morgen sehr erfreut darüber, wie spontan sich meine Schüler am Unterricht beteiligten. Als sich eine andere Dame während der Rechnungsstunde neben meinen schwächsten Schüler setzte und ihm beim Lösen der Rechenaufgaben half, freute ich mich darüber und fühlte mich unterstützt. Doch in der anschliessenden Besprechung machte ausgerechnet sie mir zum Vorwurf, ich hätte diesen Schüler zuwenig im Auge gehabt, ihm zuwenig geholfen. Eine solche Einmischung ins Unterrichtsgeschehen widerspricht eigentlich dem Beobachtungs- und Beurteilungsauftrag einer Wahlkommission. Dass mir aber diese Dame zum Vorwurf machte, dass ich ihr eigenmächtiges Handeln als Hilfe positiv einbezogen hatte, empörte mich.

In der Folge wurde ich ein zweites Mal nicht gewählt. In der Nachbesprechung äusserten sich die Wahlkommissionen sehr widersprüchlich über meinen Unterricht. Die eine Kommission lobte das nette Verhältnis zu den Schülern, das Klima der Offenheit und die reichhaltigen und guten Schülerarbeiten. Eine andere Kommission charakterisierte meinen Unterricht als "steif und leblos". Was gestört habe, sei der klar strukturierte Unterricht. Ausserdem liesse ich einzelne Schüler im Stich. Die dritte Wahlkommission hob hervor, dass ich die Kinder positiv ermunterte und einen guten Kontakt zu ihnen hätte. Die Aussagen widersprachen sich so sehr, dass ich nur staunen konnte. Dies hinderte den Schulpräsidenten jedoch nicht daran, mir wieder nahezulegen, meine Wahlbewerbung zurückzuziehen. Gleichzeitig eröffnete er mir, dass er mich nicht mehr weiter beschäftigen werde!

Die Eltern meiner Schüler reagierten mit grösster Betroffenheit und Erstaunen auf den Ausgang des Verfahrens. Sie unterstützten mich darin, mein Wahlbegehren nicht zurückzuziehen. Gleichzeitig schickten sie einen Brief an den Schulpräsidenten und fragten ihn, wie die, wie sie schrieben, "geliebte Lehrerin" ihren Kindern erhalten bleiben könne. Dieser reagierte erst nach drei Wochen. Ohne auf das Anliegen der Eltern einzugehen, schrieb er nur, er werde für einen fähigen Ersatz sorgen. Über meine Wahl müsse das Volk an der Urne entscheiden.

Wie die Schulpflege in der Folge die öffentliche Volkswahl beeinflusste und schliesslich gar verhinderte, war höchst fragwürdig. Vorerst reduzierte sie die zu besetzenden Wahlstellen von drei auf eine. Mit diesem Entscheid wurde eine Kampfwahl zwischen einer anderen, von der Schulpflege zur Wahl vorgeschlagenen Kandidatin und mir provoziert. Die andere Kandidatin zog darauf ohne nähere Begründung ihre Wahlbewerbung zurück. Somit stand ausser mir keine weitere Kandidatin mehr zur Wahl. Dies nahm die Schulpflege zum Anlass, die zur Besetzung stehenden Stellen *auf null* zu reduzieren, d. h. die Volkswahl gänzlich zu verhindern. Als Rechtfertigung für diesen Entscheid berief sie sich auf eine sehr gesuchte Interpretation des Wahlgesetzes. Mein Rekurs gegen die missbräuchliche Gesetzesauslegung ist noch beim Bundesgericht hängig.

Immer wieder versuchten die Eltern, mit dem Schulpräsidenten in Kontakt zu treten, um ihm ihr Anliegen persönlich unterbreiten zu können. Er indessen trat nicht auf diesen Wunsch ein. Im Gegenteil, er stellte die Eltern vor die Tatsache, dass eine neue Lehrerin die 3. Klasse weiterführen werde. Seine Versuche, die Eltern von ihrem Engagement für mich abzubringen, misslangen aber. Die Eltern schrieben Briefe an alle Schulpfleger in S., an den zuständigen Stadtrat und an den Erziehungsdirektor. Schliesslich gelangten sie sogar mit einem offenen Brief in der Lokalzeitung an die Öffentlichkeit.

Das Kollegium – aus Widersprüchen werden Entlassungsgründe

Die Aussagen der Eltern über meine Schulführung widersprachen der "Kritik" der Schulpflege derart krass, dass diese meine Entlassung nicht glaubwürdig mit "fachlichen Gründen" rechtfertigen konnte.

Nun wurde statt dessen plötzlich die Zusammenarbeit im Kollegium zum "Problem" gemacht. Nachdem eine Lehrerin schon nach dem ersten Wahlverfahren begonnen hatte, mich wegen meiner Weiterbildung im VPM zu beschimpfen, unterstützte nun auch der Hausvorstand die Stimmungsmache gegen mich. Zusammen mit drei weiteren Kollegen und "im Namen des Kollegiums" eröffnete er mir, ich sei im Schulhaus unerwünscht. Die Aktion erfolgte allerdings, wie sich später herausstellte, ohne Wissen und Einverständnis der anderen 12 Kollegen des Schulhauses, aber interessanterweise just zu dem Zeitpunkt, zu dem die Schulpflege in Argumentationsnotstand geraten war!

Trotz meiner wiederholten Bitte und dem dringenden Wunsch der Eltern weigerte sich der Schulpräsident ausdrücklich, dem Treiben dieser Kollegen Einhalt zu gebieten und sich für Anstand und Kollegialität im Lehrerzimmer einzusetzen. Im Gegenteil, er machte nun die gezielt angeheizte Stimmung im Lehrerzimmer zum eigentlichen Entlassungsgrund. Er lud das Lehrerkollegium zu einer ausserordentlichen Bürositzung ein mit dem einzigen Traktandum: "Über eine allfällige Weiterbeschäftigung von Frau Barbara Weber im Schuljahr 1991/92." Da es nicht Sache des Kollegiums sein konnte, über meine Weiterbeschäftigung zu debattieren, beantragte ich eine Traktandumsänderung. Nach deren Ablehnung meldeten sich, wie erwartet, vor allem diejenigen Kollegen zu Wort, die gegen mich Stimmung gemacht hatten. Die bereits einmal erwähnte Kollegin rechtfertigte dabei ihr Vorgehen mit der abstrusen Behauptung, ich hätte etwas gegen sie, weil sie in der Sozialdemokratischen Partei sei. Andere Kollegen äusserten ganz einfach, sie könnten die Stimmung in unserem Lehrerzimmer kaum mehr ertragen. Sie erhofften sich durch meine Entlassung eine Entschärfung der Situation. Ein Kollege entschuldigte sich im nachhinein, er habe kein Wort über die Lippen gebracht, weil man ihm zu verstehen gegeben hatte, er solle besser schweigen. Dieser Kollege hatte sich wiederholt empört dazu geäussert, wie mit mir umgesprungen wurde. Daraufhin waren ihm prompt "VPM-Nähe" und zweideutige Absichten unterstellt worden.

Einige Tage später teilte mir die Kreisschulpflege mit, ich würde nicht mehr angefordert. Ich war entlassen. Ich hatte in S. einige der traurigsten Erfahrungen meines Lebens gemacht.

Offener Brief an die Schulpflege

Im Schulkreis [redacted] geschehen merkwürdige Dinge. Die Lehrerin, Frau [redacted] , welche unsere Kinder seit zwei Jahren mit viel Liebe und Geduld erfolgreich unterrichtet, verliert ihre Stelle. Wir Eltern, die mit der Arbeit von Frau [redacted] sehr zufrieden sind, sollen dazu nichts zu sagen haben? Das kann doch nicht das Demokratieverständnis der Kreisschulpflege [redacted] sein! Dass die [redacted] Bevölkerung nicht die Möglichkeit hat, Frau [redacted] als bewährte Lehrerin zu wählen, ist ein Skandal.

Bereits vor zwei Jahren stellte sich Frau [redacted] zur Wahl. Damals wurde sie von der Wahlkommission der Schulpflege vorgeschlagen. Dieser Entscheid wurde von der Bürositzung der Kreisschulpflege später wieder umgestossen, nachdem der Schulpräsident, Herr [redacted] , der Lehrerin bereits zur Wahl gratuliert hatte und sie im Lehrerzimmer gefeiert wurde. So etwas war bis anhin noch nie geschehen.

Das diesjährige Wahlverfahren verlief noch krasser. Obwohl die Schulpfleger, welche Frau [redacted] unter dem Jahr besuchen, sich begeistert äussern und auch sehr gute Visitationsberichte vorliegen, wird sie nicht zur Wahl vorgeschlagen. Es werden fachliche Gründe, die sich gegenseitig widersprechen, angeführt.

Damit sind wir Eltern überhaupt nicht einverstanden. Wir können dies sehr wohl beurteilen, weil wir einen regelmässigen und guten Kontakt zu Frau [redacted] pflegen. Dadruch haben wir einen guten Einblick in den Schulunterricht, die Methoden und die Lehrmittelauswahl erhalten. Der Unterricht wirkt sich auf unsere Kinder sehr positiv aus, sowohl im schulischen als auch im persönlichen Bereich. Frau [redacted] bildet sich auch vielseitig weiter, um den ständig wachsenden Anforderungen des Lehrerberufes gerecht zu werden. An unseren Kindern können wir tagtäglich sehen, dass Frau [redacted] mit Erfolg arbeitet. Der Unterricht ist lebhaft, die Themen sind sehr gut gewählt und in der richtigen Länge dargebracht. Die Kinder sind ruhig und gelöst und gehen deshalb sehr gerne zur Schule, so wie am ersten Tag. Ist das heute nicht eher selten? Unsere Kinder lieben und schätzen ihre Lehrerin sehr. Die Problematik der grossen Ausländerzahl in ihrer Klasse hat Frau [redacted] bestens bewältigt, wofür wir ihr unsere Hochachtung aussprechen möchten. Unsere Kinder haben in ihrer Klasse wegen der unterschiedlichen Sprachen und Mentalitäten keine Probleme untereinander. Im Gegenteil, sie erhalten in Gesprächen mit der Lehrerin einen guten Einblick in fremde Länder und Sitten. Eben solche Gespräche und andere, die unter den Schülern entstehen, werden von der Lehrerin meisterhaft in Angriff genommen. Es werden Lösungen gesucht. Dies ist in der heutigen Zeit für unsere Kinder sehr wichtig. Wir haben Frau [redacted] als ruhige und freundliche junge Lehrerin kennengelernt. Ihre aufmunternde Art hat vielen unserer Kinder über die Anfangsschwierigkeiten in der Schule hinweggeholfen. Ihr Interesse gilt nicht nur der Vermittlung des schulischen Wissens, sondern auch der Persönlichkeitsbildung der Kinder, um sich in der Gesellschaft einen Platz auf faire Art zu verschaffen. Sie hat es verstanden, in den zwei Jahren, in denen sie die Kinder unterrichtet, den Zusammenhalt der Klasse zu fördern.

Es ist uns daher völlig unverständlich, dass eine so gute und qualifizierte Lehrerin nicht in ihrem Amt belassen werden soll.

Will man uns Eltern und der gesamten [redacted] Bevölkerung das demokratische Recht verwehren, eine ausgezeichnete Lehrerin zu wählen? Von den ursprünglich zur Wahl ausgeschriebenen drei Stellen wurden zwei gestrichen, obwohl sich nur zwei Lehrkräfte zur Wahl gemeldet hatten. Frau [redacted] zog ihre Wahlbewerbung nicht zuletzt auf Wunsch von uns Eltern nicht zurück. Somit wäre es zu einer öffentlichen Wahl gekommen. Um dies zu verhindern, hat die Schulpflege die Stelle nun ganz gestrichen. So wird dem Volk das Recht, Lehrerinnen und Lehrer zu wählen, abgesprochen. Dagegen protestieren wir entschieden! Wir fordern die Kreisschulpflege auf, Frau [redacted] weiter zu beschäftigen.

Ist es nicht verantwortungslos, den Kindern ihre geliebte Lehrerin ohne Grund mitten im Klassenzug wegzunehmen?

Besorgte Eltern der 2. Klasse
von Frau [redacted]

“ *Auf meinen Hinweis, dass das auf ein Berufsverbot für VPM-Mitglieder hinauslaufe, antwortete er: “Ja, so ist es.”* ”

Peter Hubschmied, Diplompädagoge

Verheiratet, zwei Kinder; Ende der 70er Jahre Übersiedlung in die Schweiz wegen Ausbildung an der Psychologischen Lehr- und Beratungsstelle F. L.; nach vielen Jahren des Lernens und der Arbeit in der Drogenprävention, der Lernhilfe, als Psychologe und als Pädagoge Übernahme einer Heimleitung; wichtigstes pädagogisches Anliegen: eine Jugend heranzubilden, die drogenfrei, konstruktiv und verantwortlich ihre Position in der Gemeinschaft einnimmt. 1990 als Heimleiter wegen Mitgliedschaft beim VPM entlassen; seither arbeitslos.

Konzept hervorragend – Leiter entlassen

“Ein ‘Liebling’ als Leiter: Kinderheim in X. geschlossen!” Mit dieser Schlagzeile titelte der “Tages-Anzeiger” im September 1990, der sich in massiv verzerrender Weise auf das Ende der nachfolgenden Geschichte bezog.

Ein Wohnheim gerät in die Krise

Angefangen hatte die Geschichte 1982. Damals gründeten einige Privatpersonen im Zürcher Oberland zwei therapeutische Wohngemeinschaften, als “Selbsthilfegruppen” sogenannt basisdemokratisch konzipiert, um aus der Bahn geratenen jungen Menschen zu ermöglichen, mit ihrem Leben wieder zurechtzukommen. Anfangs bestand noch keine Anerkennung und auch keine Unterstützung von seiten des Kantons. Im Hinblick darauf wurde später ein Trägerverein gegründet, der als Kontaktgremium zwischen den Einrichtungen und den offiziellen Stellen fungieren und der ganzen Institution gegen aussen die formale Seriosität geben sollte. Der neugegründete Verein sollte dabei vor allem für die Beschaffung von Geld sorgen, nicht aber mitreden. Schon bald zeigte sich jedoch, dass sich zwischen dem Vorstand des Trägervereins, dessen Mitglieder häufig wechselten, und den Mitarbeitern einer der beiden therapeutischen Wohngemeinschaften keine wirkliche Zusammenarbeit ergeben konnte. Die Erzieher widersetzten sich grundsätzlich jeglicher Weisung und Vereinbarung und machten mehr oder weniger von Anfang an offen Opposition.

Beide Einrichtungen waren gekennzeichnet von Skandalen und Verwahrlosung, das Resultat einer orientierungslosen Laisser-faire-Haltung und sogenannter antiautoritärer Erziehung. Es mussten immer wieder (finanzielle) Unregelmässigkeiten, pädagogische Fehlleistungen und ein unverantwortlicher, “lockerer” Umgang mit Drogen konstatiert werden; gemäss offiziellen Protokollen und Aufzeichnungen kam es häufig zu exzessiven gemeinsamen Trinkgelagen von Jugendlichen und Erziehern; der Umgang mit der HIV-Problematik war besorgniserregend: sexuelle Stimulierung von Jugendlichen seitens der Erzieher unter dem Vorwand,

"Triebdruck" beim Jugendlichen "therapeutisch" behandeln zu müssen, sind dokumentiert. Ferner wurde über die mangelnde Bereitschaft der Erzieher, mit der internen Schule zu kooperieren, ständig Klage geführt. Schliesslich wurde 1987 vom Kanton die Schliessung der einen Wohngruppe wegen massivster Gewaltanwendung und Verwahrlosung verfügt.

Doch auch in den folgenden Jahren verbesserte sich die Situation nicht, so dass in einer "Softanalyse" 1989 festgestellt werden musste, es sei nur noch eine "schmale Vertrauensbasis" zwischen Vereinsvorstand und Betreuer vorhanden, "persönliche Verletzungen" hätten eine "geringe Wertschätzung der Arbeit zur Folge", und niemand wisse, was der andere tue: "Wo Vertrauen fehlt, müssen Regelungen" her! Zudem seien "Kündigungen zu erwarten".

Durch die Misswirtschaft war zudem jahrelang eine seriöse Zusammenarbeit mit dem Kantonalen Jugendamt und dem zuständigen Jugendpsychiatrischen Dienst verhindert worden, eine fachlich kompetente Betreuung, die den Jugendlichen hätte helfen sollen, war deshalb nie möglich geworden. Ausserdem hatte die Einrichtung in Stadt und Kanton einen sehr schlechten Ruf, und Einweiser wie andere Dienststellen, die diese Einrichtung kannten, hatten schon lange keine Jugendlichen mehr dorthin plaziert.

Im Sinne eines letzten Versuchs, das Heim noch zu retten, übernahm schliesslich Ende 1989 das Kantonale Jugendamt die Oberaufsicht. Denn die ganze Einrichtung bestand in der Zwischenzeit nur noch aus einer therapeutischen Wohngemeinschaft, einer Wohngruppe als Anschlussgruppe für deren Bewohner und andere ältere Jugendliche in Berufsausbildung (zirka zwei bis drei Personen) sowie der internen Schule. Es herrschte in allem ein Zustand vor, der eine sofortige Sanierung notwendig machte. Viele Mitglieder des Vorstandes waren auf Grund der Vorgänge der letzten Jahre und der in der Geschichte der Einrichtung im Übermass vorhandenen Probleme so resigniert, dass sie am liebsten die Arbeit aufgegeben und Heim und Schule geschlossen hätten.

Ein Rettungsversuch in desolater Lage

Im Zuge des Rettungsversuches suchte man einen neuen Gesamtleiter. Um diese Stelle bewarb ich mich am 15.1.1990. Bald danach wurde ich vom Präsidenten des Vereins zu einem ersten Vorstellungsgespräch eingeladen, an dem er mich auf den desolaten Zustand der Einrichtung eindringlich hinwies. Einen Monat später fand ein Gespräch mit dem gesamten Vereinsvorstand statt, an dem ich auf dessen Wunsch meine Vorstellungen für die Arbeit darlegte. Auf Grund dieses Gespräches wurde ich einstimmig gewählt. Der Präsident berichtete in einem Schreiben an die Mitarbeiter: "Der Vorstand ist glücklich, einen erfahrenen und kompetenten Fachmann mit der Leitung unserer Institution betrauen zu können."

Nach meinem Stellenantritt schrieb er dasselbe an alle Einweiser und Eltern und fügte dazu noch bei: "Er hat die Aufgabe, ein Team zusammenzustellen, das gemeinsam am gleichen Strick zieht."

Nach meiner Einstellung nahm ich mit allen Vorstandsmitgliedern Kontakt auf, um mich persönlich vorzustellen und über die anstehenden Aufgaben zu sprechen. Besonders lag mir daran, mit Unterstützung des Präsidenten noch zögernde Vorstandsmitglieder zu überzeugen, dass eine Weiterführung des Vereins und seiner Einrichtungen im Interesse der Jugend dringend notwendig und trotz dem schlechten Ruf der therapeutischen Wohngemeinschaft durchaus möglich sein würde. Tatkräftige Unterstützung wurde uns vom Kantonalen Jugendamt zugesagt. Wesentlich aber für den positiven Entscheid des Vorstandes, das Rettungsunternehmen überhaupt zu wagen, war, dass die einzelnen Mitglieder in meinem mündlich vorgelegten Konzept ihre humanen und pädagogischen Vorstellungen wiederfanden und ihnen meine klare Haltung zum Rauschgiftproblem, zur pädagogischen Verantwortung und zum Lernen entsprach.

Die Arbeit neu zu konzipieren sollte also meine erste Aufgabe sein. Nach einer Besprechung im Kantonalen Jugendamt am 15.5.1990 zur Situation in der Wohngemeinschaft stand im Protokoll zu lesen: "Das Jugendamt unterstützt deshalb die klare und harte Linie des Vorstandes. Es handelt sich um einen Rettungsversuch im allerletzten Moment. Der [innerbetriebliche] Konflikt sei an einem Punkt angelangt, an welchem ohne entschiedenes Handeln des Vorstandes eine aufsichtsrechtliche Schliessung hätte geprüft werden müssen."

Um die Weichen für eine Neuorientierung zu stellen, hatte der Vorstand den damaligen Mitgliedern schon vor meiner Einstellung mitgeteilt, dass ihnen auf das neue Schuljahr hin gekündigt würde, mit dem Hinweis, sie könnten sich erneut bewerben, wenn sie erklärten, sich an die neuen "Richtlinien halten zu wollen". Ausser einem Mitarbeiter hatten die anderen kein Interesse gezeigt, unter der neuen Struktur arbeiten zu wollen. Die Zusammenarbeit mit dem Team der Wohngruppe war daher unmöglich: Die Mitarbeiter lehnten im Gegensatz zu den beiden Lehrern der internen Schule von Anfang an eine Zusammenarbeit ab, boykottierten alle konstruktiven Bemühungen und weigerten sich, mit mir, dem neuen Leiter, in Kontakt zu treten.

In den Monaten März bis Juni befanden sich gerade noch vier und schliesslich gar nur noch drei Jugendliche in der Wohngruppe, die eigentlich für sechs bis acht Personen hätte Hilfe anbieten sollen. Die Erzieher aber waren nicht daran interessiert, sich um Schüler für das neue Schuljahr zu bemühen, obwohl sie wussten, dass letztlich nur noch zwei der Jugendlichen bleiben würden.

Laut Weisung bestand meine Hauptaufgabe darin, das neue Konzept für die Einrichtungen zu erarbeiten. Eine weitere Aufgabe bildete aber auch die Suche nach neuen Mitarbeitern und nach Jugendlichen für das Schuljahr 1990/1991, was sich als sehr harzig erwies, da die Einrichtung bei Ämtern und Einweisern längst einen denkbar schlechten Ruf hatte. Das Kantonale Jugendamt erklärte sich aber wiederum bereit, mit verschiedenen Einweisern zu sprechen, um diese Anfangsschwierigkeiten aufzufangen.

Anfang Juli 1990 legte ich der Betriebskommission meinen Entwurf für ein Gesamtkonzept vor. Es wurde positiv aufgenommen und bot Gelegenheit für ausführliche Gespräche. Besonders das Drogenkonzept, das auch meinem Bewerbungsgespräch mit dem Vereinsvorstand zugrunde gelegen hatte, stiess auf positives Echo. Ohne wesentliche Änderungen wurde es deshalb angenommen. Knapp zwei Wochen später, am letzten Arbeitstag vor Beginn der Sommerferien wurde mir die gesamte Einrichtung übergeben. Zu diesem Zeitpunkt befand ich mich mit dem Vorstand in bestem Einvernehmen.

Rettung in Aussicht – Leiter entlassen: VPM!

Eine Woche nach der Übergabe der Schlüsselgewalt bekam ich vom Präsidenten – noch innerhalb der Probezeit – einen eingeschriebenen Brief mit der unbegründeten Kündigung. Dieser Beschluss gehe "auf eine schriftlich [innerhalb einer Woche!] durchgeführte Standortbestimmung des Vorstandes zurück", wie es hiess. Auf meine Forderung, mir die Gründe darzulegen, schrieb mir der Präsident zwei Wochen später: "Der Vorstand des Vereins (...) hat leider erst kurz vor der Standortbestimmung entdeckt [!], dass Sie den Betrieb unserer Institution nach den Grundsätzen des Vereins zur Förderung der Psychologischen Menschenkenntnis aufbauen wollten. Wir befürchten demzufolge Konflikte mit Einweisern und Mitarbeitern und bedauern deshalb, auf Ihre Arbeitskraft verzichten zu müssen." Da der Präsident noch in den Ferien weilte, nahm ich Kontakt zu einem anderen Vorstandsmitglied auf, das von der Kündigung jedoch nichts wusste. Über diesen Vorgang sei er sehr enttäuscht, aber das sei "typisch für den Verein". Man habe dem Vernehmen nach vom Verein "Psychostroika"[G] eine Dokumentation bekommen, aus der hervorgehe, dass ich "ein Jünger von dem Professor Liebling" sei. Ausserdem konnte ich in Erfahrung bringen, dass diese Unterlagen und zusätzlich dazu ein Tonbandmitschnitt einer Hetzsendung des Alternativen Lokalradios gegen den VPM dem Vorstand über das Kantonale Jugendamt zugespielt worden waren.

Die Einrichtung und der Trägerverein sind in der Zwischenzeit aufgelöst. Seit August 1990 bin ich infolge dieser Situation arbeitslos. Meine Chance, je wieder eine ähnliche Stelle zu bekommen, ist beinahe aussichtslos, da bei fast allen Bewerbungen als erstes die Frage nach einer VPM-Mitgliedschaft gestellt wird, und es scheint, dass "Psychostroika" vor allem soziale Institutionen besonders gerne mit Listen und sonstigem "Material" beliefert.

Als ich nach der Kündigung mit einem Beamten im Kantonalen Jugendamt auf das Angebot der Behörden zurückkam, mir im Falle eines Scheiterns des Projektes eine entsprechende Stelle anderswo anzubieten, wurde mir erwidert, ich sei selbst schuld an der Misere. Auf meinen Hinweis, dass das auf ein Berufsverbot für VPM-Mitglieder hinauslaufe, antwortete er: "Ja, so ist es."

«Die Arbeitswoche in Rom mit der Klasse, die mich zum Klassenlehrer gewünscht hatte, war für alle Beteiligten ein grosses Erlebnis. Ich fühlte mich mit meinem Kollegen und den Schülern ausgesprochen wohl. Ab und zu dachte ich, wie das Leben wohl sein könnte, wenn das Klima nicht von aussen vergiftet würde.»

Tobias Seiler, Gymnasiallehrer

Familiensituation: Sohn des Emil Seiler und der Judith Seiler-Bergmann, Altphilologen und Gymnasiallehrer. – Jahrgang: 1958. – Zivilstand: verheiratet. – Schulen: aufgewachsen in G., Primarschule in G., Gymnasium in V., Uni in Z. – Abschlüsse: Lizentiat und Diplom für das höhere Lehramt in Geschichte und Deutsch. – Konfession: reformiert. – Interessen: lesen (v. a. Biographien), diskutieren, Langlauf, joggen, wandern, reisen, Sprachen.

Heimatverlust

Wie es ursprünglich war

Im Frühjahr 1988 wurde ich vom damaligen Rektor an die Kantonsschule V. geholt, an welcher ich selber Schüler gewesen war, wo meine Mutter jahrelang unterrichtet hatte und mein Vater noch heute als Lehrer tätig ist. Ich hatte bereits ein Jahr Unterrichtserfahrung an einer Mittelschule gesammelt und das Angebot von einer zweiten in der Tasche. Der Rektor umwarb mich aber sehr und meinte, ich könne ihm keinen Korb geben, da er das Pensum speziell für mich abgezirkelt habe und sich auch alle sehr auf mich freuen würden. Tatsächlich wurde ich durchweg mit offenen Armen empfangen. Da waren alle meine ehemaligen Lehrer noch, stolz, meine Berufswahl auch für sich verbuchen zu können; da waren neue, die mich nett aufnahmen. In kürzester Zeit lebte ich mich gut im Kollegium ein und verschaffte mir nicht zuletzt dank der im VPM gewonnenen Beziehungsfähigkeit auch schnell viel Kontakt zu den Kollegen. Bald bemerkte ich dann leider die tiefen Gräben im Kollegium, von denen mir zum Teil schon meine Eltern berichtet hatten. Ich gehörte noch zu keiner Gruppe und wollte auch nicht in alte Geschichten hineingezogen werden. Auffallend war, dass vor allem Kollegen des linken Flügels mir die andere Fraktion negativ darstellten, während die eher bürgerlichen Kollegen vorsichtige Zurückhaltung übten. Da ich mich der linken Seite mit ihren zu betont antibürgerlichen Vorurteilen nicht anschliessen mochte – ohne mich deswegen von ihnen abzuschotten –, distanzierten sich diese doch mehr und mehr von mir.

Wie es anfing

Da ich wusste, wie am KV Zürich Freunde von mir ausgegrenzt worden waren, war ich gefasst auf Attacken auch an meiner Schule, ja ich erwartete sie schon früh. Denn inzwischen hatten wir eine neue Schulleitung, die sich mit ihrem Beraterteam unverkennbar das ehrgeizige Ziel gesetzt hatte, aus der Schule die Reformschule par excellence zu machen. Den Startschuss zur Ausgrenzung gaben ein Prorektor und der Geschichtsfachvorstand S.* Prorektor D.* setzte das abstruse Gerücht in Umlauf, ein "Liebling" habe eine Veranstaltung zum Thema Drogen an der Schule sabotiert. Der Fachvorstand S. bezichtigte mich und zwei weitere Lehrer, die sich im VPM weiterbilden, wir hätten unsere angebliche "ideologische Verankerung" im VPM nicht deklariert. Deshalb werde er unser Privatleben nun zum Thema im Fachkreis machen. Nachdem ich mich beim Schulleiter gegen diese Anschuldigungen verwahrt hatte, verunglimpfte mich besagter Fachvorstand mit abstrusen Vorwürfen, wir im VPM würden Aids-Infizierte in KZ stecken wollen, seien gegen Drogensüchtige und liebäugelten mit Rechtsextremen. Ich wies diese nachgeplapperten Perversitäten scharf zurück.

An einem freien Nachmittag gab ich – auf Wunsch einiger – mit zwei weiteren Kollegen, die sich im VPM weiterbilden, den Fachkollegen Auskunft über deren Fragen zum VPM. Leider zeigten insbesondere die linksorientierten Kollegen wenig Interesse und hatten kaum Fragen. Besonders auffallend verhielt sich ein Kollege, der zu einem für ihn neuen Aspekt meinte: "Das ist mir unbekannt, das kann nicht sein."(!) Pikanterweise wurde eben dieser Kollege zum Fachexperten für mein späteres Wahlverfahren in Geschichte ernannt.

In der Folge musste ich mit Bedauern beobachten, wie sich vor allem einige jüngere Kolleginnen und Kollegen allmählich von mir zu distanzieren begannen. Zum Teil belästigten sie mich mit Unterstellungen, zum Teil schnitten sie mich zusehends, zum Teil sprachen sie mit mir mehr und mehr nur noch über Belangloses. Erfreulicherweise hielt meine Art aber doch die Mehrheit der Kollegen davon ab, in mir nur noch schablonenhaft ein Phantom zu sehen. So blieb das freundschaftliche Miteinander bestehen, vor allem mit den Kollegen aus meinem Arbeitsraum. Behagte dies einigen Hintermännern nicht?

Wie es eskalierte

Nachdem die Schulleitung einen krass verfassungswidrigen Einstellungsstopp gegen Lehrer, die sich im VPM weiterbilden, verhängt hatte, wurde sie von der Schweizerischen Helsinki-Vereinigung gemahnt, die in den KSZE-Dokumenten niedergelegten

Prinzipien für die Garantierung der Menschenrechte einzuhalten. Statt das Unrecht einzusehen und sich bei allen Beteiligten zu entschuldigen, liess der Rektor nun verlauten, ab jetzt werde er nicht mehr so blöd sein und sich in die Karten schauen lassen. So wurde er zurückhaltender und schliesslich geradezu eisig und feindselig, Aversionen kaum mehr verhehlend.

Da nun also der VPM kein Thema mehr sein durfte, erschien im Lehrerzimmer auch nie ein Hetzartikel; auch wurde in meiner Gegenwart nie über die Medienkampagne gegen den VPM gesprochen.

Wie mir später von Elternseite zugetragen wurde, bat nun die Schulleitung den Elternverein der Schule um Schützenhilfe. Da ihr die Hände gebunden seien, brauche sie Munition gegen diese Lehrer, die sich im VPM weiterbilden. Daraufhin veranstaltete der Elternverein, der bei weitem nicht repräsentativ für die Eltern der Schülerschaft ist, einen Abend zum Thema VPM. Bezeichnenderweise wurde dazu nur der berüchtigte "TA"-Journalist Hugo Stamm eingeladen, ich als betroffener Lehrer wurde ausgesperrt. Nach den Sportferien erschien dann termingerecht in Grossauflage ein Artikel in der Lokalpresse mit dem schauerlichen Titel "VPM-Lehrer an der Kanti V." Darin drohte der Elternvereinspräsident, ein ehemaliger Lehrer der Schule und jetzt "TA"-Journalist, dass die Lehrer zu entlassen seien, wenn sie nicht ihren Unterrichtsstil änderten. Peinlicherweise hatte der Elternverein weder vor noch nach diesem Artikel je eine Stunde besagter Lehrer besucht, obwohl regelmässig Besuchstage stattfanden. Auf die zahlreichen empörten Briefe auch von alteingesessenen Lehrerkollegen, so auch von meinem Vater, die das Vorgehen des Elternvereins klar als Rufmord bezeichneten und eine Richtigstellung oder Entschuldigung verlangten, reagierte der Elternverein nicht.

Was mich hingegen besonders freute, war ein Artikel eines meiner Schüler in der Schülerzeitung, in welchem er seiner Empörung über die absolut verzerrte Darstellung seines Lehrers in der Presse zum Ausdruck brachte.

Am nächsten Konvent machte dann die Schulleitung unmissverständlich klar, wie sie gegen uns vorgehen wollte: Nachdem sie unter dem Titel "Elternvereinigung der Kantonsschule V. und Verein für psychologische Menschenführung" – welch peinlicher, zugleich aber bezeichnender Verschreiber – den VPM zum Konventstraktandum gemacht hatte, erläuterte sie dort ihre neue Devise: Minimalisieren und Individualisieren, d. h. den VPM so wenig wie möglich zum Thema machen und jeden Lehrer einzeln beurteilen. Später sollte sich herausstellen, dass dieser Euphemismus in Tat und Wahrheit bedeutete, jeden Lehrer ad personam zu attackieren und dabei aus rechtlich-taktischen Gründen den VPM nicht mehr zu erwähnen.

Von all diesen Widerwärtigkeiten, die ich durch den Elternverein, einzelne Kollegen und Teile der Schulleitung zu erdulden hatte, erholte ich mich jeweils bei meinen Freunden, vor allem aber auch bei meinen Schülern. Obwohl die Medien massiv desinformierten, liessen sich meine Schüler kaum verunsichern und schätzten es, von mir aus erster Hand, auf freiwilliger Basis und in der Freizeit informiert zu werden. Das gute Einvernehmen erlitt in keiner einzigen Klasse Schaden, und bald war das Thema auch wieder vergessen. Auch Team-teaching-Stunden und Arbeitswochen mit Kollegen verliefen so, als gäbe es keine Hetze gegen den VPM. Die Arbeitswoche in Rom mit der Klasse, die mich zum Klassenlehrer gewünscht hatte, war für alle Beteiligten ein grosses Erlebnis. Ich fühlte mich mit meinem Kollegen und den Schülern ausgesprochen wohl. Ab und zu dachte ich, wie das Leben wohl sein könnte, wenn das Klima nicht von aussen vergiftet würde.

Nachdem ein Freund an der Schule im Sommer 1992 auf schmähliche Weise entlassen worden war – er war "individuell minimalisiert" worden –, hatte ich grosse Bedenken, wie das nach dem Abgang meiner beiden Maturklassen weitergehen sollte. Würden die neuen Klassen schon so voreingenommen auf mich zukommen, dass es gar nicht mehr möglich sein würde, ein Vertrauensverhältnis aufzubauen? Da mir nichts Gutes schwante, bewarb ich mich auch bereits an anderen Mittelschulen für ein kleineres Pensum. Zu meiner Freude gelang aber der Start mit den neuen Klassen nach den Sommerferien durchaus gut, und relativ bald entwickelte sich, in der einen Klasse schneller, in der anderen behutsamer, eine konstruktive Arbeitsstimmung, in der auch der Humor und die Freude an Situationskomik nicht zu kurz kamen.

Für das Wahlverfahren in Deutsch, an dem ich im Sommer 92 teilnahm, bekam ich einen sehr guten Bericht von der Wahlkommission. Dass ich trotzdem nicht gewählt wurde, war mir wegen der Konstellation der internen Kandidaten klar. Ein Grund für meine Bewerbung war ja auch gewesen, mein Interesse an der Schule zu bekunden und nach vier Jahren Tätigkeit an dieser Schule endlich von Mitgliedern der Aufsichtskommission besucht zu werden. Ich war mir sicher, dass diese ihr von der Presse geprägtes Negativbild eines Lehrers, der sich im VPM weiterbildet, vor Ort revidieren müssten.

Das Herbstsemester 92/93 wurde recht streng, hatte ich doch an den beiden Schulen, an denen ich nun unterrichtete, 24 Lektionen zu erteilen, 39 mündliche Maturen in Deutsch und Geschichte abzunehmen und drei Probezeitklassen zu betreuen. Dank meiner nun schon erheblichen Erfahrung auf der Gymnasialstufe stand ich die Zeit aber gut durch und konnte mich in den Herbstferien auf das Finale vorbereiten: War mir doch klar, dass es im Wahlverfahren Geschichte um alles oder nichts ging. Als einziger interner Kandidat, der sich an der Schule zudem stark engagiert hatte und gut im Kollegium integriert war, hätte ich mir eigentlich gute Chancen ausrechnen können, wären da nicht Kollegen und Vorgesetzte gewesen, die mir negativ gesinnt waren, sei es aus Eifer- und Karrieresucht, aus Vorurteil oder aus politischem Kalkül. Die unbedacht schnell vorangepeitschten Reformpläne waren von dem in dieser Frage glücklicherweise mehrheitlich besonnenen Kollegium abgeblockt worden, der Zorn bei den Reformern deshalb entsprechend gross: Der sich als "links engagiert" verstehende Präsident aller Fachvorstände S. sprach von "Auswechslung des Personals" – ganz im Sinne von Bertold Brecht: "Lösen wir das Volk auf und wählen wir ein neues." Die ebenfalls linkslastige Deutsch-Fachschaft bezichtigte er zornig der Obstruktion.

Im Hintergrund stand zugleich der Elternverein, der via Lehrer, die zugleich Kinder an der Schule hatten, die Aufsichtskommission gegen den VPM beeinflusste. Die Wahlkommission prüfte mich auf Herz und Nieren, besuchte mich fast schon über Gebühr oft und verhehlte zum Teil nur schlecht ihre negative Einstellung mir gegenüber. Da zur gleichen Zeit der Fichenskandal der Erziehungsdirektion des Kantons Zürich ruchbar wurde und der Erziehungsdirektor quasi in der Gegenoffensive scharfe Attacken gegen den VPM ritt, wurde mir klar, dass meine Wahlchancen gleich null waren. Gespannt war ich nur auf die Begründung für meine Nichtwahl durch die Kommission, durfte doch nach interner Verständigung unter den Verantwortlichen eine VPM-Mitgliedschaft kein Grund zur Ablehnung sein. Würde man mir nun "Hygienefimmel", "autoritäres Gebaren", "Indoktrinierung" oder sonstige Kuriositäten andichten? Da mir 20 Maturanden einen sehr guten Bewertungsbericht zu meinem Unterricht geschrieben hatten, würde die Kommission gezwungen sein, andere Gründe zu suchen.

Meine "Ausfädelung"

Was dann als Begründung für meine Nichtwahl herhalten musste, war geradezu unfassbar: Ich sei zu wenig autoritär, zu schülerorientiert (groteske Vorwürfe von Aufsehern einer Reformschule), der neue Geschichtsfachvorstand W.* empfinde mich als arrogant – er, der laut Aussagen von Kollegen diese nicht mehr grüsst, wenn er findet, sie kämen bei den gemeinsamen Klassen besser an –, zudem sei ich illoyal gewesen, da ich die erwähnten Schülerberichte dem Erziehungsdirektor und einem Erziehungsrat geschickt hätte. Dass dies nachweislich in einem ganz anderen Zusammenhang erfolgt war, wurde schweigend ignoriert. Zugleich wurde mir nun durch die Schulleitung meine "Ausfädelung" nahegelegt, und zwar schon auf den Sommer 1993. Wie viele andere hätte auch ich jetzt meine "Ausbildungszeit" absolviert. Auffallend war, dass der Rektor, seit gegen den VPM intrigiert wurde, vermehrt die Absicht vertrat, sämtliche Lehrbeauftragte nach einer gewissen "Zeit der Lehre" wieder zu entlassen. Dies wurde von vielen Kollegen als Manöver eingeschätzt, die vom Elternverein und linken Kollegen gewünschte sogenannt "VPM-freie" Schule unauffällig zu erlangen. Denn bei den vielen Entlassungen junger Lehrer liessen sich leicht alle unerwünschten, der Schulleitung und den sie bedrängenden Linksaktivisten nicht genehmen Kräfte aus dem Schulkörper eliminieren.

Für mich war es äusserst bitter, auf diese hinterhältige und feige Art aus der Schule gedrängt zu werden. Da hatte ich fünf Jahre zur vollen Zufriedenheit unterrichtet und mich darüber hinaus für die Schule eingesetzt, hatte viel Anerkennung von Lehrer-, Schüler- und auch Elternseite erfahren –, ja sogar ein prominenter SP-Kantonsrat hatte im Gespräch mit Eltern des Elternvereins zugeben müssen, dass sein eigener Sohn, den er gegen mich habe aufbringen wollen, ihm deutlich zu verstehen gegeben habe, er solle mit der Hetze aufhören, der Lehrer sei gut. Da hatte ich als Ko-Autor des wohl kritischen, aber durch und durch fundierten Buches "Standort Schule"[G] einen konstruktiven Beitrag zur Erhaltung unseres bewährten Schul- und Bildungssystem geleistet: Und nun dieser schändliche Rauswurf! Wie sollte ich bei der Stellensuche auftreten? Würde nicht jeder Rektor argwöhnen müssen, dass bei mir etwas nicht stimme? Denn wer wird schon grundlos nach fünf Jahren an einer Schule entlassen? Was würde meine Verwandtschaft sagen?

Für meine Mutter war es zum Glück sonnenklar, dass ich das Opfer der Kampagne linker Aktivisten geworden war, hatte sie doch selbst mehrere Jahre an derselben Schule unterrichtet. Mein Vater verwahrte sich in einem offenen Brief gegen diese unglaublichen Vorgänge.

Und meine Schüler? Als sie von meiner Nichtwahl und meiner Entlassung erfuhren, reagierten sie empört, forderten mich auf, mich zu wehren, und beschlossen, in verschiedenster Weise Protest laut werden zu lassen.

Ein Lehrerkollege verfasste eine Petition zu Handen der Aufsichtskommission der Schule, in welcher er die dubiosen Begründungen für meine Nichtwahl minutiös durchleuchtete.

Dass ich meinen Kollegen im Schulhaus erzählte, warum ich nach Auffassung der Wahlkommission nicht wählbar sei, und dass ich einer Kollegin die Petition zur Information überreicht hatte, wurde mir nun in einem verhörähnlichen Gespräch von der Schulleitung vorgeworfen: Ich hätte damit Vertrauensbruch begangen. Hatte ich aber nicht ganz einfach von meinem Recht auf Meinungsäusserung Gebrauch gemacht? Und hatte sich die Menschheit das Petitionsrecht nicht seit dem 18. Jahrhundert erkämpft? Sollten mir nun neben der Vereinsfreiheit auch diese verfassungsmässig verbrieften Rechte abgesprochen werden? Wie steht es eigentlich mit dem Rechtsverständnis dieser Schulleitung? Bis zu den Sommerferien 93 werde ich nun noch geduldet, ganz einfach, weil mein Vertrag erst dann abläuft. Ob ich wohl schon vorher entlassen werde? Welche haltlosen Beschuldigungen muss ich als nächstes gewärtigen?

Es ist mir nur schwer verständlich, wie bürgerliche Politiker der immer schneller voranschreitenden Gesellschaftsauflösung durch die Neue Linke und deren Helfershelfer und Liebediener in vielen Entscheidungspositionen tatenlos zusehen können. Sind sie blind, oder haben sie Angst vor den gnadenlosen Medien? Die Lehrer in Weiterbildung im VPM sind die ersten, die ausgegrenzt werden. Ihnen werden alle anderen gesellschaftlichen Kräfte folgen, die sich an den Wissenschaften und den Werten unserer abendländischen Kultur orientieren und sich linker Machtpolitik in den Weg stellen. Auch wenn ich nun längere Zeit arbeitslos werden sollte, bin ich mir sicher, dass sich auf die Dauer die Vernunft durchsetzen wird, wenigstens solange noch Kräfte da sind, die ihr zum Durchbruch verhelfen. Leid tun mir nur all die Jugendlichen, die dem Machthunger dubioser "Bildungsstrategen" zum Opfer fallen.

Diesen Jugendlichen und vor allem meinen ehemaligen und jetzigen Schülern widme ich diese Zeilen: Offensichtlich war ich und sind Mitglieder des VPM gewissen Machtstrategen zu gefährlich. Denn wie im Fall eines meiner Schüler, Sohn des genannten SP-Kantonsrates, deutlich geworden, reifen Schüler bei solchen Lehrern zu selbständigen, kritischen und wachen Zeitgenossen heran, die ideologischen Schalmeientönen nicht blindlings folgen.

“Zusätzlich erhaltene Informationen haben die Schule bewogen, auf ihren (positiven) Entscheid zurückzukommen und Sie nicht als Lehrbeauftragten anzufordern.”

Ludwig Moser, Mittelschullehrer

Aufgewachsen in der Zentralschweiz als jüngstes von zwei Kindern. – Studium an der ETH, 3 Jahre Forschung mit abschliessender Dissertation. – Verheiratet seit 1988. – Diplom für das höhere Lehramt. – Vikariate auf der gymnasialen Stufe. – Besondere Interessen: Sport, wandern und lesen.

Ausgewählt und ausgeschieden

Vor vielen Jahren lernte ich während meines Studiums an der ETH durch Kollegen die Arbeit der damaligen Psychologischen Lehr- und Beratungsstelle, vor Bestehen des VPM, kennen. Schon damals interessierten mich neben den naturwissenschaftlichen Fragen die Fragen der zwischenmenschlichen Beziehungen. Als aktiver und begeisterter Mannschaftssportler hatte ich schon immer Freude an gemeinsamen Aktivitäten. Die angeregten Diskussionen, die sich aus den Veranstaltungen dieser psychologischen Weiterbildung ergaben, beschäftigten mich intensiv. Viele der erhaltenen konkreten Informationen führten auch zu einem besseren Verständnis anderer Menschen und ihrer Reaktionen. Gleichzeitig wurden aktuelle Zeitströmungen und konkrete politische Ereignisse im privaten Kreis diskutiert. Alles wurde genau untersucht und im Hinblick auf eine Verbesserung unseres Zusammenlebens geprüft. Dieses genaue Analysieren auch menschlicher und gesellschaftlicher Zusammenhänge sprach mich als Naturwissenschaftler besonders an. Ich beschloss, mich auch beruflich der Forschung zuzuwenden. Ich wollte zur Vertiefung meines Studiums einmal intensiv einer begrenzten Fragestellung nachgehen. Es folgten drei Jahre in der Forschung, die den Weg zu einer akademischen Karriere öffneten. In dieser Zeit lernte ich auch meine Frau kennen.

Eine neue Ausbildung und erste Misstöne

Meine Frau war schon seit vielen Jahren im Schuldienst tätig, und die Schilderungen ihrer Arbeit mit den Kindern beeindruckten mich immer wieder. Ihre Erzählungen führten mich zu neuen Überlegungen für meine eigene Zukunft.

Trotz schöner Erfolge in meiner Forschungsarbeit hatte ich festgestellt, dass mich die bei Besuchen im Schulzimmer gemachten Erfahrungen mit Kindern persönlich anrührten und beschäftigten. Ich empfand zunehmend den Wunsch, das gelernte und angeeignete Wissen anderen Menschen weiterzugeben. Nach dem erfolgreichen Abschluss der Dissertation entschloss ich mich, der

Forschung den Rücken zu kehren. Meine damaligen Kollegen und Vorgesetzten bedauerten diesen Entscheid, wünschten mir aber Erfolg auf meinem zukünftigen Weg.

Meine Weiterbildung zum Lehrer begann. Jedes Erlebnis mit Schülern und die Auseinandersetzung mit didaktischen, fachlichen und pädagogischen Fragen bestärkten mich in meiner Absicht, Lehrer zu werden. Immer wieder lernte ich in der Ausbildung auch neue Menschen und Kollegen kennen. Es entwickelten sich viele angeregte Diskussionen und in der Folge auch Freundschaften mit zahlreichen Studienkollegen und -kolleginnen. Doch plötzlich änderte sich die Situation. Neue Kollegen begegneten mir mit einem Mal distanziert und misstrauisch; dabei hatten sie mich noch gar nicht kennengelernt. Kam ich an einen Tisch, an dem eine Gruppe von Studienkollegen sass, brach das Gespräch unvermittelt ab, und Schweigen breitete sich aus. Ich erfuhr, dass meine Weiterbildung im VPM immer wieder Anlass zu Diskussionen gebe und viele den Kontakt mit mir scheuten. Einzelne, mit denen ich vielleicht einen Kaffee getrunken hatte, wurden von anderen gefragt, ob sie nicht wüssten, dass ich beim VPM sei.

Ich nahm daher zu einigen Kollegen das Gespräch über meine private und persönliche Weiterbildung im VPM auf. Die Beziehung zu einigen von ihnen verbesserte sich dadurch sofort wieder. Andere hingegen blieben auf Distanz.

Erfolgreiche Bewerbung und erster Tiefschlag

Mit diesen Erlebnissen im Hintergrund begann ich meine Tätigkeit als Lehrer. Im Schulalltag erlebte ich, dass die Zusammenarbeit mit den Kollegen sehr angenehm verlief und ich schnell den Kontakt zur Klasse fand. Einige Male ergab es sich, dass einer der Kollegen gerne bereit war, eine Referenz für mich zu erteilen. Alles verlief sehr zufriedenstellend, und ich war gespannt auf meine ersten Bewerbungsgespräche.

Ich bewarb mich also um eine ausgeschriebene Stelle an einer Schule in F.* Nach der Zusendung meiner Bewerbung mit den Zeugnissen, die auch meine hohe fachliche Qualifikation auswiesen, sowie den Referenzen erhielt ich die Einladung zu einem Vorstellungsgespräch. Ich sah mich neben dem Rektor noch zwei weiteren Vertretern der Schule sowie vier Vertretern der Lehrerschaft gegenüber. In einem angeregten Gedankenaustausch und in interessierten Fragen beider Seiten kamen unsere pädagogischen Vorstellungen zum Ausdruck. Nach einer halben Stunde war das Gespräch beendet. Wir verabschiedeten uns. Zwei Tage später erhielt ich von der Schule die Mitteilung, dass man sich für mich entschieden habe und sich freuen würde, wenn ich zusagte. Dies geschah. Im Lauf der nächsten Woche erhielt ich die schriftliche Bestätigung, unter anderem mit folgenden Worten: "Wir sind überzeugt, mit Ihnen einen Lehrer gefunden zu haben, der sich gut ins Lehrerteam wird einfügen können. Für Ihren persönlichen Einsatz an unserer Schule danken wir Ihnen schon heute und freuen uns auf eine angenehme Zusammenarbeit."

Mit grosser Freude las ich diesen Brief und begann in Gedanken bereits meine neue Arbeit zu planen und zu organisieren. Ich fragte mich, was für Schüler ich haben, wie sich die Zusammenarbeit mit den Kollegen entwickeln würde und vieles mehr.

Eine Woche später erhielt ich ein Telefon meines zukünftigen Rektors. Er teilte mir mit, er habe erfahren, dass ich mich im VPM weiterbilde, und er fragte mich, ob dies zutreffe. Ich bejahte. Daraufhin eröffnete er mir, dass er die Sache noch mit seinem Prorektor besprechen müsse. Am gleichen Abend trafen wir uns, auf meinen Wunsch, zu einem persönlichen Gespräch. Wir sprachen über den VPM und meine persönlichen pädagogischen Vorstellungen. Der Rektor brachte einige seiner Bedenken vor, die dann im Gespräch bereinigt werden konnten. Wir verblieben mit der Vereinbarung, dass ich im Fall weiterer Fragen oder Änderungen bis zum Wochenende von ihm hören würde, da er noch mit seinem Prorektor sprechen wolle. Weitere Personen oder die Lehrer wollte er nicht informieren. Ich solle doch schon den Kontakt zu den Kollegen im Schulhaus aufnehmen und organisatorische Fragen klären.

Nach diesem Gespräch beruhigt, setzte ich meine Vorbereitungen fort und nahm Kontakt zu einzelnen Lehrern auf.

Drei Wochen später erhielt ich meine Bewerbungsunterlagen mit dem folgenden Begleitschreiben per Post zurück: "Zusätzlich erhaltene Informationen haben die Schule bewogen, auf ihren Entscheid zurückzukommen und Sie nicht als Lehrbeauftragten anzufordern. Unter den gegebenen Umständen wäre eine gute Zusammenarbeit mit dem Lehrerteam in Frage gestellt."

Dieser Brief überraschte und traf mich sehr. Nach den positiv verlaufenen Gesprächen hatte ich damit nicht gerechnet. Es gab auch keine konkreten Informationen, die diesen Schritt der Schule rechtfertigen konnten. Betroffen rief ich den Rektor an. Er teilte mir mit, dass allein meine Teilnahme an Kursen des VPM die Absage bewirkt habe. Der Entscheid sei in Absprache mit der Lehrerschaft (entgegen unserer Vereinbarung, dass die Information der Lehrer meine Privatangelegenheit sei) und der Schule gefällt worden.

Um zu allfälligen Vorwürfen Stellung nehmen zu können und mögliche Missverständnisse zu klären, bat ich um ein Gespräch mit der Schulleitung und der Lehrerschaft. Sie verweigerten aber jeglichen Dialog. Aus diesem Grund – und weil durch diesen Entscheid auch meine Existenz betroffen war – sah ich mich gezwungen, rechtliche Schritte einzuleiten. Der endgültige Entscheid steht bis heute noch aus.

Zweite Bewerbung, erneuter Tiefschlag

Durch diese Erfahrung betroffen, begab ich mich erneut auf Stellensuche. Durch weitere positive Erlebnisse bei Stellvertretungen bestärkt, meldete ich mich bei verschiedenen Schulen. Dabei konnte ich mich auf Hinweise und durchweg positive Referenzen von Lehrerkollegen abstützen. So meldete ich mich für eine Stelle in G.* Der Rektor teilte mir mit, dass er sich über meine Bewerbung freuen würde.

Auch hier kam es zu einem Gespräch. Wieder waren neben dem Rektor noch andere Mitglieder der Schule sowie Vertreter der Lehrerschaft zugegen. Nach der angeregten Aussprache erhielt ich später den Bescheid, dass die Beteiligten vom Gespräch sehr beeindruckt seien und ich ihr Wunschkandidat sei. Sie würden gerne noch eine Probelektion von mir sehen und dann entscheiden.

So fuhr ich nochmals nach G., um das Thema für die Probelektion in Empfang zu nehmen. Herr H.* als Lehrervertreter begrüsste mich. Er hatte schon am Vorstellungsgespräch teilgenommen und liess mich wissen, wie begeistert er sei und dass er sich bei einer Wahl noch nie so sicher gewesen sei. Er bezeichnete mich als seinen "Wunschkandidaten" und betonte, dass für ihn der persönliche Eindruck zähle. Auf diesen könne er sich stets verlassen. Er habe aber noch eine Frage. Man habe die Information bekommen, dass ich beim VPM sei; ob das zutreffe. Nachdem ich bejaht hatte, teilte er mir mit, dass es ihm sehr leid tue, aber in diesem Fall habe er den Auftrag, mir mitzuteilen, dass ich nicht mehr zur Auswahl stünde. Auch ein späteres Telefonat mit dem Rektor vermochte an diesem Entscheid nichts mehr zu ändern.

Berufsverbot und ohne Existenz?

Obwohl man also von mir als Mensch und Fachkraft in der persönlichen Begegnung einen positiven Eindruck gewonnen hatte, hatte ich nun zum zweitenmal eine Stelle nicht erhalten. Ich musste damit rechnen, dass dies auch künftig geschehen konnte, trotz guter Qualifikationen und Referenzen. Ich musste beginnen, mir Gedanken über meine weitere Existenz zu machen. War es möglich, überhaupt noch eine Anstellung zu bekommen? Sollte ich auf meinen alten Beruf zurück? Viele solche Fragen und Existenzsorgen begannen mich zu beschäftigen. Gleichzeitig vernahm ich auch von Freunden, dass sie ähnliche Erlebnisse und Erfahrungen gemacht hatten. Die Frage beschäftigt mich, was wohl mit diesem oder jenem Menschen und Kollegen passiert, wenn er erfährt, dass ich im VPM bin. Wird auch er sich abwenden, die Beziehung abbrechen, oder hat er den Mut, sich mit mir darüber auseinanderzusetzen?

In vielen Diskussionen erlebe ich heute, dass sich in unserer Gesellschaft eine Stimmung breit macht, in der Menschen, die eine andere als die gewünschte Meinung vertreten, persönlich angegriffen werden. Ich habe erlebt, dass es nicht so sehr um mich als Person geht, sondern um die aus der Presse übernommenen Zerrbilder des VPM, die man auf mich überträgt.

“ *Bitte streichen Sie auf Ihrem Wahlzettel René Cattani, weil VPM-nahe.* ”

René Cattani, Primarlehrer

Geboren 1959 in P., Frankreich, als dritter Sohn von fünf Kindern. – Konfession: röm.-kath., Zivilstand: ledig. – Interessen: wandern, lesen, klassische Musik. – Jugend und Schulen in S. und Z., 1980 Matura, 1981 Abschluss Oberseminar, 1981–1986 Studium in den Fächern Psychologie und Pädagogik an der Universität, 1986 Abschluss mit dem Lizentiat. Seit 1986 im Schuldienst an der Volksschule (Mittelstufe).

Die Wahl eines Volksschullehrers

Wie ist es möglich, dass ein unbescholtener, engagierter Lehrer, der jahrelang zur vollsten Zufriedenheit von Eltern und Schulbehörden unterrichtet, von einem Tag auf den anderen in die Schlagzeilen der Tagespresse gerät und um seine Existenz bangen muss? Meine Geschichte gibt Ihnen eine Antwort.

Die Zeit vor der Wahl

Seit bald sechs Jahren arbeite ich als Primarlehrer im Schulkreis A.* Zuerst unterrichtete ich dreieinhalb Jahre lang mit viel Freude und Engagement eine Sonderklasse mit verhaltensauffälligen Kindern. Beim Wechsel in die Oberstufe konnten alle Schüler in eine Normalklasse übertreten; einer schaffte gar den Sprung in die Sekundarschule. Eltern und Behörden zeigten sich über meine Arbeit sehr zufrieden. Am Ende des Klassenzuges schrieb mir ein Elternpaar:

"Lieber Herr Cattani

In wenigen Tagen geht die Schulzeit von Peter* in Ihrer Klasse vorbei. Die Jahre sind im Flug vergangen. Peter hat in dieser Zeit so viel gelernt bei Ihnen und mit dem Erfolg der Sekundarschulprüfung das Ganze gekrönt. Sein Charakter hat sich in dieser Zeit sehr zum Positiven verändert, weiss er doch heute besser, mit sich und seinem Temperament umzugehen. Viel davon haben wir Ihrem grossen, persönlichen Einsatz zu verdanken. Ihre Zuversicht und Ihr Glaube an die Fähigkeiten von Peter haben uns allen sehr viel geholfen. Für alles danken wir Ihnen ganz herzlich. Wir wünschen Ihnen für die neue Schulklasse auch weiter so viel Kraft und Zuversicht sowie für Sie gute Gesundheit und viel Glück auf Ihren Wegen."

Erster Versuch: Leistungsorientierter Lehrer nicht erwünscht; die "Drogenfrage"

Nach der Sonderklasse übernahm ich eine Normalklasse an der Mittelstufe. Im November 1990 fasste ich den Entschluss, mich wählen zu lassen. Da ich nur über anerkennende Berichte der Schulbehörden verfügte und die Eltern der Schüler meine Arbeit schätzten, stand die Wahl unter einem guten Stern. Um so mehr erstaunte mich, dass bei Wahlbesuchen gewisse Wahlkommissionsmitglieder kaum Fragen zur Unterrichtsführung stellten und statt dessen laufend mit Suggestivfragen zum Drogenbereich kamen. Es waren Fragen, die keinen Bezug zu meiner Klasse hatten. Anfänglich wunderte ich mich, wie der Fragesteller überhaupt auf solche Ideen komme. Dann wurde deutlich, dass es eine Art Fangfragen waren. Eine SP-Schulpflegerin wollte wissen, wie ich ein Kind in der Klasse behandeln würde, von dessen Eltern ich wüsste, dass sie drogenabhängig seien. Eine andere Schulpflegerin brachte es gleich auf den Punkt und sprach mich unumwunden auf den VPM an. Abschätzig kommentierte sie, der VPM betreibe eine repressive Drogenpolitik und wolle seine Forderungen "sektenhaft" durchsetzen. Nun wurde mir klar, weshalb gewisse Mitglieder der Wahlkommission meinem Unterricht trotz der fröhlichen Kinderschar mit derart finsteren Gesichtern gefolgt waren. Sie hatten die Zeitungsartikel im Kopf und suchten nach Bestätigungen für die kursierenden Gespenster. Die lebendigen Kinder in der Klasse nahmen sie kaum wahr.

Wie enttäuscht und empört war ich, als ich erfahren musste, dass ich trotz guter Ausgangslage von der Wahlkommission der Kreisschulpflege nicht zur Wahl vorgeschlagen wurde. Bezeichnenderweise richtete sich die Begründung nicht auf methodisch-didaktische Aspekte meiner Unterrichtsführung. Man warf mir vor, ich sei in meiner "Persönlichkeit zu einseitig", der "kognitive Anteil" überwiege, der "kreative Aspekt" hingegen sei zuwenig ausgeprägt und meine Unterrichtsgestaltung sei "zu leistungsorientiert". Interessanterweise wurde der VPM mit keiner Silbe erwähnt, obwohl sich die Wahlkommission beim Wahlbesuch gerade damit beschäftigt hatte.

Die Anteilnahme und Unterstützung von Eltern, Kollegen und Freunden, die ich nach der abschlägigen Entscheidung erfuhr, tat mir gut, war doch die Situation nicht spurlos an mir vorbeigegangen. Das eifrige Lernen der Schüler und die ungetrübte Freude an ihnen und am Unterrichten bestärkten mich jedoch, mein Vorhaben, mich wählen zu lassen, nicht aufzugeben.

Zweiter Versuch: Der VPM-Stempel

1991 stellte ich mich erneut zur Wahl. Nach den Wahlbesuchen schlugen mich diesmal die Mitglieder der Wahlkommission und die Schulpflege zur Wahl vor. Ich atmete auf, war doch die erste und wichtigste Hürde in diesem aufwendigen Wahlverfahren überwunden. Alle weiteren Schritte sind im Normalfall reine Formsache: Die Kreisschulpflege veröffentlicht die Namen der geeigneten Bewerber und schlägt sie dem Volk in einem stillen Wahlverfahren vor. Falls gegen den Wahlvorschlag nicht von mindestens 15 Stimmbürgern des Schulkreises innerhalb einer Woche Einspruch erhoben wird, ist der Lehrer gewählt. Im entgegengesetzten Fall kommt es zu einer öffentlichen Volkswahl. Seit der Einführung der "stillen Wahl" hatte in diesem Schulkreis keine Urnenwahl mehr stattgefunden.

Dann kam es wie aus heiterem Himmel: Die Kreisschulpflege teilte mir Anfang Mai 1992 mit, dass eine öffentliche Volkswahl für sämtliche Bewerber verlangt werde. Es lag auf der Hand, dass die Initianten um jeden Preis *meine* Wahl verhindern wollten, da ich der einzige Bewerber war, der sich im VPM weiterbildet.

Am Anfang war der Leserbrief

In einem Leserbrief, der drei Wochen vor der Urnenwahl als erste Stellungnahme in einer Quartierzeitung erschien, rief der Verfasser die Bevölkerung dazu auf, mich und jeden sich im VPM weiterbildenden Lehrer nicht zu wählen. In diesem Leserbrief wurde auch versucht, die Kreisschulpflege und insbesondere den Schulpräsidenten unter Druck zu setzen. Wie sich später herausstellte, war der Leserbriefschreiber weder durch ein schulpflichtiges Kind mit der Schule verbunden, noch kannte er mich persönlich.

Sein Brief bildete den Auftakt zu einem regelrechten Kesseltreiben: Wahre Meister der Manipulation traten auf den Plan. Mit Hilfe der Medien versuchten einige wenige Exponenten nachweislich linker politischer Kreise, meine Wahl zu verhindern, indem sie die Bevölkerung systematisch desinformierten.

Der Countdown läuft, die Ausgrenzung kann beginnen

Am Wochenende vor der Wahl, am 21. Juni 1992, wurde im Wahlkreis in alle Briefkästen ein Flugblatt gegen mich verteilt. Auf dem Flugblatt, das ich gleich in mehrfacher Ausführung in meinem Briefkasten vorfand, musste ich zu meinem Entsetzen lesen, wie die Bevölkerung aufgerufen wurde, meinen Namen von der Wahlliste zu streichen. Als Begründung war wörtlich zu lesen: "Bitte streichen Sie auf Ihrem Wahlzettel René Cattani, weil VPM-nahe." Das Flugblatt trug das von der Stadt Zürich verwendete, amtliche Signet und *täuschte damit eine offizielle Nichtwahlempfehlung vor.* Ich konnte es kaum glauben, dass in unserer freiheitlichen und demokratischen Schweiz eine derartige, verwerfliche Aktion möglich sein sollte. Wo ich auch stand und ging, auf Schritt und Tritt begegnete ich diesem schändlichen Flugblatt. An Hauswänden, bei Bushaltestellen, in Telefonzellen, im Bus und in Quartierläden, ja, sogar neben der Speisekarte an einem Quartierfest war mein Name zu lesen. "Wie hat das damals in den 30er Jahren begonnen?" fragte mich mittendrin ein alter Studienfreund. Die Frage geht uns seither nicht mehr aus dem Kopf.

Gezeichnet war das Flugblatt nicht etwa mit Personennamen, sondern von mehreren Gruppierungen, die, wie Recherchen später ergaben, aus mehr oder weniger denselben Mitgliedern bestanden: Quartier- und Elternverein, ein "Komitee gegen die Wahl von VPM-nahen Personen in die öffentlichen Schulen" und die Grüne Partei des Wahlkreises. In dieser Partei wurde bereits darüber diskutiert, dass das gleiche Vorgehen anschliessend auch "SVP-nahen", "FDP-nahen", "CVP-nahen" und anderen Kreise gelten könne. Bezeichnenderweise gehörte kein einziges Elternpaar meiner Schüler einem dieser Komitees an.

Kaum hatte ich mich vom ersten Schock durch das Flugblatt erholt, musste ich am Montag morgen beim Frühstück beim Blättern in der Tageszeitung mit Schrecken feststellen, dass dasselbe Flugblatt als Inserat im "Tages-Anzeiger" veröffentlicht und unübersehbar gleich unterhalb des Fernsehprogramms plaziert worden war. Ich brachte keinen Bissen mehr hinunter. Der Appetit sollte mir noch einige Male vergehen, war dies doch erst der Anfang der eigentlichen Kampagne.

Selbsternannte "Experten" melden sich zu Wort

Nicht nur der Inhalt des Flugblattes gab mir zu denken, sondern auch der enge Kreis der Personen, die für die Verteilung sorgten. Auf dem Nachhauseweg erblickte ich eines Abends Herrn H., als er gerade mit einem Stapel Flugblätter die Haushaltungen des Quartiers bediente. Sein Sohn hatte vor zwei Jahren während vier Monaten meinen Unterricht besucht. Nachdem Herr H. erfahren hatte, dass ich mich im VPM weiterbilde, hatte er seinen Sohn sofort aus der Klasse genommen, da ich angeblich eine "Ideologie des VPM" verbreiten würde. Obwohl sich dieser Vater kein einziges Mal die Mühe gemacht hatte, meine pädagogische Arbeit in der Klasse kennenzulernen, spielte er sich als "Experte" meines Unterrichts auf und unterstellte nach dem damals kursierenden Cliché über VPM-Mitglieder, ich hätte einen "Hygienetick". Zwei Jahre nachdem sein Sohn meine Klasse verlassen hatte, durfte ich aus den Medien erfahren, dass dieser unter meiner Obhut angeblich physisch und psychisch krank geworden sei. Anfangs sei er seltsam still geworden, habe sich "umedruckt", und plötzlich habe er Migräne und Bauchschmerzen bekommen. Bezeichnenderweise hatte Herr H. in dem damals einzigen Elterngespräch nie irgendwelche Krankheiten oder Unpässlichkeiten erwähnt. Nun aber nahmen Fernsehen DRS und Radio 24 solch böswillige Unterstellungen bereitwillig entgegen und präsentierten sie unhinterfragt und mit verheerender Wirkung einem breiten Publikum.

Die Rolle der Zeitungen

Um möglichst viele Menschen zu desinformieren und ihren Behauptungen Nachdruck zu verleihen, bedienten sich die Initianten der Flugblattaktion nun fleissig der Medien. In Leserbriefen wurde behauptet, "Gedankengut und Werthaltungen des VPM" würden in meinen Unterricht "einfliessen". Damit sollten bei der Bevölkerung diffuse Ängste ausgelöst werden. Die Warnung vor einer “schrittweisen Vereinnahmung von öffentlichen Schulen durch VPM-nahe Lehrkräfte” diente demselben Ziel. Zudem sollten damit die Schulbehörden massiv unter Druck gesetzt werden. Das Vorgehen nahm immer professionellere Züge an. Eine Profi-Kampagne wegen eines einzelnen Lehrers? Wo war da die Verhältnismässigkeit? Oder ging es nicht nur um mich, sondern um mehr?

Der “Tages-Anzeiger” “belastete” mich in einem Artikel wenige Tage vor meiner Wahl mit ebenso reisserischen wie absolut substanzlosen Behauptungen. Tagtäglich versah er zudem meinen Namen in der Rubrik “Lehrerwahlen” mit dem despektierlichen Etikett “Liebling”. Das wurde mit einer Auflage von 150 000 Exemplaren im ganzen Land verstreut. Wozu? Wegen einer Wahl in einem einzelnen Quartierteil der Stadt Zürich? Immerhin kam der “Tages-Anzeiger” nicht umhin, auch die Feststellung des Schulpräsidenten wiederzugeben, dass “fachlich nichts” gegen mich einzuwenden sei und er mit Lehrern, die sich im VPM weiterbilden, “bisher keine Probleme gehabt” habe.

Auch die “Neue Zürcher Zeitung” gewährte den Initianten gegen meine Wahl Raum, während im “Tagblatt der Stadt Zürich”, einem an alle Haushaltungen der Stadt verteilten Gratisanzeiger, fast täglich das gegnerische Flugblatt, ein manipulierter Wahlzettel, erschien. Cui bono – wem diente das?

Die Rolle des Radios

Zwei Tage vor der Wahl schaltete sich der Boulevard-Privatsender Radio 24 ein. In einer zweistündigen Sendung zu meiner Wahl nahmen zwei VPM-Gegner und Flugblattverteiler sowie zwei Vertreter des VPM Stellung. Obwohl der unverkennbar parteiische Moderator der Sendung pausenlos dazu aufrief, es sollten sich endlich Eltern, die mit mir nicht einverstanden seien, melden, war nur gerade eine Frau aufzubieten. Sie behauptete, Mutter eines Schülers meiner Klasse zu sein, und erzählte die unglaublichsten Schauergeschichten über mich, so dass ich beim Zuhören effektiv nicht recht wusste, ob ich lachen oder mich ärgern sollte. Ihre Falschaussagen kaschierte sie hinter der Maske der Anonymität, indem sie ihre Stimme verzerren liess.

Radio 24 konnte nicht verhindern, dass neben anderen positiven und wohltuenden Anrufen einer meiner ehemaligen Schüler und eine wirklich betroffene Mutter eines Schülers in die Sendung kamen und sich mehr als zufrieden über mich äusserten. Peter, mein ehemaliger Schüler, wies die Vorwürfe gegen mich entrüstet zurück und meinte: "Ich bin 3 Jahre zu Herrn Cattani in die Schule gegangen und habe ihm unendlich viel zu verdanken." Wie erleichtert war ich doch, als ich die zahlreichen mitfühlenden Stellungnahmen von Kollegen, Eltern und Schülern am Radio hörte. Nach all dem Schmutz, der über mich in den Medien verbreitet worden war, war ich gerührt von der Anteilnahme und dem Mut all der Menschen, die mir zur Seite standen.

Am nächsten Morgen berichteten mir viele Schüler, und später auch deren Eltern, dass sie sich beim Telefonieren die Finger wund gewählt hätten, um in die Sendung zu gelangen, jedoch ohne Erfolg.

Meine Schüler und ihre Eltern: die wirklichen Experten

Mancher Leser wird sich fragen, wie es mir möglich war, unter diesen strapaziösen und bitteren Umständen überhaupt noch zu unterrichten. Obwohl meine Reserven längst aufgebraucht waren und ich seit Tagen physisch und psychisch am Rande meiner Kräfte war, gab ich mir alle Mühe, die Schüler wie gewohnt ruhig und geduldig zu unterrichten und sie nicht mit meinen Problemen zu belasten.

Um so mehr empfand ich es als Wohltat, von meinen Schülern zu spüren, dass sie voll und ganz zu mir hielten. Ihre spontane und ehrliche Art, mit den bösen Ereignissen umzugehen, liess mich die schmutzige Kampagne manchmal sogar vergessen. Der ganze Flugblatt- und Medienfeldzug gegen ihren Lehrer hatte sie zwar sichtlich verunsichert. Kurz vor der Wahl bestürmten sie mich mit Fragen und Beobachtungen. Eine Schülerin fragte: "Was geschieht, wenn Sie nicht gewählt werden?" Ein anderer Schüler wusste zu berichten: "Ich habe das Flugblatt sogar im Bus gesehen!" Über die im Radio 24 geäusserte, frei erfundene Behauptung, ich würde durch einen "Hygienefimmel" die Kinder den Eltern entfremden, mussten alle lachen. Einige riefen spontan: "Gaats dene no!" Entrüstet drohte ein Schüler, er werde höchstpersönlich bei dem betreffenden Schwindler vorbeigehen und ihm gehörig die Meinung sagen. So tönte es in einem lebhaften Stimmengewirr zu Beginn der ersten Morgenstunde nach der Sendung.

Als ich ihre Fragen und Befürchtungen ihrem Alter entsprechend zu beantworten versuchte, hörten sie mir betroffen und staunend zu. Während ich ihnen Red' und Antwort stand, begannen viele spontan ihre Notizhefte und Blätter zu bekritzeln. Da hiess es etwa: "Wir wollen R. Cattani für immer!" oder "Wählt R. Cattani, denn er ist der Beste!" Ich konnte meine Freude über die Vertrauensbeweise nicht verbergen. Sie gaben mir Kraft und Zuversicht, dass die Wahrheit letztlich siegen werde.

Die Eltern

Auch den Eltern meiner Schüler möchte ich an dieser Stelle ein Kränzlein winden. Ihre uneingeschränkte Unterstützung durfte ich an einem mir unvergesslich bleibenden Elternabend erfahren. Aufmerksam folgten die Mütter und Väter meinen Ausführungen zu den Ereignissen der letzten Wochen. An den Gesichtern konnte ich ablesen, dass für sie die ganze Situation unbegreiflich war. Viele ausländische Eltern halfen sich gegenseitig bei der Übersetzung. Anschliessend kam es zu einem regen Austausch. Ein ausländischer Vater konnte vor Entrüstung kaum ruhig sitzen und warf gleich zu Beginn seine Vorschläge und Überlegungen in die Diskussion ein. Gestikulierend verlangte er von mir ein Blatt Papier, auf dem zwei Kolonnen zu erstellen seien. Auf der einen Seite sollten diejenigen Eltern unterschreiben, die mich nicht unterstützen wollten, auf der anderen diejenigen, die mir mit einem "Ja" ihre Unterstützung zusicherten. Eine Mutter wollte wissen, warum in den Medien immer wieder die Rede von Drogen gewesen sei, als ob ich den Unterricht missbraucht hätte, um irgendwelche einseitigen Auffassungen an die Schüler heranzutragen. Darauf warf ein Vater ein: "Eben sagt Herr Cattani wenig in bezug auf Drogen. Mir wäre lieber, er würde mehr auf die Gefährlichkeit von Drogen hinweisen." Vor allem die ausländischen Eltern bedauerten, dass sie als Ausländer nicht die Möglichkeit hatten, mich zu wählen. Deshalb beschlossen sie, an diesem Abend einen Brief an den Präsidenten der Kreisschulpflege aufzusetzen. Er lautete wörtlich: "Sehr geehrter Herr A.* Wir hatten heute einen Elternabend mit Herrn Cattani. Wir sind die Eltern der Kinder, die kein Stimmrecht haben, und wollten Ihnen zeigen, dass Herr Cattani noch die 6. Klasse mit unseren Kindern fertig macht. Wir würden alle für ihn 'Ja' stimmen."

Die Abwehr der Flugblatt- und Medienkampagne

Da in der letzten Woche vor der Wahl eine wahre Flut von Zeitungsartikeln, Leserbriefen und Inseraten erschienen war und die Zeitungen sich fast durchgehend weigerten, positive Leserbriefe abzudrucken, stellte sich die Frage nach einer geeigneten Abwehr dieser massiven Desinformation. Die Bevölkerung musste irgendwie erfahren, welches die wirklichen Hintergründe dieser Wahl waren. Auch hatte ich das Bedürfnis, meine wirklichen pädagogischen Ziele darzulegen. Das tat ich in verschiedenen Flugblättern. Viele Freunde und Kollegen, die sich im VPM weiterbilden, waren sofort bereit, sich für mich einzusetzen. Ich war von der Anteilnahme und dem Einsatz, den sie in diesen ereignisreichen Tagen leisteten, tief bewegt und bleibe ihnen mit grosser Dankbarkeit verbunden. Mein Lehrerkollegium andererseits hüllte sich in diesen schweren Stunden in eine eisernen Hülle des Schweigens.

All die Beleidigungen und Gemeinheiten, die über mich und den VPM in Umlauf gesetzt worden waren, hatten nicht zuletzt meine Mutter, eine allseits beliebte, rechtschaffene Frau, die seit Jahrzehnten im Quartier wohnte, verletzt und empört. Mit einem offenen Brief an die Bevölkerung gab sie ihren Gefühlen Ausdruck. Viele Menschen waren von dem Flugblatt meiner Mutter am meisten bewegt.

In einem weiteren Flugblatt legte ich selber einen Tag vor der Wahl der Bevölkerung unter den Überschriften "Lernen in Freundschaft" und "Leistungsbereitschaft und friedliche Konfliktlösung" meine pädagogischen Ziele dar.

Die Wahl als Ergebnis der Aufklärungsarbeit und als Sieg von Fairness und Vernunft

Den Wahlsonntag verbrachte ich im Freundeskreis – natürlich vor dem Radio. Alle fieberten wir auf das Finale hin. Stündlich wurden am Nachmittag die bereits ausgezählten Wahl- und Stimmergebnisse anderer Vorlagen verlesen. Um zwei, um drei, um vier Uhr kam ein Stimmergebnis nach dem anderen an die Öffentlichkeit – nur meine Wahl schien gar nicht stattgefunden zu haben, da nichts darüber berichtet wurde. Endlich war es soweit: Um fünf Uhr wurde das Ergebnis von den Lokalsendern bekanntgegeben. Eine Mehrheit von 56% hatte sich für mich ausgesprochen. Ein Stein fiel mir vom Herzen. Obschon meine Gegner wochenlang alle Kräfte gegen mich mobilisiert hatten und am Wahltag praktisch geschlossen aufmarschiert waren, war noch immer eine Mehrheit zu meinen Gunsten zustande gekommen.

In meinem Fall hatten Fairness und Vernunft gesiegt; ich wünschte, meine Freunde und Bekannten im VPM könnten dasselbe sagen, sahen und sehen sie sich doch genau denselben haltlosen, stereotypen Vorwürfen und bösartigen Verleumdungen ausgesetzt wie ich.

“Neben der relativ kleinen “linken” Fraktion gab es natürlich auch viele andere Kollegen und Schüler, die hauptsächlich des Unterrichts wegen in die Schule kamen und hier weniger ein neues Zeitalter einläuten, sondern, wie an Schulen eigentlich üblich, vor allem unterrichten, Stoff vermitteln und lernen wollten.”

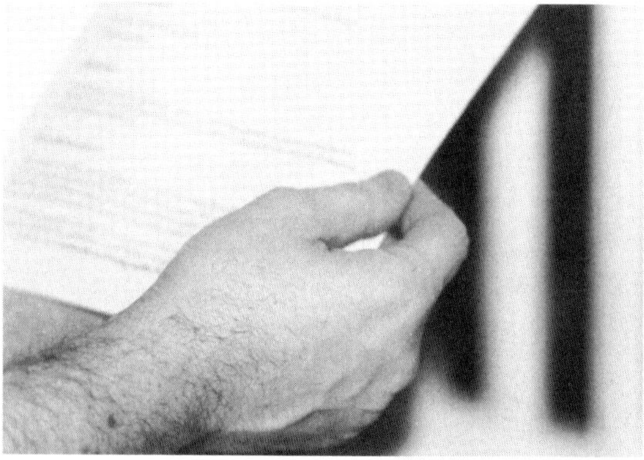

Sepp Gärtner, Mittelschullehrer

Geboren 1957 im Zürcher Oberland als zweites von drei Geschwistern in einer Arbeiterfamilie. – Konfession: protestantisch. – Interessen: lesen und wandern. – Jugend und Schulen in S.; 1974–78 Primarlehrerseminar; 1978–86 Vikariate und Studium an der Universität (Geschichte und Deutsch); ab 1986 Vikariate an verschiedenen Mittelschulen im Kanton Zürich; ab 1989 Lehrauftrag in V. – 1992 Entlassung wegen Mitgliedschaft im VPM, seither vollamtlich tätig an einer Privatschule.

Inhumanes von einer “humanen” Schule

Eine Kollegin von der “Interessengemeinschaft gegen Lehrer-Fichen” ruft mich an. Sie fragt mich, ob ich nicht “meinen Fall” aufschreiben könne. Es solle vielleicht ein Buch geben. Dreissig bis vierzig “Fälle” seien es schon. Ich stöbere in meinen Tagebüchern, Briefen, Notizen, Mitteilungen, ja, und natürlich den Zeitungsartikeln, diesen traurigen Zeugen sogenannter Pressefreiheit: eine schändliche Manipulation. Langsam erinnere ich mich wieder. Denn die Zeit in V.[*] habe ich schnell vergessen, verdrängt wahrscheinlich. Das hätte ich mir in meinen schlimmsten Träumen nicht vorstellen können, was in V. schliesslich gegen mich inszeniert werden sollte.

Empfang mit offenen Armen

Als ich 1989 vom damaligen Fachvorstand M.[*] einen Brief bekam, worin er mir Stunden anbot, hatte ich bereits gut zwei Jahre Unterrichtserfahrung, mal zwei Wochen hier, mal drei Monate dort, jedoch nie richtig niedergelassen, in Vikariaten eben. “Lieber Herr G.[*], ich habe von T.[*] Ihre Adresse bekommen …” Ich sagte gerne zu. Das war eine willkommene Gelegenheit, einmal kontinuierlich unterrichten zu können, zudem kannte ich dort bereits T., und ihm schien es zu gefallen. Mein erster Eindruck von der Schule war irgendwie schillernd. “Easy” würden wohl meine Gymnasiasten heute sagen. Bereits am Eingang wurde der Besucher vom Gebäude herab von einem mannshohen Graffito von Schülerhand empfangen, einem tiefgründig-belanglosen Spruch, der auch im Titel der Schülerzeitung wieder erscheinen sollte, denn auch im Kollegium hatte man sich damit abgefunden, ja einzelne schienen gar stolz auf dieses Motto zu sein. Jedenfalls machte niemand Anstalten, den Schriftzug zu entfernen. Er wurde vielmehr gehütet wie eine Auszeichnung, die wohl bereits den Eintretenden in die “richtige” Stimmung versetzen sollte.

Fachvorstand M. empfing mich quasi mit offenen Armen. Er überredete mich, noch vor seinem Urlaub mein Praktikum bei ihm zu machen, und bot mir jede Hilfe an. Auch im Kollegium wurde ich herzlich aufgenommen. Ein Lehrer lud mich gar an seinen "Anarchisten-Stamm" ein, den er in Z. mit Schülern durchführte. Von meiner Lizentiatsarbeit über einen deutschen Syndikalisten muss er irrtümlicherweise geschlossen haben, ich verträte die gleiche Gesinnung wie er. Meine Abschlussarbeit war wohl noch für einige weitere Einladungen verantwortlich. So etwa an eine Art informelle Supervision, die von der schuleigenen Lehrerberaterin geleitet wurde. Eine Gestalttherapeutin, wie mir ein Kollege anvertraute, der seine ökofundamentalistische Gesinnung auf dem Leibe trug und bei ihr bereits seit Jahren in Therapie ging. Dass sich die Gestalttherapie[G] auch in der Arbeit mit den Klassen auswirken sollte, erfuhr ich bald.

Neben der relativ kleinen "linken" Fraktion gab es natürlich auch viele andere Kollegen und Schüler, die hauptsächlich des Unterrichts wegen in die Schule kamen und hier weniger ein neues Zeitalter einläuten, sondern, wie an Schulen eigentlich üblich, vor allem unterrichten, Stoff vermitteln und lernen wollten.

In V. führte ich zum erstenmal eine Klasse als Klassenlehrer. Elternbesuchsmorgen, Elternabend, Klassenbetreuung, Klassenausflüge, Arbeitswochen, Projekttage – all das kam plötzlich auf mich zu. Eine Herausforderung, die ich gerne annahm, machte es mir doch Spass, Jugendliche kennenzulernen und ihnen beim Lernen behilflich zu sein. Und ich hatte natürlich auch Ziele, Vorstellungen und Erwartungen, die ich den Eltern und Schülern mitteilte – dies nicht zuletzt deshalb, weil mir diese Ziele gerade in der Schule in V., die sich traditionell und mit entsprechendem Stolz als Reformschule par excellence verstand und versteht, nicht mehr selbstverständlich erschienen. Ich wollte meine Schüler in ihrem Lern- und Leistungswillen fördern, so dass sie ihren künftigen Aufgaben in Studium und Beruf gewachsen sein würden. Dazu brauchte es in Gottes Namen auch einen geschulten "Kopf", der mit unseren Kulturgütern vertraut gemacht worden war.

Dass der gestalttherapeutische Wahlspruch "Lass' deinen Verstand los und komm' zu deinen Sinnen" auch schon bei Schülern gegriffen hatte, konnte ich in einer meiner Klassen bald erleben. Sie bestand mehrheitlich aus Schülern, die in ihrem Untergymnasium einen sogenannt modernen Deutsch- und Mathematikunterricht erfahren hatten. Sie waren von leistungs- und lernfeindlichen

Gedanken schon derart beeinflusst, dass vom Lernen im konstruktiven Sinn kaum mehr die Rede war, aber viel von Manipulation, Stress und Unterdrückung. Bereits ein Schulbuchtext enge ein, verhindere das freie Denken, bekam ich da von den Jugendlichen selber frei von der Leber weg zu hören; Frontalunterricht mache abhängig; eine Gruppenarbeit, die auch zu Ergebnissen kommen solle, sei stur, und so weiter und so fort. "Weniger Kopf – mehr Bauch". Dies alles trugen sie in der Überzeugung vor, einer neuen, humanen Zeit anzugehören, die den Kampf aufnehmen und führen müsse gegen die alte, autoritäre, "kapitalistische", ja "totalitäre" Zeit der Ewiggestrigen und der – wörtlich! – "Betonköpfe". Zwar war dieses Erlebnis mit einer Klasse nur ein kleines Strohfeuer, das ich damals nicht allzu ernst nahm; im nachhinein erscheint es mir aber wie ein erstes Wetterleuchten eines aufziehenden Gewitters, das sich schon bald über mir entladen sollte.

Eine schwierige Arbeitswoche

Als Klassenlehrer wurde ich von einzelnen Schülern mit grosser Zurückhaltung aufgenommen. Immer wieder machten sie Bemerkungen, ich sei stur, hätte nur das Lernen im Sinn und verlangte zuviel. Andere Schüler waren aber froh, etwas zu lernen, und anfänglich sagten sie dies auch deutlich. Doch diese Stimmen wurden über die Monate immer leiser.

Zur unguten Stimmung in bezug auf das Lernen kam noch hinzu, dass es in der Klasse ausgesprochen leistungsschwache Schüler gab, die sich mehr in Opposition übten als im Lernen. Einzelne Schüler waren von Anfang an sehr misstrauisch, ja teilweise schroff ablehnend, sie mochten jedoch nicht sagen, weshalb. Erst später erfuhr ich, dass sie über meine VPM-Mitgliedschaft "informiert" worden waren. Zuweilen verblassten die Eindrücke der Ablehnung wieder, denn auch die zwei, drei "Kämpfer" vergassen sich, legten die Waffen nieder und waren recht eifrig bei der Sache. So gelang es mir immer wieder, die Schüler durchaus zu einer konstruktiven Zusammenarbeit und zum Lernen zu gewinnen. Sie spürten, dass ich ihnen als Lehrer eine Orientierung anbot, und gingen darauf ein, weil sie merkten, dass ich ihnen wohlgesinnt war und die Entwicklung ihrer Fähigkeiten anstrebte.

Was ich zu Beginn meiner Zeit in V. zwar ahnte, aber noch nicht wusste, kristallisierte sich immer deutlicher heraus. Ich war in ein von teilweise ideologisch motivierten Schulreformern "gemachtes Nest" geraten. Neben diesen Schulreformern war da noch ein Elternverein, der es sich zur Aufgabe gemacht hatte, bei Eltern sogenannte Unzufriedenheit mit Lehrern aufzuspüren, um sie dann gegen diese zu verwenden. Bald sollte ich am eigenen Leib erfahren, wohin das führen kann.

Durch das direkte Intrigieren von einzelnen Lehrerkollegen und Eltern wurde das Unterrichten in der erwähnten Klasse mit der Zeit schwieriger. In einer Arbeitswoche in A.* – wir wollten ein Theater einüben – spitzte sich die Situation zu. Die zwei sogenannten Theaterpädagogen mit gestalttherapeutischem Ausbildungshintergrund, die das Haus führten, verlegten sich darauf, Stimmung gegen mich zu machen. Gezielt lenkten sie wiederholt das Gespräch auf die Themen "Drogenfreigabe" und "Schulreform". Sie schienen über meine Weiterbildung beim VPM informiert worden zu sein und vermeinten genau zu wissen, was ich zu diesen Themen dachte. So versuchten sie mir, getreu der in den Medien damals forcierten Meinungsmache gegen den VPM, eine "menschenfeindliche" Haltung gegenüber Süchtigen und Schülern zu unterschieben. Hinter meinem Rücken trafen sie sich mit einzelnen Schülern zum Tee in ihrer Wohnung. Einer der "Therapeuten" unternahm laut Aussage einer Mutter Annäherungsversuche bei einzelnen Mädchen. Aber davon erfuhr ich erst sehr viel später. In der Arbeitswoche mit meiner eigenen Klasse fühlte ich mich zunehmend isoliert. Ich sprach mit den beiden Theaterleuten, versuchte sie zur Zusammenarbeit zu verpflichten, vergebens. Vordergründig schienen sie zwar auf meine Vorschläge einzugehen, jedoch nur zum Schein. Die Schüler gingen mir aus dem Weg, verstummten oder verhielten sich ganz einfach abweisend. Alle meine Versuche, das Eis zu brechen, blieben erfolglos. Mehrmals spielte ich mit dem Gedanken, das Lager abzubrechen, aber unserem Theaterprojekt zuliebe nahm ich jeweils Abstand davon.

Nach der Arbeitswoche schien sich die Situation zu entspannen. Ich schöpfte etwas Hoffnung. Die Sommerferien kamen, und schon bald begann ein neues Semester. Zu Semesterbeginn hatte es den Anschein, als ob die Schüler auf irgend etwas warteten. Es war, als ob sie nicht damit gerechnet hätten, dass ich wieder in ihrer Klasse unterrichtete. Auch waren sie erneut sehr reserviert. Unerwartet erschien der Rektor zu einem Schulbesuch. Ich erfuhr von ihm, dass er einen aussergewöhnlichen Elternabend plane. Ein Vater vor allem habe sich schon seit über einem Jahr regelmässig bei ihm beschwert. Nun sei auch der Elternverein bei ihm vorstellig geworden; es sei jetzt an der Zeit zu handeln. Die Zurückhaltung der Schüler bekam nun einen Sinn. Sie wussten vom Agieren einzelner Väter, einiges deutete darauf hin, dass sie schon selber beim Rektor gewesen waren und endlich eine Reaktion von mir erwarteten.

"Munition für den Abschuss"

In der Folge überstürzten sich die Ereignisse. Der Rektor wollte zu dem Elternabend auch einen Vertreter des Elternvereins und die schuleigene Gestalttherapeutin einladen. Schliesslich sei im Elternverein auch schon über mich gesprochen worden, und die Gestalttherapeutin habe grosse Erfahrung im Führen von "problematischen" Gesprächen. Meine Befürchtung, dass der Abend zu einem Tribunal gegen mich ausarten würde, schlug der Rektor in den Wind. Ein Lehrerkollege, der mich aus gemeinsam erteilten Lektionen gut kannte, bot sich spontan als Beistand für den Abend an, doch wollte der Rektor davon nichts wissen. Schliesslich wolle ich ja an dem geplanten Abend auch keine Gestalttherapeuten und Elternvereinsvertreter akzeptieren, gab er mir als Begründung.

Der Rektor hatte zwar seine Absicht bereits erkennen lassen, Lehrer, die sich im VPM weiterbilden, von seiner Schule fernzuhalten, doch waren ihm quasi die Hände gebunden, das selbst zu tun; denn offenbar war er bei einigen Hauptlehrern, die ihm vorwarfen, er verletze damit grundlegende Menschenrechte, auf Widerstand gestossen. Auch war dem Vernehmen nach sogar die Schweizerische Helsinki-Vereinigung zum Schutz der Menschenrechte im Rahmen einer grösseren Umfrage in ähnlichem Sinne an ihn gelangt. Das musste ihn vorsichtiger gemacht haben. So überliess er das Geschäft lieber anderen, eben zum Beispiel dem Elternverein. Aus Elternkreisen erfuhr ich, dass er anlässlich einer internen

Veranstaltung des Elternvereins angeregt hatte, die Eltern sollten "Munition" für den "Abschuss" von missliebigen Lehrern liefern. So war es nicht verwunderlich, dass er nun, voll des Lobes für das gute Einvernehmen mit dem Elternverein, in der Schule einen Raum für eine Veranstaltung gegen den VPM zur Verfügung stellte. Der Elternverein sah sich nämlich wie zufällig zu der Zeit, als die Elternaktivisten meiner eigenen Schüler gegen mich vorgingen, dazu eingeladen, sich über den VPM zu "informieren". Als Referent war einer der schärfsten Hetzer gegen den VPM vorgesehen, der "Tages-Anzeiger"-Redaktor Hugo Stamm. Die Absicht war klar erkennbar. Es ging um eine konzertierte Aktion.

Der ausserordentliche Elternabend für meine eigene Klasse fand kurz vor jenem der "Informationsveranstaltung" des Elternvereins statt und übertraf alle meine Befürchtungen. *Drei* der Väter verlasen vorbereitete Statements. Sie holten mehrmals von neuem aus mit schwersten Vorwürfen gegen mich und spielten sich gegenseitig das Wort zu. Anfänglich stellte ich noch einzelne Punkte richtig, wies die gröbsten Anschuldigungen zurück, aber die Situation wurde durch die unglaubliche Zahl und Dichte der Unterstellungen und Verdrehungen zunehmend absurder, und ich beschränkte mich darauf, vor allem noch zu protokollieren. Es hatte mir in dieser feindseligen, gehässigen Atmosphäre buchstäblich die Sprache verschlagen, keine Äusserung meinerseits hätte etwas fruchten können. In den Schilderungen der "engagierten" Väter geriet ich zu einem Untier: Psychoterror würde ich ausüben und die Seelen der Kinder zerstören. Einer von ihnen verstieg sich sogar zu dem Ausruf, ich sei ein "Killer". Ich wurde beschworen, ich solle meinen Beruf aufgeben und von den Kindern ablassen. "Geben Sie die Klasse frei!" flehte mich ein Vater an. Einer Mutter tat ich dann doch irgendwie leid. Es gehe nicht um mich persönlich, es könnte auch ein anderer Lehrer an meiner Stelle dasitzen, zufällig sässe ich im Schussfeld, meinte sie, aber man müsse jetzt eben kämpfen, schliesslich gehe es um eine "humane" Schule, damit endlich einmal auch noch andere Werte gelten würden als immer nur das Lernen.

Nach dem Tribunal – ich sass bereits in meinem Wagen und fuhr vom Parkplatz – wurde ich von einem Elternpaar angehalten. Die beiden entschuldigten sich für ihr Schweigen, ich solle die

Vorwürfe bloss nicht auf mich nehmen. Sie hätten ihrer Tochter versprechen müssen, an diesem Abend zu schweigen, schliesslich müsse sie noch drei Jahre in diese Schule gehen: der Gruppendruck sei einfach zu gross.

Es tat mir zwar gut, das zu hören, aber natürlich nützte es mir nicht mehr viel. Innerlich hatte ich nach diesem Abend mit der Kantonsschule V. abgeschlossen. Ich fühlte mich vernichtet, von der Schulleitung an den Pranger gestellt. In einer Regionalzeitung wurden schon bald personelle Konsequenzen gefordert. In einem Artikel in der Schülerzeitung wurde ich verhöhnt. Ein Lehrerkollege und aktives Elternvereinsmitglied nahm mich beiseite und beschwor mich seinerseits, meinen Beruf aufzugeben.

Was dem Fachvorstand, einzelnen Lehrern und selbst der Schulleitung nicht ohne Gesichtsverlust gelungen war, übernahmen nun die Presse und der Elternverein. Sie lieferten die gewünschte Munition für meinen Abschuss. Plötzlich distanzierten sich immer mehr Lehrerkollegen. Man ging mir, so gut wie möglich, aus dem Weg, von vereinzelten, wohltuenden Ausnahmen abgesehen. Zwar sprach mich kaum einer auf den VPM und auf die laufende Kampagne an, aber hinter vorgehaltener Hand wusste man Bescheid. Auch der Rektor gab vor, er wolle mich nicht einfach entlassen. Er teilte mir aus Gründen, die nur er selber kennt, noch einmal drei Stunden zu und legte Wert darauf zu betonen, dass die Stundenreduktion selbstverständlich in keinem Zusammenhang mit dem VPM stehe.

Wer alles aus der Nähe verfolgt und miterlebt hatte, weiss es besser. Nach meiner faktischen Entlassung hatte ich das Glück, an einem entfernteren Ort eine Arbeit zu finden. In meinem Wohnkanton bin ich, wie so viele meiner Kollegen im VPM, "ausgegrenzt". Die endlosen "Reformen" in der "fortschrittlichen" und "humanen" Schule in V. aber nehmen unaufhaltsam ihren Gang; wer "anders" denkt, wird weiter ausgegrenzt und diskriminiert. Was bleibt, als zu vergessen, zu verdrängen?

“*Fünfundzwanzig Eltern, die mich noch nie gesehen, geschweige denn je Kinder bei mir im Unterricht gehabt hatten, schrieben einen Brief an den Schulpräsidenten. Darin bekundeten sie, dass sie sich weigerten, ihr Kind zu einer mit dem VPM assoziierten Lehrerin in die Schule zu schicken.*”

Lena Lanz, Primarlehrerin

Geboren 1958; ein Zwillingsbruder. – Aufgewachsen in einer deutschen Grossstadt. – Konfession: evangelisch. – Interessen: diskutieren, lesen, Gitarre spielen, Ausflüge in die Natur, kulturelle Unternehmungen, Konzerte, Psychologie, Pädagogik, Zeitfragen – Ausbildung: Matur, abgeschlossenes Universitätsstudium, Lehrerseminar.

Keine Chance, sich zu bewähren

Mir geht viel durch den Kopf. Der Lehrerberuf ist ein schöner Beruf. Ich möchte keinen anderen ausüben. Es ist schön, mit den Kindern zu arbeiten, ihnen etwas beizubringen, an ihrer Entwicklung beteiligt zu sein, mit ihnen zusammen den Schulalltag zu gestalten. Da lebt etwas, das habe ich gern.

Der Lehrerberuf ist eine äusserst komplexe Tätigkeit. Man ist auf vielfältigste Art und Weise, auf vielen Ebenen gefordert und in Anspruch genommen. Das Lehrersein stellt sehr hohe Anforderungen, an denen man, wenn man sich mit ihnen auseinandersetzt, wachsen kann. Diese ständige Herausforderung ist es, was ich so schätze. Doch der Umgang mit allen Herausforderungen will auch gelernt sein. Dabei ist es sehr angenehm, einen Fortbildungsort zu kennen, an dem man Beratung in Anspruch nehmen kann, die auf wissenschaftlichen Erkenntnissen basiert. Ich möchte mich gerne weiterentwickeln, möchte stets dazulernen. In diesem Sinne kann ich im VPM persönliche Interessenlage und Beruf gut miteinander verbinden.

Am Anfang war es gar nicht so einfach, mit dem Unterrichten zu beginnen. Es war fast wie ein Sprung ins kalte Wasser. Klassenführung, Unterrichtsvorbereitung, Korrekturarbeiten, Benotung, Elternarbeit, Kollegenkontakte; eine junge Lehrkraft steht vor manchen Aufgaben zugleich.

Zudem ist sie mit den verschiedensten gesellschaftlichen Fragen konfrontiert. Das zunehmende Gewaltproblem, Verwahrlosung, die Orientierungs- und Ziellosigkeit unserer Zeit, übermässiger Fernseh- und Videokonsum der Jugendlichen: Zu diesen Fragen muss ein Lehrer oft direkt oder indirekt Stellung beziehen.

Aber auch der pädagogisch-psychologische Bereich wirft unzählige Fragen auf, deren Beantwortung letztlich für den Unterrichtserfolg entscheidend ist. So freut es mich, wenn es gelingt, einen unsicheren, schwachen Schüler zu besseren Leistungen und damit zu mehr Selbstvertrauen und Selbständigkeit zu führen. Es beglückt mich, wenn sich eine Klasse unter meiner Anleitung zu einer schönen Lerngemeinschaft entwickelt, in der freundschaftliches, wohlwollendes Miteinander möglich ist.

Die neue Stelle

Ich freute mich sehr auf die neue Stelle, für die ich mich nach gut vierjähriger Schulpraxis beworben hatte und die ich nach den Sommerferien 1992 antreten sollte. Ein Wunsch war in Erfüllung gegangen: in der Stadt und gleichzeitig an dem Ort, wo ich auch wohnte, unterrichten zu können. Ich freute mich auch auf meine neuen Viertklässler. Leider kam jedoch alles ganz anders.

Fünfundzwanzig Eltern, die mich noch nie gesehen, geschweige denn je Kinder bei mir im Unterricht gehabt hatten, schrieben einen Brief an den Schulpräsidenten. Darin bekundeten sie, dass sie sich weigerten, ihr Kind zu einer mit dem VPM assoziierten Lehrerin in die Schule zu schicken. Ich konnte es kaum fassen. Offensichtlich hatten diese Eltern von einem mir unbekannten Informanten oder einer dafür geschaffenen Stelle erfahren, dass ich mich im VPM weiterbilde.

Ich fiel aus allen Wolken. Was war da im Quartier schon alles gelaufen, ohne dass ich nur die geringste Ahnung davon gehabt hätte? Was unterstellte man mir nun plötzlich nicht alles – nur auf Grund meiner Teilnahme an pädagogischen Fortbildungskursen im VPM! Mein einziges Anliegen war und ist es, zu unterrichten und den Schülern individuell zu schulischem Erfolg zu verhelfen. Mir kam schon damals der Gedanke, dass diese konzertierte Aktion gegen mich in das beispiellose Vorgehen gegen den Verein, in dem ich mich weiterbilde, einzuordnen sei.

Zum damaligen Zeitpunkt, kurz vor den Sommerferien, waren bereits alle Klassen gebildet. Die Schülerlisten waren schon in den Händen der Lehrer. Auch den Zuteilungsbrief für die Eltern hatte ich bereits geschrieben. Die Umschläge lagen auf meinem Schreibtisch bereit. Ich konnte davon ausgehen, dass die Eltern das Umteilungsgesuch absichtlich zu spät eingereicht hatten, um den Schulpräsidenten unter Druck zu setzen.

Als die Klassenzuteilung den Eltern offiziell mitgeteilt wurde, rekurrierten zehn Eltern bei der nächsthöheren Instanz, der Bezirksschulpflege, gegen die Zuteilung ihrer Kinder zu mir. Als alleinigen Grund für die Rekurse gaben die Eltern meine Teilnahme an VPM-Kursen an. Für mich ist es nur sehr schwer nachvollziehbar, wie so etwas möglich ist. Ohne den Hintergrund der ganzen Medienkampagne einzubeziehen, ist es gar nicht verständlich, geht es doch eben in den pädagogischen Fortbildungskursen im VPM darum, wie man die Schüler besser motivieren, adäquater auf den einzelnen eingehen kann.

In der letzten Woche der Sommerferien wies die Bezirksschulpflege die Rekurse zurück. Offenbar sah sie keinen Grund, dass die Kinder nicht zu mir in die Schule kommen sollten. Trotz diesem Entscheid verboten sieben Eltern ihren Kindern, bei mir die Schule zu besuchen. Nur drei Rekurrenten schickten ihre Kinder trotzdem zu mir. Die anderen Kinder wurden nach den Sommerferien von einer Aushilfslehrerin unterrichtet. Es ist interessant zu wissen, dass sich ausgerechnet der Ehemann dieser Aushilfskraft – die beiden wohnen im selben Quartier wie die rekurrierenden Eltern – im November 92 in einem "Tages-Anzeiger"-Artikel an der Kampagne gegen Lehrer, die sich im VPM weiterbilden, beteiligte. Dies wies deutlich auf eine Verfilzung der gegen mich und den VPM agierenden Kreise hin.

Es wird "Stimmung gemacht"

Doch damit nicht genug. Von Anfang an schien eine sehr enge Zusammenarbeit zwischen rekurrierender Elterngruppe, Erziehungsdirektion und Presse zu bestehen. Woher sonst sollte der Journalist Hugo Stamm, Redaktor beim "Tages-Anzeiger", der mich am ersten Schultag telefonisch belästigt hatte, wissen, dass in meinem Schulhaus Kinder davon abgehalten wurden, die Schule zu besuchen? Herr T., Jurist bei der Erziehungsdirektion, gab mir gegenüber unumwunden zu, mit den Rekurseltern regen Kontakt zu pflegen. Es empört mich sehr, dass die Erziehungsdirektion, meine Arbeitgeberin und als solche eigentlich unter normalen Umständen dazu da, mich als Arbeitnehmerin gegen unqualifizierte Angriffe in Schutz zu nehmen, selber die Umtriebe mitverursachte, die mir schadeten.

Mitte August reichten die für den Schülerboykott verantwortlichen Eltern beim Erziehungsrat einen Rekurs gegen die Abweisung ihrer Gesuche ein. Vertreten wurde die Elterngruppe vom Bruder einer scharf agitierenden Mutter. Ihre Person sollte später bei der Gründung des "Schulforums Waidberg" wieder relevant werden. Im Rekurs stellten die Eltern die Kernfrage, ob sie verpflichtet werden könnten, ihr Kind einer Lehrkraft zur Erziehung zu überlassen, "mit deren pädagogischen Ansichten sie in völligem Widerspruch stünden" und der sie daher aus sogenannt einsehbaren Gründen kein Vertrauen entgegenbringen könnten. Die Eltern hatten jedoch von meinen pädagogischen Auffassungen überhaupt keine Ahnung. Was sie als "Erziehungsziele, Erziehungsmethoden und Ideologien des VPM" bezeichneten, entsprach lediglich ihren eigenen willkürlichen, in keiner Weise abgesicherten Vorstellungen; sie hatten sie samt und sonders aus irgendwelchen Zeitungsartikeln.

Anlässlich eines Elternabends forderten die Rekurseltern von mir ein Bekenntnis, ob ich am Buch "Standort Schule"[G] mitgearbeitet hätte. Sollte ich damit eine Art Gesinnungsprüfung ablegen müssen? Was sie bezweckten, lag auf der Hand. Ich sollte in das Cliché gepresst werden, das – völlig zu Unrecht – vorgibt, Lehrer im VPM stünden im Widerspruch zum neuen Lehrplan der Volksschule.

Kurz vor den Herbstferien gründeten bekannte Quartierbewohner und politisch aktive Eltern das "Schulforum A*". Vordergründig gaben sie vor, für angebliche Rechte der Eltern in Schulangelegenheiten einzutreten. In Tat und Wahrheit geht es aber diesem Forum – wie sich in der Folge klar herausstellte – um eine bleibende Einflussnahme auf die Schulbehörden. Zwei besonders aktive Quartierbewohner hatten kurz zuvor schon bei der Bestätigungswahl eines anderen Lehrers mit ausgesprochen üblen Propagandamitteln gegen dessen Wahl Stimmung gemacht. Um möglichst schnell mehr Einfluss im Schulwesen zu erlangen, liess sich der eine der Beteiligten zugleich als Gegenkandidat für den frei werdenden Schulpflegesitz aufstellen. Tatsächlich wurde er dann Anfang Dezember gewählt.

In seinem Wahlfeldzug machte dieser Kandidat des Schulforums unverhohlen deutlich, dass er sowohl gegen Lehrer, die sich im VPM weiterbilden, als auch gegen viele angeblich schlechte Lehrer im Schulkreis vorgehen wolle. Erst ganz kurz vor dem Wahltermin wiesen bürgerliche Kreise aus der Schulpflege diese rechtswidrigen Forderungen zurück. Der Kandidat trat als sogenannt Unabhängiger, Parteiloser auf. In Tat und Wahrheit war er jedoch in verschiedenen Gruppen aktiv, die es sich zur Aufgabe gemacht hatten, Eltern gegen Lehrer, die sich im VPM weiterbilden, aufzuwiegeln. Sein erklärtes Ziel ist es auch, sämtliche sich im VPM weiterbildenden Lehrer im Schulkreis zu entlassen. Über diese Gegebenheiten hat die Presse nie berichtet.

Ein fragwürdiger Entscheid

Kurz vor den Herbstferien erliess der Erziehungsdirektor eine Verfügung, mit welcher er anordnete, mit den Kindern der rekurrierenden Eltern sei eine eigene Klasse zu bilden. Die Kinder der Rekurrenten besuchten daraufhin nach den Herbstferien den Unterricht bei einer Lehrkraft, die sich nicht im VPM weiterbildet. Nach diesem Entscheid schlossen sich noch weitere Eltern den Rekurrenten an und liessen ihr Kind umteilen.

Der Entscheid der Erziehungsdirektion verstösst allerdings gegen rechtsstaatliche Grundsätze, wie der Staatsrechtler Professor Richli in einem Artikel in der "NZZ" vom 29.12.1992 aufzeigt. Mit dieser Verfügung wies die Erziehungsdirektion all jenen den Weg, die Lehrkräfte, die sich im VPM weiterbilden, aus dem Schuldienst zu drängen suchen. Heute, nach mehr als einem halben Jahr, ist die Beantwortung des Rekurses nach wie vor ausstehend.

In meiner ganzen Schulpraxis hat sich das, was ich im VPM gelernt habe, bewährt. Ich freue mich darauf, in weiteren Fortbildungskursen, Schulungswochen und Beratungsgesprächen noch mehr über menschliche Verhaltensweisen, das menschliche Seelenleben, die Grundlagen pädagogischen Wirkens und das Lernen zu erfahren und meine eigene Persönlichkeit dabei weiterzuentwickeln.

“Vor kurzem habe ich vom selben Lehrer erfahren, dass er schon damals – also 1988 – in der Wahlkommision eine Liste gesehen hatte, auf der Lehrer aufgeführt waren, die sich im VPM weiterbilden.”

Robert Wille, Berufsschullehrer

Geboren 1946 in F. – Zivilstand: verheiratet. – Konfession: protestantisch. – Schulen und Jugend in F., Berufslehre. Matur auf dem zweiten Bildungsweg, Hochschulstudium, Berufsschullehrer. – Interessen: bergwandern.

Mein vergeblicher Versuch, mich als Hauptlehrer an der Berufsschule wählen zu lassen

Nach dem Abschluss meines Geschichtsstudiums an der Uni in Zürich im April 1981 war ich an einer Berufsschule als allgemeinbildender Lehrer tätig. Ich fing mit einer einzigen Klasse an, steigerte das Pensum ein Semester später auf drei Klassen und erhielt nach und nach weitere Klassen zugeteilt, so dass ich seit etwa 1983 immer zwischen 16 und 21 Lektionen an drei Abteilungen unterrichte.

Obwohl ich einen Abschluss als Mittelschullehrer vorweisen kann, musste ich an der Universität Z. noch einige zusätzliche Kurse und vier fachdidaktische Prüfungen absolvieren, um die Gleichwertigkeit mit der SIBP-Ausbildung in Bern zu erlangen. Dieser Lehrgang ist die offizielle Berufsschullehrerausbildung und bildet die Voraussetzung für die Wählbarkeit. Es war jedoch üblich, dass Kandidaten, die die Wählbarkeit innerhalb einer gewissen Frist erlangen würden, durchaus schon früher gewählt werden konnten.

Seit 1984 habe ich mich insgesamt viermal an zwei verschiedenen Berufsschulen zur Wahl gestellt und bin jedesmal nicht gewählt worden.

Beim ersten Verfahren standen drei Kandidaten für zwei Stellen zur Auswahl. Schon damals hatte sich – wie ich jedoch erst später erfahren hatte – der Lehrervertreter des etwa neunköpfigen Wahlgremiums an verschiedenen Orten erkundigt, ob ich ein "Liebling" sei.

Vier Jahre später stellte ich mich erneut zur Wahl. Wir waren nur zwei Kandidaten, die sich um eine Stelle bewarben. Mein Kollege war ein Reallehrer, der gewählt werden musste, damit er in Bern überhaupt in den SIBP-Lehrgang aufgenommen werden konnte. Der Vertreter des Kantons in der Wahlkommission stand mitten in meiner Prüfungslektion auf, begab sich zum Abteilungsleiter, der sich ebenfalls im Klassenzimmer befand, und verschwand mit diesem für einige Minuten im Vorbereitungszimmer.

Im anschliessenden Kolloquium, in welchem jeweils die Prüfungslektion besprochen wird, teilte mir der Vertreter des Kantons mit, ich sei gar nicht wählbar. Ich verwies auf meine Bewerbung, in der ich ausdrücklich geschrieben hatte, dass ich die Wählbarkeit in einem Jahr erlangen werde. Auf die Frage eines Wahlkommissionsmitgliedes, weshalb man mich denn zur Wahllektion eingeladen habe, brach der Präsident der Wahlkommission das Thema mit der Begründung ab, man wolle diese Frage nicht in Anwesenheit des Kandidaten verhandeln. Auch diesmal wurde ich nicht gewählt.

Einige Tage nach der geschilderten Situation gab mir ein älterer Kollege zu verstehen, dass ich in diesem Kanton nie zum Hauptlehrer gewählt würde. Ich war überrascht über diese Aussage und fragte ihn, wie er darauf komme. Er gab mir jedoch keine genauere Erklärung. Vor kurzem habe ich vom selben Lehrer erfahren, dass er schon damals – also 1988 – in der Wahlkommission eine *Liste* gesehen hatte, auf der Lehrer aufgeführt waren, die sich im VPM weiterbilden.

Zwei Jahre später, 1990, stellte ich mich – immer noch an der gleichen Schule, jedoch an einer anderen Abteilung – zum drittenmal zur Wahl. Ausgeschrieben war wiederum eine einzige Stelle. Von den vier Kandidaten, die sich in einem ersten Wahlgang gestellt hatten, wurde vorerst keiner zur Wahl vorgeschlagen. So wurden eine Kollegin und ich, beide formal noch nicht wählbar, in einem zweiten Wahlgang aufgeboten. Auch diesmal zog man mir einen anderen Kandidaten vor.

Der vierte Anlauf

Ein Jahr später wagte ich den vierten und vorläufig letzten Versuch. Vor dem Wahlverfahren wollte ich aber vom Abteilungsleiter wissen, ob sich meine Mitgliedschaft im VPM auf die Wahl negativ auswirken werde. Der Abteilungsleiter erklärte, er sei für Pluralismus im Lehrkörper, und solange keine Reklamationen zu ihm kämen, sei die VPM-Mitgliedschaft ohne Einfluss auf die Wahl. Des weiteren verriet er mir, dass er von einem anderen Abteilungsleiter über meine Vereinszugehörigkeit in Kenntnis gesetzt worden sei.

Wir waren fünf Kandidaten, zwei davon jüngere Kollegen. Diese beiden und ein dritter sind erklärtermassen politisch "links" engagiert, hatten sich für Drogenlegalisierung stark gemacht und entsprechende Aktionen mit Schülern organisiert.

Nach meiner Wahllektion bei dieser vierten Wahl wurde ich im Kolloquium vom Präsidenten der Wahlkommission – er ist gleichzeitig auch Präsident der Aufsichtskommission derselben Abteilung – gefragt, ob es zutreffe, dass ich Mitglied im VPM sei und ob die Abteilung bei einer allfälligen Wahl von meiner Seite mit "Aktionen" zu rechnen habe. Ich war höchst erstaunt über solche Fragen. Die erste bejahte ich; zur zweiten Frage drückte ich meine Betroffenheit aus und fragte zurück, was er unter "Aktionen" verstehe. Da sprang der Abteilungsleiter ein und führte aus, dass während seiner Tätigkeit in der Drogenkommission der Berufsschulen an der Kaufmännischen Schule "etwas mit Lehrern des VPM gelaufen" sei. Ich begriff nun, was er meinte, und bemerkte dazu, es gebe ein Buch, worin die entlassenen Lehrer ein anderes Bild von den Vorkommnissen gezeichnet hätten als das, welches immer in den Medien herumgeboten werde. Mit dieser Auskunft gab sich die Wahlkommission für den Augenblick zufrieden.

Was sich in der Folge im Zusammenhang mit dem Ausgang der Wahl abspielte, konnte ich kaum fassen. Wir Kandidaten mussten ganze zwölf Wochen warten, ehe uns das Ergebnis bekanntgemacht wurde. Noch vor der Bekanntgabe erhielt ich – wie alle Lehrer an der Schule – schriftlich Bescheid, wie viele Lektionen man mir im nächsten Semester zuzuteilen gedenke. In diesem Schreiben musste ich erfahren, dass man mich von sechs auf null Stunden gesetzt hatte. Ich war empört über diese Art des Vorgehens einem über lange Jahre bewährten Kollegen gegenüber. Man wollte mich offenbar ganz aus der Abteilung drängen. Noch eine Woche zuvor hatte ich den Abteilungsleiter auf die Wahl hin angesprochen. Damals musste er schon gewusst haben, dass man mir keine Lektionen mehr zuteilen wollte. Warum hatte er mich nicht zu einem Gespräch gebeten? Lehrerkollegen, die mir wohlgesinnt sind, gaben mir spontan ihre Empörung zum Ausdruck und setzten sich für mich ein.

Wenige Tage später sass ich zusammen mit einigen Kollegen im Lehrerzimmer. Plötzlich stürmte einer der Kandidaten, die sich mit mir zur Wahl gestellt hatten, ins Zimmer und verkündete, er habe gerade erfahren, dass er und C.* gewählt seien. Nun wusste ich also, dass von den fünf Bewerbern genau die zwei jungen, "linken" Kollegen gewählt worden waren.

Ich setzte mich sofort mit dem Rektor der Schule in Verbindung, um ihn über die unschöne Vorgehensweise anlässlich des Verfahrens in Kenntnis zu setzen. Er war zwar im Kolloquium nicht anwesend gewesen, aber im Besitze des Protokolls. Ausserdem war er zum Sprecher der Wahlkommission ernannt worden. Auf meine Nachfrage zeigte er sich auch empört über die Frage der Wahlkommission, ob ich VPM-Mitglied sei. Dann stellte er fest, dass alle fünf Kandidaten gute Lektionen erteilt hätten. Man sei jedoch der Meinung, ich würde bei Lehrlingen an einer anderen Abteilung "besser ankommen". Deshalb habe die Wahlkommission beschlossen, mir keine Lektionen mehr an der betreffenden Abteilung zuzuteilen. Über diese unglaubwürdige Begründung war ich empört, hatte ich doch bereits seit vier Jahren an gerade dieser Abteilung erfolgreich unterrichtet.

Dank den Bemühungen des älteren Lehrerkollegen, der mir Hilfe angeboten hatte, und dank der Empörung, die auch einige andere Kollegen zum Ausdruck gebracht hatten, machte die Abteilungsleitung ihren Entscheid rückgängig und teilte mir wenigstens wieder eine von zwei Klassen zu. Das ist aber nur ein Trostpflaster und kann das Unrecht, das mir widerfahren ist, nicht wiedergutmachen. Muss ich mich wirklich damit abfinden, dass es so ist, wie mir ein Kollege vor Jahren geweissagt hatte, dass ich in diesem Kanton nie als Hauptlehrer gewählt werde, und dies nur, weil ich Mitglied in einem in der Öffentlichkeit mit übelsten Methoden verleumdeten Verein bin?

“Vier der sechs verbliebenen Eltern (...), die Rekurs eingereicht hatten, äusserten mir gegenüber in Einzelgesprächen, dass ihnen die Gespräche mit mir “überraschenderweise gefallen” hätten und dass ihre Kinder gerne zu mir in die Schule kämen.”

Clara Kern, Primarlehrerin

Geboren in Z. im Jahre 1960. – Schulen: Volksschule in F., danach Unterseminar und Primarlehrerseminar. – Konfession: reformiert. – Interessen: Sport (OL), wandern, Ski fahren, Langlauf, schwimmen, Tennis, Literatur (Memoiren, Romane, Pädagogik). – Hobbies: Computer, musizieren.

Eine Lehrerin gibt nicht auf

Ich habe meinen Beruf sehr gerne, und Eltern und Kollegen bezeichnen mich als engagierte und einfühlsame Lehrerin.

In den ersten sechs Jahren meiner beruflichen Tätigkeit in R. hatte ich nie irgendwelche Schwierigkeiten. Dies sei mit wenigen Zitaten aus den Berichten dreier verschiedener Visitatoren belegt: “In dem mit wunderschönen Schülerzeichnungen geschmückten Schulzimmer unterrichtet Frau Kern in einer guten Atmosphäre ruhig und zielbewusst ihre aufgeweckten Drittklässler. Die Schüler nahmen rege und freudig Anteil am Schulgeschehen und arbeiteten ruhig und mit grosser Konzentration. Sie wurden von der engagierten Lehrerin ihren Fähigkeiten entsprechend gefordert und gefördert und mit zurückhaltender, freundlicher Ermunterung individuell zu guten Leistungen geführt, im mündlichen wie im schriftlichen Bereich. Frau Kern ging einfühlend auf die Anliegen der Schüler ein, legte grossen Wert auf den Unterricht in den musischen Fächern und einen guten Klassengeist.” – Oder: “Die Schulführung von Frau Kern verrät eine gewissenhafte Vorbereitung und gefällt durch methodische und ideenreiche Gestaltung. Die Lehrerin geht mit viel Geduld und Einfühlungsvermögen auf die Belange der einzelnen Schüler ein. Mit gezielten Hinweisen und dem Einsatz von verschiedenartigen Hilfsmitteln versteht es die Lehrerin, die Beobachtungsgabe der Kinder zu fördern.” – Oder schliesslich: “Ruhig und überlegt hat die Lehrerin die Erstklässler eingeschult. Mit viel Geduld fördert sie die Neulinge. Durch die gut vorbereiteten Lektionen und einen lehrreichen Anschauungsunterricht bringt sie den Schülern neues Wissen bei. In dieser Klasse wird auch frisch und froh gesungen. Die saubere Heftführung rundet den guten Gesamteindruck ab.”

Schwierigkeiten traten erst auf, als ab Mitte Februar 1992 plötzlich meine Mitgliedschaft beim VPM zum Politikum gemacht wurde.

Im Winter 1991 gab der Kinderarzt Dr. G. im Alternativradio Lora ein Interview, in dem er sagte, die Schüler hätten es “gar nicht schön bei VPM-Lehrern”. Er müsse oft Kinder, die wegen “diesen Lehrern” krank würden, in seiner Praxis behandeln. Für seine schweren Beschuldigungen ist er zwar bis heute jeden Beweis schuldig geblieben. Hat jedoch ein Kind zuweilen Bauchweh und geht es zu einer Lehrkraft zur Schule, die Kurse im VPM besucht, ist für Dr. G. der Fall klar: Das Bauchweh kommt vom Lehrer. Die Aufzeichnung dieser Sendung wurde in R. herumgereicht und bildete den Auftakt zu einer eigentlichen Hetze gegen Lehrer, die irgendwie mit dem VPM in Verbindung standen, v. a. auch gegen mich. In der Folge stand auf einem Stein neben der Praxis dieses Arztes zu lesen: *"VPM-Schweine – Tod dem VPM."*

Ein halbes Jahr später, nach meiner Wahl zur Konventspräsidentin, begannen Kollegen bei Behörden und Lehrerkollegen herumzuerzählen, ich sei Mitglied im VPM. An einem Konvent stellte ein Kollege gar die Frage, ob in Zukunft noch weitere "VPM-Lehrer" in R. beschäftigt werden sollten. Es gab eine grosse Debatte zu diesem Thema. An der folgenden Schulpflegesitzung nahm der Schulpräsident klar Stellung: Er wolle in R. keine Hetze. Dies bewirkte, dass die aufwieglerischen Kollegen vorerst wieder Ruhe gaben.

Aber hinter den Kulissen nisteten sich seltsame Praktiken ein. So wurde von der Wahlkommission speziell darauf geachtet, dass im folgenden Sommer kein Vereinsmitglied des VPM mehr eingestellt wurde, obwohl sich jemand bewarb, der bestens qualifiziert war. Auch ein Lehrer, der mit dem VPM nichts zu tun hatte, wurde Opfer dieser Kampagne. Er hatte geäussert, dass er Mitglieder des VPM, die er kenne, nett finde. Das war Beweis genug, um gegen ihn von Elternseite aus eine scharfe Attacke zu führen. Sie bewirkte, dass er nach einem halben Jahr seine Stelle wieder aufgeben musste, obwohl er nicht einmal als "VPM-nahe" bezeichnet werden kann.

Ein Elternverein wird aktiv

Ab Sommer 1991 wurde der sogenannte Elternverein gegen mich aktiv. Federführend waren Eltern, die ihre Kinder nicht bei Lehrern im VPM in der Schule hatten, sondern lediglich bei diesem Lehrer, der sich weigerte, die Hetze mitzumachen. Vor den Sommerferien hatte der Elternverein eine Zusammenkunft, bei dem beschlossen wurde, die Lehrer, die Mitglieder beim VPM seien, loszuwerden. Es ist bezeichnend für diese Kreise, dass sie zuerst in der gleichen Weise gegen ihn vorgingen wie später gegen mich: Auch ihm dichteten sie an, die Kinder bekämen bei ihm Bauchweh.

Mitglieder des Elternvereins und Dr. G. begannen, bei der Schulpflege und bei den Eltern meiner Schüler gezielt Schauermärchen über mich zu erzählen: Ich würde die Kinder mit Stoff- und Notendruck plagen, ich sei herzlos, ich mache Kinder "kaputt". Der Schulpräsident versprach mir, im Namen der Schulpflege eine positive Richtigstellung zu diesen Vorwürfen an die Beteiligten und Betroffenen zu verschicken. Doch an der Bürositzung der Schulpflege wurde sein Antrag abgelehnt. So musste ich mich selbst wehren: Es blieb mir keine andere Wahl, als gegen die rufschädigenden Äusserungen der Verleumder eine Strafanzeige beim Bezirksgericht Hinwil einzureichen, die mit einem Vergleich endete.

Im Februar 1992 hielt Dr. G. an einer Elternvereinsveranstaltung ein längeres Votum darüber, wie gefährlich "VPM-Lehrer" seien. Er erzeugte damit an diesem Abend eine Stimmung, die an Hexenverfolgung erinnerte. Von diesem Zeitpunkt an wurde ich behandelt, wie wenn ich den "bösen Blick" hätte. Eltern aus meiner Klasse, die den Vortrag gehört hatten, waren verunsichert und plötzlich gegen mich eingenommen. Trotz meinen Bemühungen war mit ihnen kein vernünftiges Gespräch mehr möglich.

Im Frühling darauf schrieben dieselben Eltern vier Seiten Gruselgeschichten über mich an die Erziehungsdirektion (ED), was alles in den drei Jahren, in welchen ihre Kinder zu mir in die Schule gekommen waren, bei mir vorgefallen sein sollte. Jedes harmlose Detail, jeder noch so nichtssagende Umstand, wie er in jedem Schulzimmer jederzeit vorkommen kann und bei jedem Lehrer irgendwann einmal passiert, wurde nun im "Lichte" der Hexenverfolgung, die gegen mich einsetzte, zu meinen Ungunsten interpretiert. Gegen so etwas gibt es kaum eine Gegenwehr. Ich konnte machen, was ich wollte, es wurde gegen mich ausgelegt. Es wirkte zwar für die Behörden befremdend, dass die Eltern sich erst nach so langer Zeit der Zufriedenheit ganz plötzlich zu beschweren begannen. Aber auch Dr. G. reichte einen Brief bei der Schulpflege ein. Er missbrauchte seine Stellung als Kinderarzt dazu, seine erfundenen Geschichten über mich vollends zu Schauermärchen umzudichten. Was ein Arzt, in diesem Fall ein Kinderarzt sagt, hat allerdings in der Öffentlichkeit normalerweise einiges Gewicht. Die Schulpflege stand zu dieser Zeit mündlich und schriftlich in Kontakt zum Vorsteher der Abteilung Volksschule in der ED. Einem Schreiben, in das ich Monate später Einblick erhielt, ist zu entnehmen, dass die Schulpflege bei ihm nachfragte, wie sie sich in meinem Fall verhalten solle. Ich erhielt von der Schulpflege einen Brief zugeschickt mit der Aufforderung, schriftlich zu den Vorwürfen und zu meiner Loyalität Stellung zu nehmen. Der Brief der Schulpflege war offensichtlich nicht von ihr selbst aufgesetzt. Plötzlich musste ich zu Inhalten Stellung nehmen, die meine privaten Meinungen und Überzeugungen betrafen.

Eine sechsstündige "Aussprache"

Auf Initiative des Elternvereins fand im September mit der Bezirkschulpflege, einem Vertreter der ED und den mir feindseligen Eltern eine sechsstündige "Aussprache" statt; dies nach einem siebenstündigen Schultag. Die Präsidentin des Elternvereins setzte alle Mittel ein, um an diesem Gespräch dabeizusein; am Schluss wollte sie ihre Anwesenheit sogar erzwingen. Sie hatte allerdings keinen "Erfolg", weil die Vizepräsidentin des Elternvereins meiner Visitatorin verraten hatte, dass die Aktivitäten des Elternvereins ganz einfach darauf abzielten, mich in R. "loszuwerden". In dieser sogenannten Aussprache, die von den Organisatoren als ein eigentliches Verhör angelegt war, forderte ein Mitarbeiter der ED die Eltern immer wieder auf, auch ja alle "schlimmen Vorfälle" jetzt "auf den Tisch zu legen". Er schien im Eifer vergessen zu haben, dass er von Amtes wegen eigentlich auch meine Interessen zu verteidigen gehabt hätte. Fazit dieses sechsstündigen Marathons: Es lag gegen mich nichts Substantielles vor. Alle Vorwürfe wurden von mir, der Schulpflege und der Visitatorin sachlich und ruhig widerlegt. Zur gleichen Zeit gaben viele Eltern meiner ehemaligen Schüler in Briefen ihrer Empörung Ausdruck. Sie schrieben einhellig, dass die vielen Vorwürfe, die gegen mich vorgebracht würden, für sie völlig unverständlich seien.

Vor den Sommerferien wurde mir regulär eine neue erste Klasse zugeteilt. Die Präsidentin des Elternvereins, die offenbar ihren Kampf gegen mich weiterführen wollte, nahm mit dem Vorsteher der Abteilung Volksschule telefonisch Kontakt auf. Darauf schrieb sie ihm einen Brief, der in der Aussage gipfelte, sie frage sich, ob ich als Lehrerin in R. "noch tragbar" sei. Weiter legte sie die ganze persönliche Korrespondenz, die ich mit ihr geführt hatte, und die negativen Leserbriefe aus der Zeitung bei. Darüber hinaus setzte sie mit sieben Elternpaaren meiner zukünftigen Erstklässler, die mich noch gar nicht kannten, einen Rekurs gegen die Zuteilung der Kinder in meine Klasse auf. Einer der "zukünftigen Väter", Herr E., wurde nun zum Hauptakteur in der Kampagne gegen mich. Die künftigen Eltern wurden mit verleumderischen und verbotenen Schriften gegen den VPM eingedeckt. Noch in den Sommerferien rekurrierten sie, wie geplant, beim Erziehungsrat mit dem Anliegen, ihre Kinder nicht zu einer "VPM-Lehrerin" in die Schule schicken zu müssen. Ein Mittelstufenlehrer, der vor drei Jahren meine Schüler übernommen hatte, versuchte die Eltern mit einem Brief wieder zu Verstand zu bringen, indem er ihnen seine guten Erfahrungen mit mir und den übernommenen Schülern mitteilte und ihnen empfahl, ihre Kinder unbedingt zu mir in die Schule zu schicken.

In der Zeit zwischen den Sommerferien und den Herbstferien musste ich es hinnehmen, dass mich die Eltern, die Rekurs eingereicht hatten, sehr häufig unangemeldet im Unterricht besuchten, um Fehler bei mir zu ermitteln, die sie gegen mich verwenden könnten. Dr. G. verschickte wieder einen Brief an die Behörden mit der Forderung, die anderen zwei noch in R. angestellten Lehrer, die dem VPM angehörten, zu entlassen. Sein einziger konkreter Vorwurf: In einem Elterngespräch bei einer Lehrerin aus dem VPM habe eine Mutter auf einem Kinderstuhl sitzen müssen. Auch die Eltern liessen von ihrem Anwalt einen Brief schreiben. Dieser enthielt sogenannte Vorfälle, die nach Aussagen einzelner Kinder bei mir im Unterricht geschehen sein sollten. Beispielsweise hätten die Schüler bei mir lernen müssen zu tauchen, ohne die Nase zuzuhalten, oder sie hätten die Augen unter Wasser offen behalten sollen. Die in diesem Brief erhobenen Vorwürfe stellte ich noch vor den Herbstferien zuhanden des Erziehungsrates richtig. Vier der sechs verbliebenen Eltern (ursprünglich sieben), die Rekurs eingereicht hatten, äusserten mir gegenüber in Einzelgesprächen, dass ihnen die Gespräche mit mir "überraschenderweise gefallen" hätten und dass ihre Kinder gerne zu mir in die Schule kämen. Ein Rekurs-Vater äusserte, er würde sein Kind gerne zu mir in die Schule schicken, sei aber an den Beschluss der Elterngruppe gebunden und diese sei in einen "Zwang" geraten, das Begonnene "durchzuziehen".

Medienrummel und "Überwachung"

Vor den Herbstferien fällte der Erziehungsdirektor im Fall einer dem VPM angehörenden Lehrerin in Zürich, die an ihrer neu angetretenen Stelle von seiten der Schüler bzw. deren Eltern ganz einfach "bestreikt" wurde, den Vorentscheid, demzufolge die Kinder nicht mehr zu ihr in die Schule gehen müssten. Die Eltern in R. fühlten sich benachteiligt und streikten deswegen nach den Herbstferien ebenfalls. Gleichzeitig sorgten sie zusammen mit militanten VPM-Gegnern und vor allem deren Sympathisanten in einigen Zürcher Zeitungsredaktionen und Radiosendungen für einen unglaublichen Medienrummel, der weit über die Kantonsgrenzen hinaus wirkte und in der Aussage gipfelte, ich würde die Kinder psychisch und physisch plagen. Ich musste "Radio Zürisee" hören, um zu erfahren, wie es mit meiner Klasse weitergehe und ob ich am nächsten Tag noch die ganze Klasse vorfinden würde.

Innerhalb eines Monats erschienen in der Presse der deutschsprachigen Schweiz nicht weniger als vierundzwanzig Artikel mit diffamierendem Inhalt über mich: 24 Variationen der immer gleichen Lügen! Auch positive Leserbriefe konnten diese Flut nicht aufhalten.

Nachdem die Kinder auf Geheiss ihrer Eltern auch bei mir eine Woche hatten "streiken" müssen, brachten die Eltern sie auf Anordnung der Behörden wieder in die Schule und teilten mir mit, sie hätten beschlossen, dass mich nun immer einer von ihnen überwachen werde, "damit den Kindern nichts geschehe". Darauf fand ein Gespräch mit der Schulpflege statt. Diese kam den "Befürchtungen" der Eltern insofern entgegen, als sie beschloss, Vertreter der Schulpflege sollten die Überwachung übernehmen. Von da an sass täglich ein Schulpfleger in meinem Unterricht.

Die Massivität der haltlosen, konstruierten Angriffe gegen meine Person liessen mich beinahe verzweifeln. Zwei Tage später traf der Entscheid der ED ein: Die Schüler blieben zwar bei mir eingeteilt, der Rekurs der Elterngruppe wurde aber in eine Aufsichtsbeschwerde gegen mich umgewandelt. Diese Massnahme wurde vor allem mit einem Brief von Dr. G. gerechtfertigt, ein Brief, in dem keine Fakten enthalten waren. Ein weiterer vorgegebener Grund war die durch nichts belegbare Unterstellung, dass "die pädagogischen Ansichten des VPM mit dem Zweckartikel der Volksschule und der im Leitbild formulierten Haltung teilweise im Widerspruch" stünden. Was hatten diese von der ED behaupteten Ansichten des VPM mit meiner konkreten, über Jahre hinweg untadeligen Schulführung zu tun (ganz abgesehen davon, dass die ED dem VPM mit ihrer Behauptung Unrecht tat)?

In der Folge hatte ich dann auf Anordnung der ED über Wochen täglich Besuch von Frau Z. (Mitglied der Sozialdemokratischen Partei, Lehrerin im Seminar, bis Anfang 1992 in der Pädagogischen Abteilung der ED tätig). Nach ihrer eigenen Aussage suchte sie in meiner Schulführung nach "Widersprüchen" zu meinen Aussagen im bisherigen Verfahren. Abgesehen davon, dass ich nun jeden Tag unter absolut unnatürlichen und belastenden Bedingungen Schule geben musste, hatte ich bald grosse Mühe mit der Glaubwürdigkeit der Aufsichtsperson, die mir zugeordnet worden war. So behauptete sie allen Ernstes, sie wisse nichts über den VPM. Sie sei von der ED unabhängig (dabei war sie bis vor kurzem Mitarbeiterin der ED). Sie würde mir alles, was sie über mich schreibe, zuerst mündlich mitteilen. In Tat und Wahrheit sprach sie während ihrer ganzen "Beobachtungszeit" *nie* mit mir über das wohl wichtigste Thema, meine *Schulführung*. In einem Gespräch wollte sie mich allerdings dazu nötigen, aus dem VPM auszutreten. Sie sagte mir, "ich müsse die Gedanken meiner Eltern in Frage stellen lernen," da sie es gewesen waren, die mich in die damalige "Psychologische Lehr- und Beratungsstelle" F. L. eingeführt hatten.

Ein "geheimer" Elternabend

Nach zehn Tagen fand ein Elternabend mit Vertretern der ED, meiner ordentlichen Visitatorin und der Schulpflege statt. Die sechs gegen mich aktiven Eltern konnten einmal mehr ungehindert ihre stereotypen, nicht auf eigenen Erfahrungen beruhenden Vorwürfe gegen mich vorbringen. Nur wenige Eltern getrauten sich in der dadurch geprägten Stimmung, sich für mich einzusetzen. Ausser meiner Visitatorin nahm auch kein Behördenmitglied für mich Stellung – im Gegenteil beriet ein hochgestellter Jurist aus der ED die Eltern, wie sie weiter gegen mich vorgehen könnten: Sie könnten Rekurs gegen den Zuteilungsentscheid des Erziehungsrates einreichen, und sie sollten sich mit ihren Kindern, die angeblich wegen mir krank würden, an den Schularzt wenden. Von diesem Elternabend wurde kein offizielles Protokoll angefertigt – das parteiische Vorgehen der ED-Vertretung sollte offenbar geheim bleiben. Der Schulpräsident liess sich von Herrn T., dem Juristen der ED, sogar dazu bringen, vor aller Augen *meine persönliche Mitschrift zu zerreissen.* Am Morgen noch hatte er mir versichert, sich voll und ganz für mich einsetzen zu wollen.

Frau Z. fühlte sich herausgefordert, als sie erfuhr, dass ich einen Rechtsanwalt damit beauftragt hatte, für mich Rekurs gegen die Aufsichtsbeschwerde einzureichen. Sie veranlasste ein Gespräch mit der Schulpflege, ohne dass ich dabeisein durfte, obwohl ich dies ausdrücklich gewünscht hatte. In der Folge kündigte sie zudem an, sie werde von nun an Elterngespräche und Gespräche mit Leuten aus der Gemeinde führen, ohne mir etwas davon zu sagen, damit ich mich nicht einschalten könne. Sie sprach nie mit mir darüber, was sie bei mir im Unterricht beobachtet hatte. Sie liess mich auch im Ungewissen darüber, wann ihr Auftrag beendet sei. Sicher kann man nachvollziehen, dass unsere Beziehung unter den gegebenen Umständen nicht besonders herzlich war. An einem Montag erschien sie dann kurz unter der Türe und sagte, sie wolle sich jetzt von mir verabschieden, ihre Arbeit sei beendet. Sie meinte, ich hätte viel Positives vorzuweisen, aber "in der Beziehung von erwachsener Frau zu erwachsener Frau (also zu ihr) hätte ich Probleme". Und damit war sie weg.

Nachdem diese Beaufsichtigungsperiode beendet war, telefonierte ich mit der Visitatorin und erstattete ihr Bericht. Sie war entsetzt darüber, wie diese Aufsicht verlaufen war.

Inzwischen habe ich mit allen Eltern, die Rekurs gegen die Einteilung ihrer Kinder in meine Klasse eingereicht hatten, gesprochen und erfahren, dass ihre Kinder gerne zu mir in die Schule kommen.

Im Januar führte ich mit allen Eltern Zeugnisgespräche. Die Rekurseltern fragte ich explizit, ob sie noch etwas hätten. Alle gaben ihre Zufriedenheit mir gegenüber zum Ausdruck; alle bezeugten mir, dass ihre Kinder gerne in die Schule kommen. Ich wusste nicht, dass Frau R. gleichzeitig im geheimen Gespräche mit Eltern und Schulbehörden führte. So wurde im Hintergrund durch die Erziehungsdirektion etwas aufgezogen. In dieser Zeit konnte ich mit den Kindern endlich in Ruhe arbeiten, so dass sich eine schöne Stimmung entwickelte. Sogar der Sohn des Anführers der Rekurrenteneltern wurde ganz zutraulich und suchte immer meine Nähe.

Die (vorerst) letzten Ungeheuerlichkeiten

So kam es für mich völlig überraschend, als am Mittag des letzten Schultages plötzlich die mir zugeteilten zwei Schulpfleger bei mir im Zimmer standen und verlegen nach Worten suchten, um mir folgendes mitzuteilen: Nach den Ferien sollen die sechs Kinder der Rekurrenteneltern in eine Parallelklasse umgeteilt werden. Sie kündigten zudem an, dass noch weitere Kinder umgeteilt würden. So soll also mitten im Schuljahr nach der Ablehnung der Zuteilungsrekurse von drei Instanzen ohne ordentlichen Beschluss und ohne Anhörung meinerseits meine Klasse aufgeteilt werden. Die Umorganisation meiner *ganzen* Stelle in eine *halbe* soll am ersten Schultag mit den Eltern und den Behörden zusammen besprochen werden. Um dieser Ungeheuerlichkeit eine scheinbare Rechtmässigkeit zu verleihen, fügten die Schulpfleger an, es sei alles mit der Erziehungsdirektion abgesprochen. Schriftlich wurde mir ein paar Tage später mitgeteilt, dass in einer Sitzung nach den Ferien mit mir mein neues Anstellungsverhältnis ausgehandelt werde, da die Erziehungsdirektion für mich keine zusätzliche Stelle mehr erlauben werde. Weil ich bis in den Sommer 1994 für eine volle Stelle gewählt bin, ist es nicht rechtmässig, mein Pensum zu kürzen. Was zu diesem hinterhältigen Schritt führte, und was die Gründe dazu sind, wurde mir nicht mitgeteilt. Dieses Vorgehen ist so unhaltbar, dass ich es nicht einfach mit mir geschehen lassen werde.

Was ich in all diesen Wochen an öffentlichen Blossstellungen, an persönlicher und beruflicher Infragestellung auf Grund reiner Vorurteile und Verleumdungen erleben musste, hat mich im Beruf und privat aufs schwerste belastet.

Ich konnte mich nur noch mit den Sorgen um meine Schule und vor allem mit den Störungen des Schulbetriebes beschäftigen. Ohne die grosse Unterstützung und menschliche Anteilnahme meiner Freunde hätte ich wohl kaum durchgehalten. Doch gerade was ich an Zuwendung und Unterstützung durch Menschen, die dem VPM angehören oder ihm unvoreingenommen gegenüberstehen, in dieser furchtbaren Zeit erfahren durfte, gab mir Mut und Zuversicht. Ich weiss, dass diesem Verein von aussen massiv Unrecht geschieht. Auch in der Substanz der Situation erhalten die Befunde des VPM durch den Gang der Ereignisse ihre volle Bestätigung. Das geistige wie das menschliche Umfeld, das ich im VPM vorfinde, entspricht meinen eigenen Vorstellungen einer positiv gestimmten, aufbauenden Gemeinschaft selbständig denkender Menschen; entgegen dem "Ansinnen" der mir zugeordneten Aufsichtsperson der ED sehe ich keinen Veranlassung, mich von Inhalten oder von Menschen in diesem Verein zu distanzieren – ganz im Gegenteil.

“Im Sommer 1991 kam ein neuer Heimleiter. Gleichzeitig wurde eine neue Struktur eingeführt: Zwei Teamleiterstellen wurden geschaffen. Auch ich bewarb mich. Beim Bewerbungsgespräch fragte mich der Heimleiter nach dem VPM.”

Kathrin Kälin, Sozialpädagogin

1962 in N. als drittes von vier Kindern geboren. – Aufgewachsen in Z. – Konfession: reformiert. – Ausbildung zur Sekretärin. – Schule für soziale Arbeit in Z. – Seit 1985 als Sozialpädagogin tätig. – Interessen: wandern, Skitouren.

Wird sich das Recht durchsetzen?

Seit Oktober 1986 arbeite ich als Erzieherin in einem Heim, seit Oktober 1990 als Gruppenleiterin. Eine Gruppe umfasst normalerweise sechs bis sieben verhaltensauffällige Kinder, die von drei Erziehern und einem Praktikanten betreut werden. Als Gruppenleiterin habe ich die Aufgabe, die Erzieher und die Praktikanten meiner Gruppe bei den pädagogischen Fragen zur konstruktiven Zusammenarbeit anzuleiten.

Jahrelang wurde meine Arbeit in diesem Heim von allen sehr geschätzt. Der frühere Heimleiter hob dies in einem Arbeitszeugnis hervor: "Frau Kälin führt die Kindergruppe mit grossem Einsatz und Engagement. Sie begegnet den Kindern mit Respekt, Würde und Achtung und nimmt sie in ihren positiven und negativen Verhaltensweisen an ... Sie begegnet den Eltern mit Achtung und Offenheit, so dass Beziehung und Vertrauen entstehen können. Sie nimmt die Eltern mit ihren Sorgen und Nöten ernst und denkt sich in ihre jeweilige Problemsituation ein ... Frau Kälin pflegt den Kontakt mit allen Personen im Heim und beteiligt sich aktiv am Institutionsleben ... Ich hoffe, dass die Institution noch möglichst lange auf ihre engagierte Mitarbeit zählen kann."

Neue Strukturen, neue Leiter

Im Sommer 1991 kam ein neuer Heimleiter. Gleichzeitig wurde eine neue Struktur eingeführt: Zwei Teamleiterstellen wurden geschaffen. Auch ich bewarb mich. Beim Bewerbungsgespräch fragte mich der Heimleiter nach dem VPM. Unvermittelt brachte er Bhagwan ins Spiel und meinte, er nehme "solche Leute" nicht in sein Leiterteam auf und achte in Zukunft auch darauf, dass nicht so viele Leute aus dem VPM im Heim beschäftigt würden. Die Stelle als Teamleiterin bekam ich natürlich nicht.

Ich machte den Heimleiter schriftlich darauf aufmerksam, dass Mitgliedschaft oder Teilnahme an Kursen des VPM kein Kriterium für eine Einstellung sein dürfe. In einem Gespräch entschuldigte er sich damit, er sei neu und relativ naiv gewesen, er habe nicht gewusst, dass es widerrechtlich sei. Er habe inzwischen Weisung erhalten, dass unter keinen Umständen nach der Vereinszugehörigkeit gefragt werden dürfe. Der Heimleiter nahm also nicht etwa in der Sache etwas zurück, sondern gestand lediglich einen taktischen Fehler ein.

Nur wenige Wochen später musste für meine Gruppe ein neuer Erzieher gesucht werden. Es war sehr schwierig, ausgebildete Erzieher zu finden. Zwei bestausgewiesene Sozialpädagoginnen, die sich im VPM weiterbilden, meldeten sich. Der Heimleiter sagte ihnen ab, angeblich käme zuviel "Dynamik" ins Heim, wenn jetzt wieder jemand aus dem VPM eingestellt würde. Gegen dieses Vorgehen protestierte ich schriftlich, mit Kopie an den zuständigen Vorgesetzten.

Die Erzieherinnen seien aus anderen Gründen nicht eingestellt worden, antwortete der zuständige Vorgesetzte – anders als der Heimleiter – und räumte ein, dass das Recht auf Vereinsfreiheit geschützt werden müsse. Im vorliegenden Fall sei es jedoch nicht verletzt worden.

Der neue Teamleiter wurde auch im Sommer 1991 eingestellt. In seiner Bewerbung hatte er als persönliche Weiterbildung zwei Jahre Gestalttherapie[G] und drei Jahre Psychoanalyse Jungscher Richtung angegeben, ausserdem sei er Kursleiter für Jeux dramatiques.

Dieser Teamleiter holte Anfang 1992 einen Erzieher in meine Gruppe, den er von früher kannte. Der Kollege sprach mich bereits am ersten Arbeitstag auf den VPM an. Schon vor Stellenantritt hatte ihn der Teamleiter darüber informiert, dass die Supervisorin und ich beim VPM mitmachen. Unterstützt durch den Teamleiter und vom Heimleiter gedeckt, brachte er es als neuer Mitarbeiter fertig, dass die Supervisorin im Sommer 1992 nach kürzester Zeit abgesetzt wurde.

"Offene Kritik"

Dann war ich an der Reihe. Mein Kollege verlangte ein Gespräch mit dem Teamleiter. Er wollte sich über mich beschweren. Beim verabredeten Termin war zu meinem Erstaunen auch der Heimleiter anwesend. Er wolle einmal zuhören. Nachdem der Kollege einige absurde Vorwürfe vorgebracht hatte, begann auch der

Heimleiter mich massiv zu kritisieren: Ich sei repressiv, und niemand arbeite gerne mit mir zusammen. Schliesslich meinte er autoritär: Er lasse einen so guten Mitarbeiter wie meinen Kollegen nicht von mir "verheizen". Was er damit meinte, hat er bis heute nicht gesagt.

Nach diesem Gespräch wurde mein Kollege immer dreister. Er kooperierte nicht mehr, unterlief unsere Abmachungen, missachtete meine Anweisungen, ignorierte meine Vorschläge und machte bei den Kindern Stimmung gegen mich. Die Symptome waren deutlich: Plötzlich hörten die Kinder nicht mehr auf mich, sie hielten sich an keine Regel mehr und wurden richtiggehend frech. Das hatte ich während meiner langjährigen Arbeit mit Kindern noch nie erlebt. Zufall war es nicht.

Ende September 1992, einen Monat, nachdem der Heimleiter mich zum erstenmal öffentlich disqualifiziert hatte, versammelte er alle Erzieher meiner Gruppe und den Teamleiter zu einem sogenannten Krisengespräch. Einleitend betonte er, dass dieses Gespräch darüber entscheide, ob ich noch tragbar sei oder nicht. Alles an mir wurde kritisiert. Die "Beispiele", die angeführt wurden, waren an den Haaren herbeigezogen: Ich würde die Kinder einschüchtern, sie seien überangepasst, sie hätten Angst vor der Psychologin. Ich verwahrte mich gegen diese Unterstellungen. Eine fachliche Auseinandersetzung über diese Vorwürfe war allerdings nicht möglich. Mein pädagogisches Konzept, das sich bis jetzt immer bewährt hatte, passte meinen Kritikern nicht. Ihre Stellungnahmen und Behauptungen waren in Art und Wortwahl unter der Gürtellinie.

Sie hörten nicht auf, mich zu plagen. Am 1. Oktober 1992 fanden gleich zwei Sitzungen statt. Zur ersten Sitzung hatte der Heimleiter den Teamleiter, den Sozialarbeiter und die Psychologin eingeladen. Nun sollten der Sozialarbeiter und die Psychologin ihre Kritik an mir äussern; es sei nur fair, meinte der Teamleiter, dies offen zu tun. Hier von Fairness zu sprechen war nichts als zynisch.

Der Sozialarbeiter behauptete, ich sei weder fachlich noch menschlich fähig, eine Gruppe zu leiten. Eltern hätten sich bei ihm wiederholt über mich beklagt. Konkrete Angaben wollte er keine machen. Die Psychologin warf mir die Ungeheuerlichkeit an den Kopf, ich würde Kinder und Eltern terrorisieren, ich würde das Heim schädigen. Wie konstruiert diese Vorwürfe waren, sollte sich unter anderem nur zwei Wochen später zeigen: Eine Mutter lud mich als einzige aus dem Heim zur Beerdigung ihres Mannes ein; in dieser Einladung schrieb sie auch: "Mein Mann hat Sie sehr gemocht. Das erste Jahr im Heim mit Ihnen und Ihren damaligen Kollegen war das beste. Ihr hattet die Kinder gern und liebtet Eure Arbeit. Dies machte uns die folgenden Jahre so schwer, weil die anderen Erzieher einfach 'arbeiteten'. Verstehen Sie, was ich meine? Ihr habt auch uns Eltern verstanden und unsere Anliegen ernst genommen."

Ich soll kündigen

Ungeachtet dieser Realität erhielt ich in den Herbstferien folgendes Schreiben: "In Kenntnis der Personen, die in diesem Konflikt involviert sind, und der entsprechenden Gewichtung deren Aussagen, die einhellig eine weitere Zusammenarbeit mit Frau Kälin nicht sehen wegen Bruchs des Vertrauensverhältnisses, und in meiner Verantwortung als Gesamtleiter bezüglich unseres Auftrags und Konzepts, die klar auf Zusammenarbeit als wesentlichstem Faktor basieren, bitte ich Frau Kälin, die entsprechenden Konsequenzen zu ziehen und mir ihre Kündigung per Anfang Oktober einzureichen bis 17.10.92. Gleichzeitig suspendiere ich Frau Kälin bis zur Regelung dieser Angelegenheit von ihrer Aufgabe als Gruppenleiterin und beauftrage Herrn D.*, die nötigen Gruppengeschäfte weiterzuführen mit Wirkung ab 2.10.92."

Ich war sehr betroffen. Der Heimleiter hatte mich tatsächlich degradiert und meinen Kollegen zum Gruppenleiter gemacht. Dabei arbeitete ich nun seit über sechs Jahren in diesem Heim und war erst vor anderthalb Jahren zur Beamtin gewählt worden. Nachdem der Heimleiter sich die entsprechenden "Mitarbeiter" ins Haus geholt und an der Supervisorin gezeigt hatte, wie man unliebsame Personen los wird, sollte ich nur fünf Wochen nach dem ersten "Gespräch" von der Arbeit suspendiert werden. Angeblich habe das alles überhaupt nichts mit dem VPM zu tun. Und jetzt sollte ich sogar rückwirkend auf Anfang Oktober kündigen.

Da ich seit Jahren Mitglied der Gewerkschaft bin, wandte ich mich an den Gewerkschaftssekretär. Seine Auskunft war klar: Eine Suspendierung sei nur möglich bei schwerwiegenden Vergehen wie zum Beispiel sexuellen Übergriffen, Misshandlung von Kindern, Unterschlagung, fortgesetztem Nichtbefolgen von Entscheidungen der Heimleitung und ähnlichem. Die Gewerkschaft sei klar gegen ein Berufsverbot für VPM-Mitglieder. Früher sei es gegen Kommunisten gegangen, heute gegen den VPM. Er bot mir Rechtsbeistand an.

Meine gesamten Ferien verbrachte ich mit Briefeschreiben, Telefonieren, Besprechungen. Meine Bemühungen zeigten Wirkung. Das Schulamt gab mir telefonisch Bescheid, dass ich nach Ferienende wieder meine Funktion als Gruppenleiterin einnehmen könne. Der Heimleiter sei rechtswidrig vorgegangen, er habe das Personalrecht nicht mit einbezogen. In einem Gespräch mit dem zuständigen Vorgesetzten wurde der Heimleiter klar gerügt und zurückgepfiffen.

Eine faire Chance?

Am ersten Montag nach den Herbstferien hatte ich im Beisein meines Rechtsberaters ein Gespräch mit dem Heimleiter. Offensichtlich irritiert, dass er nicht so schnell zu seinem Ziel gelangt war, gab er zu, dass die von ihm ausgesprochene Suspendierung rechtswidrig gewesen war. Er sei eben unter Druck gekommen … Im gleichen Atemzug legte er mir aber wieder die Kündigung nahe. Es sei ja im Heim schwierig für mich, ich solle mich doch nicht zerfleischen. An einem anderen Ort könne ich sicher wieder Fuss fassen. Sein scheinbar wohlmeinender Vorschlag war nichts anderes als eine unverhohlene Drohung.

Unverblümt legte er mir sein weiteres Vorgehen dar. Er werde mir Anweisungen geben. Diese Anweisungen würden von den Erziehern meiner Gruppe kontrolliert. Dann werde er ein Disziplinarverfahren beantragen und mich vorerst zur Erzieherin zurückstufen. Er werde dafür sorgen, dass ich aus dem Dienst ausscheiden müsse. Mit diesem Plan stellte er sich bewusst gegen die Weisung des Vorgesetzten, der ihn beauftragt hatte, mir eine redliche Möglichkeit für die Weiterarbeit im Heim zu geben.

Am Schluss des Gesprächs eröffnete er mir, dass ich diese Woche nicht arbeiten könne, da er und der Teamleiter fort seien. Auf meine Frage, ob diese Beurlaubung rechtens sei, wurde er – wohlgemerkt im Beisein meines Rechtsbeistands – ausfällig: "Mich scheissen diese juristischen Kleinigkeiten an ..."

Eine Woche später traf ich mit dem Heimleiter die Abmachung, dass er die Mitarbeiter dazu auffordere, in der Zusammenarbeit mit mir einen Neuanfang zu machen. Die Anfeindungen hörten jedoch nicht auf. Es war schnell klar, worauf die "Kollegen" abzielten: Sie wollten mich in die Enge treiben, damit ich endlich einen Fehler beginge. Dann könnten sie mich sogenannt legal hinausdrängen.

Seit den Herbstferien behandelte man mich wie eine Aussätzige. Alle waren darauf bedacht, ja nicht mit mir alleine sprechen zu müssen. Alles und jedes wurde mir im Mund herumgedreht und gegen mich verwendet. Ich konnte tun und lassen, was ich wollte. Auf spitzfindige Art versuchte man mir "Fehler" nachzuweisen. Ich fühlte mich einem eigentlichen Psychoterror ausgeliefert.

Obwohl nur noch zwei Kinder in der Gruppe waren, wurden mir keine mehr zugewiesen. In zwei Sitzungen forderte mich der Heimleiter dazu auf, mein Erziehungskonzept und meine Sicht von Zusammenarbeit darzulegen. Unvorbereitet sollte ich Auskunft geben. Er machte fortlaufend Notizen, konnte aber in meinen Ausführungen nichts finden, was er gegen mich hätte verwenden können.

Am letzten Tag vor den Weihnachtsferien erhielt ich einen eingeschriebenen Brief: "Die nach wie vor massiven Spannungen zwischen Ihnen und Ihrem Wohngruppenteam, aber auch zwischen Ihnen und dem interdisziplinären Team bereiten mir grosse Sorgen und veranlassen mich, folgende Punkte mit Weisungscharakter festzuhalten: 1. Das Wohngruppenteam ist so zu führen, dass Ihre Entscheide transparent gemacht werden und die Entscheidungsfindung im Team kooperativ gestaltet wird (...) Als Gesamtleiter dieser Institution werde ich diese Weisung laufend überprüfen. Es ist im Interesse der Kinder unerlässlich, dass innerhalb der nächsten drei Monate eine Entspannung im Team eintritt. Sollte dies nicht der Fall sein und sollten die Gründe für das Scheitern im Nichtbeachten von Weisungspunkten liegen oder sollten Sie sich durch andere Pflichtverletzungen schuldig machen, so sähe ich mich veranlasst, bei der Wahlinstanz Ihre Entlassung zu beantragen."

Um für weitere Schwierigkeiten zu sorgen, hatte mir der Heimleiter damit die Weisung erteilt, alle Entscheidungen mit den Kollegen zu besprechen. Sollte eine Einigung nicht gelingen, was zu erwarten ist, steht die Schuld bereits fest. Offensichtlich geht der Heimleiter nach dem Motto vor: Damit Recht nichts mehr gilt, müssen "Fakten" geschaffen werden.

Zum Schluss möchte ich betonen, dass ich all die Sitzungen, Gespräche und Auseinandersetzungen im Heim – von denen sogar der Heimleiter zugeben musste, dass sie eigentliche Verhöre waren – nur durchstand, weil ich zuversichtlich war und bin, dass sich das Recht letzten Endes durchsetzen wird. Die Reaktionen der übergeordneten Behörde und der Gewerkschaft lassen mich hoffen, dass sich das Ganze doch noch zum Guten wendet. Menschen, die redlich sind, die menschlich denken und handeln, muss es doch noch geben …

„Zu meinem persönlichen Bedauern muss ich Ihnen mitteilen, dass meine vorgesetzte Behörde (...) Ihren Anstellungsvertrag nicht bestätigt. Ich bin daher nicht in der Lage, Ihnen die in Aussicht genommenen Klassen und Lektionen zuzuteilen."

Erminio Abbagnale, Mittelschullehrer

Geboren 1961 in R. als Sohn des Tarcisio und der Laura Abbagnale, italienische Fremdarbeiter, die Mutter Putzfrau, der Vater Maurer. Eine Schwester, Maria-Caterina. – Interessen: Zeitgeschehen, Kulturgeschichte, Literatur und Fussball. Sehr gerne sitze ich im Kreise unserer Familie, schätze es auch, gut zu essen mit lieben Freunden. – Ausbildung: Primarschule, Gymnasium und Universität in R., Abschluss in Geschichte und deutscher Literatur. Seither zahlreiche Stellvertretungen an Kantonsschulen.

Von Spatzen und “höheren Mächten” – Erlebnisse eines Junglehrers

Ich hatte im Februar 1992 mein Studium beendet. Fest entschlossen, als Lehrer etwas von meiner Faszination für Geschichte und Literatur weiterzuvermitteln, hatte ich mich bei einer Reihe von Mittelschulen um einen Lehrauftrag beworben. Nach einer ersten Stellvertretung an einer Kantonsschule hatte sich Ende Mai Rektor Bacher[*] von der Kantonsschule in V.[*] bei mir gemeldet und mich zu einem Vorstellungsgespräch eingeladen. Sollte ich schon nach so kurzer Zeit der Stellensuche Erfolg haben?

Ein Rektor denkt, das Erziehungsdepartement lenkt

Tatsächlich eröffnete mir der Rektor, er habe mich aus einer Reihe von Bewerbern für einen Lehrauftrag, umfassend 10 Lektionen in Geschichte, auserkoren. Er führte mich auf dem Gelände des Schulhauses herum, zeigte mir die Aula und das Lehrerzimmer sowie die Geschichtszimmer, in denen ich in Zukunft unterrichten sollte. Meine Freude war gross. Dann begann eine Zeit der systematischen Vorkehrungen. Rektor Bacher stellte mir zunächst – um, wie er schrieb, den Einstieg “an Ihrem neuen Arbeitsplatz” zu erleichtern – einen Mentor zur Seite. Er fügte hinzu: “Schon heute wünsche ich Ihnen viel Befriedigung und dass Sie sich an unserer Schule rasch zurecht finden werden. (...) Zudem lade ich Sie schon heute freundlich, nach den ersten paar Wochen Erfahrung an unserer Schule, zu einem ausführlichen Gespräch im Rektorat ein. Ich freue mich auf eine gute Zusammenarbeit.”

In der Folge bekam ich durch das Rektorat vier Klassen zugeteilt. Dann traf ich mich mit meinem Mentor zu einer ersten Besprechung, wo er mich mit den Gepflogenheiten des Schullebens in V. bekannt machte. Inzwischen war auch mein Anstellungsvertrag in drei Exemplaren eingetroffen; ich signierte und retournierte ihn. Auch das Formular mit den Stundenplanwünschen galt es ausgefüllt zurückzuschicken. Mitte Juni wurde es Zeit, die Schulbücher, die mir mein Mentor empfohlen hatte, anzuschaffen.

Dann begann ich mit grossem Elan die Vorbereitungsarbeiten. Eine Woche der Sommerferien war bereits vergangen, als mich – wie ein Blitz aus heiterem Himmel – ein kurzes Schreiben des Rektors erreichte: "Zu meinem persönlichen Bedauern muss ich Ihnen mitteilen, dass meine vorgesetzte Behörde, das Kantonale Erziehungsdepartement, Ihren Anstellungsvertrag nicht bestätigt. Ich bin daher nicht in der Lage, Ihnen die in Aussicht genommenen Klassen und Lektionen zuzuteilen." Was hatte das zu bedeuten? Was war geschehen? Mit diesen wenigen Zeilen war alles wieder zunichte gemacht! Eine Begründung für diese radikale Kehrtwende suchte ich vergeblich.

Dieser Bescheid war – wie man sich unschwer ausmalen kann – in jeder Hinsicht ein schwerer Schlag für mich: Nicht nur hatte ich mich innerlich bereits ganz auf meine zukünftige Arbeit eingestellt. Ich hatte auch schon umfangreiche Vorbereitungsarbeiten getätigt, und nicht zuletzt war es infolge des viel zu späten Datums der Absage völlig aussichtslos geworden, für das folgende Semester eine neue feste Anstellung zu finden. Ich wandte mich, um eine Erklärung bittend, noch am selben Tag schriftlich an Rektor Bacher; er verwies mich in seiner Antwort – "da ich auf Ihre Angelegenheit keinen Einfluss mehr habe" – an das Erziehungsdepartement. Ich liess nicht locker und rief ihn an. Der Rektor war selber zutiefst betroffen. Auch er habe schlaflose Nächte. Er persönlich habe gegen mich gar nichts einzuwenden, er habe mich ja ausgewählt. Aber er sei nur Ausführender der Weisungen seiner obersten, vorgesetzten Behörde. Es seien wohl Gründe angegeben worden von seiten des Erziehungsdepartements, er sei aber weder befugt noch willens, diese zu nennen. Er habe eine Loyalitätsverpflichtung gegenüber seinen Vorgesetzten. – Da wandte ich mich an die "höhere Macht" selbst, an das Erziehungsdepartement.

Weil aber alle zuständigen Leute gerade in den Ferien weilten, versicherte man mir, "im gegebenen Zeitpunkt auf Ihr Anliegen zurückkommen" zu wollen. Dieser Zeitpunkt war dann Mitte August, also genau einen Monat später, gegeben: "Die Begründung Ihrer Nichtwahl", so liess man mich wissen, "liegt in der Tatsache, dass das Erziehungsdepartement als Wahlbehörde einem anderen, besser geeigneten Bewerber/Bewerberin den Vorzug gegeben hat." Dies konnte nun aber erwiesenermassen nicht der

Grund gewesen sein, hatte sich doch Rektor Bacher exakt am Tage seiner Absage an mich auf die reichlich späte *Suche* nach einem neuen Lehrer für mein Pensum gemacht. Ein solches Bittschreiben aus seiner Feder spielte mir der Zufall in die Hand: Es war an einen mir befreundeten *Studenten* der Geschichte gerichtet mit der dringenden Aufforderung – "leider kann ich Sie telephonisch nicht erreichen" –, sich doch dazu entschliessen zu wollen, mein Pensum – es ist Klasse für Klasse fein säuberlich aufgelistet – zu übernehmen. Und genau zu diesem Zeitpunkt soll ein "besser geeigneter Bewerber" vorhanden gewesen sein?

Konfrontiert mit dieser peinlichen und entlarvenden Ungereimtheit, zog sich das Erziehungsdepartement, die Angabe des wahren Grundes verweigernd, hinter die Palisaden eines nichtssagenden Beamtenkauderwelschs zurück: Man habe bereits "in rechtsgenügender Weise" Auskunft gegeben und sehe "deshalb keine Veranlassung, dem noch etwas beizufügen".

Und dabei blieb es dann: Das Erziehungsdepartement hatte mich nie zu Gesicht bekommen, hatte nie ein Wort mit mir gesprochen, es hatte keine Minute meines Unterrichts genossen, meine tadellosen fachlichen Qualifikationen keines Blickes gewürdigt und die seit Monaten feststehende, auf dem persönlichen Eindruck basierende Auswahl des Rektors unter Vorgabe falscher Tatsachen vom Tisch gewischt. Die "höhere Macht" hatte – wie sich später einwandfrei erweisen sollte – meine Mitgliedschaft im VPM zum Grund genommen. Das musste genügen; auch bei meiner Kollegin Hanna Weiss, die exakt dasselbe Schicksal ereilte, wie in ihrem Beitrag nachgelesen werden kann.

Der Stellvertreter des Stellvertreters

Inzwischen hatte die Hand des Zufalls noch einmal in den Verlauf der Geschehnisse eingegriffen, und kaum waren die Sommerferien zu Ende gegangen, war ich doch noch in den Schuldienst *ebendesselben* Kantons gelangt. Wie hatte sich das zugetragen? Ein Lehrer der Kantonsschule von D.* war schwer erkrankt. Ich hatte dem Notruf von Rektor Beck* Folge geleistet, worauf ich von einem Tag auf den anderen eine Stellvertretung, 15 Lektionen in Geschichte, übernahm. Der Rektor war erleichtert, dass sich so schnell jemand gefunden hatte. Wie aber würde die "höhere Macht" solches goutieren? Sie trat zunächst nicht auf den Plan.

Mitte September kam es dann zu einem höchst interessanten Gespräch im Lehrerzimmer. Die Ereignisse von V. wurden verhandelt. Einige der am Gespräch beteiligten Lehrer wussten zu berichten, das Erziehungsdepartement habe dort die Anstellung eines VPM-Mitglieds im letzten Augenblick verhindern können. Mir war damals die Mär vom "besser geeigneten Bewerber" aufgetischt worden – hier wusste man offensichtlich besser Bescheid. Hatten es die Spatzen vom Dach des Erziehungsdepartementes ins Lehrerzimmer nach D. getragen? Ich schwieg und machte mir im stillen meine Gedanken. Ich fürchtete, auf keinerlei Verständnis, ja in Zukunft auf Misstrauen und Ablehnung zu stossen, während bis anhin die Beziehung zu allen Lehrern sehr freundschaftlich gewesen war. Trotz dieser belastenden Umstände unterrichtete ich mit viel Freude an meinem Fach und vor allem an den aufgeweckten Schülern.

Dann kamen die Herbstferien. Sowohl mein Mentor als auch das Sekretariat äusserten sich auf meine Anfrage einhellig dahingehend, dass an eine Beendigung meiner Stellvertretung infolge des nur sehr zögerlich verlaufenden Genesungsprozesses des angestammten Lehrers nicht zu denken sei. Man bedürfe meiner Kräfte vielmehr sicher mindestens bis Weihnachten, wenn nicht gar bis zu den Sportferien 1993. Aber auch gegen diese Zusicherungen war ein Kraut gewachsen: Rektor Beck teilte mir Mitte der Herbstferien unerwartet mit, dass gemäss einer "Verfügung des Erziehungsdepartements" – da war sie also wieder, die "höhere Macht" – "die Bewilligung für Ihre Stellvertretung an unserer Schule auf Ende der Herbstferien erlischt". Auch in diesem Falle war eine Begründung nicht inbegriffen. Diesmal hielt sich der Schock in Grenzen, hatte ich mich doch, nach allem, was bereits vorgefallen war, keinen Illusionen hingegeben. Aber was für eine Welt war das?

Der erkrankte Lehrer – ich erreichte ihn noch am gleichen Tag im Spital – bestätigte mir, was ich eigentlich bereits wusste: Leider sei es nicht seine Genesung, welche meine Stellvertretung beendet habe. Meine Mitgliedschaft im VPM sei der Grund. Dies würden mittlerweile die Spatzen aus ganz D. von den Dächern pfeifen.

Genau denselben Bescheid erhielt ich zwei Stunden später auch von meinem Mentor. Das Erziehungsdepartement hatte also die Herbstferien abgewartet, um seinen willkürlichen Bannspruch gegen mich zu erneuern. Rektor Beck, der – wie er mir am Telephon versicherte – selber nicht das geringste gegen meine Person oder meine Arbeit einzuwenden hatte, intervenierte gegen diesen sinnlosen Willkürakt, nicht zuletzt auch im Interesse seiner Schulklassen, denen ein weiterer Lehrerwechsel nicht so einfach zugemutet werden sollte. Er fand keinerlei Gehör. Genau wie wenige Monate zuvor Rektor Bacher sah er sich vom Erziehungsdepartement gezwungen, für einen völlig unbescholtenen Stellvertreter einen anderen Stellvertreter zu suchen. Einen Stellvertreter des Stellvertreters.

Begegnung zwischen Menschen

Nachdem die Spatzen von D. wenige Wochen später einen Journalisten auf die Spuren meiner Erlebnisse geführt hatten, wurden Schülerinnen meiner ehemaligen Klassen in einem Zeitungsartikel folgendermassen zitiert: "Er hat nie gesagt: Das und das ist schlecht – er hat immer gelobt." Und: "Er war bei allen Klassen beliebt." Auch sollen, wie mir von anderer Seite zugetragen wurde, einzelne Klassen mit Briefen an das Rektorat gelangt sein, in welchen nach meinem Verbleib gefragt und um meine Wiedereinstellung gebeten wurde.

Mit wieviel Zurückhaltung auch immer man diese Schülerreaktionen zur Kenntnis nehmen will, sie stammen – und dies ist das Entscheidende – von jungen Menschen, die meine Schulstunden ohne Vorurteile als direkt Beteiligte *miterlebt* haben. Diese rührenden Reaktionen sind das Produkt konkreter *Begegnung zwischen Menschen*. Im schroffen Gegensatz dazu erscheint das erschreckend inhumane Verhalten des Erziehungsdepartements. Nicht den geringsten Augenschein mochte es einem ihr völlig unbekannten jungen Lehrer gewähren. Die alleinige Tatsache meiner Mitgliedschaft im VPM veranlasste sie, sich des Naheliegendsten enthoben zu wähnen: mir von Mensch zu Mensch zu begegnen.

Julia Christen, Psychologin, Lehrerin

1953 als mittleres von drei Kindern in Z. geboren; Primarschule, Gymnasium, Primarlehrerseminar und Ausbildung zur Sonderklassenlehrerin in Z.; Interessen: Psychologie, Sport, lesen, Natur, schreiben; 1976–1981 Primar- und Sonderklassenlehrerin; 1977 bis 1981 berufsbegleitender Ausbildungslehrgang in Psychagogik und Psychotherapie bei F. L.; 1981–1986 Studium der Psychologie und Pädagogik; 1982–1988 psychotherapeutisch-klinische Zusatzausbildung bei Dr. B.; 1988 Promotion; seit 1986 teilzeitlich Heilpädagogin und Primarlehrerin und parallel dazu Psychologin in eigener Praxis.

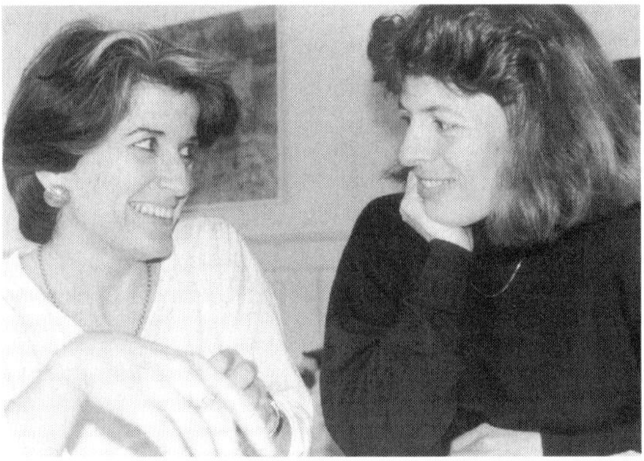

Dominique Burri, Psychologin, Lehrerin

1954 als zweites von drei Kindern in Z. geboren; Konfession: reformiert; Interessen: Psychologie, lesen, Zeitfragen, Musik, Theater, Langlauf, kochen; Besuch von Primarschule, Sekundarschule, Unter- und Oberseminar in Z.; 1975–1978 Tätigkeit als Unterstufenlehrerin in Z.; 1978–1981 Ausbildung zur Erziehungsberaterin; 1978–1984 Studium der Psychologie und Pädagogik; 1984–1986 Lehrgang für Psychologie und Psychotherapie; seit 1985 Teamleitung einer Jugendberatungsstelle; seit 1986 parallel dazu eigene Praxis; seit 1990 als Lehrerin und Psychologin (Verein Jugendberatung und eigene Praxis) tätig.

Missbräuchliche Kündigung trotz äusserst erfreulicher Entwicklung der Klasse

Julia Christen

Seit Beginn meiner Berufstätigkeit, im Studium, in den klinischen Praktika, im Kontakt mit Mitstudenten und Professoren sowie an allen Stellen, wo ich arbeitete, war ich von Kollegen und Vorgesetzten, Klienten und Schülern immer sehr geschätzt und geachtet. An verschiedenen Arbeitsstellen und im Studium entstanden immer wieder schöne Freundschaften mit Menschen, denen ich mich besonders verbunden fühlte. Auch die Teilzeitstelle als heilpädagogische Förderlehrerin beim Schulamt der Stadt Zürich gefiel mir gut. Ich erhielt vom Schulamt von Anfang an immer so viele Schüler zugewiesen, wie ich es wünschte, teilweise auch mehr. Die Zusammenarbeit mit den Schulpsychologen und Schulärzten verlief erfreulich und konstruktiv; sie brachten mir die Wertschätzung meiner Arbeit mehrfach zum Ausdruck. So hatte ich keine Sorge, diese schöne Arbeit mit einzelnen Kindern neben meiner Praxistätigkeit noch viele Jahre fortsetzen zu können. Doch 1990 begann sich die Situation zu ändern.

Dass etwas nicht mehr stimmte, merkte ich daran, dass mir von einzelnen Schulpsychologen, mit denen ich bisher aufs beste zusammengearbeitet hatte, plötzlich mit fadenscheinigen Begründungen keine neuen Schüler mehr überwiesen wurden. Andere nahmen mir sogar Schüler weg. Einem Mädchen, das dank meiner Unterstützung nicht in die Sonderklasse versetzt worden war, wurden plötzlich die Förderstunden gestrichen, die es noch ein halbes Jahr lang zugute gehabt hätte. Diesen ungewöhnlichen Entscheid teilte mir der Schularzt jedoch nicht im Gespräch unter vier Augen mit – wie es unter Fachleuten üblich ist –, sondern im Beisein der Eltern. So musste er mir die Gründe nicht offen darlegen. Die Eltern vertröstete er damit, das Mädchen könne vielleicht später wieder zu mir kommen; dies war aber nie der Fall. Die Schülerin weinte, als sie das letzte Mal bei mir war, und schreibt mir bis heute Briefe.

Da solche Unregelmässigkeiten mehrfach vorkamen, wandte ich mich um Unterstützung an den Leiter des Schulpsychologischen Dienstes. Ich informierte ihn über meine Mitgliedschaft beim VPM, über die Medienkampagne gegen diesen Verein und meine Befürchtung, dass mir *deswegen* keine Schüler mehr überwiesen würden. Erstaunlicherweise wusste er bereits über meine Mitgliedschaft beim VPM Bescheid. Er machte diffuse Andeutungen von einem "Weltbild" des VPM, das ihm nicht passe. Als ich konkret nachfragte, was er damit meine, wich er aus, meinte aber, er könne mir leider nicht helfen, schliesslich könne er den Schulpsychologen nicht vorschreiben, wem sie Schüler überweisen sollten.

In der Folge dieses Gesprächs wurde mir kein einziger Schüler mehr überwiesen. Der Leiter des Schulpsychologischen Dienstes brauchte meine faktische Entlassung nicht einmal zu begründen, da alle Förderlehrer Lehrbeauftragte und nicht fest angestellt sind. Seine Behauptung, er als Leiter könne nicht beeinflussen, wem Schüler überwiesen werden, ist natürlich absurd. Als ich zufällig erfuhr, dass besagter Leiter Mitglied des Psychoanalytischen Seminars Zürich an der Quellenstrasse[G] ist, wurde mir einiges klar. Auch erfuhr ich, dass er seinen Beamtenstatus dazu missbraucht, Leute aus seinem Umfeld als Schulpsychologen, Supervisoren und Förderlehrer ins Schulamt einzuschleusen. Ich fand sein Vorgehen so empörend, dass ich mich an die vorgesetzten Stellen wandte. Ich orientierte die Erziehungsdirektion und den Vorsteher des Schulamtes über die Situation, doch erfuhr ich von diesen Stellen keinerlei Hilfe und Unterstützung.

So musste ich mir im Februar 1991 eine neue Stelle suchen. Ich bewarb mich bei zahlreichen öffentlichen, halböffentlichen und kirchlichen Institutionen, als Dozentin, als Heilpädagogin, als Lehrerin und als Beraterin in Ehe-, Erziehungs- und Schulfragen. Trotz meiner Mehrfachausbildung und meinen ausgezeichneten Qualifikationen, Referenzen und Zeugnissen sowie einer Liste mit Publikationen erhielt ich nur Absagen. Die Begründungen, falls solche überhaupt gegeben wurden, lauteten: "Wir wollten doch lieber einen Mann" – "Wir haben jemanden mit Ortskenntnissen vorgezogen" – "Das Lehrerkollegium hielt Sie für überqualifiziert" – und so weiter.

Es entzieht sich meiner Kenntnis, wo sich die betreffenden Institutionen erkundigt haben mochten und welche Auskünfte sie dort erhielten. Tatsache ist, dass der notorische VPM-Verleumder Dagobert Ohnigkeit[G] bereits 1989 Namenlisten und schwerst diffamierendes, mittlerweile gerichtlich verbotenes Material über den Verein heimlich an öffentliche Institutionen und Arbeitgeber verschickt hatte – und dass die illegale Fichiertätigkeit des Vorstehers der Abteilung Volksschule der Erziehungsdirektion bereits im Gange war. Zum Glück herrschte zur Zeit meiner Stellensuche Lehrermangel, und so fand ich, zusammen mit meiner Kollegin Dominique Burri*, eine Primarlehrerstelle in S.*, die wir uns teilten.

Dominique Burri

Die erste Stelle, die ich als frischgebackene Lehrerin antrat, war eine Unterstufe in einem Arbeiterquartier unserer Stadt. Natürlich hatte ich in meiner ausgesprochen "wilden" ersten Klasse mit verschiedenen Anfängerproblemen zu kämpfen. Damals kannte ich die Psychologische Lehr- und Beratungsstelle F. L. bereits, und ich konnte alle anfallenden Fragen, Sorgen und Nöte eines Junglehrers dort besprechen. In der Mitte meines ersten Klassenzuges hatte ich die Klasse soweit beruhigt, dass ich einen geregelten Unterricht führen konnte und meine Schüler gut vorankamen. Nach diesen drei lehrreichen und interessanten Jahren wollte ich mich jedoch dem Studium der Pädagogik und Psychologie widmen. Mein Interesse an der Psychologie war einerseits durch meine Teilnahme an den Kursen von F. L. geweckt worden, andererseits empfand ich bei den Gesprächen mit Eltern meiner Schüler eine Unzulänglichkeit. Die Frage, warum ein Kind sich so und nicht anders verhält, und die Frage, wie man mit den Eltern über Erziehungsschwierigkeiten ins Gespräch kommt, liessen mir keine Ruhe. Ich machte die Erfahrung, dass ich als Lehrerin den Eltern nicht einfach empfehlen konnte, ihr Kind beispielsweise nicht mehr zu schlagen. Ich weiss noch, wie wenn es gestern gewesen wäre, wie ich fassungslos vor dem Phänomen stand, dass sich Eltern gerade deshalb von mir kritisiert fühlten. Deshalb entschloss ich mich für das Studium der Psychologie.

Dies war gerade zu dem Zeitpunkt, als F. L. die Praxis öffnete und es viel Gelegenheit zum Lernen gab. Die von ihm geführten Fallseminarien sind mir in unauslöschlicher Erinnerung. Seine profunde Menschenkenntnis und sein unendliches Wohlwollen für die Menschen berührten mich zutiefst. Nebst den Fallseminarien führte F. L. stets auch Theorieseminare durch, in denen er die Grundlagen der psychologischen Menschenkenntnis vermittelte. Damals begann ich meine Ausbildung zur Erziehungsberaterin an der Psychologischen Lehr- und Beratungsstelle F. L. Zusammen mit einer erfahrenen Kollegin führte ich Elterngespräche und Elterngruppen. Gleichzeitig erteilte ich psychologische Lernhilfe, das heisst, ich lernte mit einzelnen Schülern. Einerseits holte ich dabei mit ihnen Rückstände im Stoff auf, und andererseits konnte ich dabei den Hintergrund ihrer Schwierigkeiten ausleuchten und ihnen behilflich sein, ihre Lern- und anderen Schwierigkeiten auf konstruktivem Weg zu bewältigen. Selbstverständlich fanden alle diese Beratungen und Lernstunden unter Supervision statt. Nebst meinem Studium absolvierte ich so gleichzeitig eine praktische Ausbildung an der Psychologischen Lehr- und Beratungsstelle F. L.

Der Grund, dass ich 1984 bis 1986 am Lehrgang für Psychologie und Psychotherapie an der Psychologischen Lehr- und Beratungsstelle AG teilnahm, waren die Teile, die massgeblich von Dr. B. konzipiert und durchgeführt wurden, gewisse Kontakte zur internationalen Fachwelt und einige therapeutisch relevante Seminare. Dr. B. begleitete unsere Nach-Diplom-Ausbildung in einer Weise, dass wir von ihrem reichhaltigen Erfahrungsschatz, Wissenshintergrund und psychologischen Einfühlungsvermögen sehr viel lernen konnten.

1985 übernahm ich die Teamleitung einer Jugendberatungsstelle und konnte da mein erworbenes Wissen in der Jugendarbeit auf neue Art zum Einsatz bringen. Die Tätigkeit gefiel mir sehr gut und verlief dank der Supervision von Dr. B. auch sehr erfolgreich. Dieser Arbeit konnte ich vier Jahre lang nachgehen und parallel dazu eine Praxis als Psychologin aufbauen. 1989 jedoch begann der Vizepräsident der Jugendberatungsstelle, ein Kinderarzt, aus rein persönlichen Gründen mit Verleumdungen gegen den VPM. Entgegen seiner ärztlichen Sorgfaltspflicht diskreditierte er den

VPM und die Jugendberatungsstelle in der Öffentlichkeit. Seine destruktive Aktivität führte dazu, dass diese Jugendberatungsstelle heute nur noch in ganz kleinem Umfang tätig sein kann. 1990 begann ich mich deshalb nach einer halben Lehrer- oder Schulpsychologenstelle umzuschauen. Im Zeitraum von Februar 1990 bis Sommer 1991 erhielt ich 13 Absagen; dies zu einer Zeit, in der grosser Lehrermangel herrschte. Da es Kollegen, die sich ebenfalls im VPM weiterbilden, ähnlich erging, lag die Vermutung nahe, dass hier etwas nicht mit rechten Dingen zuging. Damals war mir allerdings vieles noch nicht bekannt, was ich heute weiss. Im Sommer 1991 endlich konnten meine Kollegin Julia Christen und ich in der Gemeinde S. eine gemeinsame Stelle antreten.

Unsere gemeinsame Lehrerstelle in S.

Die Gründe für die schnelle Zusage lagen auf der Hand. Drei Wochen vor Schulbeginn hatte die Gemeinde noch immer keinen Lehrer für eine verlassene Mittelstufenklasse gefunden. Beim Vorstellungsgespräch erwähnten wir unsere Mitgliedschaft im VPM. Trotz anfänglich grosser Begeisterung wurde die Stimmung plötzlich kühl und befangen. Die Schulpflege musste sich zur Beratung zurückziehen. Danach teilte man uns mit: "Wir stellen Sie ein, jedoch mit Gegenstimmen. Ohne den VPM wäre es einstimmig gewesen." Dass wir auch hier nicht in Ruhe arbeiten konnten, zeigt der folgende Verlauf.

Die Klasse, die wir nach den Sommerferien übernahmen, galt als schwierig. Sie war vorher von einer Junglehrerin "geführt" worden, die im Seminar gelernt hatte, dass Leistungsanforderungen und Hausaufgaben höchst fragwürdig seien. Sie hatte deshalb beim geringsten Widerstand der Schüler sofort auf Anforderungen verzichtet, mit verheerenden Auswirkungen auf die Klasse. Die Kinder waren nicht daran gewöhnt, dass der Lehrer etwas von ihnen verlangt. Sie reagierten anfänglich mit Empörung und Widerstand auf unsere Anweisungen. Auch gab es zu Beginn noch viele Streitereien unter den Kindern; einzelne Schüler waren Aussenseiter, andere bildeten eine "Bande", die den Ton angab und andere Schüler auslachte und plagte. Durch viele Gespräche und eine konsequente Stellungnahme gegen Ausschluss und Gewalt gelang es uns, die Klasse in relativ kurzer Zeit zu einer schönen Lerngemeinschaft zusammenzuführen. Ein konstruktives Miteinander wurde möglich, die Kinder begannen, eifrig mitzuarbeiten und einander zu helfen. Ein Klassenlager im Herbst 1992 war ein begeisterndes Erlebnis für alle. Die uns zugeteilten Schulpfleger, die Visitatorin und der Schulpräsident stellten alle fest, dass sich die Klasse höchst erfreulich entwickelt hat. Man machte uns Komplimente für den netten Umgang der Schüler untereinander; auffallend sei die gelöste Stimmung in der Klasse, meinte die Visitatorin. Dieser positive Verlauf war nicht zuletzt auf unsere gute Zusammenarbeit und unsere fundierte pädagogische Zusatzausbildung im VPM zurückzuführen.

Trotz dem offensichtlichen Erfolg unserer pädagogischen Tätigkeit trug der Schulpräsident von Anfang an starke Vorurteile im Zusammenhang mit dem VPM an uns heran. Bei jeder Gelegenheit glaubte er uns darauf hinweisen zu müssen, wir sollten die Schüler nicht "dressieren" und ihre "Aggressionen" nicht unterdrücken. Wir fragten jeweils nach, wie er auf eine derart absurde Idee komme. Seine Antwort bezog sich immer auf den VPM. Er erwähnte mehrmals die Kollegin Lena Lanz*, die ja auch im VPM sei und die angeblich so unterrichte. Dazu konnten wir wenig sagen, da wir in das Schulzimmer eines Kollegen natürlich keinen Einblick haben. Wir wissen jedoch inzwischen, dass der Schulpräsident E. Sorgs "Lieblingsgeschichten"[G] gelesen hatte, in denen solche und ähnliche Verleumdungen über Teilnehmer des VPM stehen. Auf Ende des Schuljahres 1991/92 legte die Schulpflege Lena Lanz die Kündigung nahe, und sie verliess S. Eindrücklich war die Reaktion der Kollegen auf diese Kündigung. Viele waren schockiert und betroffen. Eine Kollegin meinte, dies sei ihr unheimlich, eine andere, dasselbe könnte ihr auch passieren. Anna S.* sagte nach der Sitzung: "Man hat ja gar nichts gewusst wegen Lena. Ich weiss doch gar nicht, wie sie Schule gibt. Über mich wird auch vieles herumerzählt in S. Ich hoffe nur, dass ich in S. nicht ein solches Ende nehme wie Lena." Andere Kollegen vertraten den Standpunkt der Schulpflege. Sie äusserten sich mit denselben Worten über Lenas "Schulstil" wie der Präsident. Lenas Mitgliedschaft beim VPM war zu jenem Zeitpunkt im Kollegium bekannt, obwohl sie nicht darüber gesprochen hatte.

Einige Wochen später ging ich (Julia) mit einigen Kollegen essen. Ich diskutierte mit Philipp T.* über ein Sachthema, und wir waren geteilter Meinung. Nun entfuhr es ihm unvermittelt: "Du vertrittst diese Meinung, weil du im VPM bist. Deshalb kann ich nicht mit dir sprechen. Mit einem von einer Sekte spreche ich auch nicht, das hat gar keinen Sinn." Offensichtlich fühlte er sich meinen Argumenten nicht gewachsen. Eigentlich habe er gar nicht davon anfangen wollen, fuhr er weiter, doch er habe soeben ein Buch über den VPM gelesen. Wie ich vermutete, handelte es sich um das Sorg-Buch[G], das zu jener Zeit im Lehrerzimmer von Hand zu Hand gereicht wurde. Ich wies Philipp darauf hin, dass jedes Wort in diesem Buch Lüge und Verleumdung sei. Darauf ging er nicht ein, vielmehr griff er mich sofort auf der persönlichen Ebene an: "Siehst du, so intolerant seid ihr!" Von jenem Tag an schaute er mich nicht mehr an und grüsste mich nicht mehr.

Von nun an begann Philipp, hinter unserem Rücken Stimmung gegen uns und den VPM zu machen. Er kolportierte die absurdesten Verleumdungen über die Teilnehmer an Kursen des VPM und fragte dann die Kollegen: "Findet ihr nicht auch, dass es hier in S. so viele vom VPM hat?" Bald wusste jeder, dass Philipp ein militanter Gegner des VPM war. Der Schulpräsident beruhigte uns, man wisse das ja von Herrn T., da könne man nichts machen, und eine Kollegin verharmloste sein Verhalten folgendermassen: "Vorher ging Philipp immer mit Lena essen. Seit er weiss, dass sie im VPM ist, spricht er kein Wort mehr mit ihr. So ist er eben, aber das finde ich gerade gut an ihm." Dass die Kollegen und der Schulpräsident ein derartiges Verhalten, die Ausgrenzung einer ganzen Gruppe von Menschen, verharmlosten und sogar als vermeintliche Gradlinigkeit bewunderten, verhiess nichts Gutes. Es war vorauszusehen, dass Philipp diese fragwürdige "Toleranz" ausnützen und eine Eskalation provozieren würde.

Im Sommer 1992 legte Philipp heimlich einen kopierten "Tages-Anzeiger"-Artikel mitten auf den Lehrerzimmertisch, in dem geschrieben stand, dass es "nicht verantwortbar" sei, "wenn überzeugte VPM-Anhänger Jugendliche betreuen". Wir entfernten diesen Artikel und sprachen am nächsten Tag die Kollegen darauf an: Wir fänden es nicht richtig, solche hetzerischen Artikel aufzulegen, alle wüssten ja, dass wir im VPM seien. Eine Kollegin sagte spontan, sie finde dies hinterhältig, eine andere (die bereits erwähnte Anna S.), sie sei es nicht gewesen. Philipp T. schwieg feige. Zwei Tage später inszenierte er im Lehrerzimmer einen Auftritt. In gespielter Empörung erhob er die Stimme und polterte los: Es sei eine Frechheit, dass wir den Artikel weggenommen hätten, das sei Pressezensur! Er habe den Artikel hingelegt, und das sei jedermanns Recht. Nun plötzlich widerrief die Kollegin, die das heimliche Hinlegen des Artikels als hinterhältig bezeichnet hatte, ihre Aussage und pflichtete Philipp bei: Sie habe vor zwei Tagen etwas Falsches gesagt, sie finde auch, dass jeder einen Artikel hinlegen könne. Zwei andere Kolleginnen wagten es, Philipp zu widersprechen. "Du musst Julia jetzt nicht so angreifen. Schliesslich hat sie den Artikel nicht einfach weggenommen, sondern mit uns gesprochen", nahm die eine uns in Schutz, und eine andere meinte, dieser Artikel sei doch wirklich ein Angriff gegen uns.

Solche mutigen Stimmen verstummten im Verlauf der weiteren Eskalation jedoch zunehmend. Immer mehr Kollegen begannen sich von uns zu distanzieren. Gespräche verstummten, wenn wir eintraten, Plätze an unserer Seite blieben leer, Kollegen drehten uns den Rücken zu, begrüssten uns nicht mehr oder schauten an uns vorbei. Besonders krass waren die Situationen, wenn einige in einer Gruppe zusammenstanden. Kaum trat jemand von uns dazu, schloss sich der Kreis, und wir standen ausserhalb. Einige wenige Kollegen blieben freundlich und unbefangen. Diese wurden nach einer Weile von Philipp und einigen anderen Kollegen geschnitten und unter Druck gesetzt; sie mussten sich entscheiden, "auf welcher Seite" sie stehen. Von diesem Zeitpunkt an hiess es, der VPM würde "das Lehrerzimmer spalten".

Als kurze Zeit später wieder ein "Tages-Anzeiger"-Artikel mit einer eigentlichen Berufsverbotsforderung für Lehrer im VPM auf dem Lehrerzimmertisch lag, wandten wir uns um Unterstützung an den Schulpräsidenten. Doch dieser vertrat inzwischen den gleichen Standpunkt wie Philipp T.: Es sei "Pressezensur", das Hinlegen solcher Artikel zu unterbinden. Wir könnten ja unsererseits Gegendarstellungen hinlegen, hielt man uns entgegen. Nun hatte also in S. die "Meinungsfreiheit" Oberhand gewonnen, Artikel mit Berufsverbotsforderungen für Kollegen auflegen zu dürfen. Sogar unsere Bitte um Unterstützung beim Schulpräsidenten wurde von einigen Kollegen gegen uns verwendet. Wir hätten sie damit hintergangen. Vorher hätten sie nichts gegen uns gehabt, aber jetzt sei "Geschirr zerschlagen worden", drohten sie. Von da an wurde jeder erdenkliche Hetzartikel aus allen möglichen Zeitungen und Zeitschriften, auch aus mehrere Monate alten, kopiert und mitten auf den Lehrerzimmertisch gelegt. Da ein Lehrerzimmer der Neutralität verpflichtet ist, liessen wir keinen dieser Artikel ohne Gegendarstellung des VPM stehen.

Als das neue Schuljahr schon begonnen hatte und Lena Lanz bereits nicht mehr in S. unterrichtete, warfen uns der Schulpräsident und kurz darauf die Kollegen vor, wir nähmen Lena in Schutz und "deckten" sie. Mehrfach forderte man von uns, uns von Lena und ihrem "Schulstil" zu distanzieren. Anna S. wollte plötzlich wissen, wie Lena Schule gegeben hatte: "Sie ist objektiv eine schlechte Lehrerin gewesen", behauptete sie. Uns fiel immer wieder auf, wie sich die Stellungnahmen der Kollegen und des Präsidenten oft bis auf den Wortlaut ähnelten.

Im September baten wir einige Eltern unserer Schüler, ihren Eindruck unserer Schulführung in einem kurzen Schreiben festzuhalten. Wir wollten diese Briefe mit dem Einverständnis der Eltern bei der Erziehungsdirektion einreichen, um Kollegen zu unterstützen, denen man wegen ihrer Teilnehmerschaft im VPM grosse Schwierigkeiten bereitete. Zu unserer Freude erhielten wir einige sehr schöne Briefe. Doch der Schulpräsident teilte unsere Befriedigung über die positive Reaktion der Eltern nicht. Als er erfuhr, dass wir die Eltern über unsere Mitgliedschaft im VPM informiert und sie wegen eines kurzen Berichts angefragt hatten, reagierte er mit Ärger und Missmut. Er warf uns mangelndes Vertrauen in die Schulpflege vor und meinte, wir hätten unsere Mitgliedschaft beim VPM gegenüber den Eltern geheimhalten müssen. Er riet Eltern sogar davon ab, für uns einen Brief zu schreiben. Als wir ihm die Gründe für unser Vorgehen darlegten, meinte er, wir vom VPM würden eben immer so tun, als seien "die anderen die Bösen". Auf unsere Argumente in der Sache ging er nicht ein.

Die Eskalation

In dieser angespannten Situation flatterte die Einladung zur Veranstaltung in der Paulus-Akademie[G] ins Schulhaus. Alle dort auftretenden Redner waren bekannte und militante Gegner des VPM, beispielsweise der Journalist Hugo Stamm. Obwohl am gleichen Tag im Casino Zürichhorn eine Veranstaltung[G] des VPM mit international renommierten Referenten stattfand, begab sich fast die Hälfte unserer Lehrerschaft geschlossen in die Paulus-Akademie. Die Schulpflege übernahm die Hälfte der Kosten! Kein Kollege liess sich aus erster Hand im Casino Zürichhorn über den VPM informieren.

Die Veranstaltung in der Paulus-Akademie brachte die Feindseligkeit gegen uns vollends zum Ausbruch. Kollegen, die uns bisher noch freundlich begegnet waren, blickten uns nicht mehr in die Augen und zogen sich von uns zurück. Wir erfuhren, dass diejenigen Kollegen, die in der Paulus-Akademie gewesen waren, unter Federführung von Philipp T. einen Brief an die Schulpflege geschickt hatten. Mit Bezug auf das, was sie gehört hatten, stellten sie der Schulpflege fünf "Entlassungskriterien" für Lehrkräfte vor. Zwei lauteten beispielsweise: "Wenn die Lehrkraft nicht in eigenen Worten spricht" und: "Wenn andere Menschen, die eine andere Ansicht vertreten, verunglimpft werden."

Nachdem wir von diesem Brief erfahren hatten, sandten wir zu unserem Schutz eine Gegendarstellung an die Schulpflege und legten sie auch im Lehrerzimmer auf. Darin wurde die Veranstaltung in der Paulus-Akademie als das charakterisiert, was sie war: "Ein Inquisitionstribunal auf primitivstem Niveau mit Biertischstimmung und Claqueuren (...), mit Anklängen an Veranstaltungen im Berliner Sportpalast." Diese klare Sprache goutierten die Kollegen nicht. Sie warfen uns nun genau die Punkte vor, die sie der Schulpflege als Entlassungskriterien vorschlagen hatten: Wir sprächen nicht in eigenen Worten, denn die Gegendarstellung sei ja nicht von uns, und ausserdem würden wir "Andersdenkende" verunglimpfen. Es sei nun zu überprüfen, meinte Philipp T., ob wir im Lehrerzimmer "noch tragbar" seien.

Einige Tage später traf sich die gesamte Lehrerschaft ohne uns zu einer Sitzung zum Thema "VPM in S.". Jeder einzelne wurde gefragt, wie er sich zu uns und den "Konflikten um den VPM" stelle. Danach setzten die Lehrer die Schulpflege unter Druck; noch vor den Weihnachtsferien sollte diese eine "offene Aussprache" zum Thema "VPM in S." mit der gesamten Lehrerschaft abhalten. Die durch die Paulus-Akademie aufgepeitschten Emotionen sollten offensichtlich ausgenützt werden. Vor dieser Sitzung wiesen wir den Schulpräsidenten darauf hin, dass Philipp T. das ganze Kollegium gegen uns aufgestachelt hatte. Das liess dieser jedoch nicht gelten, sondern beschuldigte uns, wir – bzw. der VPM, von dem wir ja nicht mehr zu trennen seien – störten die "gute Stimmung" im Lehrerzimmer.

An der sogenannt "offenen Aussprache" vom 22. Dezember wurde unsere Vereinszugehörigkeit zum Thema gemacht. Es herrschte eine Tribunalstimmung. Strengste Geheimhaltung wurde verlangt. Ein weiteres Mal mussten wir uns die längst bekannten, konstruierten Vorwürfe gegen uns und den VPM anhören. Wir widerlegten Punkt für Punkt. Das Ergebnis der "offenen Aussprache" stand jedoch schon vor Beginn fest: Wir sollten als "untragbar im Lehrerzimmer" gebrandmarkt und aus dem Schuldienst hinausgedrängt werden. Auch wurde ein Dokument benötigt, um unsere Entlassung zu rechtfertigen. Dieses erstellte die Schulpflege nach der Sitzung und schickte es – zusammen mit dem Kündigungsantrag – als "Aktennotiz zur offenen Aussprache zum Thema VPM" an die Erziehungsdirektion.

Die Kündigung

Das Kündigungsgespräch fand am 26. Januar 1993 unter dem Motto "VPM in S." statt. Am Schluss teilte man uns mit, dass unsere Kündigung schon vorher einstimmig beschlossen worden war. Die Schulpflege wiederholte die Vorwürfe vom 22. Dezember und fügte einige neue hinzu. Im wesentlichen wurde uns vorgehalten, dass wir uns von Frau Lanz, von Stellungnahmen des VPM und vom VPM selbst nicht distanziert hätten. Insbesondere hätten wir uns von der Gegendarstellung zur Paulus-Akademie distanzieren müssen. Ausserdem würden wir, so die Schulpflege, "standardisierte VPM-Verhaltensmuster" an den Tag legen. Ein Beispiel veranschaulicht den Stil dieses "Gesprächs": Man warf uns vor, wir sprächen immer nur in Zitaten und nie in eigenen Worten. Als wir nachfragten, wann, wo und wie dies geschehen sei, konnte die Schulpflege kein einziges Beispiel nennen. Statt dessen doppelte sie nach: Genau dies sei das Problem, immer wollten wir alles mit Beispielen belegt haben.

Die anschliessende Kündigung ist ein reiner Willkürakt, gegen den wir uns auch mit juristischen Mitteln zur Wehr setzen. Sie basiert einzig auf der Tatsache, dass wir uns im VPM weiterbilden. Dies geht aus dem Kündigungsantrag der Schulpflege an die Erziehungsdirektion unmissverständlich hervor: Man könne bei uns "wegen der starken Bindung als Vorstandsmitglieder" keine "Trennung zwischen VPM und Personen" machen, was im Kollegium "nicht mehr tragbar" sei.

Dass wir unserer eigentlichen Aufgabe, dem Unterrichten, stets zur vollen Zufriedenheit aller Beteiligten nachgekommen sind, wurde von der Schulpflege mit keinem Wort erwähnt. Niemand hob hervor, dass sich die vorher schwierige Klasse unter unserer pädagogischen Anleitung äusserst erfreulich entwickelt hat, dass alle Eltern sehr zufrieden sind, die Kinder eifrig lernen und gerne zur Schule kommen.

Warum wir im VPM sind

Abschliessend möchten wir darlegen, warum wir Mitglieder des VPM sind. Wir sind beide seit dem Gründungsjahr 1986 dabei. Die fundierte wissenschaftliche Arbeitsweise und die intensive Zusammenarbeit mit Kollegen aus verschiedenen Fachrichtungen in Theorie und Praxis sprechen uns sehr an. Es besteht einerseits die Gelegenheit, eigene Kenntnisse in Weiterbildungsveranstaltungen einzubringen, andererseits können wir vom Wissen und von der Erfahrung von Kollegen unserer eigenen und anderer Fachrichtungen profitieren. In Arbeitstagungen, Kongressen und Schulungswochen werden theoretische Grundlagen und aktuelle Problemstellungen und Forschungsansätze aufgearbeitet und diskutiert. Regelmässig finden Referate, Symposien und Seminare international renommierter Fachleute aus Psychologie, Pädagogik, Medizin, Soziologie und anderen Wissenschaftszweigen statt. In der Supervisionsgruppe von Dr. B. werden Fälle aus der psychologischen Praxis besprochen, gefühlsmässige Abläufe beim Ratsuchenden sowie beim Therapeuten erhellt und bearbeitet, Bezüge zur psychologischen Theorie hergestellt und Weiterbildungsveranstaltungen vor- und nachbesprochen. Auch die alljährlich vom VPM durchgeführten und von Pädagogen, Psychologen und Ärzten geleiteten Kinderferien bieten eine wichtige empirische Basis für die weitere theoretische Diskussion. In eigenen Fachzeitschriften und Büchern haben wir Gelegenheit zu publizieren. Ein solch reichhaltiges und interessantes Feld freier wissenschaftlicher Forschung, freier Zusammenarbeit und Lehrtätigkeit in enger Verbindung mit der therapeutischen und pädagogischen Praxis haben wir sonst nirgends gefunden, weder an der Universität noch in einem anderen psychologischen Institut. Auch schätzen wir den freundschaftlichen Umgang aller Teilnehmer und Mitglieder im VPM und die Ernsthaftigkeit, mit der zwischenmenschliche Probleme angegangen und gelöst werden. Das sind die Gründe, warum wir Mitglieder des VPM sind und bleiben.

“Inzwischen hat sich die Aufregung auch durch den mutigen Einsatz des Schulleiters zumindest vordergründig wieder gelegt.”

Michael A. Schmid, Mittelschullehrer

Geboren 1955 in K. – Primarschule und Gymnasium in B. – Matura 1975. Anschliessend Tätigkeit in verschiedenen Berufen, unter anderem als Primar- und Gitarrenlehrer. – Ab 1979 Studium der Geschichte und Germanistik in T. – Seit 1983 Zweitstudium in Latein. – 1986 Gründungsmitglied des VPM. – 1990 Lizentiat. – Fachdidaktische Ausbildung in Latein und Geschichte. – Unterrichtstätigkeit an verschiedenen Zürcher Kantonsschulen. Seit 1988 Lehrbeauftragter an der Kantonsschule in X.

Noch einmal davongekommen ...

Audacter calumniare,
semper aliquid haeret.

Seit fünf Jahren bin ich als Lateinlehrer tätig. Mit grosser Befriedigung unterrichte ich Klassen aller Stufen des Gymnasiums und versuche, die Schüler sowohl im fachlichen als auch im zwischenmenschlichen Bereich anzuleiten. Den täglichen intensiven Umgang, die Auseinandersetzung mit Schülern und Kollegen und die meistens sehr erfreuliche Zusammenarbeit mit den Eltern empfinde ich als grosse Bereicherung. Ich kann mir keinen schöneren Beruf als den des Lehrers vorstellen. Das alles heisst nicht, dass es nicht auch Probleme gäbe; ein Beispiel soll im folgenden geschildert werden. Es betraf mich als Lehrer, der sich zu seinem grossen persönlichen Gewinn im VPM weiterbildet.

Eine problematische Klasse

Seit eineinhalb Jahren bin ich Klassenlehrer einer Unterstufenklasse der Kantonsschule in X.[*] Von Anfang an war es eine disziplinarisch sehr schwierige, leistungsmässig schwache Klasse. Bereits nach kurzer Zeit berichteten mir die meisten Lehrerkollegen von entsprechenden Schwierigkeiten. In den Klassenlehrerstunden im ersten Semester und später zu aktuellen Anlässen im Unterricht führte ich mit den Schülern viele Gespräche, um eine positivere Einstellung der Schule und dem Lernen gegenüber zu bewirken. Es zeigte sich schnell, dass in der Klasse keine gute Stimmung herrschte und einige Schüler versuchten, auf Kosten anderer zum Erfolg zu kommen. Ich setzte alles daran, die Schüler miteinander zu befreunden und die Klassenstimmung zu verbessern. Kurzfristig stellten sich kleine Erfolge ein; sie waren jedoch nicht von Dauer.

Immer wieder beklagten sich Lehrerkollegen über die Klasse, und auch einzelne Schüler baten mich hin und wieder, mit der Klasse zu sprechen. Anlässlich eines solchen Gesprächs erfuhr ich, dass zwei Schüler exzessiv alkoholische Getränke konsumiert hätten und es Gerüchte gebe, wonach sie auch Haschisch rauchten. Ich war alarmiert, da ich gerade bei diesen beiden Schülern in der vorangehenden Zeit einen steten Leistungsabfall und eine zunehmende äusserliche Verwahrlosung bemerkt hatte. Ich wandte mich, selbstverständlich nach Rücksprache mit Lehrerkollegen, an die Eltern dieser Schüler. Sie waren bereits über die Probleme informiert und bedankten sich für mein Engagement.

Der Anlass

Eines Nachmittags gab ich eine Prüfung zurück, die wieder einmal sehr schlecht ausgefallen war. Ich hatte mir zuvor (wieder einmal!) Gedanken gemacht, wie ich der Klasse zu mehr Lernerfolg verhelfen könnte. Ich wollte ihr eine zweite Chance geben und machte das Angebot, die Prüfung bei gleichem Stoffumfang zu wiederholen, um nur die bessere von beiden zu werten. Doch bei der anschliessenden Rückgabe traute ich meinen Ohren und Augen nicht. Es hob ein Lärm und ein Gejohle an, wie ich es seit den ersten, schwierigen Zeiten in der Klasse nie mehr erlebt hatte. Und die schwächsten Schüler "freuten" sich am lautesten über ihre schlechten Noten! Die Besprechung der Prüfung stiess auf kein grosses Interesse. Ich war ziemlich verärgert und wollte dieses Verhalten auf keinen Fall "durchgehen" lassen.

Am nächsten Tag hatte ich in dieser Klasse keinen Unterricht. Deshalb schrieb ich ihr eine kurze Notiz folgenden Inhalts: Das Benehmen der Klasse sei unter aller Kritik gewesen, was mich veranlasse, von meinem Angebot Abstand zu nehmen und die Prüfung doch zu zählen. Die Notiz deponierte ich im Klassenfach. Hätte ich geahnt, was nun folgen würde ...

Am nächsten Morgen kam ich in die Schule und sah im Gang einige der Schüler aufgeregt miteinander flüstern. Als sie mich bemerkten, wandten sie sich eigentümlich befangen ab, was sonst überhaupt nicht ihre Art war. Ich ging ins Sekretariat, wo ich noch etwas zu erledigen hatte. Plötzlich kam eine Lehrerkollegin mit einigen meiner Schüler herein und suchte den Schulleiter; es war ihr sichtlich unangenehm, mich dort anzutreffen.

Nach dem Unterricht bat mich der Schulleiter kurz zu sich und berichtete mir, was vorgefallen war. Die Schüler hätten sich über meine Notiz und die Zurücknahme der versprochenen Prüfungswiederholung beklagt. In einem solchen Fall finde er eine schriftliche Mitteilung ungünstig. Ich konnte seiner Argumentation folgen, und gemeinsam überlegten wir, wie ich mich mit den Schülern im guten einigen könnte. In der nächsten Lektion wollte ich mit ihnen sprechen.

Gespräche mit der Klasse

Als ich in die Klasse kam, herrschte zunächst ein etwas betretenes Schweigen, das sich allerdings ziemlich schnell löste. Das Problem mit der Klausur konnten wir relativ rasch aus der Welt schaffen. Für die Schüler war aber damit noch nicht alles erledigt; sie hatten noch mehr vorzubringen. Ich war gespannt, da ich schon gewisse Vermutungen hegte. Ich hatte einer anderen Klasse ausserhalb der Schule und auf Anfrage der Schüler über den VPM Auskunft gegeben und wusste, dass auch andere Schüler über meine Mitgliedschaft informiert waren.

Was folgte, war eine lange Reihe zum Teil recht seltsam anmutender, allgemeiner Vorwürfe an mich, die die Schüler auf einer Liste notiert hatten. Ich schrieb an der Wandtafel mit und wollte anschliessend zu allen Punkten meine Meinung sagen. Plötzlich stockte der Redefluss. Ich forderte die Schüler auf, alles vorzubringen, was sie auf dem Herzen hätten. Sie tuschelten untereinander: "Sag du es!" – "Wieso ich?" hörte ich aus verschiedenen Ecken des Klassenzimmers. "Wenn es so kompliziert ist", sagte ich, "dann gebt mir doch das Blatt, damit ich es selbst lesen kann." Darauf erhielt ich das Gewünschte. Da stand es dann: "VPM".

Ich war darauf gefasst und fragte sie, was es damit auf sich habe. Ein Schüler gab mir freimütig Antwort: Der VPM sei so etwas wie eine "Sekte", was sich in meinem Unterricht bemerkbar mache. Auf meine Frage nach dem "Wie" sagten sie, ich hätte ihnen verboten, Drogen zu nehmen, hielte Drogensüchtige für den Abschaum der Menschheit (!) und behaupte, wer "heavy metal music" höre, sei auf dem Wege, ein Massenmörder zu werden. Auch griffe ich in ihr Privatleben ein (ich hatte einmal zu einem Schüler gesagt, ich wolle nicht die ganze Stunde den Totenkopf auf seinem T-Shirt anschauen müssen), ich würde die Schüler nach ihrer Leistung beurteilen (?!), ich hätte ein "himmelblaues Weltbild", und wenn man dort mit langen Haaren eindringe, bekäme man Ärger mit mir, und ähnliches mehr. Die Liste endete mit den Worten: "Antrag auf einen neuen Klassenlehrer – beidseitiges Interesse!" Selbstverständlich wies ich all die absurden Vorwürfe zurück und erklärte meine Position und meine Anliegen. Ich spürte aber auch hinter all diesen Angriffen der Schüler die Unsicherheit, ob ich sie schätze. Dies zum Ausdruck zu bringen, war in dieser Klasse eine Gratwanderung, da die Gefahr bestand, dass es als Bestätigung für das zum Teil inakzeptable Verhalten aufgefasst würde.

Da die Stunde zu Ende ging, nahm ich noch kurz zum VPM und der Medienkampagne Stellung. Da schlug mir schallendes Gelächter entgegen. Es stehe ja in der Zeitung, dass der VPM so etwas wie eine "Sekte" sei, und andere Lehrer sähen das auch so. Ich erfuhr ein interessantes Detail: Die Kollegin, die mit den Schülern beim Schulleiter war, hatte sich in der Klasse sehr abschätzig über den VPM geäussert, obwohl sie wusste, dass ich dort Kurse besuche. Sie hat es allerdings nie für notwendig erachtet, mich selbst darauf anzusprechen. Kollegen, denen ich die Liste mit den Vorwürfen der Schüler vorlegte, meinten spontan, dass diese wohl kaum die Schüler allein "ausgeheckt" hätten.

Da sich in diesem ersten Gespräch nur ein kleiner, wortführender Teil der Klasse an der Diskussion beteiligt hatte, wobei aber sehr betont wurde, dass alle Schüler geschlossen hinter dem Anliegen stünden, interessierte es mich dennoch, was die schweigende Mehrheit vorzubringen hätte. In der nächsten Stunde bat ich die Schüler, die sich bis jetzt nicht zu Wort gemeldet hatten, um eine Meinungsäusserung. Ich setzte mich ans Pult und wartete. Einige senkten die Köpfe, einige wandten sich an ihren Banknachbarn: "Sag doch auch was!" Sonst geschah nichts. Ungefähr 20 Minuten lang herrschte Schweigen, das schliesslich ein Schüler zu durchbrechen wagte, indem er sagte, er sei nicht mit allen Punkten auf der Liste einverstanden. Andere Schüler nickten zustimmend, äusserten sich aber nicht.

Mehrmals liess ich die Schüler den Eltern ausrichten, sie könnten und sollten sich bei Fragen jederzeit an mich wenden. Es gehört zu meinen Aufgaben als Klassenlehrer, mich um eine gute

Zusammenarbeit mit den Eltern zu bemühen – und dies ist mir ein sehr wichtiges Anliegen. Leider machte, mit einer erfreulichen Ausnahme, niemand von meinem Angebot Gebrauch.

Ich sah ein, dass das Problem auf einer anderen Ebene behandelt und gelöst werden musste, nahm noch einmal zu allen Punkten der Liste Stellung und fuhr dann mit dem Unterricht fort.

Hintergründe

Ich erinnerte mich daran, dass die bereits erwähnten Eltern in einem Telephongespräch anlässlich der Alkoholprobleme ihres Sohnes Andeutungen gemacht hatten, dass sich ihr Sohn von mir nicht akzeptiert fühle. Nach Aussagen des Sohnes hätte ich behauptet, wer "heavy metal music" höre, sei ein potentieller Massenmörder. Ich widerlegte diese Unterstellung und machte das Angebot, mit dem Sohn unsere Beziehung zu klären, was von den Eltern begrüsst wurde. Das Gespräch mit dem Sohn fand statt und brachte nach übereinstimmenden Aussagen des Schülers und der Eltern die erhoffte Klärung. War es ein Zufall, dass der Vorwurf im Zusammenhang mit der "heavy metal music" auch hier auftauchte?

In der Folge geschah etwas Merkwürdiges: Nach ungefähr einer Woche wandte sich der Schulleiter, der im übrigen von mir über alles auf dem laufenden gehalten wurde, mit der Bitte an mich, zu den Vorwürfen der Schüler Stellung zu nehmen. Eltern hätten um ein Gespräch mit ihm nachgesucht. Ich war gespannt, um welche Eltern es sich handelte. Aus dem bisher Vorgefallenen hatte ich Vorahnungen, die sich schliesslich bestätigen sollten. Wie vermutet, hatten sich genau die Eltern gemeldet, von denen bereits die Rede war. Was mich dabei sehr betroffen machte, ist nicht die Tatsache, dass sich Eltern an den Schulleiter wandten, sondern die Umstände, unter denen das geschah.

In ihrem Brief an den Rektor griffen sie alle Vorwürfe, die die Klasse vorgebracht hatte, nochmals auf (eine Kopie des Blattes mit den Vorwürfen der Schüler war beigelegt), behaupteten u.a., ihnen sei, nachdem sie erfahren hätten, dass ich Mitglied des VPM sei, "alles" klar geworden, und fragten den Schulleiter, ob er überhaupt Kenntnis der Vorgänge in seiner Schule habe. Im übrigen solle er dafür sorgen, dass ihr Sohn wieder gerne in die Schule gehen könne – so, als ob er unter mir leiden müsste. Sollte der Schulleiter nicht auf ihr Anliegen eingehen, müssten sie sich weitere Schritte vorbehalten. Es folgten aus der Medienkampagne übernommene Unsachlichkeiten über den VPM. Das Schreiben gipfelte in der Aussage, die Eltern hätten bewusst mit mir das Gespräch nicht aufgenommen, da man ja, wie auch in der "Publikation" des Pestalozzianums[G] "Das Paradies kann warten"[G] bestätigt werde, mit "VPM-Anhängern" sowieso nicht reden könne!

Erinnern wir uns an die Fakten: zuerst Gespräche mit den Eltern über das Wohl ihres Sohnes, dann der Dank derselben Eltern für mein Engagement und schliesslich ihre Behauptung, es sei nicht möglich, mit mir zu diskutieren, sozusagen hinter meinem Rücken, mit einer "einleuchtenden" Begründung. *Das ist der Stoff, aus dem Ausgrenzungskampagnen gefertigt sind.* Eine Kopie des Briefes wurde von den Eltern übrigens an die Schulleitung einer anderen Kantonsschule und an die (für die Volksschule zuständige!) Bezirksschulpflege gesandt. Ein bemerkenswertes Detail: Im Gespräch mit dem Schulleiter bestätigten die Eltern, dass man mit mir sehr gut sprechen könne.

Die Medienkampagne hatte eine neue "Realität" geschaffen, so dass sich z. B. diese Eltern nicht mehr auf ihre eigenen Beobachtungen und Erfahrungen verliessen, sondern Behauptungen aus den Zeitungen, die der Realität widersprachen, übernahmen und weitertrugen!

Folgen und Perspektiven

Die unmittelbaren Wirkungen solchen Vorgehens blieben nicht aus. Eine Mutter schilderte mir sehr besorgt, ihre Tochter sei in Aufregung, da unter den Schülern wegen meiner Mitgliedschaft im VPM eine sehr gehässige Stimmung gegen mich herrsche, dabei komme sie gerne. Sie selbst fürchte um meine Anstellung. Ich konnte ihre Bedenken leider nicht völlig zerstreuen. Einige Schüler wandten sich mit denselben Sorgen an mich, worauf wir ein sehr interessantes Gespräch miteinander führten.

Inzwischen hat sich die Aufregung auch durch den mutigen Einsatz des Schulleiters zumindest vordergründig wieder gelegt. Ich hoffe sehr, dass es so bleibt und ich weiterhin engagiert meinen geliebten Beruf ausüben kann. An meiner Gesprächsbereitschaft wird es nicht fehlen. Sind auch die anderen bereit, ihre Vorurteile in Frage zu stellen?

“*Bereits nach einer Woche, am 25. August, bekam ich den unangemeldeten Besuch der Kindergartenpräsidentin. Während des Freispiels teilte sie mir mit, sie habe von einem Kommissionsmitglied erfahren, dass ich im VPM sei.*”

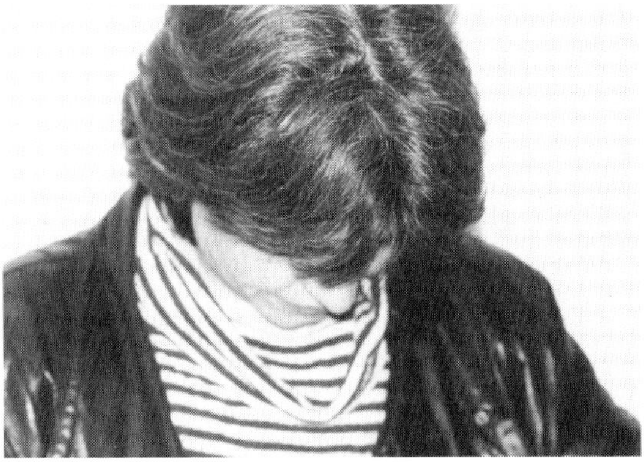

Margret Künzler, Kindergärtnerin

Geboren 1952 in A. als älteste von drei Töchtern eines Metzgermeisters. – Römisch-katholisch. – Jugend und Schulen in A. – 3 ½ Jahre Lehre als Laborantin in F. – Bis 1988 als Laborantin in Institutionen der Stadt Zürich. – Bis Februar 1992 Besuch des Kindergartenseminars Riesbach in Zürich. – Vikariat in L. – 17. August bis 2. Oktober 1992 Stelle als Kindergärtnerin in L. – Seither arbeitslos.

Die “nicht endenden Agitationen einiger weniger Eltern” ...

Am 17. August 1992 begann ich mit meiner Tätigkeit als Kindergärtnerin in L. Es gefiel mir gut, eigenverantwortlich zu arbeiten. Ich hatte Freude an meiner netten Kinderschar.

Die fast täglichen, meist unangemeldeten Besuche – vor allem der Eltern mit den jüngeren Kindern – betrachtete ich als Interesse am Kind und am Kindergartenbetrieb. In der Regel blieben die Besucher während der Lektion. Im Freispiel, während dessen es mir eher möglich gewesen wäre, mit ihnen ins Gespräch zu kommen, verabschiedeten sich die meisten. Rückblickend waren es diejenigen, die auch später den Kontakt nicht suchten.

Bereits nach einer Woche, am 25. August, bekam ich den unangemeldeten Besuch der Kindergartenpräsidentin. Während des Freispiels teilte sie mir mit, sie habe von einem Kommissionsmitglied erfahren, dass ich im VPM sei. Sie habe gehört, dass die Kinder nicht gerne kämen und dass ich immer ein bestimmtes Abschiedswort verlange. Sie habe aber jetzt immerhin selber gesehen, dass ich keine Handschuhe(!) getragen hätte. Ich konnte kaum fassen, was sie sagte, waren doch meine Kinder stets froh gelaunt in den Kindergarten gekommen. Das Stichwort “Handschuhe” war nicht im Scherz gemeint: man wollte mir offenbar den bekannten “Hygienetick” unterschieben, von dem die Medien perfiderweise stets berichten. Die Präsidentin riet mir, mich gegen eventuelle Angriffe seitens der Eltern zu wappnen. In diesem Gespräch empfand ich meine Präsidentin als nett und bemüht, einen Weg zu finden.

Am 7. September erhielt ich von ihr einen Anruf, worin sie mir von einem Kesseltreiben gegen mich berichtete. Ich war überrascht und konnte kaum glauben, dass ich “Umtriebe verursacht” oder gar verschuldet haben sollte. Niemand hatte mich deswegen angesprochen, und im Kindergartenbetrieb war nichts Besonderes vorgefallen, im Gegenteil: ich empfand, dass die Kinder und ich gut begonnen hatten. Ich war beeindruckt, welche Persönlichkeit jedes einzelne Kind schon mitbrachte. Bald erfuhr ich, dass zwei Mütter meiner Kindergartenkinder und eine Spiel–

gruppenleiterin, die sechs der Kinder früher in ihrer Spielgruppe gehabt hatte, die treibenden Kräfte waren und bereits Susanne Schaf von der "Infosekta"[G] aufgeboten hatten. Die Kindergartenpräsidentin und ich beschlossen, den Elternabend, den ich nach den Herbstferien geplant hatte, auf die folgende Woche vorzuverlegen. Ich dachte dabei an ein gegenseitiges Kennenlernen, doch im Laufe der Woche merkte ich, dass das kein gewöhnlicher Elternabend werden sollte.

Bereits am folgenden Abend fand eine offenbar gezielt durchgeführte "Infosekta"-Veranstaltung mit etwa 60 Personen statt. Vierzehn meiner Eltern waren da und etwa vier mir bekannte Berufskolleginnen, sonst waren der grösste Teil mir unbekannte Gesichter. Susanne Schaf, als Vertreterin der "Infosekta", sprach mehr als zwei Stunden über ihre Vorstellungen vom VPM: von Hierarchie, Abhängigkeit, von der *einen* gültigen Meinung und von Aidsprophylaxe. Ausserdem meinte sie, es ginge im VPM nie ohne Gemeinschaft, der Einzelne gelte somit gar nichts. Mit einer Unverfrorenheit ohnegleichen rief sie die Eltern auf, anonyme Aussagen bei Fernsehen und Radio zu machen. Das ganze Referat hatte nicht das geringste mit meiner Tätigkeit als Kindergärtnerin zu tun und konnte nur zum Ziel haben, die Eltern meiner Kinder mit den gesammelten Vorurteilen und Horrorgeschichten über den VPM zu verwirren und zu verunsichern.

Während des ganzen Abends ging es nicht um pädagogische Fragen. Es ging auch nicht um "Kindergarteninformation", wie an den Türen geschrieben stand, sondern ausschliesslich um die Rufschädigung des VPM. Ich fühlte mich nicht besonders wohl, als ich am Ende der Veranstaltung die einzige war, die der Vortragenden nicht applaudierte. Es schien, als ob alles, was gesagt worden war, unwidersprochen in den Köpfen der Zuhörer Einlass gefunden hätte. Das war eine schwere Belastung. Schon an diesem Abend merkte ich, dass die Kindergartenpräsidentin in ihrer Haltung zur Sache schwankte. Vor den 60 Leuten erklärte sie, dass sie ab sofort jede neue Bewerberin fragen werde, ob sie beim VPM sei. Erst spät in der Nacht kam mir wie von weit her in den Sinn, dass es in der Schweiz doch Verfassungsrechte gibt: Vereinsfreiheit, Meinungsfreiheit ...

Zwei Tage später konnte man in der Regionalzeitung auf der Titelseite lesen: “Widerstand gegen VPM-Lehrer: Viele Klassenumteilungsgesuche – Infoabend über VPM”, und auf Seite 3: “Eltern sind besorgt – Schule beschwichtigt.” Da war nun also mit mir bereits ein neuer “Fall” konstruiert worden, bevor nur irgend etwas vorgefallen war.

Ein Elternabend

Vor meinem Elternabend wurde die Hemminger-Werkmappe zur weiteren Verhetzung gezielt an die Eltern verteilt. Kurz zuvor wurde im Radio DRS 3 die Sendung “Input” und im Fernsehen DRS ein Beitrag in “10 vor 10" ausgestrahlt, die die Eltern durch unwahre Behauptungen eines Kinderarztes und eines Ehemaligen noch misstrauischer machten.

Zu Beginn des Elternabends am 14. September stellte ich den über 40 Anwesenden meine bisherige Arbeit während etwa 15 Minuten vor. Sehr schnell kamen aber dann so abstruse Fragen wie die folgenden: Warum haben Sie die Ausbildung zur Kindergärtnerin überhaupt gemacht? Was sind Ihre Motive? Hat der VPM die Ausbildung bezahlt?

Zwei Väter und eine Mutter stellten “Symptome” bei ihren Kindern fest, für die sie mich “verantwortlich machen” wollten. Es handelte sich eindeutig um Symptome, wie sie bei Kindern, die in eine neue, für sie unbekannte Gruppe kommen, sehr häufig zu beobachten sind. Zudem bedeutet es ganz allgemein für Kinder eine Umstellung, wenn sie das erste Mal für längere Zeit von zu Hause weg sind. Einige Mütter der Kinder vom zweiten Jahr erinnerten sich dann auch an ähnliche Erscheinungen vom Kindergartenbeginn im Jahr zuvor. Diese seien aber mit der Zeit abgeklungen. Sie versicherten allen Anwesenden, dass sie mit mir und dem Zustand ihrer Kinder rundwegs zufrieden seien. Als die Kindergarteninspektorin die Erfahrungen der Eltern bestätigte, indem sie Aggressionen und Bettnässen als in diesem Zusammenhang recht häufig auftretende und bekannte Symptome bezeichnete, wurde sofort gerufen: “Sind Sie im VPM?”

Eine Grossmutter, die der Veranstaltung beiwohnte, empörte sich sehr: Es liege ja überhaupt nichts vor, was denn hier los sei.

Sie konnte diese Stimmung nicht aushalten und verliess entrüstet den Raum.

Eine Tagesmutter fragte, wie denn in den Augen der Eltern, die hier Vorwürfe vorbrachten, eine Kindergärtnerin zu sein habe. Sie erhielt keine Antwort, weil niemand so recht wusste, was man mir eigentlich konkret vorwerfen sollte.

Vier Väter verlangten von mir ein Statement über die "Ideologie" des VPM und wollten von mir wissen, wie diese in den Kindergartenunterricht "einfliesse". Ich antwortete, es gebe keine "Ideologie". Was "einfliesse", sei, dass ich die Kinder in allen Bereichen ermutigen und fördern wolle. Ich erzählte z. B., dass ein Kind während der Lektion meinte, es könne beim Basteln mit Papier die gewünschten Falten – trotz einer ermutigenden Aufforderung – nicht machen. Ich widmete mich darauf dem Kind im Freispiel besonders. Unter Beisein der Freundin des Kindes und mit kleinen Hilfestellungen gelang schliesslich die Faltarbeit zur vollen Zufriedenheit von uns dreien. Ich erklärte, wie wichtig eine solche Ermutigung für die Kinder sei.

Aber solche Beispiele genügten einigen wenigen Eltern nicht. Statt dessen war mehr und mehr der VPM das alleinige Thema.

Ein Vater empfahl die Verlängerung der Probezeit, und die grosse Mehrheit der Eltern stimmte diesem Vorschlag zu. Auf die darauffolgende Frage der Kindergartenpräsidentin, wer die Kinder versetzen wolle, streckten fünf oder sechs Eltern auf. Mehrmals plädierte ein Vater sehr dafür, mich einmal in Ruhe arbeiten zu lassen und keine Besuche mehr zu machen. Auch er wurde sofort als VPM-Sympathisant eingeordnet. Trotzdem hatte sein Wort Gewicht.

Es kam wirklich niemand mehr. Ausser einem netten Verkehrspolizisten, der mir für meinen Umgang mit den Kindern ein Kompliment machte. Unter anderem meinte er, man merke, dass da eine sehr geeignete Kindergärtnerin wirke, die sich gut einfühlen könne. Diese herzlichen Worten gingen mir sehr nah und gaben mir Mut in meiner schwierigen Situation. Ich erinnere mich oft daran.

Ein Vater und eine Mutter der agitierenden Minderheit gaben, obwohl es sich bei unserem Elternabend um eine geschlossene Veranstaltung gehandelt hatte, ihre einseitige Sicht an die Presse weiter. "Zufällig" stand einige Tage später in derselben Zeitung ein

Interview mit einem Schulpsychologen, der meinte: "Der VPM ist kein harmloser Verein."

Die Besonnenen unter den Eltern kamen bald wieder auf mich zu. Von zwei Elternpaaren wurde ich zum Nachtessen eingeladen. Diese Treffen, viele Telefonate und Gespräche gaben mir Zuversicht für eine weitere gute Zusammenarbeit.

Allerdings gab es kein Entgegenkommen bei den Eltern, die von Anfang an voreingenommen waren. Sie gaben keine Ruhe, erteilten anonyme Interviews in Zeitungen und verwickelten andere Eltern, die mich nie gesehen hatten, in ihre dubiosen Absichten. Vor allem die Kindergartenpräsidentin wurde bearbeitet. Zwei Wochen nach dem Elternabend, also nur sechs Wochen nach Arbeitsbeginn, bekam ich aus heiterem Himmel die Kündigung. Dies war für mich ein fürchterlicher Schlag, hatten die Eltern doch vereinbart, mich vorerst einmal in Ruhe weiterarbeiten zu lassen, zumal es nicht das mindeste zu beanstanden gegeben hatte.

Ich war die erste, die es den einzelnen Müttern mitteilte. Die meisten waren sprachlos und machten fassungslose Gesichter, denn sie waren überhaupt nicht angehört und orientiert worden. Gleich danach wurde meine Kündigung mit grossem Tamtam in der Presse und im Radio bekanntgegeben.

Ein offener Brief

Am 1. Oktober schrieben zwölf Elternpaare einen offenen Brief an mehrere Zeitungen, die Schulbehörde und an den Erziehungsdirektor.

Der Brief erschien ein paar Tage später in zwei der Lokalzeitungen. Darin weisen die Eltern darauf hin, dass sie mir "in einer offenen Abstimmung das vorläufige Vertrauen ausgesprochen" hätten, weshalb sie meine Entlassung "sehr erstaunt und empört" habe: "Wir fühlen uns übergangen und in unserem gemeinsamen Entscheid vom Elternabend nicht ernst genommen." Dann protestieren sie dagegen, dass "die nicht endenden Agitationen einiger weniger Eltern" die Behörde dazu gezwungen habe, "die eindeutige Mehrheit der Eltern" zu übergehen: "Die Behörden haben nicht vor der Mehrheit, sie haben vor der Minderheit der betroffenen Eltern kapituliert."

In der Folge beschreiben die Eltern, welchen Eindruck sie von mir als Kindergärtnerin erhalten hatten: "Wir haben die Kindergärtnerin stets als offen für Gespräche erlebt, als interessiert am Kontakt mit den Eltern und kooperativ. Auf die zahlreichen Fragen der verängstigten Eltern (...) hat sie nie mit Ungeduld oder Verärgerung reagiert, geschweige denn liess sie die Kinder Ärger spüren. Dass im Kindergarten ein Klima der Kälte, der Einschüchterung herrsche, stimmt ganz einfach nicht. (...) Die meisten Kinder gehen jeden Tag gerne in den Kindergarten und kommen fröhlich wieder nach Hause. (...) Wir haben die Kindergärtnerin unserer Kinder als liebevoll und geduldig erlebt." Zum Schluss drücken die Eltern ihr Bedauern darüber aus, dass "unsere Stellungnahme zu spät kommt. Sie kommt zu spät, weil wir überfahren wurden. (...) Wir betrachten die nun ausgesprochene Kündigung als ungerechtfertigt, als übereilt und der betroffenen Kindergärtnerin gegenüber äusserst unfair. Wir wünschen der Kindergärtnerin für ihre weitere Zukunft Eltern und Schulbehörden, die sie trotz ihrer Zugehörigkeit zum VPM angstlos und ausgewogen beurteilen. (...) Die Kindergärtnerin unserer Kinder hat diese übereilte Kündigung nicht verdient."

Dieser Brief, nachträgliche Einladungen, Telefonate und persönliche Schreiben bestätigen mir immer wieder, dass man mich als Person schätzte. Mit einer weiteren Familie, die sich immer aus der Sache herausgehalten hatte, stand ich in einem guten persönlichen Einvernehmen.

Jetzt bin ich arbeitslos, schreibe Bewerbungen und merke, wie ich die Arbeit mit den Kindern vermisse, wenn ich Kolleginnen in ihren Kindergärten besuche. Bis jetzt hatte ich keine Gelegenheit, mich an einem anderen Ort persönlich vorzustellen. Eigentlich bin ich gewohnt, mir meinen Lebensunterhalt aktiv selber zu verdienen, und möchte deshalb lieber nicht stempeln gehen.

Wenn ich an einen Neubeginn denke, kommt mir sogleich die Frage: Werde ich dann meinen Kindergarten so führen können, wie es den Kindern guttut, ohne solchen Aktionen ausgesetzt zu sein?

Mehrheit der betroffenen Eltern wurde nicht gefragt

Zur Entlassung einer VPM-Kindergärtnerin in [redacted] vom 2. Oktober)

Am Donnerstag haben alle Eltern, deren Kind den Kindergarten [redacted] besucht, schriftlich Bescheid erhalten, dass der Kindergärtnerin auf den nächstmöglichen Termin (also noch innerhalb der Probezeit) gekündigt worden sei. Die unterzeichnenden Eltern sind über den schnellen Entscheid der Behörden sehr erstaunt und empört. Wir fühlen uns übergangen und in unseren gemeinsamen Entscheid vom Elternabend des [redacted] nicht ernst genommen.

Um es vorwegzunehmen: Wir sind Eltern von Kindergartenkindern, weder VPM-Mitglieder noch -Sympathisanten (Anschuldigungen, welche einige von uns bereits hinnehmen mussten). Die Auseinandersetzung mit dem VPM ist für die meisten von uns kürzeren Datums, auch uns beunruhigen Strukturen gewisse Wertvorstellungen und Verhaltensweisen des VPM. Auch wir setzen das Wohl unseres Kindes an erster Stelle. Auch wir beobachten sein Wohlergehen und Verhalten aufmerksam. Auch wir haben Stunden im Kindergarten [redacted] mitverfolgt.

Trotzdem haben wir am Elternabend vom [redacted], an dem Eltern und Behörden anwesend waren, der Kindergärtnerin in einer offenen Abstimmung das vorläufige Vertrauen ausgesprochen und uns auf eine verlängerte Probezeit bis Mitte November, eventuell bis Ende 1992, geeinigt.

Der Abstimmung ging eine offene und schonungslos geführte Auseinandersetzung voran. Die Kindergärtnerin stellte sich dabei den Fragen, Vorwürfen, der Unsicherheit der Eltern. Konnten auch nicht alle Unsicherheiten behoben werden, so brachte die Aussprache doch so weit Klärung, dass sich die eindeutige Mehrheit der Eltern gegen eine kurzfristige Kündigung entschied. Dies geschah im Einvernehmen mit der Präsidentin der Kindergartenkommission, und es wurde vereinbart, nach Ablauf der Probezeit eine neue Zusammenkunft einzuberufen.

Die Mehrheit der Eltern hat sich gegen eine schnelle Verurteilung der Kindergärtnerin entschieden, da sie der neuen Lehrkraft gegenüber fair und vorurteilslos reagieren und nicht einer vorschnellen Panikreaktion (Angst vor VPM!) anheim fallen wollte. Die Arbeit einer Kindergärtnerin und nicht die Zugehörigkeit zum Verein sollte ausschlaggebend werden, mochte es auch unmöglich sein, hierbei eine ganz klare Trennlinie zu ziehen.

An dieser fairen Meinungsbildung sind wir nun gehindert worden: Durch die nicht endenden Agitationen einiger weniger Eltern, die den Beschluss der Mehrheit nicht respektierten und eine erklärterweise geschlossene Veranstaltung im nachhinein zur öffentlichen machten, indem sie den Inhalt des Elternabends in verzerrter Form an die Presse weitergaben.

Weiter durch Kräfte ausserhalb des Kindergarten [redacted], die Eltern, deren Kinder erst nächstes Jahr diesen Kindergarten besuchen werden, soviel Angst einflössten, dass sich auch einige dieser Eltern vorwurfsvoll an die Kindergartenkommission wandten (diese Eltern stehen wohlverstanden in keinem Kontakt zu der betroffenen Kindergärtnerin).

Und schliesslich durch die Kindergartenkommission und Schulpflege selber, die diesem Druck entgegen eigener früherer Zusicherungen so schnell nachgegeben hat. Die Behörden haben nicht vor der Mehrheit, sie haben vor der Minderheit der betroffenen Eltern kapituliert.

Wir haben die Kindergärtnerin vom Chindsgi» [redacted] stets als offen für Gespräche erlebt, als interessiert am Kontakt mit den Eltern und kooperativ auf die zahlreichen Fragen der verängstigten Eltern (zum Beispiel: Hygiene im Kindergarten, Blossstellen einzelner Kinder) hat sie nie mit Ungeduld oder Verärgerung reagiert, geschweige denn liess sie die Kinder Ärger spüren. Dass im Kindergarten ein Klima der Kälte, der Einschüchterung herrsche, stimmt ganz einfach nicht. So hat zum Beispiel ein Kind, das im vergangenen Kindergartenjahr aus Sprachschwierigkeiten nicht zu sprechen wagte, nun plötzlich «den Knopf aufgetan» und plappert jetzt gelöst daher. Hätte es in einem frostigen Klima gerade jetzt zu sprechen begonnen?

Die meisten Kinder (in welchem Kindergarten sind es alle?) gehen jeden Tag gerne in den Kindergarten und kommen fröhlich nach Hause. Sie erzählen zu Hause, was sie gebastelt, mit wem sie gespielt haben, wer wieder einmal zu laut gewesen ist, was ihre Kindergärtnerin zu diesem oder jenem gemeint hat. Sie bringen stolz das selber hergestellte Huhn nach Hause, das sogar gackern kann. Sie singen ein Liedlein vor, das sie soeben gelernt haben.

Wir haben die Kindergärtnerin unserer Kinder als liebevoll und geduldig erlebt. Gewiss kam es auch zu Schwierigkeiten mit einzelnen Kindern, gewiss hätte sich die Kindergärtnerin in dieser oder jener Situation geschickter verhalten können. Vergessen wir nicht, dass sie noch nicht lange im Schuldienst steht.

In jedem Kindergarten müssen Konflikte ausgetragen werden, oft ist das Dreieck Kind-Kindergarten-Eltern ein heikles Gebilde. Wesentlich dünkt uns dabei, dass Kindergärtnerin und Eltern dann ohne Angst miteinander reden können, und dies war bei der Kindergärtnerin unserer Kinder immer möglich: Ist es nicht eigenartig, dass alle Kinder des zweiten Kindergartenjahres sehr gerne in den Kindergarten gehen, sich ausgeglichen verhalten und alle Eltern dieser Kinder zufrieden mit der ins Kreuzfeuer geratenen Kindergärtnerin sind Diese Kinder genossen im vergangenen Schuljahr den Unterricht einer sehr erfahrenen und unumstrittenen Kindergärtnerin. Dass sie alle zufrieden sind, spricht dies nicht auch zugunsten der neuen Kindergärtnerin?

Wir bedauern sehr, dass unsere Stellungnahme zu spät kommt. Sie kommt zu spät, weil wir überfahren wurden. Sie kommt zu spät, weil wir nicht damit rechneten, dass der von den Eltern im Beisein der Präsidentin der Kindergartenkommission gefasste Beschluss keinerlei Gültigkeit besitzt. Unsere Stellungnahme kommt zu spät, weil die Mehrheit der betroffenen Eltern nicht mehr gefragt wurde. Wir betrachten die nun ausgesprochene Kündigung als ungerechtfertigt, als übereilt und der betroffenen Kindergärtnerin gegenüber äusserst unfair.

Wir wünschen der Kindergärtnerin vom «Chindsgi» [redacted] für ihre weitere berufliche Zukunft Eltern und Schulbehörden, die sie trotz ihrer Zugehörigkeit zum VPM angstlos und ausgewogen beurteilen. Wir sind davon überzeugt, dass eine gute Zusammenarbeit zwischen Kindergärtnerin und Eltern auch im Kindergarten [redacted] möglich gewesen wäre. Die Kindergärtnerin unsrer Kinder hat diese übereilte Kündigung nicht verdient.

“Ich konnte mit guten Wahlaussichten rechnen. Meine Vorgesetzte unterstütze mich in meinem Vorhaben. Einige Zeit später, kurz vor dem Wahlverfahren, stand sie plötzlich wieder vor meiner Tür. Sie riet mir, die Bewerbung zurückzuziehen. Es war ihr sichtlich unangenehm.”

Cecile Morandi, Primarlehrerin

Porträt ohne Gesicht (Zeichnung C. M.):
Wahlkommission etikettierte mich als “gesichtslos”.
Porträt mit Gesicht (Zeichnung C. M.):
Wie sieht das Gesicht in Wirklichkeit aus?
Abgestempelt mit der ID-Nr. 200.
Jahrgang: 1948. – Konfession: reformiert. – Zivilstand: ledig.

Nichtwahl auf Grund kolportierter Clichés

Schon seit meiner Schulzeit war es mein grösster Wunsch, mich in einem künstlerischen und kreativen Beruf auszubilden, in dem ich auch unmittelbar mit Menschen zu tun haben würde. Dies nicht zuletzt deshalb, weil in unserer Familie Kunst eine grosse Bedeutung hatte und für Psychologie und zwischenmenschliche Fragen grosses Interesse bestand.

Schon als Jugendliche beschäftigten mich Fragen wie: Warum entstehen Schwierigkeiten in Freundschaften, und wie kann man sie sinnvoll lösen? Wieso gibt es so viele Ehescheidungen? Warum streiten sich Ehepaare oft? Wo liegen die Ursachen?

Trotz meinen festen Berufsvorstellungen sollte es noch einige Jahre dauern, bis mein Wunsch, als Lehrerin arbeiten zu können, in Erfüllung ging. Nach meiner Berufslehre, ein paar Jahren Berufstätigkeit und zwei Sprachaufenthalten im Ausland empfand ich immer mehr das Bedürfnis, im pädagogischen Bereich tätig zu werden. Um künstlerisches Schaffen und die Arbeit mit Menschen miteinander verbinden zu können, absolvierte ich schliesslich an der Kunstgewerbeschule eine Lehrerausbildung im pädagogischen und künstlerisch-kreativen Bereich. Obwohl ich nun ein schönes Ziel erreicht hatte, stellte sich mit der Zeit heraus, dass ich damit meine Existenz nicht sichern konnte. Ich konnte zwar als Werklehrerin für einige Zeit tätig sein, es war jedoch praktisch unmöglich, ohne staatlich anerkannte Lehrerausbildung eine feste Stelle zu finden. So fasste ich den Entschluss, eine weitere Ausbildung in Angriff zu nehmen, die ich auch erfolgreich abschloss.

In diesen Jahren lernte ich auch die psychologische Arbeit von F. L. kennen. Sie sprach mich unter den verschiedenen Richtungen der Psychologie, die ich bisher kennengelernt hatte, besonders an, weil ich da auf meine Fragen, die mich schon lange beschäftigten, wissenschaftlich fundierte Antworten bekam.

Nach Abschluss meiner Lehrerausbildung war ich somit gut gerüstet: Ich hatte ein fundiertes Fachwissen erworben, gute Qualifikationen und vielfältige Erfahrungen im zwischenmenschlichen Bereich, besonders auch im Umgang mit Kindern. Die Weiterbildung an der psychologischen Beratungsstelle von F. L. und später im VPM hatte mich entscheidend dazu befähigt, auch schwierige pädagogische Probleme genauer zu erfassen.

Mit Zuversicht und Freude ging ich nun daran, meine Neigungen und Fähigkeiten in meinem schönen Beruf voll zur Wirkung zu bringen, meine gestalterischen Fähigkeiten und die pädagogischen Kenntnisse anzuwenden.

Ich hatte guten Grund, optimistisch zu sein. Immer wieder wurde mir bestätigt, wie gut es mir gelinge, die Interessen und Fähigkeiten meiner Schüler in lebendiger und verständnisvoller Atmosphäre zu fördern und bei ihnen die kreativen Kräfte zu wecken, ihr Vertrauen zu gewinnen und sie kindgerecht und individuell anzuleiten.

Diese schöne Situation wurde im letzten Jahr ganz plötzlich massiv gestört und aufs Spiel gesetzt.

Frühjahr 1992

Im Frühjahr 1992, nach zweieinhalbjährigem Schuldienst in der Schulgemeinde M.*, wollte ich mich wählen lassen. Ich konnte mit guten Wahlaussichten rechnen. Meine Vorgesetzte unterstützte mich in meinem Vorhaben. Einige Zeit später, kurz vor dem Wahlverfahren, stand sie plötzlich wieder vor meiner Tür. Sie riet mir, die Bewerbung zurückzuziehen. Es war ihr sichtlich unangenehm. Als ich nach dem Grund fragte, zuckte sie nur die Achseln. Sie kenne ihn nicht. Es sei ihr nichts Genaueres gesagt worden. Vermutlich hatte der Schulpfleger auf sie eingewirkt. Auch er hatte mir schon geraten, mich von der Wahl zurückzuziehen, wegen angeblicher Schulschwierigkeiten. Ich hätte einen "Tumult in der Klasse". Ich war brüskiert, um so mehr, als der Schulpräsident verlauten liess, dass ich im Falle einer Nichtwahl gehen müsse.

Eine Nichtwahl kommt eigentlich selten vor. Es braucht spezielle Gründe dazu. Nach wie vor überzeugt, aufgrund meiner guten Qualifikationen und Zeugnisse gewählt zu werden, stellte ich mich dem Wahlverfahren. Die meisten Mitglieder der beiden Wahlkommissionen verhielten sich beim Besuch spürbar distanziert. Die eine Kommission entschied sich für eine Zurückstellung der Wahl, die andere für Nichtwahl. Der Schulpräsident war für die Zurückstellung der Wahl. Beim Entscheid der Gesamtkommission, übrigens nur zwei Tage vor dem Kündigungstermin, waren nun mit einer einzigen Ausnahme plötzlich alle Mitglieder für Nichtwahl. Warum? Sollte dieser negative Entscheid, der zugleich die Kündigung bedeutete, getroffen worden sein, weil ich im VPM Weiterbildungskurse besuche? Als Rechtfertigung der Nichtwahl wurden herabwürdigende und haltlose Charakterisierungen wie ich sei "gesichtslos", "fad", "farblos" und dergleichen angegeben.

Ich war empört über diese Äusserungen und verwahrte mich dagegen. Völlig teilnahmslos fragte man mich, warum ich denn das so persönlich nehmen würde. In der Folge legte man mir nahe, die Kündigung selber zu schreiben, ansonsten mir Nachteile daraus erwachsen würden. Ich kündigte nicht.

Als ich meine kantonale Vorgesetzte um Rat bat, sagte sie kalt, dass sie soeben meine Kündigung schreibe und diese von einem Angestellten höchstpersönlich in die Schule bringen lasse. Eine Begründung, meinte sie trocken, brauchte sie mir ja nicht zu geben. Ich war bestürzt.

Neue Erfahrungen

Gezwungenermassen musste ich eine neue Stelle suchen. Nach ein paar Absagen erhielt ich die Gelegenheit, mich in S.* bei Frau A.* und Frau D.*, einer Schulpflegerin, vorzustellen. Sie waren offensichtlich sehr zufrieden mit meinen Referenzen und den schönen und ansprechenden Schülerarbeiten, die ich ihnen präsentierte; sie sagten, sie freuten sich, wenn ich ihnen zusagen könnte. Ich sagte zu, obwohl diese Anstellung auf einige Monate befristet war. Frau A. wollte mir die nötigen Unterlagen in den nächsten Tagen zukommen lassen. Ich wartete, doch es kam nichts. Mit einem etwas mulmigen Gefühl rief ich Frau A. an. Sie teilte mir mit, dass der Schulpräsident "keine Lehrer vom VPM" wolle. Ich war betroffen. Auch Frau A. fand die Sache eigenartig. Ich sei ihr von meiner letzten Vorgesetzten in M. empfohlen worden. Obwohl Frau A. mich nehmen wollte, musste sie noch andere Bewerberinnen anschauen. Sie blieb aber bei ihrem Entscheid, weil sie mich am besten qualifiziert fand.

Woher wusste der Schulpräsident von meinen Kontakten zum VPM? Offenbar hatte er einen Informanten, denn meine Teilnahme an VPM-Weiterbildungskursen war weder aus irgendeinem Gespräch noch aus den Bewerbungsunterlagen hervorgegangen. Ich habe inzwischen erfahren, dass die Mitteilung von Frau H. aus der Erziehungsdirektion stammte. Frau A. fand die Sache merkwürdig genug und setzte sich für mich ein, so dass ich die befristete Stelle schliesslich doch übernehmen konnte. Frau A. fand den guten Eindruck von mir in der Folge bestätigt und lässt mich nicht gerne gehen.

Ungewisse Zukunft

Wie meine berufliche Zukunft aussehen wird, ist noch ungewiss. Werde ich nach dieser befristeten Stelle wieder eine befriedigende Arbeitsstelle finden? Muss ich mich wieder beleidigen lassen mit Äusserungen wie ich sei "gesichtslos, fad und farblos". Diese Ausdrücke sind nämlich nichts anderes als eben die Stereotypen der "Psychostroika"[G], die von D. Ohnigkeit[G] in diskriminierender Absicht in Umlauf gesetzt wurden, um dem VPM und seinen Mitgliedern zu schaden. Die Übertragung derartiger Clichés auf mich als einem ausgesprochen künstlerisch orientierten, kreativen Menschen entspricht einer vorurteilsgeprägten Beleidigung, der ich mich nicht beliebig aussetzen möchte.

Rückblickend möchte ich sagen, dass ich trotz diesen unangenehmen Erlebnissen viel gelernt habe. Ich bin sicherer geworden. Mein Sensorium für Ungerechtigkeiten und verächtliches Verhalten hat sich entwickelt.

Ob ich aus dem VPM austreten sollte, um künftig nicht mehr diskriminiert zu werden? Gewiss nicht. Mein Interesse und Engagement für das, was ich im VPM finde, hat sich durch die gemachten Erfahrungen noch verstärkt. Die Reaktionen, Meinungen und Probleme in zwischenmenschlichen Beziehungen sind für mich nur noch interessanter geworden. Die Arbeit im VPM bringt mich dabei weiter und interessiert mich immer mehr.

“ *Bis zum Sommer 1990 war der VPM an der Beratungsstelle nie ein Thema gewesen. Ich hatte die Weiterbildung als meine Privatsache betrachtet. Als ich dann im Zusammenhang mit der Referentensuche für die Tagung berichtete, in Veranstaltungen des VPM (...) viel Neues über das Drogenproblem erfahren zu haben, begannen die Kollegen zu mir auf Distanz zu gehen.* ”

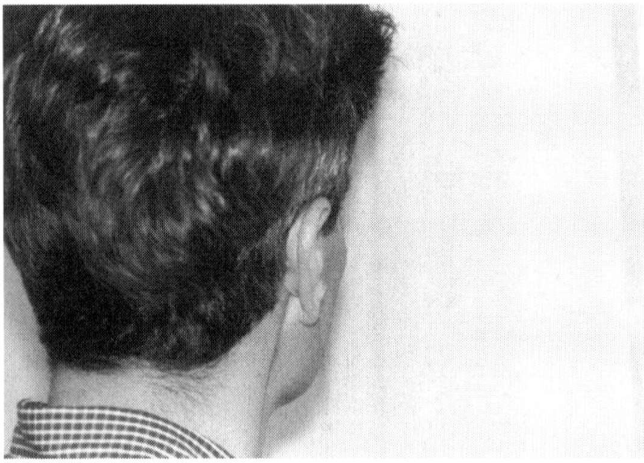

Felix Bauer, Sozialarbeiter

Geboren 1953 in S. als zweitältester von sechs Kindern. – Konfession: katholisch. – Zivilstand: verheiratet. – Interessen: Literatur zur Sozialgeschichte, Laufsport. – Kindheit und Schulzeit in S., Studium und erste Berufsjahre in K. Seit 1981 Wohnsitz und Berufstätigkeit in der Region Zürich. 1991 Entlassung wegen Weiterbildung beim VPM; danach 15 Monate arbeitslos.

Das unmenschliche Gesicht der "Sucht" nach Prestige

Nach zehn Berufsjahren als Sozialarbeiter begann ich 1985 in der Industriestadt T.* an einer Beratungsstelle für Alkoholprobleme zu arbeiten. Die Klienten, die sich an uns wandten, suchten Hilfe bei der Überwindung ihrer Sucht und den damit verbundenen Schwierigkeiten im privaten und beruflichen Bereich.

Die Beratungsarbeit war eine herausfordernde und abwechslungsreiche Tätigkeit, die mir viel Genugtuung bereitete. Während fünf Jahren wurden meine Leistungen und mein Verhalten nie beanstandet, im Gegenteil, ich war ein geschätzter Mitarbeiter. Der Stellenleiter achtete mich als kompetenten Berufsmann und ernsthaften Gesprächspartner – zumindest solange er sich mein Engagement und mein Auftreten in der Öffentlichkeit für seine eigenen Ziele nutzbar machen konnte. Auf seine Initiative hin wurde ich 1988 in den Vorstand des Verbands der Alkoholfachleute gewählt.

Der Leiter verfolgte den ehrgeizigen Plan, die Beratungsstelle zur Nummer eins in der Schweiz zu machen. Immer wieder beeinträchtigte er allerdings mit den aus seiner Sicht fortschrittlichen Neuerungen die kontinuierliche und aufbauende Klientenarbeit. Weil er mit Blick auf diverse modische Heilpraktiken und Psychotechniken davon ausging, dass heute jeder Berater zumindest ein körperorientiertes Verfahren kennen sollte, lernten wir im Schnellverfahren die Shiatsu-Massage. In einer anderen Kurzausbildung machte er uns mit der Elektro-Akupunktur bekannt. Mittels dieser "Wundertechnik" sollten wir zu einem Zentrum für den ambulanten Entzug von harten Drogen werden. Dankbar für jede scheinbar konkret praktizierbare Handlungsanweisung setzten meine Kollegen diese teilweise höchst zweifelhaften, auf jeden Fall sehr lückenhaft vermittelten Verfahren unmittelbar in ihrer Arbeit ein – meines Erachtens ein verantwortungsloses Vorgehen gegenüber dem Hilfesuchenden.

Bis 1985 war die Beratungsstelle für das Alkoholproblem und in Einzelfällen für Medikamentenmissbrauch zuständig. In der Hilfeleistung galt der Abstinenzgrundsatz. Mit der damaligen

Übernahme der Leitung durch den jetzigen Chef und parallel zu der sich Ende der Achtzigerjahre zuspitzenden gesamtgesellschaftlichen Drogendiskussion begann eine Umorientierung. Neu fand sich die Stelle auch für sogenannte stoffungebundene Süchte zuständig (Magersucht, Spielsucht etc.).

Absage an die Abstinenz

Die grösste Beachtung im Kreis der Berufskollegen hatte das vom Leiter ausgearbeitete und 1987 veröffentlichte Konzept des sogenannten "kontrollierten" Trinkens gefunden. Klienten mit Alkoholproblemen sollten danach unter Anleitung ihres Beraters einen "selbstverantwortlichen und unschädlichen Umgang mit dem Alkohol" erlernen können. Da ich verhältnismässig neu in der Arbeit mit Alkoholkranken war, stand ich dem Konzept skeptisch, aber nicht offen ablehnend gegenüber. Zuerst wollte ich mehr Erfahrungen sammeln und diese dann im Team zur Diskussion stellen. Schon damals musste ich aber die schmerzliche Erfahrung machen, dass eine wirkliche Auseinandersetzung in dieser wichtigen Sachfrage nicht möglich war. Alle Beobachtungen, die das neue Vorgehen in Frage stellten, wurden als hinterwäldlerisch, "ideologisch" oder "abstinenzfanatisch" diskreditiert. Die Kollegen taten selbst fundierte Einwände als lästige Störung ab und repetierten eifrig die Argumente ihres Vorgesetzten. Ich war ein hinderlicher Bremsfaktor auf dem Weg zum angestrebten hohen Bekanntheitsgrad der "fortschrittlichsten" Beratungsstelle.

Als das Drogenthema etwa 1989 auch im Berufsverband aufgegriffen wurde, nahm ich mir vor, mich für diesen Meinungsbildungsprozess nicht nur sachkundig zu machen, sondern ihn auch von Anfang an aktiv mitzugestalten. Wenn ich im folgenden schildere, was mir dabei widerfuhr, ist es für den Leser wichtig zu wissen, dass die Beratungsstelle in T. und die Spitze des Berufsverbandes personell sehr eng miteinander verknüpft waren.

Im Sommer 1990 begannen an der Arbeitsstelle die Schwierigkeiten wegen meiner Kursbesuche beim VPM. Ich hatte die Aufgabe übernommen, für eine Fortbildungsveranstaltung des Berufsverbandes der Alkoholfachleute einen Referenten zu engagieren, der eine auf Abstinenz ausgerichtete Arbeitsweise einer

Drogenberatungsstelle vorstellen sollte. Als ich nach einigem Suchen niemand fand, der konsequent für das Behandlungsziel der Suchtfreiheit – auch bei den sogenannten weichen Drogen – eintrat, gewann ich den für seinen klaren Standpunkt bekannten Arzt Dr. W.* für den Vortrag. Dr. W. war zugleich VPM-Mitglied. Dieser Umstand sollte genügen, eine Lawine ins Rollen zu bringen.

Meine neue Kollegin K.*, die nach Absolvierung ihrer Psychologieausbildung zu uns an die Beratungsstelle gekommen und im Berufsverband in kürzester Zeit zur Präsidentin aufgestiegen war, stellte sich meiner Referentenwahl in den Weg: Sie kenne die "Lieblinge" und deren "extrem rechts-radikale" Ansichten. In allen ihren Begegnungen mit "denen" habe es nur Schwierigkeiten gegeben. Meinen Entscheid für Dr. W. würde sie rückgängig zu machen wissen.

Immer mehr entpuppte sich K. als eine ehrgeizige, berechnende und feministisch-kämpferische Person, die sich an linksalternativen Maximen orientierte. Sie setzte im Vorstand durch, dass Dr. W. tatsächlich nicht eingeladen und ich überdies von der weiteren Tagungsvorbereitung ausgeschlossen wurde. In einem späteren Schritt wurde dann auch mein fachlicher Standpunkt tabuisiert.

An der erwähnten Fortbildung hielt ich ein Referat über die schädigenden Wirkungen von Alkohol und Cannabis und die Ausbreitungsmechanismen der Drogensucht unter Jugendlichen. Ich ging dabei ausführlich auf die oftmals heruntergespielten Gefahren von Haschisch und Marihuana ein und belegte meine Ausführungen mit Arbeiten aus Fachzeitschriften und -büchern. Obwohl der Beitrag bei vielen Teilnehmern auf grosses Interesse stiess, verhinderte der Vorstand in autoritärer Weise den bereits zugesagten Abdruck im verbandseigenen Fachblatt. Alle anderen, mehrheitlich eine Drogenfreigabe befürwortenden Vorträge wurden hingegen publiziert. Mein Antrag an die Generalversammlung vom Frühjahr 1991, dass die Mitglieder über eine nachträgliche Publikation entscheiden sollten, wurde von der Präsidentin K. durch ein für meine Begriffe skandalöses Vorgehen abgeblockt: Die Verbandsführung hatte keine Kosten gescheut, sich ein juristisches Gutachten zu besorgen, laut dem es nicht im Kompetenzbereich der Vereinsmitglieder liege zu entscheiden, welche Beiträge in der Fachzeitschrift veröffentlicht werden sollten. – Anzumerken bleibt, dass mein Vortrag 1992 in zwei deutschen Drogenfachzeitschriften publiziert und als ein ebenso sachlicher wie sachdienlicher Beitrag in einer von Emotionen und politischen Interessen geprägten Auseinandersetzung bezeichnet wurde.

Das Vorgehen der Verbandsspitze wird verständlicher, wenn man um die schon eingangs skizzierte Entwicklung der letzten zehn Jahre weiss. Die tonangebenden Leute im Vorstand, gestützt durch einflussreiche, im Hintergrund wirkende Verbandsmitglieder mit dem Leiter meiner Beratungsstelle an der Spitze, hatten den in Jahrzehnten bewährten Abstinenzgrundsatz in der Behandlung des Alkoholproblems aufgegeben und sich den Ideen der Drogenlegalisierer angeschlossen. Diese kleine, aber mächtige Gruppe nutzte die Fachzeitschrift und die Zusammenkünfte des Verbandes sowie eine von meinem Chef organisierte berufsbegleitende Zusatzausbildung, um ihre Ansichten durchzusetzen. In enger Zusammenarbeit mit zum Teil akademisch gebildeten Alt-Achtundsechzigern und Absolventen der politisch tendenziell linksorientierten Sozialarbeiterschulen, gelang es ihnen, den Einfluss der Abstinenzorganisationen (zum Beispiel Blaues Kreuz und Guttempler) und der berufserfahrenen Alkoholfürsorger markant herabzumindern.

Der VPM wird Thema – mangels sachlicher Argumente

Bis zum Sommer 1990 war der VPM an der Beratungsstelle nie ein Thema gewesen. Ich hatte die Weiterbildung als meine Privatsache betrachtet. Als ich dann im Zusammenhang mit der Referentensuche für die Tagung berichtete, in Veranstaltungen des VPM, insbesondere dem Internationalen Symposium gegen Drogen in der Schweiz vom Herbst 1990 viel Neues über das Drogenproblem erfahren zu haben, begannen die Kollegen zu mir auf Distanz zu gehen. Während K. mich sofort zu den "Lieblingen" zählte, fragte mich der Chef aufgeregt, ob ich wisse, dass der VPM "die Lieblinge" seien. Die jüngere der beiden Sekretärinnen empfahl mir, zur Information ihre Kassette einer "DRS 3"-Sendung über den VPM anzuhören. Die beiden männlichen Kollegen und die ältere Sekretärin konnten allerdings vorerst mit der Abkürzung VPM noch gar nichts anfangen. Seit diesen Vorfällen zeigte mir die Kollegin K. wegen meiner Kontakte zum VPM ihre offene Verachtung. Sie verweigerte mir jegliche Zusammenarbeit. Es war ihr ein leichtes, die verleumderischen und abstrusen Darstellungen des VPM in den Medien gegen mich zu verwenden. Einerseits schürte sie damit die bei einzelnen Kollegen bereits vorhandenen Vorurteile, andererseits "klärte" sie die noch Uninformierten damit "auf".

In dieser Phase der Stimmungsmache spielte mein Vorgesetzter eine zwiespältige Rolle. Er liess die Kollegin die Wühlarbeit ungestört machen und gab sich selber den Anstrich des Gesprächsbereiten und Warnenden: Auch wenn er kein VPM-Freund sei, zähle für ihn nur die Arbeitsleistung und nicht die Zugehörigkeit zu einem Verein, einer Partei oder Kirche. Trotzdem liege es weder in seiner Macht noch in seinem Interesse, das gegen mich erzeugte Kesseltreiben zu unterbinden. Selbstverständlich müsse ich mir bewusst sein, dass meine Unterschrift in einem (1990 erschienenen) Inserat des VPM – von K. entdeckt und triumphierend als "Beweis" im Team herumgereicht – eine schwere Provokation sei ...

Meine Richtigstellungen der vielen offenen und unterschwelligen Anwürfe, die allesamt nicht in der Sache begründet waren, wandelte der Leiter in den Vorwurf um, mit meinem Verhalten der ganzen Beratungsstelle zu schaden. Meine Wahrnehmung sei gestört, und ich würde bewusst die Opferrolle suchen. Er dichtete mir psychische Defekte an und liess sich seine eigene, von Vorurteilen und Stereotypen geprägte Sichtweise von den Kollegen bestätigen.

Der Stellenleiter war auch einverstanden, dass die Kollegen meinen für den Jahresbericht geschriebenen Artikel über die von mir geführte Gesprächsgruppe willkürlich zusammenstrichen und in den gemeinsamen Gesprächen alle Gedanken, die mir wichtig waren, durch vorschnelle Abstimmungen hämisch abblockten. Bezeichnenderweise beanstandete sie, dass ich die wichtige Neuerung des "kontrollierten Trinkens" im Bericht nicht positiv gewürdigt hätte. Wäre ich auf dieses Thema eingegangen, hätte ich ehrlicherweise erwähnen müssen, dass langjährige Alkoholiker und jetzige Gruppenteilnehmer mir gesagt hatten, dass sie das "kontrollierte Trinken" entschieden ablehnen. Einige Erfahrungen hätten sie gelehrt, dass ein solches Behandlungskonzept den Hilfesuchenden mit fadenscheinigen Versprechungen ködere, ihn in Wirklichkeit aber in seiner Suchtproblematik belasse, seine Leidensgeschichte unnötig verlängere und dadurch zu seiner weiteren Resignation beitrage.

In einer Teamsitzung forderte der Stellenleiter die Runde auf, alle möglichen "Fehler" von mir zusammenzutragen. Auch ermutigte er einen Kollegen, meine Entlassung als realistischen Lösungsschritt der internen Schwierigkeiten offen im Team zu diskutieren.

Abgekartetes Spiel

Im Mai 1991, wenige Wochen vor meiner Entlassung, bot er mir einen Handel an. Für die Sitzung der Betriebskommission, an der ein angeblicher Zusammenarbeitskonflikt mit mir geklärt werden sollte, müsste ich mich mit einer vorformulierten Vereinbarung einverstanden erklären. Dadurch könne ich meinen Willen zur Besserung bekunden. In dem Schriftstück ging es um absurde Forderungen, wie zum Beispiel um die Abmachung, in Teamsitzungen nicht mehr Redezeit als meine Kollegen zu beanspruchen, und um Selbstverständlichkeiten in der Zusammenarbeit, die ich nie in Frage gestellt hatte. Ich lehnte die Unterschrift ab, weil ich möglichen Fehlinterpretationen zuvorkommen wollte: Für mich gab es weder eine Veranlassung zu einer Art Schuldbekenntnis noch einen Grund, mich als Problemfall behandeln zu lassen.

Die besagte Sitzung Anfang Juni 1991 erwies sich von allem Anfang an als ein abgekartetes Spiel. Die beiden Kommissionsmitglieder zeigten keinerlei Interesse an einer sachlichen Klärung. Hingegen brachten sie dem Stellenleiter jegliches Verständnis entgegen und behandelten mich als Angeklagten. Sie redeten mir zu, die Beratungsstelle freiwillig zu verlassen. Ich nahm ihr "Angebot" nicht an und erhielt vierzehn Tage später die Kündigung. Als Grund gaben sie an, ich würde die Zusammenarbeit verweigern.

Von den übergeordneten Instanzen meines Arbeitgebers erhielt ich keinerlei Hilfe. Obwohl ich die Verantwortlichen wiederholt über die gegen mich gerichteten Bestrebungen informiert und eindringlich um Beistand nachgesucht hatte, hielten sie mich hin und liessen den Dingen ihren Lauf.

Meine Klage beim Arbeitsgericht in T. wegen missbräuchlicher Kündigung endete in einem für mich unbefriedigenden Vergleich. Die Erfolgsaussichten für einen Rekurs wurden von juristischer Seite als gering eingeschätzt.

Nach meinem Ausschluss bei der Beratungsstelle war ich 15 Monate arbeitslos. Trotz fünfzehnjähriger Berufspraxis und überdurchschnittlicher Qualifikationen erhielt ich auf über 140 Bewerbungen ausschliesslich Absagen.

Inzwischen habe ich Glück gehabt und wieder eine Anstellung in einem Beratungsdienst gefunden. Auch am neuen Ort sorgte die Information über meine Kursbesuche beim VPM für Aufregung, eine Reaktion, über die ich mich bei der gewaltigen Medienkampagne nicht wundern konnte. Allerdings war man hier so unabhängig, nicht an gängigen Vorurteilen haften zu bleiben, sondern mich korrekt nach meiner Bewährung als Berufsmann zu beurteilen.

“Sie traten in mein Besprechungszimmer, zogen den Mantel nicht aus und setzten sich auch nicht hin. Das sonst freundliche Gesicht der Präsidentin war kalt und abweisend.”

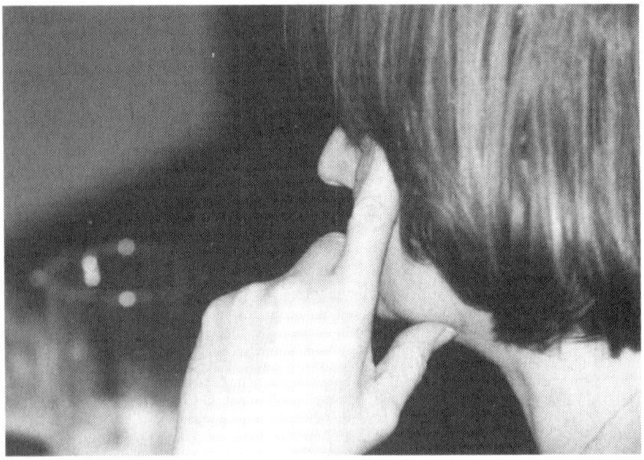

Christiane Matter, Psychologin

Geboren 1950 in I., Kanton Zürich, in einer Arbeiterfamilie. – Ältestes von drei Kindern. – Konfession: katholisch. – Aufbauende, langjährige Beziehung mit einem Lebenspartner. – Interessen: Beschäftigung mit gesellschaftlichen und sozialen Fragen, Lesen, ausgedehnte Spaziergänge und Bergtouren. – Lehre, Auslandaufenthalt, Ausbildung im kaufmännischen Bereich, Fachausbildung in Heimerziehung und Sozialpädagogik. Einige Jahre Praxis in Kindererziehung und Elternberatung, Diplomstudium in Psychologie, Vertiefung der individualpsychologischen Kenntnisse in Weiterbildungsseminaren im VPM. – Psychologische Praxis mit Schwerpunkt Eltern- und Familienberatung und zusätzlich Anstellung im sozialen Bereich.

Ein schändlicher Brief und seine Folgen

Im Juni 1991 trat ich eine Stelle als Leiterin einer Institution im Bereich Adoptivelternberatung an, die mir ausgesprochen gut gefiel. Die Vorstandsmitglieder des privatrechtlich organisierten Vereins waren von meiner Person in fachlicher wie auch in menschlicher Hinsicht überzeugt. Insbesondere die Präsidentin freute sich auf die Zusammenarbeit und betonte nach dem Bewerbungsgespräch, dass ich genau die Frau sei, die man suche. Vor allem hob sie meine Fähigkeit hervor, sowohl mit dem Bauern als auch mit dem Bankdirektor sprechen zu können. Auch sei sie froh, dass ich keine "handgestrickte" Sozialarbeiterin sei, sondern eine "seriöse, integre und realistische Person".

In meine neue Aufgabe arbeitete ich mich gut ein und galt bald als bestqualifizierte Stellenleiterin. Es gelang mir in kurzer Zeit, das Vertrauen der Adoptiveltern, der Ehepaare, die auf ein Kind warten, und der Übergangspflegeeltern, die neugeborene Kinder bis zur Adoption eine gewisse Zeit pflegen, zu gewinnen. Dies wurde mir brieflich und im persönlichen Kontakt immer wieder zum Ausdruck gebracht. Ein wichtiger Bestandteil meiner Tätigkeit war die Zusammenarbeit mit Behörden, Amtsvormunden, Sozialberatungsstellen, Ärzten u. a., die sich sehr fruchtbar gestaltete. Auch das Verhältnis mit der Sekretärin war von einem freundschaftlichen Klima geprägt.

Die Vorstandsmitglieder hatten Bedenken geäussert, ob die Übergabe durch meine Vorgängerin gut gehen würde, da es ihr schwerfiel, ihr Lebenswerk abzugeben. Doch meine Vorgängerin, mit der ich noch über drei Monate zusammenarbeitete, war froh, eine Nachfolgerin zu haben, die in ihrem Sinn und Geist die Stelle weiterführen würde. Immer wieder brachte sie mir zum Ausdruck, wie sehr sie mich schätzte. All die Jahre, die sie die Arbeit alleine bewältigt hatte, sei sie manchmal überfordert gewesen von der schwierigen Aufgabe. Oft habe sie sich einen solch regen Austausch gewünscht, wie sie ihn jetzt mit mir erlebe.

Die Präsidentin verfolgte den Verlauf der Übergabe aufmerksam und freute sich, dass ihre diesbezüglichen Bedenken unbegründet waren. Dass die Übergabe so gut gelang, sprach sie meiner Teamfähigkeit und Persönlichkeit zu. In der Folge entstand mit der Präsidentin ein reger Austausch. Wir diskutierten anstehende Fragen meiner Arbeit mit Eltern und Familien und unterhielten uns auch über viele andere Themen. So verstanden wir uns gut bis zu dem verhängnisvollen Tag, an dem mein Arbeitgeber von "Psychostroika"[G] einen Brief erhielt.

In einer Vorstandssitzung am 25. Oktober 1991 wurde mir unvermittelt dieses Schreiben präsentiert. Sein Inhalt war, entsprechend den erklärten Zielen der "Psychostroika", schändlich. Der Mitteilung, ich sei Mitglied im VPM, folgte die Diffamierung, der VPM habe "jahrzehntelang familienfeindlich betriebene psychologisch geführte Beratung" durchgeführt. Weiter folgten schwerwiegende Anwürfe bezüglich meiner Person. Der Vorstand hatte den Inhalt unhinterfragt als bare Münze angenommen, und nun schlug mir in der Sitzung eine affektgeladene Stimmung entgegen. Ob dieser Kehrtwendung um 180 Grad war ich völlig entsetzt. In einem nahezu vierstündigen, verhörähnlichen Gespräch warf man mir vor, ich würde die Institution unterwandern und hätte gar kein wirkliches Interesse an der Stelle. Ich hätte meine Mitgliedschaft im VPM verheimlicht und damit das Vertrauensverhältnis gestört. Des weiteren äusserte man plötzlich Befürchtungen, ob ich Kinder an "VPM-Eltern" vermitteln würde. Neben all diesen schwerwiegenden Vorwürfen betonten der Vorstand und die Präsidentin aber gleichzeitig, ich sei nach wie vor eine integre und qualifizierte Persönlichkeit, die ausserordentlich gute Arbeit leiste: ein Widerspruch in sich. Der Vorstand beschloss, eine weitere Sitzung abzuhalten und einen Ausschuss zu bilden, um meine VPM-Mitgliedschaft zu behandeln. Eine Teilnahme an diesem Ausschuss wurde mir aber verwehrt.

Am 27. Oktober wies ich in einem Brief an den Vorstand die Verleumdungen und Vorwürfe der "Psychostroika" Punkt für Punkt zurück. Auch dokumentierte ich den Vorstand über die Tätigkeit des VPM und über die Hintergründe der Hetzkampagne. Die einzelnen Vorstandsmitglieder informierte ich auch in persönlichen Gesprächen, die ruhig und sachlich verliefen. Auch mit der Präsidentin führte ich mehrere Gespräche, in denen sie mir immer wieder zum Ausdruck brachte, wie sehr sie mich als Person schätze und meine fachliche Kompetenz anerkenne.

Ich würde 150%ig-gute Arbeit leisten; das einzige Problem sei meine Mitgliedschaft im VPM.

Seit dem verhängnisvollen Brief machte auch meine Vorgängerin eine vollständige Kehrtwendung. Hatte sie vorher immer mit Hochachtung von meiner guten Arbeit gesprochen, distanzierte sie sich plötzlich von mir. Sie machte die erschütternde Bemerkung, sie wisse ja heute nicht mehr, wie ich arbeite, sie könne es nicht mehr überprüfen, da sie nicht mehr an der Stelle sei. Meine Sekretärin beobachtete das Geschehen mit grosser Betroffenheit und mit Erstaunen. Sie hatte meine bisherige Tätigkeit genau mitverfolgt und war beeindruckt davon, wie ich mit den Adoptiveltern und Ehepaaren arbeitete.

Es kam nun eine schwierige Zeit für mich, voll Misstrauen seitens der Präsidentin, meiner Vorgängerin und des Vorstandes. Dessenungeachtet führte ich die Arbeit aber seriös und verantwortungsvoll weiter. Ich war bemüht um ein offenes Gespräch nach allen Seiten. Unzählige Gespräche, vor allem mit der Präsidentin, folgten. Im Vorstand kam allerdings zugleich die unerhörte Idee auf, mit mir einen Vertrag auszuarbeiten und jemanden einzusetzen, der künftig meine Arbeit kontrollieren sollte. Eine weitere Vorstandssitzung fand Anfang Dezember statt. In der Sitzung warf man mir Vertrauensbruch vor, da ich im Vorstellungsgespräch meine Mitgliedschaft im VPM nicht erwähnt hätte. Damit wurde das verfassungsmässige Recht auf Vereinsfreiheit in krasser Weise missachtet. Auf mein Schreiben, in dem ich die Vorstandsmitglieder über die Hintergründe der öffentlichen Hetze gegen den VPM informiert und auch die Diffamierungen der "Psychostroika" zurückgewiesen hatte, ging niemand ein. Fast alle waren inzwischen voreingenommen und schlossen sich den scharfen Angriffen der Präsidentin und eines Vorstandsmitgliedes an.

Fristlose Entlassung

Im Anschluss an die Sitzung beschloss der Vorstand in meiner Abwesenheit meine fristlose Entlassung. Zwei Tage später erschienen die Präsidentin und das schon erwähnte Vorstandsmitglied nach kurzfristiger Anmeldung an meiner Arbeitsstelle. Sie traten in mein Besprechungszimmer, zogen den Mantel nicht aus und setzten sich auch nicht hin. Das sonst freundliche Gesicht der Präsidentin war kalt und abweisend. Man stellte mich vor die völlig unerwartete Tatsache, dass ich die Stelle sofort zu verlassen hätte. In meiner langjährigen Berufserfahrung hatte ich noch nie so etwas erlebt. Ich war schockiert und bitter enttäuscht. Zwar hatte ich mit der Einsetzung einer "Kontrollinstanz" gerechnet, eine Entlassung aber hatte ich nicht erwartet. Die Art und Weise der Entlassung war eines meiner schlimmsten Erlebnisse in den letzten Jahren. Weinend und verzweifelt über das Geschehene packte ich meine Sachen zusammen und verliess meine mir inzwischen liebgewordene Arbeitsstelle. Ist es ein böser Traum oder die Realität? Dieser Gedanke jagte mir auf dem Heimweg durch den Kopf.

Nun ging alles sehr schnell. Ich musste den Arbeitsplatz innerhalb von zwei Tagen räumen. Meine Arbeit musste ich meiner Vorgängerin, die sofort wieder an die Stelle zurückgeholt wurde, übergeben. In den zwei verbleibenden Tagen beobachtete sie mich mit Argusaugen und voller Misstrauen. Es wurde mir verunmöglicht, mich von den vielen Menschen, mit denen ich eine vertrauensvolle Beziehung aufgebaut hatte, zu verabschieden. Ich wurde behandelt wie eine Schwerverbrecherin, obwohl ich mir nichts hatte zuschulden kommen lassen. Im nachhinein brachten mir zahlreiche Menschen, zu denen ich Beziehungen geknüpft hatte, ihre Wertschätzung und Zufriedenheit mit meiner Arbeit zum Ausdruck. Auch meine Sekretärin konnte das Vorgehen des Vorstandes in keiner Weise nachvollziehen und unterstützen.

Reaktionen von Eltern und Vormunden

Adoptiveltern, Ehepaare, Vormunde und andere Personen, die mich und meine Arbeitsweise kennengelernt hatten, waren zutiefst betroffen und empört über das Vorgehen des Vorstandes. Sie konnten es nicht begreifen, dass gerade eine soziale Einrichtung derart unmenschlich handelte. Zahlreiche Eltern und Ehepaare brachten zum Ausdruck, was sie bei mir erlebt hatten, mit welcher Wärme und mit welchem Engagement ich mich meiner Aufgabe gewidmet hatte. Sie fragten mich spontan, wie sie mich unterstützen und was sie für mich tun könnten. Einige schrieben direkt an den Vorstand, um ihre Empörung und Enttäuschung darzulegen. Dazu einige wenige Zitate aus den Briefkopien, die sie mir zukommen liessen.

Die Eheleute A.[*]:

“Frau Matter war uns sofort sehr sympathisch. Sie hat sich mit uns sehr offen unterhalten, und wir konnten mit ihr ohne Hemmungen über unsere Hoffnungen, Fragen und Ängste reden. Sie hat uns bei dieser Gelegenheit keine falschen Hoffnungen gegeben, aber trotzdem haben wir den Eindruck gehabt, dass sie unsere Situation und die von allen anderen Ehepaaren ernst genommen hatte. (...) In diesen Tagen waren wir mit Frau Matter ständig in Kontakt, und wir erfuhren von ihr die nötigen Anweisungen; sie ist uns in dieser neuen Situation sehr behilflich gewesen, und wir haben ihre Verfügbarkeit und Feinfühligkeit sehr geschätzt.”

Frau F.[*]:

“Ich kann nur nochmals festhalten, dass die Zusammenarbeit mit Frau Matter sehr angenehm war und dass mein Mann und ich diese Kündigung sehr bedauern, denn Frau Matter war uns gegenüber immer sehr zuvorkommend und zeigte viel Fingerspitzengefühl und Einfühlungsvermögen.”

Frau C.[*]:

“Bei allen unseren weiteren Kontakten mit Frau Matter haben wir sie als sehr freundlichen, verständnisvollen und ehrlichen Menschen schätzengelernt. Als für uns feststand, dass wir ein Kind zur späteren Adoption aufnehmen durften, konnte uns Frau Matter jederzeit und kompetent über das weitere Vorgehen bis hin zum Kontakt bei der Pflegemutter weiterhelfen. Es fällt uns daher schwer, das gute Vertrauensverhältnis mit Frau Matter abbrechen zu müssen und mit einer neuen Leiterin der Vermittlungsstelle in Kontakt zu treten.”

Meine Entlassung wurde totgeschwiegen. Die Mitglieder des Vereins wurden erst nach Monaten offiziell informiert. Menschen, die mit mir über die Stelle Kontakt aufnehmen wollten, wurden abgewiesen, erhielten ausweichende Antworten oder wurden mit diskriminierenden Verleumdungen über mich abgespeist. Die missbräuchliche Kündigung, durch die mein guter Ruf geschädigt und meine berufliche Zukunft in Frage gestellt worden war, zwang mich, eine gerichtliche Klage gegen den Vorstand und die Präsidentin einzureichen.

Perspektiven

Seit bald einem Jahr bin ich nun arbeitslos. Bisher habe ich mich für viele schöne und interessante Arbeitsstellen beworben, jedoch ohne Erfolg. Die Polemik gegen den VPM in den Medien verunsichert die Arbeitgeber. Bei Bewerbungen komme ich zwar oft in die engere Wahl, werde aber jeweils plötzlich mit irgendeiner fadenscheinigen Absage konfrontiert. Es gibt Anhaltspunkte, dass die eine oder andere Absage mit entsprechend tendenziösen Auskünften seitens der letzten Arbeitgeberin zusammenhängt. Der Leser kann vielleicht erahnen, wie es mir zumute ist. Bei einem kürzlichen Bewerbungsgespräch meinte die Verantwortliche, sie habe bereits bei der ersten telefonischen Kontaktnahme empfunden, dass ich über eine reiche Erfahrung verfüge und eine Persönlichkeit sei. Wird auch diese Bewerbung wieder aus denselben Gründen scheitern?

Warum ich mich im VPM weiterbilde

Ich habe es unter anderem der umsichtigen und wissenschaftlich fundierten psychologischen Forschungsarbeit und Weiterbildung im VPM zu verdanken, dass ich heute meinen Beruf fachlich kompetent und sehr gerne ausübe. Durch psychologische Weiterbildung habe ich gelernt, Menschen besser zu verstehen. Ich erachte das Einfühlungsvermögen und die Mitmenschlichkeit – Alfred Adler fasste diese zwischenmenschliche Beziehungsfähigkeit in den Begriff Gemeinschaftsgefühl – als wichtigste Voraussetzung für den Psychologen. Er kann so den Menschen in seinen Schwierigkeiten besser erfassen und ihm wirklich helfen. Ausserhalb des VPM habe ich in keiner meiner zahlreichen Aus- und Weiterbildungen in gleichem Masse gelernt, gleichwertig und konstruktiv zusammenzuarbeiten. Wie sich das in meinem Umgang mit den mir anvertrauten Menschen auswirkt, beschreibt Frau G.* in einem Brief an die Präsidentin wie folgt. "Im Gespräch mit ihr spürten wir auf Anhieb ihr Engagement im Dienste ihrer anvertrauten Schützlinge sowie ihre seriöse Abklärung. Wir freuten uns sehr, dass Sie als Nachfolgerin von Frau B.* eine fachlich wie menschlich bestens geeignete Person gefunden hatten. Im Zusammenhang mit der Plazierung von D.* fühlten wir erneut, mit welch grosser Sorgfalt Frau Matter dieser anspruchsvollen, wegweisenden Tätigkeit vorstand. Wir schätzten auch ihre natürliche, warmherzige Art, die mit einer gesunden Wertvorstellung gepaart ist. Deshalb ist uns Frau Matters Entlassung unverständlich. Wir bedauern ausserordentlich, dass eine derart fähige Person die Stelle verlassen musste."

“Menschen, mit denen ich ein gutes Verhältnis gehabt und gut zusammengearbeitet hatte, begegneten mir mit flackernder Angst in den Augen und verwirrten mich mit schemenhaften Metaphern, die nichts Gutes ahnen liessen.”

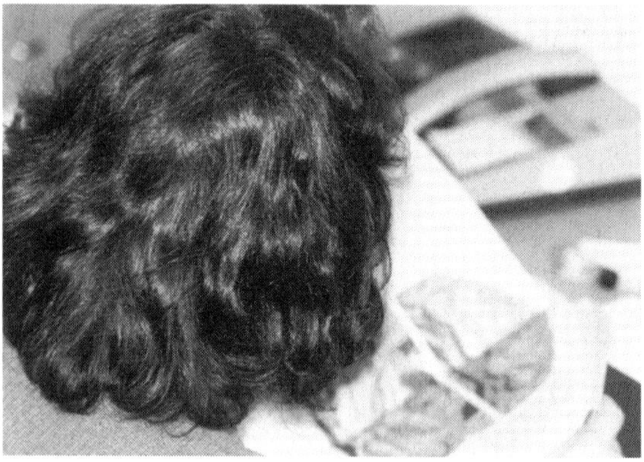

Anita Benz, Psychologin

1958 in einem ländlichen Gebiet in einer Ostschweizer Familie geboren. Konfession: evangelisch-reformiert. Zivilstand: ledig. Interessen: lesen, Film und Theater, etwas Sport und kreative Hobbies (z. B. nähen, malen). Primar- und Sekundarschule in A. Lehrerseminar, dann mehrjährige Tätigkeit als Primarlehrerin. Ab 1982 Werkstudentin an der Universität Zürich in Psychologie. Ab 1989 Arbeit als Psychologin in verschiedenen Institutionen.

Hinausgeekelt oder Die Niederlage der Vernunft

Obwohl mir die Ereignisse von damals – und es sind nun doch schon bald zwei Jahre seither vergangen – glasklar präsent sind, fällt es mir nicht leicht, das langsame Vernarben zu stören und meine Erinnerungen niederzuschreiben.

Nach einigen Jahren des Unterrichtens nahm ich ein Psychologiestudium auf. Damals kannte ich schon die Lehrergruppen der "Zürcher Schule", die meiner Art, kritisch zu reflektieren und zu analysieren, entgegenkamen und mich in der Wahrnehmung meiner selbst sowie meiner Schüler weiterbrachten. Die Hoffnung, an der Universität noch mehr über psychologische Zusammenhänge und Hintergründe zu erfahren, wurde nur teilweise erfüllt. So suchte ich einerseits nach interessanten Seminaren, die auch ausserhalb meines Studiengangs lagen, und stieg andererseits wieder in die Praxis ein. Im Einzelunterricht betreute ich verhaltensauffällige Schüler, die in einer Sonderklasse vorübergehend nicht mehr tragbar waren. Diese Herausforderung nahm ich gerne an, hatte ich doch nicht zuletzt dank den Lehrerkursen im VPM brauchbare psychologisch-pädagogische Kenntnisse zur Hand.

Im Rahmen meines Studiums übernahm ich eine Praktikumsstelle in einer psychiatrischen Einrichtung und arbeitete dort über einige Zeit auch in anderen Funktionen. Aufgrund meiner guten Arbeit fragte mich der leitende Psychologe später für eine Teilzeitstelle als Psychologin an. Vorerst wenig geneigt, in einer solchen Institution zu arbeiten, liess ich mich von ihm doch zu einer Bewerbung überreden. Im Rückblick betrachtet, mutete schon das Bewerbungsgespräch skurril an und zeichnete für den Stil des Hauses, wie sich zeigen sollte. Die beiden mir gut bekannten Vorgesetzten inszenierten ein förmliches Interview und nahmen mich mit provokativen Überraschungseffekten in die Zange. Sie fragten nach meinem psychologischen Hintergrund, den ich offen darlegte. Aus fachlichem Interesse hatte ich neben dem neopsychoanalytisch-individualpsychologischen Ansatz auch andere Therapieansätze kennengelernt, aber das interessierte nicht. Die leitende Ärztin spielte auf die schon Ende 1989 erschienenen negativen

Zeitungsartikel über den VPM an und fragte mich nach meinem heutigen Verhältnis zum VPM, worauf ich wahrheitsgemäss antwortete. Nach diesem Vorstellungsgespräch zog sich die Sache endlos hin. Einmal sagte mir Frau X.* zu, dann machte sie wieder einen Rückzieher, weil massiver Widerstand im Team entstanden sei. Kollege Z.* gab vor, meine Fächerkombination störe ihn. In Wirklichkeit wusste er schon damals durch politisierte Ehemalige von meinen Kursbesuchen im VPM und verhielt sich dementsprechend ablehnend mir gegenüber.

Schliesslich holte Frau X. dann doch Referenzen bei meinem Arbeitgeber ein und sagte zu unter der Bedingung, die Anstellung als einjähriges "Pilotprojekt" zu definieren. Diese Dauer wurde weder vertraglich vereinbart, noch merkte ich etwas davon, dass es sich um ein besonderes Projekt handeln sollte. Das einzig Ungewöhnliche war, dass Kollege Z. meine Einführung und eine Zusammenarbeit mit mir ausdrücklich verweigerte. "Ja, das hast Du richtig bemerkt, ich will Dir nicht helfen", getraute er sich herausfordernd unkollegial auf meine direkte Frage zu antworten. Noch zu Weihnachten vor dem bevorstehenden Debakel schrieb mir mein Oberarzt, dass er gerne mit mir zusammenarbeite und meine zupackende Art sehr schätze. Auch hätte ich mich gut ins Team eingefügt. Ich halte dies darum so klar fest, weil derselbe Oberarzt schon drei Monate später eben diese Tatsache vollkommen vergessen zu haben schien. Wie war es dazu gekommen?

Just in jenem Dezember 1990 ergossen sich E. Sorgs "Lieblingsgeschichten"[G] über die Stadt. Unser eifriger Kollege Z. sorgte dafür, dass dieses verleumderische Machwerk im Team unter die Leute kam – hinter meinem Rücken, versteht sich. Aus der linksalternativen Szene waren ihm Sorg und sein Umfeld gut bekannt. Nur diffus nahm ich wahr, dass sich Kollegin Y.* öfters mit erwähntem Kollegen Z., dem im weiteren Verlauf eine heimliche Hauptrolle zukommen sollte, traf und sich von mir leise zurückzog. Die obligatorischen Besprechungen mit dem Oberarzt fielen eine Spur kürzer und karger aus, aber alle Anzeichen waren doch zu vage, als dass ich sie bewusst wahrgenommen und eingeordnet hätte. Nur in einem Traum kam mir das Bild, wie jemand meiner Kollegin das Sorg-Buch in die Hand drückte. So war es denn auch geschehen, wie ich später erfuhr: Sie hatte meine Unterschrift unter dem im Januar 1991 veröffentlichten Sammelinserat des VPM gesehen, das gegen Sorgs diffamierende Schreiberei protestierte. Von da an gab es gemäss ihren Worten einen "Knick" in unserer Beziehung. Um des besseren Verständnisses willen greife ich kurz vor: Obwohl sie mich eigentlich aus den gemeinsamen Therapiekontrollstunden sehr gut kannte, kam dieser ausgebildeten Psychologin urplötzlich die Kompetenz abhanden, meine Arbeitsweise einzuschätzen. In früheren Jahren einer speziellen Glaubensgemeinschaft zugehörig, jagte ihr das Sektenkonstrukt enorme Angst ein. Sie verschonte mich nicht vor ihren Projektionen und äusserte Dritten gegenüber, sie leide so sehr unter meiner blossen Gegenwart, dass sie sogar erkrankt sei. Trotzdem war unsere Beziehung von Ambivalenz gekennzeichnet. Da wir uns eigentlich gut verstanden hatten, war und bin ich von ihrem Absinken ins Irrationale und dem Verleugnen unseres wirklichen Beziehungsstandes menschlich am meisten enttäuscht.

Die Ereignisse überstürzen sich

Die offene Eskalation begann Anfang März 1991. Damals fragte mich die Chefin, Frau X., wie zufällig, ob ich neben der Berufstätigkeit immer noch in einer psychiatrischen Praxis arbeite, wie ich mich im Team fühle usw. und, ach ja, sie habe mir schon lange sagen wollen, dass sie das einjährige Pilotprojekt abkürzen möchte, denn sie finde, ich sei mit dem ganzen Herzen hier dabei.

Dass dieses merkwürdige Gespräch so zufällig nicht war, dürfte den Leser nach all dem Gesagten nicht überraschen. Schon ein paar Tage später brachte die Chefin in der Teambesprechung den damals kurz zuvor erschienenen "Tages-Anzeiger"-Artikel über das von Vreni Tobler, deren Beitrag ebenfalls in diesem Buch nachgelesen werden kann, zur Hygieneerziehung für Kinder gezeichnete Malbüchlein. Die Chefin fragte, ob jemand dieses "VPM-Bilderbuch" kenne? Kollege Z. hatte damit sein Stichwort, um wohlvorbereitet zu referieren. Er teilte uns wortreich seine vorgebliche Besorgnis darüber mit, was er hier und dort Negatives über den VPM gehört habe. Der Oberarzt fiel in das misstönige Konzert ein und fügte bei, es solle ja selbst in unserer Institution

Leute vom VPM geben ... Über so viel Hinterhältigkeit konnte ich nicht mehr an mich halten und erinnerte die Vorgesetzten daran, dass ich Kurse im VPM besuche; zudem sei ich aus Empörung über die Kampagne in den Zeitungen, die derart grobe Unwahrheiten verbreiteten, Mitglied des Vereins geworden.

Ich stellte fest, dass die Überraschung im Team nicht allzugross war. Das Sorg-Buch und andere Desinformationen hatten ihre Wirkung schon getan. Um wenigstens den Anschein einer gewissen Fairness zu erwecken, erteilte mir meine Vorgesetzte den Auftrag, das 600seitige Werk "Der VPM, was er wirklich ist" zusammenzufassen und vorzutragen. Alle wollten dann auch noch irgendwann "in das Buch hineinsehen", falls nach meiner Präsentation noch Interesse vorhanden sein sollte. Kollege Z. legte der nächsten Zirkulationsmappe trotz meiner Berichtigung die Falschmeldung bei "Achtung, das VPM-Buch ist wegen diffamierenden Äusserungen gegen Sorg verboten", was für die zweite Auflage nicht stimmte. Dass seine Position längst klar bezogen war und er nicht zu ruhen gedachte, bis ich aus der Stelle gedrängt war, zeigten seine weiteren Aktionen. Im April 91 nahm er die gegen den VPM gerichtete TV-Sendung "Fragmente" auf Video auf und verbreitete sie mit Billigung der leitenden Ärztin. Weiter organisierte er sogenannte Ehemalige als Informanten (deren verleumderische Argumentation selbst dem Oberarzt zuweit ging) und beeinflusste hinter meinem Rücken meinen Praktikanten und andere Mitarbeiter subtil. Der Raum hier reicht nicht, um alle Widerwärtigkeiten von seiner Seite zu schildern – mir wird jetzt noch übel, wenn ich daran zurückdenke. Meine Vorgesetzten aber liessen sich zunehmend in den Strudel hineinziehen; die Ereignisse überstürzten sich.

Wie erwähnt, sollte ich Anfang April 91 im Team das Buch "Der VPM, was er wirklich ist" zusammenfassen. Schon nach wenigen Minuten wurde ich von der ungeduldigen Chefin unterbrochen und zur Eile angetrieben, sie wolle den gärenden Ressentiments im Team genügend Raum lassen. Von dem ausnahmsweise in jenem Gespräch ebenfalls anwesenden leitenden Psychologen kam die einzige sachliche Frage zum Thema. Er war der einzige, der sich bis zum Schluss fair verhielt, auch wenn er nicht viel für mich ausrichten konnte. Kollege Z., auch Psychologe, gab den

Ton an. Kündigungsfälle gegenüber Personen, die sich im VPM weiterbilden, entsprächen dem Bevölkerungsdurchschnitt, bagatellisierte der sich sonst stets fortschrittlich und sozial engagiert gebärdende "Kollege" zynisch, es gebe ja auch sonst viele Entlassungen. Meine Ausführungen zum Therapiekonzept des VPM wischte er salopp vom Tisch und sprach dem Konzept jegliche Bedeutung ab. "Wie ein Psychologe arbeitet, hat doch nichts zu tun mit der Theorie." Dann stellte er die Wissenschaftlichkeit der Arbeit im VPM anhand der Zeitschrift "Menschenkenntnis" mit folgendem Argument in Frage: "Da hat es zum Beispiel eine halbe Seite Fussnoten und Literaturhinweise. Das ist ja eine angestrengte Wissenschaftlichkeit." So tat er die Sachebene ab. In schneller Folge wurde ich von allen Seiten in die Mangel genommen und mit den öffentlich kursierenden Stereotypen über den VPM konfrontiert. Meine Versuche, die gröbsten Anwürfe richtigzustellen, tat die Chefin wiederholt ab: Die Leute vom VPM würden sich immer verteidigen! Ein zweites Treffen mit ähnlichem Verlauf folgte.

Vorher aber fand eine geheime Besprechung ohne mich statt, worin zwei Mitarbeiter ihrerseits mit Kündigung drohten und damit Druck gegen mich aufsetzten. Sie mussten sich allerdings etwas einfallen lassen, um einen Grund zu konstruieren für meine Entlassung. Weder gab es etwas an meiner Kollegialität zu bemängeln, noch war sonst ein genügend grosser Fehler auszumachen, der für eine rechtmässige Kündigung ausgereicht hätte. Immerhin fanden nun einzelne Versuche zum Dialog statt, die in einem Fall sogar zur Verständigung beitrugen. In den anderen Fällen zeigten sie mir, wie ein mentales Gift wie das verleumderische Buch von Sorg und die Kampagne in der Presse ausreichten, um gefährlich tiefe Gräben zwischen Menschen aufzureissen. Menschen, mit denen ich ein gutes Verhältnis gehabt und gut zusammengearbeitet hatte, begegneten mir mit flackernder Angst in den Augen und verwirrten mich mit schemenhaften Metaphern, die nichts Gutes ahnen liessen. Ich erinnerte Kollegin Y. an Anna Göldin, der unterschoben worden war, sie habe Nadeln in die Milch für die Kinder der Herrschaft getan, und die dafür von den abergläubischen Zeitgenossen, 1782, im Glarnerland als letzte Hexe hingerichtet worden war.

Doch die Sache hatte den Boden vernünftiger Argumentation längst verlassen. Bezeichnenderweise war auch der besagte Kollege Z. für ein offenes Gespräch zu feige. Mangels fundierter Argumente meinte der Oberarzt gar allen Ernstes, vielleicht könnte ich mich in Zukunft einmal unkollegial verhalten oder das Vertrauen missbrauchen. Bis zu diesem Zeitpunkt war er jedoch mit meiner Arbeit äusserst zufrieden gewesen ...

Von mir aus suchte ich den Kontakt mit dem Direktor der Institution und bat ihn um seine Unterstützung. In bezug auf meine Schwierigkeiten wegen meiner Mitgliedschaft im VPM meinte er explizit, das sei ja, wie wenn man "Frauen, Juden oder Italiener" nicht anstellen würde. Ich hätte mich korrekt verhalten, als ich das vergangene Jahr Privat- und Berufssphäre auseinandergehalten habe.

Kapitulation der Vernunft

Kurz darauf kam ich in einem Brief an die leitende Ärztin auf diese Unterredung und die vorangegangenen Ereignisse zurück und bat sie dringend, vom Verhörstil in den Teamsitzungen Abstand zu nehmen und der Eskalation Einhalt zu gebieten.

Sie nahm mir diesen Brief sehr übel und zitierte mich zum Direktor. Dort hielt sie fest, dass es ein Philosoph gewesen sei, der den Satz geprägt habe "Entwicklung findet nur durch Verrat statt." Sie gab mir damit den Rat, mich vom VPM zu distanzieren. Sie legte mir nahe, bis zum übernächsten Tag zu kündigen, andernfalls würde sie es tun. Tatsächlich reichten Kollege Z., die Ärztin und der Oberarzt Anfang Juni beim Personalchef einen Antrag zur Auflösung meines Arbeitsverhältnisses ein mit der Begründung, das Vertrauen zu mir sei seit drei Monaten gestört. Von welcher Widersprüchlichkeit und Unlogik das Ganze geprägt war, zeigte der Schlussatz der leitenden Ärztin: "Ich bedaure dies sehr, ich habe Frau Benz fachlich sehr geschätzt."

Der Personalchef bestätigte durch schriftliche Gegenzeichnung meine Schlusserklärung, dass die Kündigung einzig und allein in meiner VPM-Mitgliedschaft begründet sei: "Ausschlaggebend waren weder Beanstandungen meiner Leistung noch der Zusammenarbeit, sondern Vorbehalte im Zusammenhang mit meiner vor drei Monaten bekanntgegebenen Mitgliedschaft im Verein zu Förderung der psychologischen Menschenkenntnis (VPM). Ich bedaure diese mir aufgedrängte Entwicklung, hätte ich doch weiter sehr gerne im (...) gearbeitet."

Meine Entlassung hat mich in einem mir verfassungsmässig zustehenden Grundrecht verletzt. Ich kann sie darum innerlich nicht akzeptieren. Ich entsinne mich einer Stelle in Romain Rollands Roman "Clérambault": "Keine irdische Rechtfertigung entschuldigt das Kapitulieren der Vernunft vor der öffentlichen Meinung." Die Situation, in der ich mich mit so vielen Mitgliedern des VPM befinde, ist hier treffend beschrieben.

“Anlässlich meines Berichtes erfuhr der Rektor, dass das Symposium vom VPM veranstaltet worden war. Daraufhin erlosch sein Interesse an den Informationen über Drogenmissbrauch. Es war für mich spürbar, dass er grösste Vorbehalte gegenüber dem VPM hatte.”

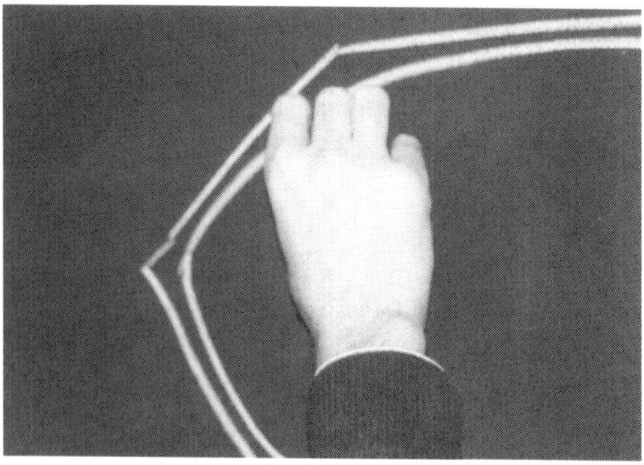

Andreas Heitz, Mittelschullehrer

Geboren 1956 in S. als jüngerer von zwei Söhnen. – Konfession: reformiert. – Zivilstand: verheiratet. – Interessen: wandern, Sport, Fotografie, lesen. – Ausbildung: Schulen in S., Studium in Z., 1986 Abschluss mit Dr. phil. – 1988 erste Stelle in Z., 1990 Stelle in L. – 1992 nicht gewählt, mutmasslich wegen Mitgliedschaft im VPM; Weiterbeschäftigung von der Schulleitung unerwünscht.

Die Glaswand im Kollegium

Nach meiner wissenschaftlichen Ausbildung entschied ich mich für den Beruf des Mittelschullehrers. Schon immer war ich gerne mit Menschen im Kontakt und hatte grosse Freude, mein Wissen an andere weiterzugeben.

Die ersten zwei Berufsjahre waren für mich dann aber sehr anstrengend, galt es doch, den breitgefächerten Schulstoff aufzuarbeiten und die Grundkenntnisse der Schulführung in der Praxis anzuwenden. Gerade dabei profitierte ich von den vielfältigen Weiterbildungsangeboten des VPM. Es war und ist immer noch eine grosse Hilfe, neue oder schwierige Situationen in der Schulführung oder im Umgang mit den Schülern mit erfahrenen, psychologisch geschulten Lehrern besprechen zu können. Mit meinen pädagogischen Fähigkeiten wuchs auch meine Gewissheit, wirklich den für mich schönsten Beruf gewählt zu haben.

Nach diesen zwei ersten Jahren trat ich an einem Lehrerseminar in meiner Heimatregion eine Stelle als Lehrbeauftragter an. Ich hatte die Hoffnung, dort auch einmal gewählt zu werden, um wieder ganz in diese schöne Landschaft zurückkehren zu können. An der Schule wurde ich gut aufgenommen und fand schnell Kontakt zu meinen Kollegen. Ich engagierte mich für die Schule und unterrichtete sehr gerne. Es entstand eine vertraute, freundliche Atmosphäre, in der die Schüler erfolgreich lernten.

Etwa drei Monate nach Stellenantritt, im November 1990, beantragte ich beim Rektor zwei Tage Urlaub, um mich beim "Internationalen Symposium gegen Drogen" weiterbilden zu können. Der Rektor begrüsste meinen Einsatz und bat mich, ihm von den neuen Erkenntnissen zu berichten.

Anlässlich meines Berichtes erfuhr der Rektor, dass das Symposium vom VPM veranstaltet worden war. Daraufhin erlosch sein Interesse an den Informationen über Drogenmissbrauch. Es war für mich spürbar, dass er grösste Vorbehalte gegenüber dem VPM hatte. Er verteidigte die Entlassung von Lehrern, die Mitglieder im VPM sind, und sprach in diesem Zusammenhang auch vom VPM als einer "Sekte". Die Einstellung des Rektors mir gegenüber änderte sich nach diesem Gespräch auffallend. Nachdem er mir anfangs sehr offen begegnet war und meinen Einsatz begrüsst hatte, empfand ich nun, wie er mich recht eigentlich fallenliess. Er versuchte mehr oder weniger elegant, jede Gelegenheit, bei der ich mich hätte positiv hervortun können, zu verhindern. Trotzdem engagierte ich mich weiterhin für Schule und Schüler und gab die Hoffnung nicht auf, eines Tages gewählt zu werden. Schliesslich sollten ja bei einer Lehrerwahl die pädagogischen Qualitäten und nicht Dinge, die das Privatleben des Lehrers betreffen, ausschlaggebend sein. Die Qualität meiner Arbeit wurde mir denn auch durch ein Mitglied der Aufsichtskommission, selbst ein Lehrer, bestätigt. Im Bericht über einen Unterrichtsbesuch steht: "Die sehr exakt vorbereitete Lektion war im Aufbau und in der Zielsetzung sehr klar. H. benützte die Wandtafel in sehr gekonnter und beispielhafter Art. (...) Es entstand eine ruhige, entspannte und effiziente Lernsituation."

Nach meinem ersten Jahr im Seminar wurden für mein Fach zwei weitere Kollegen angestellt, da die Schule grossen Zulauf hatte. Ich bemühte mich, den beiden Kollegen den Einstieg in die Schule zu erleichtern. Meine Hilfe wurde auch gerne angenommen. Auch wenn es im privaten Bereich relativ wenig Berührungspunkte gab, entstand doch ein sehr netter, kollegialer Kontakt. Mit der Zeit gingen aber beide Kollegen wie auch der Laborant zunehmend auf Distanz. In Gesprächen mit mir waren sie wortkarg, Gespräche untereinander brachen ab, wenn ich ins Zimmer kam. In der Organisation des Fachbereichs wurden Veränderungen vorgenommen, ohne dass dies mit mir abgesprochen worden wäre. Es erschien mir, als ob eine Glaswand zwischen uns errichtet worden war. Ich ahnte bereits, dass diese Trennwand ein Produkt der Medienkampagne gegen den VPM war. Ich sah allerdings keinen Grund, meine Mitgliedschaft im VPM, einen Teil meines Privatlebens, von mir aus ins Gespräch zu bringen. Andererseits erfuhr ich, dass tatsächlich irgend jemand in meinem Kollegium über mich erzählt hatte, ich sei Mitglied im VPM. Die Kollegen hatten offensichtlich oft über mich gesprochen, aber keiner hatte die Fairness gehabt, bei mir persönlich nachzufragen.

Im vergangenen Herbst wurden nun in meinem Fach zwei Stellen zur Wahl ausgeschrieben. Neben externen Kandidaten bewarben sich alle am Seminar tätigen Lehrbeauftragten. Die

Schulleitung sichtete im beratenden Sinne die Bewerbungen und machte Schulbesuche. Danach wurde mir mitgeteilt, dass ich für das Endverfahren – die eigentliche Wahl durch die Aufsichtskommission – nicht in Frage käme. Obwohl ich ja das Unbehagen des Rektors mir gegenüber schon lange empfunden hatte, war ich doch überrascht und betroffen. Es wurde mir also nicht einmal die Chance gegeben, mich der wählenden Instanz mit meinen Fähigkeiten zu präsentieren. Fassungslos war ich, als ich dann erfuhr, was der Rektor an die Aufsichtskommission geschrieben hatte. Folgendes ist mir noch sinngemäss in Erinnerung geblieben: "Der Kandidat verfügt über eine sehr gute fachliche Ausbildung, die besuchten Stunden waren gut, er spricht ein sehr gutes Schriftdeutsch. Die (vorberatende) Kommission ist aber aus anderen Gründen übereingekommen, ihn nicht zur Wahl zu empfehlen."

Ist es tatsächlich möglich, dass für die Anstellung eines Lehrers nicht die didaktischen und pädagogischen Qualifikationen ausschlaggebend sind? Kommt es auf eine bestimmte Gesinnung an, die man haben muss? Was soll an meiner Einstellung zur Schule, zum Schüler, zum Leben nicht recht sein? Warum fragt mich keiner, bevor er sein Vorurteil zwischen uns schiebt?

Inzwischen sind die beiden anderen internen Mitbewerber von der Aufsichtskommission gewählt worden. Beide haben deutlich weniger Schulerfahrung; der eine unterrichtet erst seit gut einem Jahr. Zudem hat er auch keinerlei wissenschaftliche Praxis vorzuweisen, da er sein Studium erst vor knapp zwei Jahren abgeschlossen und keine Dissertation geschrieben hat.

Nun kehre ich also nicht in meine Heimat zurück, da meine Frau und ich ohne halbwegs sichere Stelle einen Umzug nicht in Betracht ziehen können. Allein dies wäre noch erträglich, da wir uns auch in der Umgebung von Z. recht wohl fühlen. Was für uns aber wesentlich schwerer wiegt, sind die zweifelhaften Zukunftsaussichten. Beide werden wir auf der Erziehungsdirektion Zürich als "VPM-Mitglieder" in der Fichen-Kartei geführt. Keiner der Beteiligten hat je mit uns darüber gesprochen. Keiner kennt uns als Menschen. Meine Frau war wegen der öffentlichen und behördlichen Hetzjagd auf den VPM bereits ein Jahr arbeitslos. Werden wir je wieder in Ruhe in unseren pädagogischen Berufen arbeiten können?

Wer steht hinter der massiven Kampagne gegen den VPM?

Die vorstehenden Erfahrungsberichte dokumentieren beispielhaft: Die Erziehungsdirektion des Kantons Zürich, oberste Bildungsinstanz und gewichtige Stimme in der schweizerischen Bildungspolitik, führt seit Jahren einen erbarmungslosen Kampf gegen einzelne Lehrer. Sie hat sie seit Jahren fichiert, sie legt ihnen alle erdenklichen Hindernisse in den Weg, sie verunglimpft sie öffentlich mit indiskutablen Ausdrücken und unter Ausnützung ihrer amtlichen Autorität. Im Hintergrund unterstützt und berät sie Elternbasisgruppen in ihren politisch motivierten Kampfaktionen gegen solche Lehrer, sie erneuert in einigen Fällen ihre Stellen nicht mehr, und sie empfiehlt den ihr unterstehenden Behörden, Stellenbewerber daraufhin zu befragen, ob sie Mitglied des VPM seien. Das hat in vielen Fällen zur Folge, dass sie eine Stelle nicht erhalten – also ein De-facto-Berufsverbot. Warum diese jedes Mass sprengenden Repressalien?

Gegen diese Lehrer liegt nichts vor. Sie sind engagierte, hochmotivierte Lehrkräfte, sie arbeiten seit Jahren zur vollen Zufriedenheit von Behörden und Eltern, sie haben ein ausgesprochen gutes Verhältnis zu ihren Schülern, von denen viele ihnen dankbar sind für konkrete Hilfe in Schwierigkeiten, die der Schulalltag mit sich bringt. Von einem Tag auf den andern werden diese Lehrer als Kollegen geschnitten, von Behördemitgliedern schikaniert, von Eltern misstrauisch beobachtet, von Schülern bestreikt und boykottiert. Woher diese plötzliche Gehässigkeit?

Die sachlichen Einwände des VPM stören die Durchsetzung politisch motivierter gesellschaftsverändernder Konzepte

Diese Lehrer bilden sich in ihrer Freizeit beim Verein zur Förderung der psychologischen Menschenkenntnis (VPM) weiter. Sie sind entweder Mitglieder oder Kursteilnehmer oder beides. Sie schulen hier ihre individuelle Fähigkeit, junge Menschen besser zu verstehen, ihnen über allfällige Lernschwierigkeiten hinwegzuhelfen und ihnen in menschlichen Konfliktsituationen beizustehen, an denen der Schulalltag reich ist. Viele können sich mit der in

Zürich betriebenen Drogenakzeptanz- und Haschischverharmlosungslinie nicht abfinden, einige haben sich in Diskussionen im Kollegium dafür eingesetzt, dass die Aids-Prävention für Oberstufenschüler nicht für die Propagierung einer verantwortungslosen Haltung in Fragen der Sexualität missbraucht wird. Und ein Grossteil steht einigen Neuerungen und Experimenten, mit denen die Schule heute konfrontiert wird, kritisch gegenüber.

Das sind alles keine Vergehen, im Gegenteil: Hier manifestieren sich Haltungen, die bei vielen Mitbürgern auf Sympathie und Anerkennung stossen. Aber sie stören Elemente, die seit Jahren die einschlägigen Institutionen unseres Staates und der Medien besetzt halten und in all den angesprochenen Fragen eine betont sogenannt progressive Linie vertreten.

Fragwürdige "Neuerungen" in der Schule: Im Ausland zurückgenommen, in der Schweiz propagiert

In Fragen der Schulreform tendieren diese sich progressiv gebenden Kreise dazu, unsere weltweit anerkannte und differenzierte Schule schlecht zu machen. Stellvertretend für unzählige Beispiele seien nachfolgend einige Schlüsselstellen erwähnt, die unsere Schule als einen Ort des Schreckens darstellen, an dem Kindern durch Drill und Paukerei jede Freude am Lernen genommen wird.

Der von den Neolinken und den Reformern vielfach zitierte Philosoph Hans Saner beispielsweise beschreibt den Lehrer als "Amtsautorität", die unerbittlich Macht über Schüler ausübe. Der Lehrer verfüge über ein "subtiles Instrumentarium des pädagogischen Terrors" und sei ein "Dompteur des Schülermaterials". Die Erziehung ist für Saner nichts anderes als "die langsame, geduldige, stille, wohlorganisierte symbolische Exekution des Kindes."[1] Das Heraufbeschwören derart düsterer und irrealer Bilder dient letztlich dazu, eine Auflösung der heutigen Schulstrukturen und des Lehrer-Schüler-Verhältnisses legitimieren zu können.

Der einflussreichste Schulreformer in Basel, Felix Mattmüller, geht gar so weit, Lehrern als Taktik zur politisch motivierten Schulumgestaltung zu empfehlen, "(...) entsprechende militärwissenschaftliche Gesichtspunkte des Guerillakrieges auf ihre

1 Saner, Hans. Der Kindermord zu Bethlehem. In: Derselbe. *Geburt und Phantasie.* Basel 1987, S. 74.

Verwendbarkeit zu prüfen. (...) In jedem Krieg gibt es auch eine Gesamtsituation, [welche] die ganze Welt erfassen [kann], ein ganzes Land (die Schweiz), eine unabhängige Guerillazone (unseren Kanton) oder auch eine grössere unabhängige Oppositionsfront (die Heilpädagogik)".[1]

Im Schulalltag führt dies dazu, dass Bestrebungen heute immer stärker werden, die Bedeutung von Zeugnissen und Noten zu minimieren, Kenntnisse und Leistungen durch Selbsterfahrung und Spiel zu ersetzen. Damit einher gehen Tendenzen, die Schultypen zu vereinheitlichen, die Klassen aufzulösen, die Lehrer zu reinen Animatoren zu degradieren.

In Ländern, in denen in den letzten Jahren derartige Experimente in die Tat umgesetzt wurden, erheben sich allerdings immer mehr warnende Stimmen von Experten: Die Schüler wissen immer weniger, die Verhältnisse in den Schulen werden immer chaotischer.

Nach Dr. H. Günther, Professor für Pädagogik an der Universität zu Köln, wurden auch die Schulen in Nordrhein-Westfalen mit allgemein bekanntem "Erfolg" (z. B. dramatischer Leistungsrückstand bis zu zwei Jahren) nach den obenerwähnten "progressiven" Vorstellungen – Lebensschule statt Lernschule, spielerisches Lernen und Individualisierung des Unterrichts – umgestaltet.[2] Auch die Einführung der Gesamtschule wird heute in Deutschland immer öfter als Irrweg bezeichnet.

In England hat Erziehungsminister Patten entschieden, dass die Lehrer von den damals von linker Seite eingeführten "progressiven" Methoden Abstand nehmen müssen, weil sie eine ganze Generation von Kindern verdorben hätten. Ein Massnahmenpaket ist geschaffen worden, um die Lehrer wieder zu vermehrtem Ganzklassenunterricht und fachorientiertem Unterricht anzuleiten.[3]

So werden in Deutschland, in England und Dänemark diese Reformen heute schrittweise rückgängig gemacht, und die Schulen verfolgen wieder den Weg, den sie vor den Experimenten einge-

1 Mattmüller, Felix. *Modell einer gesellschafts- und zukunftsbezogenen Volksschule.* Schriftenreihe Erziehung und Unterricht. Bern 1969/7, S. 10.

2 Günther, H. Schüler sollen lernen – aber wie? In: *Die neue Schulpraxis,* 3/1992, S. 5.

3 Vgl. *Daily Mail* vom 4.1.1993 und *Daily Express* vom 19./20.1.1993.

schlagen hatten: klare Lehrpläne mit konkreten Lernzielen, Klassenunterricht, feste und klar voneinander abgegrenzte Schultypen und Lehrgänge.

Während also überall in der Welt heute die Konsequenzen aus solchen verfehlten Schulexperimenten gezogen werden, machen sich Schweizer Schulreformer und Chefbeamte im Kanton Zürich daran, ausgerechnet diese Experimente nun auch in der Schweiz einzuführen, und zwar ohne gründliche Diskussion unter Abwägung aller Gesichtspunkte, sondern per Dekret von oben.

Leider wird heute an unseren Lehrerbildungsanstalten der Ganzklassenunterricht praktisch nicht mehr gelehrt, sondern fast ausschliesslich individualisierende Methoden. Das wovon man sich in England wegen totalen Schiffbruchs distanziert, soll hierzulande heimlich eingeführt werden. Wem soll das dienen?

Fragwürdige Reformen – auch im Kanton Zürich

Der "Abteilungsübergreifende Versuch an der Oberstufe" (AVO) beispielsweise, welcher von der ED gegen den Willen vieler betroffener Lehrer durchgesetzt wurde, imitiert die deutsche Gesamtschule, die heute in verschiedenen Bundesländern deshalb wieder rückgängig gemacht werden soll, weil das Niveau der Schüler, wie Experten feststellen, aufgrund dieser Experimente erschreckend gesunken ist.

In der Frage der Sexualaufklärung gehen die "Progressiven" davon aus, Sexualität sei das hauptsächliche Mittel zur sogenannten Selbstverwirklichung. Der eigene Lustgewinn, die Befriedigung jedes Triebs ist für sie gut; alles, was der ungehemmten Triebbefriedigung entgegensteht, wird als lust- und lebensfeindlich denunziert und letztlich als neurotisch hingestellt. Damit wird die menschliche Sexualität auf reine körperliche Mechanismen reduziert und die Bedeutung einer vertieften, echten emotionalen Beziehung als Grundlage für das Liebeserleben in seiner Gesamtheit ausgeblendet. Gleichzeitig wird die ethische Dimension, welche untrennbar mit einem sinnvollen, verantwortlichen Verhalten gerade in der Sexualität einhergeht, von allem Anfang an bewusst über Bord geworfen. Eine derartige Sexualaufklärung stellt all den vielfältigen Irritationen, wie sie durch massenhafte Videofilme und andere Medien an die Jugend herangetragen werden, z. B. in Form brutaler, sadistischer oder perverser Sexfilme, nichts entgegen. Im Gegenteil schürt sie beim Jugendlichen den Irrtum, er sei nicht normal, wenn er nicht ein Sexualleben mit häufigem Partnerwechsel führe oder keine gleichgeschlechtlichen Neigungen habe.

Merkwürdige Aids-Prävention

Bereits im März 1990 empfahl G. K., Chef der Abteilung Volksschule des Kantons Zürich, den ihm unterstellten Lehrern in einem amtlichen Rundschreiben, als Dokumentationsmaterial zur Aids-Aufklärung eine Publikation der Aids-Hilfe zu abonnieren oder in der Schule aufzulegen, die mit Bildern halbnackter homosexueller Jugendlicher versehen ist und die Homosexualität propagiert. Sowohl die Bewertung der darin besprochenen Bücher als auch die Artikel zu Aids und zur Sexualerziehung erfolgen aus homosexueller Sicht. (Aids-Infothek, Schlagzeile: "Schwul leben ist mehr!"). 1991 gab Herr K. bei Container TV die Herstellung eines Videofilms über Homosexualität für den Sexualkundeunterricht in Auftrag. Container TV arbeitete mit Roger Staub (Aids-Hilfe Zürich, Aids-Delegierter des Kantons Zürich) ein Konzept für den Film aus. In diesem Videofilm werden Schülerinnen zum Beispiel gefragt, ob sie sich vorstellen könnten, mit einer Freundin intim zu verkehren, und was diese Vorstellung in ihnen für Gefühle auslöst. In einer von Herrn K. gutgeheissenen Ideenskizze von Container TV heisst es: "Seiner Ansicht nach [gemeint ist Roger Staub] sollte das Band zwingend in der Reihe Konfrontation Aids erscheinen, weil Aids der Auslöser ist, mit der Sexualkunde in der Schule vorwärts zu machen. Ein separates Band Homosexualität würde irgendwo verstauben. Die AidsInfoDocu ist demnach die ideale Herausgeberin. Laut Roger Staub würde der Kt. ZH den grössten Teil der Kosten bezahlen."[1]Das heisst: Propagierung der Homosexualität unter dem Vorwand der Aids-Aufklärung.

Anlässlich einer Veranstaltung des Aidsforums in der Frauenklinik des Universitätsspitals Zürich am 19.1.1993 wurde nicht nur dieser Film vorgestellt, sondern auch eine Vertreterin und ein Vertreter der sich selbst so bezeichnenden Gruppe "Schwule und Lesben zum Anfassen", die sich für Schulbesuche empfiehlt. Sie

[1] Ideenskizze vom 26.8.1991.

erzählen in den Schulen von ihren sexuellen Neigungen und möchten Identifikationsmöglichkeiten für Jugendliche bieten, sie "Auge in Auge mit Schwulen und Lesben konfrontieren", da der "Zwang zur Heterosexualität" überall so stark vorgelebt werde. Vertreter des Projekts "Schwule und Lesben zum Anfassen" sagten, sie gingen überall hin, wohin sie eingeladen würden, auch in Volksschulen. Man könne mit 12jährigen über Homosexualität sprechen; mit jüngeren Kindern würden sie nicht sprechen, aber ihnen "einfach zeigen, dass Homosexualität etwas Normales" sei. Sie hätten schon verschiedene Schulen besucht und würden auch von Schulklassen besucht. Nach eigenen Aussagen sind sie im Lehrerseminar Rickenbach (Schwyz) Stammgast. Dort werden sie jedes Jahr von einem Pfarrer in die neuen Klassen eingeladen. Auf die Frage, ob es rechtlich zulässig sei, dass sie auch in die Volksschule kommen, wies der Chef der Abteilung Volksschule darauf hin, dass dies auf Grund des im neuen Lehrplan enthaltenen Sexualkundeunterrichts zulässig sei. All dies zeigt, dass es den verantwortlichen Beamten und sogenannten Aids-Experten nicht im geringsten um die Aids-Prävention geht, sondern offensichtlich um die Aufwertung und Bevorzugung der Homosexualität.

An dieser Stelle sei festgehalten, dass der VPM Diskriminierungen von Homosexuellen wie Diskriminierungen überhaupt ablehnt. Hier geht es aber um etwas anderes. Die Öffentlichkeit, d. h. die Eltern als Erziehungsberechtigte, müssen erfahren, was unter dem Vorwand bzw. anstelle von Sexualaufklärung und Aids-Prävention an ihre Kinder herangetragen wird. Der ideologisch motivierte Kampf homosexueller Pressure-groups und deren medienwirksam inszeniertes Coming-out darf nicht auf dem Rücken von Kindern und Jugendlichen ausgetragen werden. Nur darauf hat der VPM hingewiesen. Aber das reicht heute offenbar bereits, um mit einem De-facto-Berufsverbot rechnen zu müssen. Derselbe Chefbeamte G. K., der die Zürcher Volksschullehrer ungefragt mit Homosexuellenzeitungen beliefert, hat auch persönlich die verfassungswidrige Fichierung von 1500 Personen, die dem VPM nahestehen, durchgeführt und überwacht. Interessanterweise wird dies von denselben Kreisen, die sonst laut "Diskriminierung" schreien, nun, da Dutzende von Lehrern tatsächlich diskriminiert werden, nicht verurteilt, sondern noch unterstützt.

Einen Vorgeschmack darauf, was diese Kreise im Rahmen der sogenannten Sexualerziehung vorhaben, gibt die Broschüre "Grenzen", ein Lehrmittel, das von der Elementarlehrerinnen- und Elementarlehrerkonferenz des Kantons Zürich herausgegeben wird. Es soll Lehrkräften als Hilfsmittel dienen, mit dem in der Schule "Bewusstheit und Sprache geschaffen" werden könne, um "sexuelle Gewalt beim Kind oder Jugendlichen zu identifizieren und hilfreich zu intervenieren".[1]

Beim Durchlesen der Broschüre gewinnt man allerdings den Eindruck, dass das Thema "Sexueller Missbrauch" bzw. "Sexuelle Gewalt" lediglich als Vorwand dient, um bei den Kindern die natürliche Abwehr gegen die Verletzung der Intimsphäre abzubauen. Gleichzeitig ist offensichtlich, dass die in dem Buch propagierten Unterrichtsanleitungen und Rollenspiele darauf hinauslaufen, die Lebenswelt des Kindes künstlich zu sexualisieren – und die Kinder damit zu überhitzen. Aus einer Vielzahl von Beispielen seien zwei herausgegriffen: So findet sich zum Beispiel im Kapitel "Präventionsbeispiele für Kindergarten und Unterstufe" unter dem Titel "Es gibt gute und schlechte Geheimnisse" auch die folgende Situationsschilderung, die der Lehrer den Kindern zur "Beurteilung" vorlegen soll: "Stefan hat ein Geheimnis: Wenn seine Mutter weg ist, will der Vater, dass Stefan ihm den Penis streichelt. Manchmal berührt auch er Stefans Penis. Er sagt, er tue das, weil er Stefan ganz besonders gern habe. Der Vater sagt zu Stefan: 'Das ist unser Geheimnis. Du darfst ja niemandem davon erzählen.'"[2]

Für die Mittelstufe wird den Schülern ein sogenannter Situationsparcours auf Kärtchen vorgestellt, auf denen eine "schwierige Situation" geschildert wird, die sie dann in kleinen Gruppen besprechen müssen. Auf einem dieser Kärtchen heisst es da: "Eine Freundin vertraut dir an, dass sie nicht gut schlafen kann, weil ihr Vater nachts in ihr Zimmer kommt und sie an ihrer Scheide

1 *Grenzen. Sexuelle Gewalt gegen Kinder und Jugendliche.* Herausgegeben vom Verlag der Elementarlehrerinnen- und Elementarlehrerkonferenz des Kantons Zürich, 1992. S. 2.

2 *Grenzen. Sexuelle Gewalt gegen Kinder und Jugendliche.* Herausgegeben vom Verlag der Elementarlehrerinnen- und Elementarlehrerkonferenz des Kantons Zürich, 1992. S. 47.

berührt."[1] Nebenbei: Einem Kind, das tatsächlich derartiges erlebt, ist damit in keiner Weise geholfen. Hingegen fragt man sich, wozu Schulkinder, deren Eltern ein natürliches Verhältnis zu ihren Kindern haben, in dieser Weise mit seelischen Problemen Erwachsener behelligt werden und was für Folgen dies auf die Beziehung des Kindes zu seinen Eltern haben wird.

In einem anderen "Spiel" sollen sich die Kinder auf den Boden legen, die Augen schliessen und auf Anweisung des Lehrers eine sogenannte "Berührungsreise" machen. Die Anweisung des Lehrers beinhaltet unter anderem: "Versucht euch an alle Berührungen zu erinnern, die ihr vor dem Schlafengehen erlebt habt! Was war schön, was war unangenehm? (...) Wie seid ihr heute morgen aufgewacht? Wie war eure Stimmung? Habt ihr geträumt? Welche Berührungen habt ihr dann erlebt? (...) Kommt jetzt wieder langsam zurück in die Gegenwart, wie fühlt ihr euch jetzt in eurem Körper? Welche Berührung wäre jetzt schön, welche unangenehm? Bewegt jetzt etwas euren Körper? Berührt euch jetzt selber auf eine angenehme Art! (...) Wählt jetzt ganz bewusst ein anderes Kind, mit dem ihr über eure Berührungsreise sprechen möchtet. Dann wählt gemeinsam einen Ort, wo ihr ungestört in den nächsten 20 Minuten Erfahrungen austauschen könnt."[2]

Es ist schwer einzusehen, was mit solchen "Übungen" anderes erreicht werden kann oder soll als eine Sexualisierung des Schulalltags sowie das Verunmöglichen einer intimen Abgrenzung: Der Schüler hat keine Möglichkeit mehr, über Nähe und Distanz im Rahmen der Klassenöffentlichkeit zu entscheiden. Weshalb wohl müssen diejenigen Lehrer aus dem Schuldienst entlassen werden, welche die Eltern darauf aufmerksam machen, was ihre Kinder und sie selbst mit der "Schule der Zukunft" erwartet?

Interessant und bezeichnend für die Situation ist in diesem Zusammenhang auch, dass diese Broschüre in der "Neuen Zürcher Zeitung" in höchst positiven Tönen rezensiert wurde – und zwar

1 *Grenzen. Sexuelle Gewalt gegen Kinder und Jugendliche.* Herausgegeben vom Verlag der Elementarlehrerinnen- und Elementarlehrerkonferenz des Kantons Zürich, 1992. S. 53

2 *Grenzen. Sexuelle Gewalt gegen Kinder und Jugendliche.* Herausgegeben vom Verlag der Elementarlehrerinnen- und Elementarlehrerkonferenz des Kantons Zürich, 1992. S. 51

just von derjenigen Redaktorin, die sich in der Kampagne gegen den VPM bei der NZZ besonders hervorgetan hat.[1]

Drogenakzeptanz als pädagogische Leitlinie?

Diese politisch motivierten "Progressiven" treten auch seit Jahren für die völlige gesellschaftliche Akzeptierung aller Rauschdrogen ein. Was eine derartige Entwicklung für die Schule heissen wird, zeigen die bitteren Erfahrungen anderer Länder, die auch in diesem Bereich ein gesellschaftliches Fiasko erlebten und heute wieder zu einer klaren Ablehnung der Drogen zurückgekehrt sind bzw. zurückkehren. Wenn Rauschdrogen allgemein akzeptiert sind, hat die Schule keinerlei gesetzliche Mittel mehr, gegen solche Auswüchse einzuschreiten. Aus den erwähnten Erfahrungen vieler Länder mit den verheerenden Folgen von Drogenepidemien ergibt sich die Forderung, alle erdenklichen Anstrengungen zum Erreichen einer drogenfreien Gesellschaft zu unternehmen. Unsere eigenen therapeutischen Erfahrungen in zahlreichen Fällen seit Ende der 60er Jahre zeigen, dass es möglich ist, einem jungen Menschen aus den Drogen herauszuhelfen; allerdings ist der Wiederaufbau gesunder zwischenmenschlicher Beziehungen und einer beruflichen Entwicklung mit grossem zeitlichem und menschlichem Aufwand verbunden. Daher gilt auch hier: Vorbeugen ist besser als heilen. Alle Möglichkeiten der primären Prävention sollten daher ausgeschöpft werden, um zu verhindern, dass Jugendliche in die Drogenszene abgleiten.

Leider ist es heute eine Tatsache, dass fast jeder Schüler mit Drogen in Berührung kommt. Der Umgang mit Rauschgiften wird von vielen unterschwellig bewundert. Jugendliche geraten leicht in Peer-groups, in denen Drogen konsumiert werden. Auf diesem Weg der "sozialen Ansteckung" verbreitet sich der Drogenmissbrauch wie eine Epidemie.

In dieser Situation erscheint es völlig unverständlich, dass von politisch linksprogressiv orientierten Kreisen statt einer wirksamen Prävention die gesellschaftliche Akzeptanz der Drogensucht, ja sogar eine Legalisierung bis hin zur völligen Freigabe von Heroin gefordert wird. In der gesamten Bevölkerung soll eine

1 Vgl. *Neue Zürcher Zeitung* vom 28.1. 1993.

Akzeptanz gegenüber Drogen geschaffen werden. Es wird versucht, jedem ein "Recht auf seine Sucht" einzureden bzw. eine normale, verantwortungsbewusste Lebensgestaltung auch als Sucht abzuwerten, z. B. als "Arbeitssucht". Gleichzeitig wird der mitmenschliche Impuls, dem Drogensüchtigen zu einem drogenfreien Leben zu verhelfen, als "intolerant und repressiv" diffamiert.

Es sind weitgehend politisch identische Kreise, welche sich heute für fragwürdige Schulreformen starkmachen und gleichzeitig für die totale Freigabe aller Rauschdrogen eintreten. Mehr noch: Die Drogenakzeptanzlobby fordert, dass jetzt endlich mit den Schul-Reformen vorwärtsgemacht wird, damit die Schule selbst in Richtung Drogenfreigabe aktiv werden kann!

Aggressionen ausleben – eine gefährliche Devise

Schliesslich machen sich die genannten Kreise auch immer wieder dafür stark, dass junge Menschen ihre sogenannt "natürlichen" Aggressionen ausleben und nicht unterdrücken sollen. Folge dieser Theorie ist eine pädagogische Abstinenz ethischen Fragen gegenüber: Viele Lehrer greifen heute kaum mehr ein, wenn Schüler in der Schule ein gewalttätiges Verhalten zeigen. Auf Grund analoger Tendenzen ist die Situation in den USA und in vielen Schulen Deutschlands inzwischen unerträglich geworden, und in der Schweiz zeichnen sich ähnliche Entwicklungen ab. Aggressives Verhalten ist weder natürlich, noch sollte es gefördert werden. Im Gegenteil gibt es nur eine Möglichkeit, der wachsenden Brutalisierung Herr zu werden: ihr konsequent und entschlossen entgegenzutreten. Das zunehmende Gewaltproblem unter den Jugendlichen ist nicht einfach automatisch eine Folge "struktureller" Probleme unserer Gesellschaft, etwa der Jugendarbeitslosigkeit, wie uns diese Kreise immer wieder glauben machen wollen. Es ist die Folge einer Erziehung, welche auf die Vermittlung von Werten verzichtet und die Jugendlichen ermuntert, ihre "Aggressionen" ungefiltert auszuleben auf Kosten der Gemeinschaft und, nach dem Willen von Politstrategen, gegen die Institutionen des bürgerlichen Staates. So sagte kürzlich der bei der Zürcher Regierung in hohem Ansehen stehende linke Gemeinderat und ehemalige 68er Aktivist (unermüdlicher Propagandist des "Kanzleizentrums" und

Hintergrundstratege der Häuserbesetzerszene) Hannes Lindenmayer (Alternative Liste) in einem Artikel über die staatlich subventionierte Jugendpolitik in der Stadt Zürich. "Die Jungen brauchen eigene Räume, eigene Orte. Die müssen nicht streng verwaltet sein. Wir brauchen keine Orte, wo die althergebrachten Werte an die Jugendlichen tradiert werden."[1] So ist es wohl kein Zufall, dass das Ausleben gewalttätiger Regungen auch im Zentrum einer von neolinken Konzepten geprägten Theorie steht, die immer stärker gerade die Ausbildungsgänge der Lehrer dominiert: Die sogenannte Gestaltpädagogik und Gestalttherapie.

Politisierung der Lehrerausbildung durch Gestaltpädagogik

Gestaltpädagogik wird zunehmend als politisches Instrument in der Lehrerausbildung und in unseren Schulen propagiert und eingesetzt. O.-A. Burow, ein bekannter Gestaltpädagoge, schreibt dazu in seinem Buch "Lernziel: Menschlichkeit", das überall bei uns in der Lehrerausbildung empfohlen wird: "Sie (die Gestaltpädagogik) ist kein Ersatz für eine politische Auseinandersetzung, sondern einer ihrer Bestandteile."[2]

Tatsächlich ist die Gestaltpädagogik fest in ein politisches Programm integriert. Nach Aussage des Gestaltpädagogen G. Fatzer gelangte Paul Goodman, der Begründer der Gestalttherapie, zu seinen antipädagogischen Vorstellungen ausgehend von seinem "Anarchistischen Manifest". Fatzer ist an der Universität Zürich und am Seminar für pädagogische Grundausbildung, also der hauptsächlichen Schule für die Zürcher Lehrer, tätig. Sein "Anarchistisches Manifest" ist als Kampfansage an die bestehende Gesellschaft gedacht, und die Gestaltpädagogik steht im Dienste dieses Ziels. Goodman und Fritz Perls, der Begründer der Gestaltideologie, lassen keinen Zweifel offen, worum es ihnen wirklich geht: "Schon oberflächlich gesehen gibt es also Grund, die Dinge kurz und klein zu schlagen, nicht diesen oder jenen Teil des Systems zu zerstören (...), sondern das Ganze en bloc zu zerschlagen."[3] Die Gestaltpädagogen setzen in der Schule Techniken der

1 "Toaster", Februar 1993, S. 4.

2 Burow, O.-A./Scherpp, K.: *Lernziel: Menschlichkeit. Gestaltpädagogik – eine Chance für Schule und Erziehung.* München 1981, S. 163.

3 Goodman, Paul/Perls, Fritz. *Gestalttherapie.* Stuttgart 1988, S. 135.

Gestalttherapie ein, die darauf abzielen, alle Hemmschwellen in den zwischenmenschlichen Beziehungen abzubauen und Werte und Normen zu zerstören. So scheuen sie beispielsweise nicht davor zurück, mit entsprechenden Spielen – bei denen sich die Teilnehmer gegenseitig betasten, über ihre Gefühle Auskunft geben müssen oder sich auch gegenseitig beschimpfen sollen – in die Intimsphäre von Schülern und Lehrern einzudringen und dadurch Macht über die so verunsicherte Person auszuüben. Als Beispiel dafür, wie soziale Normen abgebaut werden, dient die Forderung von Goodman, wir müssten "unsere Seelen gegenseitig untersuchen und säubern, bis wir nicht länger solche illegalen Handlungen [gemeint sind Verbrechen!] als Schuld oder Konspiration ansehen".[1]

Als Zürcher Hochschulpädagoge und Ausbilder von Lehrern bezeichnet zum Beispiel G. Fatzer die politische Kampfmethode Goodmans (Argumentationsmethode "ad hominem", d. h. den Gegner mit Hilfe von persönlichen Attacken in der Öffentlichkeit blosszustellen) als "ein gutes Beispiel der Verbindung von Therapie und Politik".[2] Zur politischen Zielsetzung der Gestalttherapie insgesamt schreibt H. Portele in der Dezember-Nummer 1992 des deutschen Anarchoblattes "graswurzelrevolution" unmissverständlich: "Entweder sind wir als Gestalttherapeuten Anarchisten, oder wir sind keine Gestalttherapeuten." Und die Gestalttherapeuten des Zürcher Pestalozzianums haben die Stirn, ausgerechnet dem VPM "Ideologisierung" vorzuwerfen!

Destruktive Auswirkungen "neuer" Unterrichtsmethoden

Dass durch die Einführung individualisierender Unterrichtsmethoden die Schule selbst abgeschafft werden soll, ist keine Erfindung des VPM, sondern erklärtes Ziel der Leitfiguren der Antipädagogik und hiesiger Schulreformer, z. B. von George B. Leonard, dem ehemaligen Vizedirektor des gestalttherapeutischen Esalen-Instituts in Kalifornien. Er fordert unverblümt, was viele neolinke Reformer im Sinne ihrer Salamitaktik hierzulande noch mehr oder weniger diplomatisch verheimlichen, nämlich "die Abschaffung

1 Goodman, Paul. *Anarchistisches Manifest.* Limburg 1980, S. 123.

2 Fatzer, Gerhard. Annäherung an Paul Goodman. In: Prengel, Annedore. *Gestaltpädagogik.* Weinheim/Basel 1983, S. 95.

von Erziehungseinrichtungen, die in besonderen Gebäuden mit Klassenzimmern und Lehrern beherbergt werden. Zumindest bedeutet es das Ende aller gesetzlichen Schulpflicht. Dieser Gedanke mag zunächst völlig undurchführbar erscheinen. *Aber die jüngste Entwicklung der Technik des individuellen Lernens hat die Lage verändert. 'Keine Schule' ist ein erreichbares Ziel geworden.*"[1] Man sollte sich nicht darüber hinwegtäuschen, dass die neolinks inspirierten Protagonisten der Zürcher Schulreformen nichts anderes vor Augen haben als dieses Ziel, das Jürg Jegge für die Schweiz bereits formuliert hat: "Eine Schweiz ohne Schule."[2]

Wichtige Bausteine auf dem Weg zu einer derartigen "Entschulung der Gesellschaft" – so Ivan Illich, der in Nr. 62 der VPOD-Lehrerzeitung als massgeblicher Theoretiker gefeiert wird – sind neue, individualisierende Unterrichtsmethoden, deren Anwendung auch im Kanton Zürich stillschweigend durchgesetzt werden soll. Die gleiche Lehrerzeitung titelt "Schulreform nein – Abschaffung der Schule" sowie "Jede Schule ist eine falsche Schule".[3]

Auch der in der Schweiz in letzter Zeit vermehrt propagierte Werkstattunterricht kann leicht dazu missbraucht werden, eine politisch motivierte Schwächung der Position des Lehrers zu erreichen. So sagt einer der Begründer dieser Unterrichtsform selbst, dass "wichtige didaktische Aufgaben des Lehrers – Vermittlung von Wissen, Erklärung, Darbietung, Demonstration und Rückfragen sowie die Organisation und Anleitung zu stetem Üben – entfallen".[4] Es gibt inzwischen eine Reihe von Lehrern, die Werkstattlernen als sinnvolle Ergänzung zum traditionellen Unterricht anwenden – wohlverstanden nur ergänzend. Das ändert aber nichts an der Tatsache, dass die *einseitige* Förderung dieser und ähnlicher Methoden bei gleichzeitiger Verteufelung einer normalen Stoffvermittlung im Klassenunterricht politisch-ideologisch motiviert ist. So fordert auch Gudjons, der Begründer des Projektunterrichts, eine eigentliche "Selbst- und Weltveränderung" durch

1 Leonard, George B. *Erziehung durch Faszination.* München 1971, S. 133. (Hervorhebung durch den Verfasser).

2 Jegge, Jürg. In: *Schweizer Familie.* 12/1990, S. 24.

3 Vgl. Manuskript und Fotokopien.

4 Reichen, Jürgen. *Hinweise zum Werkstattunterricht. SIPRI-Teilprojekt 3.* Hrsg. von der Erziehungsdirektion des Kantons Zürich/Pädagogische Abteilung. o. J., o. O., S. 36.

diese Methode.[1] Nun sind Veränderungen nicht grundsätzlich abzulehnen, nur sollten sie nicht heimlich und undiskutiert an Schulkinder und Eltern herangetragen werden, dürften sie nicht Mittel sein, um eine heimliche und undiskutierte Umgestaltung unserer Schule durchzusetzen. Schulreformen müssten auf ihre pädagogischen Konsequenzen hin sorgfältig geprüft werden.

Der VPM hat diese Tendenzen erkannt und ihre heimlichen Ziele analysiert

Zu all den hier erwähnten Entwicklungen hat der VPM Untersuchungen und Forschungsergebnisse vorgelegt, die einem kritisch denkenden Zeitgenossen eine Fülle von Argumenten liefern, um die politisch motivierten Postulate in kritischem Licht zu beurteilen. Es ist ein Gebot der Stunde, diese destruktiven Tendenzen klar zu erkennen und zu benennen. Vor dem Hintergrund der hier skizzierten Entwicklungen und politischen Tendenzen drängt sich der folgende Schluss auf:

Der Versuch einer Ausschaltung der Sachbeiträge des VPM aus der öffentlichen Diskussion sowie einzelner Lehrer aus dem Schuldienst hat eindeutig politische Gründe. Mit den massiven rechtswidrigen Angriffen gegen den VPM und gegen Lehrer, die sich bei ihm weiterbilden, sollen diejenigen Personen mundtot gemacht werden, die bisher dem schulpolitischen Kampf der Neuen Linken sachlich begründeten Widerstand entgegengesetzt haben. Hier liegt der tiefere Grund dafür, dass der VPM unermüdlich diffamiert, Verein und Exponenten zu Zerrbildern verfälscht und die Lehrer, die Kurse im VPM besuchen, ausgegrenzt werden, wie dieses Buch belegt. An vielen verantwortungsvollen Stellen unserer Gesellschaft sitzen inzwischen Exponenten, welche den genannten Konzepten nahestehen. Das wird dann gefährlich, wenn sie ihren Einfluss heimlich dazu benützen, uns Träger von Gedanken auszuschalten, die ihnen aus politischen Gründen nicht genehm sind. Dies geschieht momentan in Zürich in erschreckend hohem Masse. Opfer sind u. a. die Lehrer, deren Fälle Gegenstand dieses Buches sind.

[1] Gudjons, Herbert. Projekt-Begründung-Planung. In: *Schweizerische Arbeitslehrerinnen-Zeitung.* 73/1990/6, S. 6.

Diese Fälle zeigen Ungeheures: Da hat die oberste Behörde des Zürcher Erziehungswesens Lehrer gegen die allermassivsten Verleumdungen nicht nur nicht in Schutz genommen, sie hat sie selbst aktiv ausgegrenzt, diffamiert und ihr Berufsfeld nachhaltig gestört. Vor dem Hintergrund des hier Dargestellten zeigt sich mit aller Deutlichkeit: Die Erziehungsdirektion hat die Diffamierungskampagne gegen den VPM nicht nur unterstützt, sie hat diese Kampagne selbst mitinitiiert, vorangetrieben und ihr in jeder Hinsicht strategische und taktische Unterstützung geliefert.

Die Stationen dieser in der Schweiz einzigartigen Rufmordkampagne, welche unter Mitbeteiligung von Stabsstellen der Erziehungsdirektion des Kantons Zürich orchestriert wurde, seien im folgenden kurz nachgezeichnet.

Die Hetzkampagne gegen den VPM: Wie die oberste Zürcher Erziehungsbehörde eine Partei wurde

Der VPM macht auf schädliche Tendenzen in der Kindergartenreform aufmerksam

Im Laufe des Jahres 1990 gab der Verband schweizerischer Kindergärtnerinnen unter dem Titel "Leitideen 1990: Kindergarten – ein Ort für Kinder" seine programmatischen Forderungen heraus. In den einschlägigen Gremien wurde diese Broschüre als bestimmend und verbindlich für den Schweizer Kindergarten der Zukunft hingestellt – dies, ohne dass vorher eine gründliche Diskussion unter den Kindergärtnerinnen selbst stattgefunden hätte. Kindergärtnerinnen beim VPM und mit ihnen viele Kolleginnen waren beunruhigt über gewisse Grundideen, welche diese Leitideen bestimmten. Sie stellten fest, dass in dieser Schrift über die künftige Ausgestaltung des Schweizer Kindergartens vieles unkritisch übernommen worden war, was man heute allgemein als antipädagogisches Denken bezeichnen muss: Die Kindergärtnerin soll nicht mehr und nicht weniger als die "Dienerin" der Kinder sein. Sie soll nicht mehr Vorschulerzieherin sein, sondern sich zurücknehmen und dem Vorschulkind nur ein anregendes Klima schaffen, in welchem es selbsttätig und eigenaktiv Lernprozesse durchlaufen kann. Was aber, wenn das Kind zuwenig Mut oder Neugierde mitbringt, solche Prozesse anzugehen? Was, wenn es noch nicht gelernt hat, auf andere Rücksicht zu nehmen? Was, wenn es sich asozial und destruktiv verhält, wie dies gerade in Kindergärten der Stadt Zürich immer wieder der Fall ist? Hier setzte die kritische Reflexion der Kindergärtnerinnen ein, welche Kurse beim VPM besuchen. Sie wiesen darauf hin, dass die antipädagogische Empfehlung, die Kindergärtnerin müsse sich "in den Dienst der Kinder" stellen und sich in dieser Funktion "zugunsten der Kinder zurücknehmen", beim Kind zu Orientierungslosigkeit und zum Verfestigen unsozialer Verhaltensweisen beiträgt. Gerade ethische Orientierungen müssen im frühesten Alter vermittelt werden – später ist dies oft schwieriger. Sie machten darauf aufmerksam, dass die Empfehlungen eines der Exponenten der Antipädagogik, Ekkehard von Braunmühls (vieles in der genannten Broschüre beruht auf seinen Konzepten), mit Vorsicht entgegenzunehmen seien. Braunmühl vertritt Theorien, die für Kultur und Gesellschaft nämlich ausgesprochen schädliche sind: Erzieher, sowohl Eltern als auch Kindergärtnerinnen und Lehrer, sollten ihm zufolge keinen Einfluss auf das Kind nehmen, keine erzieherischen Ziele verfolgen, keine Werte vermitteln und keine Verantwortung für die Kinder übernehmen. In einer Zeit, in der brutale Übergriffe schon von Kindern leider häufig sind, können solche Rezepte keine verlässliche Richtschnur sein, entwickelt doch gerade das Kind seine ethische Orientierung am Vorbild der Erzieher.

Die Kindergarten-"Reformer" antworten mit der Entfesselung einer Verleumdungskampagne

Auf solche Bedenken, die in sachlicher, anständiger Form vorgebracht wurden, antworteten die radikalen Kindergarten-"Reformer" mit erstaunlicher Heftigkeit. Zum erstenmal prasselte auf die Kindergärtnerinnen des Arbeitskreises ein, was in der Folge zum Alltag für Lehrkräfte werden sollte, welche den Mut haben, die Fragwürdigkeit solcher Reformen beim Namen zu nennen. Einzelne Kindergärtnerinnen wurden auf offiziellen Sitzungen ohne konkreten Anlass und ohne Begründung übel beschimpft, ihrer bisher bestens versehenen Ämter in den Verbänden enthoben oder sogar entlassen, wie dies die hier vorliegenden Erfahrungsberichte, vor allem diejenigen von Vreni Tobler und Maria Zinner, illustrieren. Hier wurden zum erstenmal jene Greuelmärchen bezüglich Hygieneerziehung und Umgang mit den Schülern in die Welt gesetzt, die seither zum "eisernen Bestand" der Medienkampagne gegen den VPM gehören. Die Propagandisten dieser Phantastereien haben bis zum heutigen Tag wohlweislich darauf verzichtet, ihre abstrusen Behauptungen zu belegen. In diesem Zusammenhang wird aber immer wieder das Büchlein einer Kindergärtnerin erwähnt, welches sie damals zu ihrem eigenen Gebrauch in ihrem Kindergarten selbst hergestellt hatte. Sie wollte damit ihre Kinder – oft fremdsprachig – mit Hilfe von Zeichnungen in die elementaren Regeln zum Schutze der Gesundheit einführen. Aus ihrer Broschüre geht hervor, dass es sinnvoll ist, sich nach dem Spiel die Hände zu waschen, bevor man isst. Auch wird in einfacher, kindgerechter Form erklärt, wie ansteckende Krankheiten, wie etwa Grippe im Alltag, übertragen werden, wie man vermeidet, sich ins Gesicht zu husten oder zu niessen und sich so und den andern vor einer Ansteckung schützen kann. Nichts von Aids, nichts von Sexualität, nichts von gefährlichen Bazillen am Apfel.

Das Büchlein soll die Eltern in ihren Bemühungen unterstützen, den Kindern allgemeinste Gewohnheiten zur gesundheitlichen Vorbeugung zu vermitteln wie dies selbstverständlich jede Generation an die nächste weitergibt. Dies gewährleistet, dass niemand Angst vor Infektionen haben muss, auch dann nicht, wenn tatsächlich einmal ein HIV-positives Kind in der Klasse wäre. Die Kindergärtnerinnen sind aber ausdrücklich der Meinung, dass es weder notwendig noch sinnvoll ist, mit Kindern über eine Krankheit wie Aids zu sprechen. Dieses Thema gehört nicht in diese Altersgruppe.

Der Chef der Abteilung Volksschule doppelt nach

Nachdem die besagte Kindergärtnerin bereits drei Jahre gut mit dem Büchlein gearbeitet hatte, griff es sich jetzt plötzlich der Chef der Abteilung Volksschule heraus, der hier offenbar Bestrebungen am Werk sah, seine etwas spezielle Art der Aids-Aufklärung zu sabotieren. Er liess flugs eine Buchbesprechung durch eine in derselben Abteilung Beschäftigte ausarbeiten, welche zum bestellten Schluss kam, das Büchlein würde bei Kindern irrationale Ängste vor Krankheiten wachrufen. Den gleichen Unsinn hat Alexander

Tschopp, ehemaliger Pressesprecher der BAG, im AidsInfoDocu verbreitet. Dem VPM liegen allerdings Expertisen von tatsächlichen, nicht von selbsternannten Experten vor, welche dem Büchlein und seiner Autorin beste Zeugnisse ausstellen. Es sei in seiner Art bezüglich Inhalt und Darstellung vorbildlich. Dennoch liess sich der Chef der Abteilung Volksschule zu einem in der Schweiz einmaligen Willkürakt hinreissen: Er verbot – mit entsprechend beifälliger Publizität in der gleichgesinnten Tagespresse – dieses private Büchlein "als Lehrmittel" und versah so die schrillen Töne in der Verleumdungskampagne gegen die genannten Kindergärtnerinnen mit amtlicher Autorität.

Schulgemeinde N.: Ein Dozent beim Pestalozzianum entfacht Hysterie – Nichtwahl bestens qualifizierter Lehrer

In N. wurde Anfang 1991 das durchgespielt, was sich in ähnlicher Form im Sommer 1991 im Schulkreis A. und anschliessend in L. wiederholte: Gegen bisher unbescholtene Lehrer wurde unter Beteiligung der Erziehungsdirektion und der Medien eine eigentliche Hexenjagd inszeniert, die einzig auf der oben erwähnten, künstlich entfachten Hysterie beruhte. Auch das von den Medien zum Grossereignis hochstilisierte Erscheinen eines eigentlichen Gruselgeschichtenbuchs über den VPM hatte die Stimmung erheblich angeheizt.

In N. unterrichteten seit Jahren einige Lehrkräfte auf verschiedenen Stufen, welche Kurse beim VPM in Anspruch nahmen, auch Kindergärtnerinnen. Dies war dem Schulpräsidenten bekannt, er schätzte diese Lehrkräfte und sprach ihnen sein Vertrauen aus. Zwei Volksschullehrer mit den besten Referenzen sollten nun gewählt werden. Davon erfuhren sowohl der Chef der Abteilung Volksschule in der Erziehungsdirektion als auch ein gleichgesinntes Mitglied der Schulpflege.

Durch entsprechende Winke gelang es innert kürzester Zeit, jenen Medienwirbel zu entfachen, der inzwischen die "Auseinandersetzung" dieser Kreise mit dem VPM prägt: Ein sympathisierender Journalist plaziert eine Kombination aus den oben erwähnten Gruselgeschichten und zitiert einige – selbstverständlich anonym bleiben wollende – sogenannte "Betroffene". Das genügt meistens, um bei wenig informierten Lesern jene Hysterie auszulösen, die diese Kreise beabsichtigen. Wer will schon sein Kind zu einem Lehrer schicken, der als Unmensch dargestellt wird. Dieses Rezept funktionierte auch in N. Nachdem der Medienwirbel einmal entfesselt war, konnte man die verzweifelten Versuche der betroffenen Lehrkräfte, sich an öffentlichen Diskussion oder mit Leserbriefen gegen diesen Rufmord zu wehren, bequem als "typischen VPM-Umgang mit Kritikern" diffamieren und die Betroffenen damit gleich noch einmal verhöhnen.

Diese verwerfliche Taktik wurde von Chefbeamten der ED tatkräftig unterstützt. Einer sprach an einer öffentlichen Veranstaltung, ohne konkret zu werden, von "unangenehmen Erfahrungen der Behörden" mit "solchen" Lehrern. Auch bei dem oben erwähnten Mitglied der Schulpflege handelte es sich nicht um irgend jemanden, sondern um eine Person, bei der vielfältigste Schnittstellen der in der VPM-Hetze besonders aktiven Kräfte zusammenlaufen: Dieser Schulpfleger, W. K. (Mitglied der SP), der den Stein ins Rollen gebracht hatte, ist Leiter der Beratungsstelle für Suchtprophylaxe beim Pestalozzianum (zur Rolle gerade dieses Instituts, in dessen Stiftungsrat auch der Chef der Abteilung Volksschule, G.K., sitzt, vergleiche weiter unten), einer Stelle, welche sich durch eine besonders aggressiv vertretene Drogenakzeptanzlinie auszeichnet. Ein Parteigenosse und persönlicher Bekannter dieses W. K., ein "Kollege" der angegriffenen Lehrer, tat sich in besonders militanter Weise bei der Kampagne hervor. Dessen Frau ist Vizepräsidentin desjenigen Kindergartens, in welchem die Kindergärtnerin unterrichtet, gegen deren Gesundheitsbüchlein die genannten Kreise eine ähnliche Massenhysterie entfesselt hatten.

Aufbau einer ED-Fichendatei: Lediglich Kursbesuch oder Mitgliedschaft beim VPM ist Grund für die Fichierung

Wie erst kürzlich bekannt wurde, baute die Erziehungsdirektion auf Geheiss des Erziehungsdirektors und unter der persönlichen Aufsicht des Chefs der Abteilung Volksschule ab Sommer 1990 systematisch eine krass widerrechtliche Fichendatei auf. Es braucht schon eine gute Portion Unverfrorenheit und die dicke Haut eines langgedienten Politikers, um eine derart hanebüchene Einrichtung zu dulden und sie sogar noch öffentlich zu verteidigen. 1500 Namen wurden aus privaten Archiven und durch eigene

Nachfragen gesammelt und eifrig in einem Personalcomputer gespeichert. Von den fichierten Personen ist nur ein Bruchteil als Lehrer im Kanton Zürich tätig. Andere sind gar nicht im Kanton Zürich wohnhaft oder haben ganz andere Berufe, viele wohnen im benachbarten Ausland. Aber davon abgesehen: Die Fichierung aller dieser Personen verletzt in flagranter Weise bestehendes Recht und steht im offenen Widerspruch zu den Konsequenzen, welche die PUK (Parlamentarische Untersuchungskommission) des Nationalrates aus der damaligen Fichenaffäre der Bundespolizei gezogen hat. Auch die Geschäftsprüfungskommission (GPK) kam trotz Glacehandschuhen nicht darum herum, mit einigem Unwillen festzustellen, dass der Erziehungsdirektor just in dem Zeitpunkt den Auftrag zur Fichierung mit Bezug auf den VPM gab, als er eben dieser GPK gegenüber beteuerte, in seinem Departement gebe es keine Fichen (und von ebendemselben Erziehungsdirektor muss sich der VPM öffentlich vorhalten lassen, er nehme es mit der Wahrheit nicht so genau!).

Was war der Sinn dieser unzulässigen Übung? Allen Beschwichtigungen, Beteuerungen und mehr als peinlichen Verwischungsstrategien der letzten Monate zum Trotz: Die Erziehungsdirektion wollte ein Mittel in der Hand haben, um langgediente, bewährte Lehrer "im Griff" zu haben, falls sie Kurse im VPM besuchten, und insbesondere, um mit dieser Datei Einfluss auf Neueinstellungen von Lehrern nehmen zu können. Das ist das niederschmetternde Fazit, das sich jedem aufdrängt, der sich sein eigenes Denken noch nicht von der propagierten Einheitsmeinung hat nehmen lassen. Seit die Existenz dieser Fichendatei bekanntgeworden ist, fällt auf die Kontakte des Chefs der Abteilung Volksschule mit denjenigen Kreisen, welche Lehrern in den letzten Jahren gezielt Schwierigkeiten gemacht haben, ein neues Licht. Die Einzelfälle, welche unser Buch dokumentiert, müssen auch unter diesem Aspekt gelesen werden.

Das Grundlagenwerk "Standort Schule" erscheint

In "Standort Schule", der grossangelegten Studie des VPM über den politischen Hintergrund des Umbaus unserer Schweizer Schule, wurden nebst unzähligen weiteren Sachverhalten auch die obengenannten zur Darstellung gebracht. An die 200 Lehrer haben in minutiöser Kleinarbeit die anstehenden Reformen auf ihren Inhalt, ihre theoretische Herkunft und ihre Auswirkungen hin untersucht: sachlich, präzise, engagiert – mit einer für ein wissenschaftliches Werk beispielhaften Herleitung der Befunde aus Tausenden von Belegen: Zitate und Zusammenfassungen der Originaltexte. Das dreibändige Werk gibt einen Überblick über die Kräfte, welche unsere Schule so "reformieren" wollen, dass kein Stein mehr auf dem anderen bleibt. Das Resultat dieser Studie ist beunruhigend: Die vorgeschlagenen "Reformen" gründen sich fast ausnahmslos auf Konzepte von Theoretikern, die unserer Gesellschaft und den Werten, auf denen sie beruht, feindlich gegenüberstehen. Diese Bildungstheoretiker entstammen in ihrer Mehrzahl dem Denken der alten 68er Strategen. Sie haben sich schon damals auf die Bildungspolitik geworfen, weil sie entsprechend den marxistischen Theoretikern unseres Jahrhunderts erkannt hatten, dass sich die moderne Gesellschaft nur über die systematische ideologische Beeinflussung der Jugend nachhaltig in die Richtung ihrer Wunschvorstellungen verändern lasse.

Wenn in der Schule statt dem Leistungs- das Lustprinzip regiert, wenn Schüler bestimmen, was getan und was nicht getan wird, wenn der lernzielorientierte Unterricht zugunsten des sogenannten Projektunterrichts zurückgebunden wird (nach der Devise: Der Weg ist wichtig, nicht das Ziel), wenn Lehrer darauf verzichten müssen, den Halbwüchsigen diejenigen Werte zu vermitteln, auf denen unser Gemeinwesen beruht, und sie stattdessen zusehen sollen, wie immer brutalere Umgangsformen einreissen – dann sind das alles Dinge, welche der Alt-68er Günther Amendt schon in den 70er Jahren als revolutionäres Rezept propagierte. Heute wird der gleiche Amendt von bürgerlichen Parteien zu Referaten eingeladen und doziert seine 68er Ideologie in etwas zeitangepasster Form genüsslich einem Publikum mit offensichtlich kurzem Gedächtnis vom Podium herunter.

Überall in Europa erheben inzwischen die linkspolitisch ausgerichteten Progressiven solche Forderungen an die Schule zu ihrem Programm. Wenn sich diese Schule durchsetzt, dann ist allerdings die bestehende Gesellschaft in ihrer Substanz bedroht. Dieser Prozess spielt sich heute bereits in unseren Schulen ab. Die herbeigeredete Reformbedürftigkeit unserer Schule und der Inhalt der vorgeschlagenen "Reformen" beschleunigen die Selbstzerstörung der bürgerlichen Gesellschaft und ihrer Werte.

Die Schulreformen im Kanton Zürich

In Band III von "Standort Schule" (Der Prozess der Auflösung in der Praxis) sind beunruhigende Tendenzen der aktuellen Schulversuche analysiert, die zur Zeit im Kanton Zürich durchgeführt werden. Sie betreffen unser gesamtes Schulsystem vom Kindergarten über die Volksschule bis zum Gymnasium und zur Berufsschule. Dazu gehören die erwähnten neuen Leitideen für den Kindergarten, "Kindergarten – ein Ort für Kinder", der neue Lehrplan im Kanton Zürich, der Abteilungsübergreifende Versuch an der Oberstufe (AVO), die Integrative Schulungsform für Kinder mit Schulschwierigkeiten, der Schulversuch "Allgemeinbildung 2000" und die Mittelschulreform. Alle diese Reformen laufen auf einen Abbau bewährter Schulstrukturen sowie die Auflösung wesentlicher pädagogischer Grundlagen hinaus. Sie ermöglichen den schrittweisen Abbau des Unterrichts in festen Klassengemeinschaften und des Klassenlehrerprinzips sowie den Verzicht auf feste Stundenpläne und allgemeinverbindliche Jahresziele für alle Schüler.

Dass es bei diesen Reformen auch um die Durchsetzung verdeckter Ziele geht, zeigt eine verräterische Äusserung von Thomas Büchi (Grüne Partei) im Kantonsrat: "Wenn wir etwas bewegen wollen in unserem Schulsystem, dann geht das nur schleichend. Die Erziehungsdirektion ist mit ihrer Guerillataktik bei der Einführung des AVO deshalb richtig vorgegangen."[1] Kann man noch deutlicher sagen, in welche Richtung hier gedacht und "vorgegangen" wird? Für die Umsetzung ihrer Vorhaben setzen die Reformer vor allem auf die Lehrerausbildung, wie der Publizist Jürg Steinacher richtig bemerkt: "Die Tatsache, dass Gestaltpromotoren, wie Ruedi Signer, Gerhard Fatzer, Nitza Katz-Bernstein, Bruno Krapf, Hermann Kündig und andere, in der Lehrerausbildung oder am Institut für Sonderpädagogik der Universität Zürich tätig sind, verdeutlicht, welchen Einfluss sie dem Lehrerberuf und seinem Einfluss auf Gesellschaftsveränderungen beimessen: Hat man

1 *NZZ*, 18.2.1992.

die Lehrerschaft fest im Griff, kommt die Schule als Pfeiler von Kultur und Gesellschaft ins Wanken."[1]

Die Schlüsselrolle der Pädagogischen Abteilung

Der VPM hat in "Standort Schule" darauf hingewiesen, dass seit geraumer Zeit wichtige Positionen in der Pädagogischen Abteilung der Erziehungsdirektion des Kantons Zürich von Personen besetzt sind, die sich gegen bewährte demokratische Grundwerte richten. Werner Heller, der mit der Durchsetzung der Lehrplanreform im Kanton Zürich beauftragt ist, stellt sich seinen Studenten selbst als Vertreter der anarchistischen "Graswurzel-Strategie" vor.[2] Er wendet das von linksradikalen Kreisen gern bemühte Bild von wachsenden Graswurzeln, die Beton sprengen, auf die Vorgehensweise zur Durchsetzung von Schulreformen an. Wenn Lutz Oertel, als Mitarbeiter der Pädagogischen Abteilung zuständig für "AVO-Schulen", nicht nur "Freiräume" für Jugendliche fordert, sondern in seiner Beurteilung der 80er Jugendunruhen auch bedauert, dass die "katalytische Funktion des Aufruhrs" nicht genutzt wurde, so drängt sich die Frage auf, wozu er die so freiwerdende revolutionäre Energie hätte gebrauchen wollen.

Ein anschauliches Beispiel für die hintergründige Zielsetzung dieser Art "Reform" ist die von der Pädagogischen Abteilung geforderte Einführung der Informatik auf der Oberstufe, die selbstverständlich in einem heutigen Lehrplan nicht fehlen darf. Aber durch sie soll auch gleichzeitig die Individualisierung als Unterrichtsmethode gezwungenermassen eingeführt werden. So erläutert Bruno Krapf, der im Kanton Zürich die Sekundarlehrer- und Fachlehrerausbildung entscheidend prägt, seinen Studenten ganz selbstverständlich, dass das Wesentliche bei der Einführung des Computers an der Oberstufe der Volksschule darin bestehe, dass der Klassenunterricht aufgelöst wird. Der Lehrer werde dadurch automatisch gezwungen, individualisierend zu unterrichten. Warum muss einem Lehrer heute eine bestimmte Methode plötzlich

1 Steinacher, Jürg. Verelendung der Schule. In: *Zeitbild.* 1991/7, S. 10.

2 Heller, Werner. Schulentwicklung im Kanton Zürich. In: *Information für Studentinnen und Studenten des Seminars für Pädagogische Grundausbildung.* Zürich 1990, S. 5f.

aufgezwungen werden? Ist Individualisierung nur ein Deckbegriff, hinter dem sich das Aufbrechen der Klassengemeinschaft verbirgt?

Die Gestaltideologen im Pestalozzianum

Der VPM hat darauf hingewiesen, dass die einst bestens renommierte, halbstaatliche Lehrerfortbildungsinstitution Pestalozzianum zu einem Sammelbecken gestalttherapeutisch orientierter Pädagogen mit ausgeprägten Sympathien zum linksideologischen Meinungsspektrum geworden ist. So wird die Beratungsstelle "Zusammenarbeit in der Schule", die mit ihrem "Konzept Praxisberatung" Einfluss auf Lehrer, Schüler, Eltern und Schulbehörden nimmt, von einem Team von Gestalt"therapeuten" geleitet. Die Supervisorin Ruth Jahnke wurde am Fritz-Perls-Institut in Düsseldorf (FPI) ausgebildet, das nach dem Begründer der Gestalttherapie benannt ist und sich an ihm orientiert. Bekannt ist auch Georges Spengler; auch er hat am FPI eine gestalttherapeutische Ausbildung absolviert und wirkt heute dort als Lehrtherapeut. Zum selben Beratungsteam gehört der auch in der Berufsschullehrerausbildung tätige Ruedi Fehlmann, der wie seine Kollegen mit gruppendynamischen Praktiken und Psychotechniken im Rahmen von Supervision in Lehrerkollegien eingreift – nicht nur zum Wohle der Lehrer, wie gerade auch einzelne Erfahrungsberichte in diesem Buch zeigen.

In der Broschüre "Für das Echte gibt es keinen Ersatz" von Pestalozzianum-Mitarbeiter Jacques Vontobel findet sich anstelle einer Anleitung für das Leben eine eigentliche Aufwiegelung der Jugend: "Tu etwas! Begehre auf! Wüte! Streite!" oder "Du brauchst (...) viel Mut. Das zu tun, was du für dich selber als richtig empfindest (...)."[1] Ganz im Sinne der Gestalt"therapie" wird hier der Jugendliche in eine Abwehr und Antihaltung gegen die bestehende Gesellschaft und ihre Werte, auch gegen die Familie, gebracht. Die Gestaltideologen suchen die Ursachen für sein Unwohlsein nicht in seinem persönlichen Beziehungsfeld und den ihm zugrunde liegenden Spannungen, unter denen er leidet, sondern in den Strukturen der bestehenden Gesellschaft. Es ist von daher nicht überraschend, dass die Neue Linke und ihre geistigen

[1] Vontobel, Jacques. *Für das Echte gibt es keinen Ersatz.* Zürich 1988, S. 21 und S. 49.

Erben gerade die Gestalttherapie bevorzugen. Ebensowenig überrascht es, dass solche Supervisoren die Individualpsychologie, wie sie etwa in den Kursen des VPM zur Anwendung kommt, scheuen wie der Teufel das Weihwasser. Sie unterstellen dem VPM denn auch ebenso falsch wie prompt, er wolle die Menschen "ans System anpassen". Der Gedanke einer *an Sinnvollem orientierten konstruktiven Weiterentwicklung* ist ihnen offensichtlich fremd.

Die Suchtprophylaxestelle des Pestalozzianums, die eng mit der Suchtpräventionsstelle der Stadt Zürich zusammenarbeitet, sieht ihre Aufgabe zum Beispiel nicht darin, über die Schädlichkeit der Drogen aufzuklären. Sie nutzt ihr Monopol für die Drogenaufklärung in der Schule dazu, Lehrer dahingehend zu informieren, "den Umgang mit Drogen vorbereiten zu helfen".[1] Solche Aussagen haben ohne Zweifel eine politische Stossrichtung. Gemäss hauseigener "Analyse" neolinker Ideologen sind Drogen nur deshalb gesellschaftlich geächtet, weil sie die "Vernunftzentriertheit" der bürgerlichen Gesellschaft und die ökonomische Logik der kapitalistischen Wirtschaftsweise gefährden könnten. Aus diesem Grund geht es den Vertretern der Post-68er um die "Enttabuisierung" des Drogenkonsums, was sich im Schulbereich in der Forderung eines "Rauschkundeunterrichts" manifestiert, der die bisherige Aufklärung über die Schädlichkeit von Drogen ersetzen soll. Auf dieser Linie liegen sämtliche Bestrebungen und Äusserungen der in Zürich tätigen sogenannten Suchtakzeptanzexperten. Es ist deshalb nicht verwunderlich, dass der VPM mit seinen klaren Richtlinien zum Schutz der Jugend vor Drogen auf erbitterte Gegnerschaft dieser Kreise stösst. Diese scheuen dann jeweils kein Mittel, den VPM und die Lehrer, die sich bei ihm weiterbilden, mit den unglaublichsten Diffamierungen einzudecken, wie der Beitrag von Lutzi Hemmi und sechs weiteren Lehrerinnen und Lehrern beispielhaft aufzeigt.

Aufschrei der ertappten Ideologen

Auf diese Zusammenhänge haben die Autoren von "Standort Schule" mit Eindringlichkeit, aber grösster Sachlichkeit aufmerksam gemacht. Weder wird in dem Werk jede Reform vom Tisch

1 Ankündigung zum Referat von Dr. med. D. Suter vom 26.9.1991. Regensdorf, Schulhaus Ruggenacher 3, Singsaal.

gewischt, noch werden Reformer persönlich angegriffen, noch wird behauptet, der Erziehungsdirektor sei ein Linker und wolle mit seinen Schulexperimenten den Sozialismus herbeiführen. All dieser Unsinn steht nicht in den Büchern, er wurde von den im Buch genannten Schulreformern in nachhinein als Schutzbehauptungen in die Welt gesetzt. Sie sahen sich ertappt und zogen es vor, die Autoren in der bekannten Weise zu verunglimpfen, statt sich ihren Befunden in einer sachlichen Auseinandersetzung zu stellen. Wie erwähnt, weist das Buch auch darauf hin, dass einflussreiche Posten der Zürcher Erziehungsdirektion und viele ihrer Institutionen heute von Leuten besetzt sind, die ein Gedankengut vertreten, welches auf den analysierten destruktiven und gesellschaftsbedrohenden Konzepten beruht. So sind die Ausbildungsgänge der Junglehrer heute schon vielfach von einer ideologischen Ausrichtung dominiert, die für die Zukunft unserer Schule nichts Gutes verheisst.

Lehrer in Ausbildung werden heute mit Schlagwörtern und Theorien versehen, welche sie in eine Distanz zu unserer Gesellschaft, ihren Einrichtungen und Werten bringen. Es ist klar, dass sie derartige Konzepte in die Schulstuben und damit in unsere Familien tragen. Der Fall ist verbürgt, wo ein Erstklässler in seiner Familie plötzlich durch ein ruppiges, freches Verhalten auffällt. Als er auch noch die Füsse auf den Tisch legt, rechtfertigt er sein Verhalten damit, sie müssten das in der Schule auf Aufforderung ihres Lehrers hin auch tun. Und im übrigen hätten Eltern ihren Kindern nichts vorzuschreiben. Eine Mutter nahm im letzten Spätsommer ihre Erstklässlerin nach drei Wochen aus der Schule und meldete sie bei einer Privatschule an. Das Kind hatte sich gelangweilt, es wollte lesen und schreiben lernen. Auf die Frage der Mutter, wann das Kind denn etwas lernen könne, antwortete die Lehrerin: Das Kind lerne dann schon, sie als Lehrerin mache diesen "Stoff-Terror" der Eltern nicht mit, und wenn ihr das nicht passe, sei sie bei ihr an der falschen Adresse. Diese Lehrerin steht bei den Behörden in hohem Ansehen, ihre Haltung entspricht den Auffassungen des Chefs der Abteilung Volksschule und seiner Crew. Solche "Klimaveränderungen" unserer Schule sind nicht Zufall. Sie ergeben sich folgerichtig aus den Konzepten, welche in "Standort Schule" analysiert sind.

Die Situation in A.[1]: Elternbasisgruppe macht mobil

Die Tatsache, dass in A. Mitglieder und Kursteilnehmer des VPM geschätzte Lehrer waren, die das Vertrauen von Eltern und Behörden genossen, war einigen linksprogressiv orientierten Kräften schon lange ein Dorn im Auge. Insbesondere der Schulpräsident, hatte sich immer standhaft geweigert, sich vor den Karren der Hetze spannen zu lassen. Es ist nicht zuletzt seiner gradlinigen Position zu verdanken, dass gerade in dieser Schulgemeinde keine Unruhen gegen sogenannte VPM-Lehrer geschürt werden konnten. Das änderte sich im Sommer 1992, als Lehrerwahlen vor der Tür standen. Schon lange hatten im Quartierverein und beim Elternverein Kräfte das Sagen, die aus politischen Motiven gegen den VPM vorgehen wollten. Jetzt hielten sie offenbar ihre Zeit für gekommen. Mit einer an Niedertracht kaum zu überbietenden Flugblattaktion gingen sie gegen einen verdienten Lehrer vor, der sich nie etwas hatte zuschulden kommen lassen. Diese Kräfte gaben sich deshalb auch gar keine Mühe, irgendeinen Vorwand für ihr Abschussmanöver zu erfinden. Sie versahen den ganzen Kreis mit einem Flugblatt, auf das sie den offiziellen Bestätigungswahlzettel kopierten. Der Name des ins Visier genommenen Lehrers war deutlich herausgestrichen. Daneben prangte die Überschrift: "Bitte streichen Sie auf Ihrem Wahlzettel R. Cattani, weil VPM-nah." Dieses Vorgehen und die skandalöse "Begründung" für die Nichtwahl eines verdienten Lehrers lassen tief blicken. Die unterzeichnenden Kreise müssen sich die Frage gefallen lassen, wie es kommt, dass sie derart verfassungsfeindliche Parolen mit ihrem Namen unterstützen. Nachfragen haben allerdings ergeben, dass die Unterschriften ihren Weg unter dieses Dokument z. T. auf abenteuerliche Weise gefunden haben.

Ein derart indiskutabler Aufruf ist mit den Statuten des Quartiervereins, der sich gerne auch "Gemeinnützige Gesellschaft" nennt, kaum zu vereinbaren. Bei dieser Briefkastenaktion waren einige Verteiler nicht zimperlich. Einer griff eine Frau, die ihn auf die Unzulässigkeit und Verfassungswidrigkeit seines Flugblattes hinwies, sogar tätlich an. Dazu passt, dass sich mitunterzeichnende

[1] Vgl. Bericht von René Cattani.

dubiose “Komitees” von der ebenfalls mitunterzeichnenden Vorsitzenden der örtlichen Grünen Partei verleugnen liessen.

Trotz solchen Methoden erlitten die Initianten dieser miesen Aktion gegen einen verdienten Lehrer eine gehörige Abfuhr durch die Stimmbürger. Der angegriffene Lehrer wurde ehrenvoll gewählt. Die genannten Kreise gaben aber nicht auf. Vorstandsmitglied J. Strasser versieht seither das Ressort “Schulfragen” im Quartierverein. Er agitiert mit einigem Erfolg und mit der Unterstützung der bei der genannten Aktion aktiven politischen Kreise gegen den amtierenden Schulpräsidenten. Bei der Erneuerungswahl in die Schulpflege ein halbes Jahr später ist er gegen den offiziell portierten Kandidaten gewählt worden – vor allem auch deshalb, weil sich die bürgerlichen Kräfte zuwenig darum kümmerten, was sich hinter den Kulissen abspielt.

Die gleichen Kreise, die bereits bei der Wahl von René Cattani aktiv geworden waren, haben sich kurze Zeit später mit dem in den Medien herumgezerrten Schulstreik gegen eine Lehrerin, die ihre Stelle in A. neu versah, wieder in die Schlagzeilen gebracht. Anstatt diesem Streik, unseren Gesetzen gemäss, sofort entgegenzutreten, stiessen seine Initianten bei der ED auf auffallend viel Entgegenkommen – dies obwohl die Forderungen des Streikkomitees klar gesetzeswidrig waren. Hier wurde zum erstenmal auch für die Öffentlichkeit klar ersichtlich, dass die ED einem sich korrekt verhaltenden Schulpräsidenten mit ihrem Verhalten in den Rücken fiel und gleichzeitig den genannten Kreisen in die Hände arbeitete. Dass damit die demokratischen Institutionen im schweizerischen Schulwesen geschwächt werden, scheint die Strategen in der ED an ihrem Privatkrieg gegen den VPM nicht zu hindern.

Schulgemeinde R.: Hier sollte eine bewährte, gewählte Lehrerin gehen

Nach exakt demselben Konzept arbeiteten wenige Aktivisten aus den gleichen Motiven auch in der Zürcher Gemeinde R. Hier richteten sich ihre Machenschaften aber nicht gegen eine Lehrerin, die ihre Stelle neu antrat, sondern gegen eine verdiente, bewährte Lehrkraft, welche dieser Gemeinde schon jahrelang bestens gedient hatte. Auch hier gelang es, durch systematische Wiederholung von Lügen und unter dem Einsatz der willigen Medien einige

Eltern zu verunsichern. Eine wenig rühmliche Rolle spielte hier der Kinderarzt Dr. G., der jede Gelegenheit benützt unter Ausnützung seines Status als Arzt, öffentlich die haarsträubendsten Gerüchte über die betroffenen Lehrer auszustreuen. Gegen diese Art Schädigung von Personen gibt es leider keinen hippokratischen Eid. Aber man muss sich schon fragen, wie es im Innern eines Arztes aussieht, der öffentlich allen Ernstes behauptet, dass sich in seiner Praxis Bauchschmerzen bei Kindern gehäuft hätten[1], seit die und die Lehrerin in der Gemeinde sei. Diese Art von Rufmord brachte in (vermeintlich) vergangenen Zeiten Frauen auf den Scheiterhaufen.

Die Zusammenarbeit von Menschen, die sich für so etwas hergeben, mit Medien und Behörden wirkte sich gerade im genannten Fall verheerend aus, wie der Erlebnisbericht von Clara Kern eindringlich zeigt.

Besonders katastrophal wirkte, dass die obersten Behörden, statt dem Geist der Verfassung Nachachtung zu verschaffen, den genannten Kreisen mit ihrem Verhalten grünes Licht signalisierten und sie – zumindest indirekt – sogar anleiteten. Nicht nur das: Die betreffende Lehrerin musste kreuzverhörartige, stundenlange Unterredungen und permanente Unterrichtsüberwachung über sich ergehen lassen, alles auf Anweisung der Zürcher Erziehungsdirektion. Obwohl weiterhin nichts gegen die Lehrerin vorgebracht werden konnte, wurden ihr in der Folge von den rekurrierenden Eltern ein Schüler nach dem andern weggenommen. Man kann es nicht genug betonen: Dieses dem Rechtsstaat ins Gesicht schlagende Vorgehen gegen eine verdiente Lehrkraft beruhte nicht auf konkreten Fakten und Vorfällen, sondern einzig und allein auf der planmässig betriebenen Stimmungsmache gegen sie. Jüngste Entwicklung in diesem in jeder Hinsicht beunruhigenden Fall: Nun soll diese Lehrerin gar ihres Amtes enthoben werden. Eine solche Massnahme sieht das Gesetz für Fälle vor, in denen ein Lehrer schwer straffällig geworden ist, so dass ein weiterer Unterricht unzumutbar wäre. Im Falle R. hat sich die betroffene Lehrerin weder je etwas zuschulden kommen lassen, noch ist sie in irgendeiner Hinsicht straffällig geworden. Sie hat im Gegenteil selbst

1 Fragt man in solchen Fällen genauer nach, greift man regelmässig ins Leere.

unter unzumutbaren Bedingungen täglich ihre Pflichten erfüllt und ihr Bestes gegeben. Wenn unwidersprochen bleibt, was hier geplant ist, dann ist es mit der demokratischen Volksschule nicht mehr weit her.

Schulgemeinde L.: "Für ein VPM-freies L."

Nach dem Muster der Gemeinde A. formierten sich entsprechende Kräfte in einem sogenannten "Elternforum". Sie hatten erfahren, dass in L. eine Kindergärtnerin angestellt wurde, die eben ihre Ausbildung abgeschlossen hatte und nun neu in ihren Beruf trat. Diese Kindergärtnerin besuchte in ihrer Freizeit Kurse beim VPM. Als diese Gruppierung das erfuhr (woher wohl?), begann sie sofort, massiv Wirbel zu machen. Sie versah Eltern, welche kindergartenpflichtige Kinder hatten, systematisch mit einer Briefkasten-Wurfsendung. Alle Eltern fanden in ihrem Briefkasten krass polemisches Propagandamaterial gegen den VPM, das alle die Ungeheuerlichkeiten in verdichteter Form enthielt, welche die Kampagne gegen den VPM nährt. Insbesondere wurden die gerichtlich mehrfach mit Erfolg eingeklagten Falschaussagen verwendet, beim VPM handle es sich um eine "Sekte", seine Lehrer neigten zu "übertriebener Strenge", Kinder würden unter dem "kalten Klima" bei ihnen leiden und ähnlicher Unsinn.

Inzwischen hatten diese Kreise auch grossaufgezogene Sendungen in Radio und Fernsehen DRS erwirkt, in denen Menschen, oft anonym, auftraten, welche sich dafür hergaben, Dinge zu bezeugen, die nachweislich nie geschehen sind. Der VPM hat sämtliche dort gefallenen Aussagen minutiös auf ihren Hintergrund hin überprüft und schon damals die notwendigen Klarstellungen getätigt (sie wurden von den Medien unterdrückt): Von den dort als "Zeugen" auftretenden Eltern hatte kein einziger im Moment des Auftretens sein Kind bei einer Lehrkraft, die Kurse im VPM besuchte. Die Ereignisse lagen alle geraume Zeit zurück. Sie sind allesamt krass verfälschend wiedergegeben, die Zusammenhänge oft sogar frei erfunden. Kein einziger Elternteil hat die Vorfälle, die sie heute beklagen, damals, als sie sich ereignet haben sollen, dem betroffenen Lehrer oder den verantwortlichen Behörden zur Kenntnis gebracht.

Die durch diese Kreise entfachte Hysterie führte schliesslich – gegen den ausdrücklichen Willen der grossen Mehrheit der Eltern – zur Entlassung der Kindergärtnerin, noch ehe sie die Chance gehabt hatte, ein Vertrauensverhältnis zu Eltern und Behörden aufzubauen. In der Lokalpresse wurden die allerbedenklichsten Töne laut. So wurden Mitbürger zitiert, welche sage und schreibe *"für ein VPM-freies L."* eintraten.

Die Erzeugung dieser faschistoiden Stimmung kam den schon mehrfach erwähnten Chefbeamten der Zürcher Erziehungsdirektion nicht ungelegen, wie die folgenden Zusammenhänge zeigen.

Vorgeschobene Figur in diesem Kesseltreiben war Frau Susanne Schaf, Vorstandsmitglied des Vereins *InfoSekta.* InfoSekta war seinerzeit mit dem Ziel gegründet worden, über Sekten zu informieren. Sehr schnell hatten dort aber linksideologisch orientierte Kräfte, zu denen auch Susanne Schaf gehört, das Sagen. Als Mitglied des links autonomen Studentenvereins VSU beteiligte sie sich an der "Unitopie"-Bewegung, welche die Berliner Chaotenszene nachahmte, zudem war sie rechte Hand von D. Onigkeit bei "Psychostroika". Seit Beginn ihrer "alternativen" Politkarriere zeichnete sich Frau Schaf durch eine besonders fanatische Gegnerschaft gegen den VPM aus. Kaum hat sie ihren Studienabschluss geschafft, versucht sie in L. einen Vortrag über den VPM zu halten, obwohl ihr dazu jede Grundlage fehlt. An dieser Veranstaltung gab sie zu erkennen, worum es ihr wirklich ging: Sie forderte die Eltern nämlich auf, Beobachtungen im Zusammenhang mit VPM-Lehrkräften dem Chef der Abteilung Volksschule mitzuteilen. Er sammle alle diese Materialien …

Inzwischen ist durch den Fichenskandal bekanntgeworden, weshalb der Chef der Abteilung Volksschule schon damals so eifrig Informationen sammelte. Auf den Fichen der ED über VPM-Mitglieder findet sich denn auch in der Rubrik "Quellen" (Informanten) das Kürzel IS: unschwer als Abkürzung für InfoSekta zu erkennen. Dazu muss man noch wissen, dass dieser Chefbeamte selbst die Gründung von InfoSekta aktiv unterstützt hatte. Durch seine persönliche Intervention beim Erziehungsdirektor war InfoSekta ein staatlicher Unterstützungsbeitrag in der Höhe von Fr. 75 000 zugesprochen worden.

Die Tagung von Braunwald: Privatkrieg eines Chefbeamten wird zur offiziellen ED-Politik

Am 17. August 1992 fand in Braunwald eine Tagung der Seminardirektorenkonferenz statt. Traktandum: VPM. Eingeladen hatte das Pestalozzianum. Spiritus rector war G. K., Chef der Abteilung Volksschule der ED und gleichzeitig zeichnungsberechtigtes Mitglied des Stiftungsrates des Pestalozzianums. Die ED ist zudem die Aufsichtsbehörde des Pestalozzianums. Der Zweck dieser Tagung konnte gleichzeitig mit dem Fichenskandal aufgedeckt werden: Es ging um nichts anderes als um die Bekanntgabe und die Formulierung eines exakten Drehbuches für die systematische Ausgrenzung von Lehrern, die sich im VPM weiterbilden – unter Instrumentalisierung verschiedener Behörden und politischer Instanzen durch Zuweisung entsprechender Rollen. Damit verlässt die Regierung ihren gesetzlichen Auftrag (Vollzug der Aufträge des Parlaments) und macht sich zum Instrument eines regelrechten Privatkrieges gegen unbescholtene Bürger.

Gemäss Drehbuch stand auf der Tagung ein von G. K. vorformulierter Mustertext im Zentrum, der den Seminardirektoren in Braunwald als eine *"mögliche offizielle Stellungnahme"* zum VPM vorgesetzt wurde. Dieser Text hält – in hochoffizieller Form – all die Unwahrheiten fest, die in letzter Zeit über den VPM verbreitet wurden. Er gipfelt in dem seither zahllos wiederholten unsinnigen Vorwurf, der VPM befinde sich im Widerspruch zu Zielen und Leitideen der Zürcher Volksschule. Diesen Vorwurf "brauchte" die ED, um das mit rechtsstaatlichen Grundsätzen nicht zu vereinbarende Vorgehen der Fichierung von Lehrern in Fortbildung beim VPM vor der Öffentlichkeit zu rechtfertigen. In der Folge taucht dieser Text, zum Teil wortwörtlich, in verschiedenen offiziellen Verlautbarungen wieder auf. In Braunwald wurden aber nicht nur Inhalt und Wortlaut von offiziellen Stellungnahmen festgelegt, sondern auch, durch wen, wie und wo diese erfolgen sollen. So hält Traktandum 4 fest: "*– durch wen: Erziehungsdirektion, Erziehungsrat, Seminardirektorenkonferenz, Zürcher Kantonaler Lehrerverband, Regierungsrat ... – wie und wo: Rundschreiben, Presse, Kantonsrat.*"

Entsprechend diesem Aktionsplan der Behörde gegen unbescholtene Mitbürger wurde schon sieben Tage später im Kantonsrat die Interpellation Aisslinger (FDP) zum VPM eingereicht, deren Beantwortung durch den Regierungsrat mit dem Drehbuch G.K. (FDP) auffallend übereinstimmt. In den folgenden Monaten setzten ED und Pestalozzianum sämtliche Braunwalder Strategiepläne systematisch und Punkt für Punkt um. Mit einem Rundschreiben des Erziehungsrates an sämtliche Schulen und Behörden mit den wortgleichen Formulierungen aus dem Braunwald-Papier ging die ED am 11.11.1992 zum Frontalangriff gegen den VPM über. Ferner forcierte sie die Herausgabe der inzwischen als übles Machwerk öffentlich kritisierten Schmähschrift "Das Paradies kann warten", die schon lange in der Schublade gelegen hatte. Die ED garantierte den Autoren, die zum Teil dem Spektrum linker Journalisten zuzurechnen sind, schriftlich im vornherein umfassenden Rechtsschutz und entband sie damit jeglicher Verantwortung als Verfasser. ED-Mitarbeiter bestätigten, es gehe bei dieser Publikation eigentlich nur um den VPM.

Manipulierte Kurzfassung von "Standort Schule". Offizielle Stellungnahme der ED zum VPM stützt sich auf eine Fälschung

Inhaltlich ging es der ED darum, in bezug auf die Lehrer, die sich im VPM weiterbilden, das Phantom einer angeblich bestehenden "Illoyalität" gegenüber der Behörde zu konstruieren. Um dieses Ziel zu erreichen, wurde der Junglehrer G. Bucher, informeller Mitarbeiter der ED und Fichenführer, beauftragt, das dreibändige Werk "Standort Schule" systematisch nach Aussagen zu durchforsten, an denen der Vorwurf der "Illoyalität" festgemacht werden könnte. Nun ist inhaltliche Kritik – auch an schulpolitischen Entwicklungen – in unserer demokratischen Gesellschaft selbstverständlich zulässig. Aus diesem Grund half sich Gregor Bucher damit, dass er unter dem Pseudonym "EGO" auf 150 Seiten Aussagen und Inhalte von "Standort Schule" verfälschte und stellenweise sogar in ihr Gegenteil verkehrte. So findet sich in seiner Pseudo-Analyse z. B. unter dem Stichwort "Normen" (Kapitel "Lehrplanrevision") die dem VPM zugeschriebene Aussage: "VPM ist dagegen, dass alle Sichtweisen und Wertungen geachtet werden." Diese Aussage ist falsch. Durch Weglassen des Zusammenhangs soll die Aussage Allgemeingültigkeit erlangen! Die Stelle lautet richtig: "Durch die Forderung, 'bei der Besprechung kontroverser Fragen auch andere Sichtweisen und Wertungen aufzuzeigen und zu achten', *was an sich eine Selbstverständlichkeit ist*, erfolgt eine zusätzliche Relativierung."[1] Das Zitat zeigt deutlich, dass in "Standort Schule" die Aufforderung, wie sie in den Rahmenbedingungen der Volksschule formuliert ist, als "Selbstverständlichkeit" bezeichnet wird. Aufgezeigt wird in "Standort Schule" aber das Problem, dass in den Rahmenbedingungen keine gültigen Werte und Normen genannt werden, die der Lehrer den Schülern zu vermitteln hat. Ausserdem macht "Standort Schule" auf das Problem aufmerksam, dass auf diese Art beispielsweise destruktive Tendenzen von Schülern gleichwertig neben anderen Haltungen akzeptiert werden müssten. Dies sieht nicht nur der VPM als problematische pädagogische Haltung an. Die Unterstellung von "EGO" ist haarsträubend! Sie zeigt, wie krass verfälschend er vorgeht. Nach diesem Muster ist die gesamte "Analyse" von G. Bucher aufgebaut.

Man kann sich vorstellen, welchen Eindruck diejenigen Politiker und Beamten von "Standort Schule" gewinnen werden, die das Buch selber nicht lesen, sondern sich nur auf den "Zitat"-Verschnitt von G. Bucher verlassen. Den Erziehungsrat hat die ED-Beamtenschaft jedenfalls damit irregeführt, wahrscheinlich auch den Erziehungsdirektor, der sich immer wieder dagegen wehrt, vom VPM als linker Schulreformer bezeichnet zu werden. So einen Unsinn hat der VPM, wie gesagt, auch nie behauptet. Hätte der Erziehungsdirektor "Standort Schule" gelesen, wüsste er: Er ist darin kein einziges Mal erwähnt! Auch die Behauptung der ED, der VPM stehe mit seinen pädagogischen Ansichten im Widerspruch zu Zweckartikel und Leitbild der Volksschule, ist frei erfunden. Aus keinem einzigen Satz in "Standort Schule" oder sonst einer Publikation des VPM ist ein solcher Widerspruch zu entnehmen. Die mehreren hundert Lehrer, die Weiterbildungskurse im VPM besuchen, halten sich selbstverständlich an Zweckartikel und Leitideen der Volksschule.

[1] *Standort Schule. Band 3:* Der Prozess der Auflösung in der Praxis. VPM (Hrg.) Zürich 1991, S. 174.

Der Fichenskandal platzt – verhinderte Aufklärung

Auf Grund von Anfragen im Kantonsrat vom 26.10.1992 und 2.11.1992 wurde schliesslich bekannt, dass die ED schon seit 1990 illegal Fichen über unbescholtene Bürger aus dem In- und Ausland anlegt. Nachdem die ED wochenlang versucht hatte, das wahre Ausmass der Fichierung zu vertuschen, musste sie schliesslich zugeben, dass 1500 Personen erfasst worden waren, von denen allerdings "nur" 91 als Volksschullehrer bei der Zürcher Erziehungsdirektion angestellt sind. In die elektronische ED-Datei konnte jeder kommen, der im Verdacht stand, dem VPM nahezustehen. Bei den gesammelten Daten handelt es sich nicht um gewöhnliche Angaben eines Personaldossiers. Sie enthalten Rubriken, die weit in den Privatbereich der Betroffenen reichen. Nachträglich rechtfertigt der Erziehungsdirektor diese rechtswidrige Massnahme mit der Bemerkung, der VPM sei das "grösste personelle Problem in der Volksschule". Die Tatsache, dass 1400 Personen gar nicht bei der Erziehungsdirektion angestellt sind, zeigt die Fadenscheinigkeit dieser Begründung. Als Folge der rechtswidrigen Fichierung verlieren viele bestausgewiesene Lehrer ihre Stelle bzw. werden nicht mehr eingestellt. G. K., Chef der Abteilung Volksschule, gibt die privaten Daten auch ungefragt an Drittpersonen und Schulpflegen weiter.

Die parlamentarische Geschäftsprüfungskommission (GPK) des Kantonsrats hätte die Pflicht gehabt, die Rechtsmissbräuche der ED aufzudecken und eine Wiedergutmachung zu verlangen. Aber die GPK gab sich blind und taub und stellte der ED in einer staatspolitisch äusserst bedenklichen Stellungnahme einen Persilschein für ihre rechtswidrigen Aktivitäten aus. Der VPM wurde nicht ein einziges Mal zur Angelegenheit befragt. In ihrem Bericht hat die GPK das Verhalten der ED, welches jeder Rechtsgrundlage entbehrt und gegen Art. 14 der EMRK (Verbot der Diskriminierung) und Art. 8 (Gebot der Achtung der privaten Sphäre) verstösst, mit keinem Wort gerügt, sondern im Gegenteil sanktioniert. Der GPK-Bericht verschärfte die Situation für Lehrer im VPM ungemein. Hohe Vertreter der öffentlichen Schulbehörden wie A. G., G. K. und D. M. (Leiterin des Primarlehrerseminars des Kantons Zürichs) missbrauchten in der Folge ihre Amtsautorität, indem sie dazu aufriefen, Gesinnung und Charaktereigenschaften einzelner VPM-Mitglieder zu überprüfen – ein bisher noch nie dagewesener, für einen demokratischen Staat alarmierenden Übergriff.

Verwerfliche Publikation zum VPM

Die Erziehungsdirektion war auf Grund der aufgedeckten Fakten dermassen in Bedrängnis, dass die Schrift "Das Paradies kann warten" nun in aller Eile fertiggestellt werden musste. Sie wurde in einer Nacht- und Nebelaktion (auf Kosten der Steuerzahler?) flächendeckend in die Schulhäuser des Kantons Zürich verschickt. Mit dem Buch verletzt die ED in krasser Weise ihre Neutralitätspflicht und stört den Schul- und Religionsfrieden nachhaltig. Traditionell werterhaltende Gruppierungen wie Evangelikale, Opus Dei und der VPM werden auf unbeschreiblich primitive und verletzende Art in Schrift und Bild beschimpft und verhöhnt.

Im Gegensatz zu den Unterstellungen durch den Erziehungsdirektor zielen die gesamten Weiterbildungsbemühungen und Publikationen des VPM darauf hin, gerade die im Zweckartikel des Volksschulgesetzes formulierten Anliegen zu fördern. Diese orientieren sich an den christlich-humanistischen Werten unserer Kultur und demokratischen Gesellschaft. Umgekehrt müsste sich aber die ED fragen, wie ihre Praxis der Fichierung unliebsamer Lehrer und die verwerfliche Publikation "Das Paradies kann warten" mit dem Zweckartikel der Zürcher Volksschule zu vereinbaren ist, welcher klar und deutlich verlangt: "Die Volksschule erzieht zu einem Verhalten, das sich an christlichen, humanistischen und demokratischen Wertvorstellungen orientiert. Dabei wahrt sie die Glaubens- und Gewissensfreiheit und nimmt auf Minderheiten Rücksicht." Fast scheint es, als seien ED und Pestalozzianum der Auffassung, dass dieser Artikel für ihr eigenes Handeln nicht gelte. Damit sind die Zürcher Schulbehörden selber denkbar schlechte Vorbilder für die Hunderte von Lehrern, denen sie diese Haltung abverlangen.

Die verwerfliche Publikation des Pestalozzianums bzw. der ED stiess aber auf grösseren Widerstand, als es sich die Strategen gedacht hatten. Auf der ED gingen gleich mehrere Aufsichtsbeschwerden und parlamentarische Vorstösse ein. Zudem war eine Strafanzeige wegen Störung des Religionsfriedens erhoben worden, welche die Verantwortlichen nicht auf die leichte Schulter nehmen konnten. Die ED war nun auch in den Augen der Öffentlichkeit derart offensichtlich zur Partei geworden, dass sie sich, wenigstens offiziell, eine gewisse Zurückhaltung auferlegen musste. Dies auch deshalb, weil ihre Vertreter in öffentlichen Auseinandersetzungen mit dem VPM keine gute Figur machten.

Das zweite diffamierende Buch über den VPM innerhalb von vier Monaten

Mitte März 1993, knapp vier Monate nach der Herausgabe der Schrift des Pestalozzianums, erschien ein zweites diffamierendes Buch über den VPM, diesmal aus der Feder des "Tages-Anzeiger"-Journalisten H. Stamm. (Stamm war auch führender Autor des Pestalozzianum-Buches). Das Buch musste nun auf gar nichts mehr Rücksicht nehmen. Es wurde im Auftrag der "Tages-Anzeiger"-Redaktion ausgearbeitet und im hauseigenen Verlag herausgebracht. Hinter Stamms Erzeugnis steht also ein monopolartiger Medienbetrieb, der sowohl finanziell für Vertrieb und Absatz als auch für allfällige Probleme rechtlicher Art die notwendigen Polster hat und mit seiner Stellung in der schweizerischen Medienlandschaft Stamms Elaborat problemlos verbreiten kann.

Krass unseriöse Machart von Stamms Buch

Stamms Buch enthält alle Merkmale einer unzulässigen, krass diffamierenden Schrift. Ihr Zweck ist offensichtlich: Hier soll vom ersten bis zum letzten Satz alles schlechtgemacht werden, was den VPM betrifft. Allen Beteuerungen zum Trotz: Stamms Schrift ist offensichtlich kalkulierter Bestandteil der systematischen Kampagne, von der das vorliegende Buch Zeugnis ablegt. Entgegen Stamms Selbstdeklarationen an seiner Pressekonferenz, welche ungeprüft Eingang in zahlreiche Medien fand, ist diese Schrift Zeugnis seines verdeckten Fanatismus. Die Publikation ist einzig eine Sammlung der schwerwiegenden Unterstellungen, welche der Autor und seine gleichgesinnten Genossen seit Jahren selbst über den VPM verbreitet haben. Dabei können diese Diffamierungen durch keinen einzigen sauber recherchierten Fakt belegt werden. Stamms Ungeheuerlichkeiten beruhen ausnahmslos auf dem bewährten Diffamierungsrezept professioneller Verleumdung: Für jede Äusserung einen möglichst anonymen "Gewährsmann" bereithaben, dem man die Aussage in den Mund legen kann. Mit diesem einfachen Schema kann jeder Journalist aus jeder Person, aus jedem Sachverhalt das Gegenteil dessen machen, was zutrifft.

Aktive Prozesshilfe für zu Recht eingeklagte Verleumder des VPM

Stamms Veröffentlichung hat einmal mehr zum Zweck, eingeklagten Verleumdern des VPM beizuspringen. Bereits im Sommer 1990 leistete Stamm D. Onigkeit[G] und "Psychostroika"[G] Prozesshilfe, indem er sich an einer ausdrücklich als solche deklarierten Veranstaltung im "Kanzleizentrum" der linken Subkultur beteiligte. Die Unrechtmässigkeit der von Stamm und Gleichgesinnten gegen den VPM erhobenen Vorwürfe hat diesen schon früh dazu gezwungen, den Rechtsweg zu beschreiten. Wer während Jahren mit einer derartigen Massivität und Intensität mit Verleumdungen eingedeckt wird, wie dies in der Medienkampagne gegen den VPM der Fall ist (vgl. statistische Zusammenstellung im Anhang zu diesem Buch), dem kann man nicht verwehren, dass er die ihm zur Verfügung stehenden Rechtsmittel ergreift, um sich zu wehren. Dies hat der VPM getan, indem er den Kreis um "Psychostroika", dessen Mitbegründer E. Sorg[G] und andere einklagte. Da die Beklagten ihre haltlosen Anwürfe nicht beweisen können, mussten sie ihre "Beweise" selber schaffen. Dabei soll die Öffentlichkeit derart negativ zum VPM beeinflusst werden, dass sich diese Stimmung für sie günstig auf die zu erwartenden Urteile auswirkt. So sollen einmal mehr in dieser Kampagne bereits eingeklagte und verbotene Behauptungen und Unterstellungen übelster Art durch eine nachgeschobene Falschdarstellung in Form dieser Publikation "untermauert" werden. Das ist unübersehbar. Was Stamm als "Aufarbeitung" und "Informieren" ausgibt, sind Zitatfragmente aus Prozessmaterial der Gegner des VPM. Die ganze Schrift ist nichts anderes als die Zusammenfassung Tausender polemischer und unsachlicher Zeitungsartikel, die die Hetzkampagne gegen den VPM in der letzten Zeit gebildet haben (vieles davon ist von Stamm selbst geschrieben). Die Publikatikon ist reine Prozesshilfe und Parteischrift der Gegner des VPM und hat an Sachlichkeit kein Jota an sich.

H. Stamm – ganz auf der Linie

Dass H. Stamm diese Rolle spielt, ist ebensowenig zufällig wie die oben analysierte Zusammenarbeit zwischen Chefbeamten der Zürcher Erziehungsdirektion und den Kreisen, die den VPM aus politisch-ideologischen Gründen bekämpfen.

H. Stamm hat jahrelang im "Tages-Anzeiger" die "Seite der Jungen" betreut. In den 80er Jahren wurde er nicht müde, die sogenannte Entpolitisierung der Jugend zu beklagen. Mit besonderer Liebe widmete er sich allen Ansätzen, wo Jugendliche in subkultureller Art Formen des Widerstandes gegen "das System" entwikkelten. Er zeigt hier eine Geistesverwandtschaft mit jenen Kreisen (beispielsweise E. Modena, dem marxistischen Psychoanalytiker), die dem VPM vorwerfen, er würde die Jugend entpolitisieren, so dass sie den Geschmack "am Revoltieren" verliert. Diesen Kreisen ist die konstruktive Arbeit des VPM, die dem Jugendlichen dazu verhilft, sein Leben in dieser Gesellschaft sinnvoll zu gestalten, schon lange ein Dorn im Auge.

So half Stamm beispielsweise publizistisch nach Kräften mit, als es im Winter 1988/89 an der Uni Zürich den linksrevolutionär eingestellten Studenten im Kielwasser des "Vereins Studierender an der Universität" (VSU) darum ging, die gewalttätigen Berliner Studentenunruhen nach Zürich zu importieren. In der vom VSU damals herausgegebenen linken Studentenpostille "Unikum" meldete sich bereits damals zum Thema VPM niemand anderes zu Wort als H. Stamm. Einträchtig mit dem marxistischen Psychoanalytiker E. Modena verunglimpfte er schon damals den VPM mit genau den Begriffen, die heute das Kernstück seines Buches ausmachen.

Kürzlich hat H. Stamm an einer Veranstaltung die in diesem Buch erwähnten Streikaktionen von Eltern gegen Lehrer als beispielhaft hingestellt. Er liess durchblicken, dass er in ihnen das Hauptvehikel dafür sieht, den ganzen Kanton Zürich bald einmal von allen Lehrern zu "säubern", die Kurse beim VPM besuchen. Dass die Erziehungsdirektion ihrerseits einer solchen Entwicklung bisher nichts entgegengestellt hat, erweist leider auch die Lektüre der 34 Repressionsfälle, die in diesem Buch versammelt sind.

Kürzlich ist durch eine unwillentliche Indiskretion des Mitglieds einer zürcherischen Schulpflege bekanntgeworden, dass offenbar eine interne Weisung der Erziehungsdirektion bezüglich der Nichteinstellung von Lehrern besteht, die Kurse im VPM besuchen. Bei der Neubesetzung einer zürcherischen Lehrerstelle muss die Schulpflege den Kandidaten fragen, ob er Kurse im VPM besuche. Eine solche skandalöse Praxis schlägt jedem Rechtsempfinden ins Gesicht und verstösst gegen gültige Persönlichkeitsrechte, über die jeder Schweizer Bürger verfügt. Eine derartige Rechtsverwilderung in einem höchst sensiblen Bereich des Rechtsstaates ist nicht nur unzulässig, sie ist Ausdruck der Existenz von Räumen, in denen Rechtlosigkeit und Amtswillkür sich unbehelligt ausbreiten.

Besinnung auf Verfassungs- und Menschenrechte

Die Vorgänge erinnern bedenklich an Zustände, wie sie uns aus anderen Ländern, z. B. den USA, geschildert werden. Dort hat eine politisch-ideologische Meinungslobby, welche die Medien besetzt, die Rechtsgrundsätze des öffentlichen Lebens bereits so weit ausgehöhlt, dass für ein öffentliches Amt praktisch nur noch Bewerber in Frage kommen, die der von den Medien propagierten Gesinnung entsprechen, das heisst, er muss "politically correct" sein. Ein solcher Bewerber muss der Homosexualität bzw. ihren politischen Zielen sympathisierend gegenüberstehen, er muss die Postulate eines immer militanter auftretenden Feminismus akzeptieren, er muss sich für betont "grüne" Anliegen einsetzen und gegenüber Forderungen linksautonomer Randgruppen mehr als aufgeschlossen sein. Diese Gesinnungs-"Passform" wird in aggressiver Weise durchgesetzt, oft in Form öffentlicher "Hearings". Eine solche Vision drängt sich einem auch nach der Lektüre der 41 Fälle auf, die wir Ihnen vorgelegt haben. Soweit darf es bei uns nicht kommen. Diejenigen Mechanismen, die am Beispiel des Vorgehens gegen den VPM aufgezeigt wurden, wirken auch gegenüber anderen Kräften, welche immer noch den Mut haben, für die Werte einzutreten, auf denen unsere Gesellschaft beruht.

Es ist Zeit, uns auf diese Grundwerte – die Grundlage einer demokratischen Gesellschaft überhaupt – zu besinnen: Sie gründet auf der Achtung vor der Würde der menschlichen Persönlichkeit, wie sie in Artikel 1 der Allgemeinen Erklärung der Menschenrechte festgehalten ist: "Alle Menschen sind frei und gleich an Würde und Rechten geboren. Sie sind mit Vernunft und Gewissen begabt und sollen einander im Geiste der Brüderlichkeit begegnen." Daraus leitet sich ab: das Verbot der Diskriminierung (Art. 2), die Gleichheit vor dem Gesetz (Art. 3), der Schutz der Freiheitssphäre des Einzelnen (Art. 12) – zu der auch der Schutz seiner Ehre und seines Berufes gehören; die Gewissens- und Religionsfreiheit (Art. 18), die Meinungs- und Informationsfreiheit (Art. 19) und die Vereinsfreiheit (Art. 20).

Diese Rechte – die auch durch die schweizerische Bundesverfassung garantiert werden – bilden die Grundlage eines freien Zusammenlebens in Frieden und Toleranz. Die Menschheit hat sie sich mühsam errungen, sie sind in der Allgemeinen Erklärung der Menschenrechte der Generalversammlung der Vereinten Nationen vom 10. Dezember 1948 verankert. Sie haben ihre uneingeschränkte Gültigkeit für alle Menschen.

P. K. und G. R.

Zusammenhänge – Versuch einer unvoreingenommenen Analyse

Das Stigma "VPM"

Aus komplexen Gründen, die noch zu skizzieren sein werden, hat die Abkürzung "VPM" in der schweizerischen Öffentlichkeit weit über Zürich hinaus – und neuerdings sogar auf Grund sogenannt "kritischer" Artikel und Veröffentlichungen im ganzen deutschsprachigen Raum – eine derart negativ geprägte Bedeutung erhalten, dass das "Ja" eines Stellensuchenden auf die Frage nach seiner Zugehörigkeit oder Nähe zum VPM bedeutet, dass er ohne weitere Begründung abgewiesen wird.

Wer dem VPM angehört oder ihm auch nur "nahesteht", weil er vielleicht einmal einen Kurs dieses Vereins besucht hat oder auch nur mit einem Vereinsmitglied befreundet ist, erfährt, dass er stigmatisiert ist, sobald seine Zugehörigkeit bekannt wird.

Unabhängig davon, wer er wirklich ist, wird er mit Misstrauen, ja Feindseligkeit beobachtet, häufig diskriminiert, in vielen Fällen recht eigentlich isoliert, ausgegrenzt. Wer bereits eine Stelle hat und plötzlich als Mitglied oder auch bloss "Sympathisant" des VPM ins Gerede kommt, muss mit Konsequenzen rechnen – bis hin zum möglichen Verlust des Arbeitsplatzes.

Ein beunruhigendes massenpsychologisches Phänomen

Wir stehen vor einem massen- resp. sozialpsychologischen Phänomen, das an schlimmste Zeiten und Vorgänge in unserem Jahrhundert erinnert – und das den unvoreingenommenen Beobachter in einer Gesellschaft, die sich demokratisch, rechtsstaatlich, offen und pluralistisch nennt, eigentlich zutiefst erschrecken müsste.

Zwei diffamierende Bücher innerhalb von nur vier Monaten

Erstaunlicherweise nimmt die Diskriminierung des VPM und seiner Mitglieder durch Medien, weite Teile der Öffentlichkeit und zahlreiche Behörden unaufhaltsam ihren Fortgang, ja, sie scheint gerade in diesen Tagen – zu der Zeit, da junge Lehrerinnen und Lehrer sich um Stellen bewerben – wieder neue Intensität zu gewinnen.

Von den lokalen und regionalen Medien bis hin zum Schweizer Fernsehen, ja selbst bis hin zur "Neue Zürcher Zeitung" nachhaltig angekündigt, ist soeben ein weiteres Buchelaborat des seit Jahren als verbohrter, fast besessener Gegner des VPM bekannten Zürcher Journalisten Hugo Stamm erschienen: "VPM – die Seelenfalle". Derselbe Autor war vier Monate zuvor bereits mitverantwortlich gewesen für die (laut Aussagen der Initiatoren in Erziehungsdirektion und Pestalozzianum selber!) primär gegen den VPM gerichtete Publikation im gleichen Verlag, "Das Paradies kann warten".

Stamm, Redaktor beim Zürcher "Tages-Anzeiger" (TA), erhielt anlässlich der Präsentation seines neuesten "Werks" nachhaltige Rückendeckung seiner Chefredaktion sowie der dem eigenen Haus angehörenden Verlagsleitung, die entgegen offenkundigen Fakten behauptete, das Buch sei "nicht Bestandteil einer konzertierten Kampagne gegen den VPM" (NZZ Nr. 66, 20./21.3.93, S. 55).

Medienmacher stellen sich selber bloss – doch wen kümmert es?

Wie um sich gleich selber Lügen zu strafen, betrieb der TA schon am darauffolgenden Tag eine Art Kopfjagd auf die fachliche Leiterin des VPM. Er verbreitete in seinem zusammen mit der "Berner Zeitung" (BZ) herausgegebenen Magazin, unter ungewöhnlicher Begleitankündigung mittels Plakaten und in einer Auflage von 400 000 Exemplaren, einen direkt gegen die genannte Person gerichteten Auszug aus Stamms Elaborat, der in perfidverklausulierter Weise die Persönlichkeitsrechte der Angegriffenen gravierend verletzte und vom Titelbild bis in unzählige Tatsachenverdrehungen und Insinuationen hinein zugleich ein sprechendes Beispiel abgab für die Skrupellosigkeit und Bösartigkeit des heute grassierenden, zynischen "Boulevard-Magazin-Journalismus".

Doch auch dies sollte selbstverständlich nicht als "Bestandteil einer konzertierten Kampagne gegen den VPM" verstanden werden. So wenig wie die strategisch anberaumte Pressekonferenz zum Erscheinen des Buches, mit flächendeckendem Echo in allen Medien. Die Tatsache, dass im gleichen Verlag in kürzester Zeit zwei Bücher zum selben Thema und mit identischem, diskriminierendem Zweck veröffentlicht und in beiden Fällen mit enormem Medienaufwand propagiert wurden, war zweifellos reiner Zufall und völlig unbeabsichtigt ...

Medienmacher und Meinungsklima, Stereotypen und Schweigespirale

In der Publizistik gilt es als gesicherte Grunderkenntnis, dass es allein in der Macht der Medien liegt, "die Agenda zu setzen", d. h. zu bestimmen, was auf die Tagesordnung resp. in die Schlagzeilen kommt: was überhaupt gemeldet, was ausführlicher kommentiert wird, in welchem Sinne, mit welchen Wertungen und wie nachhaltig. Die Redaktoren der dominanten Medien prägen derart, durch Auswahl, Wertung und Gewichtung, die "aktuellen Themen" und das für sie bestimmende "Meinungsklima" in der Öffentlichkeit.

Kennzeichen des Meinungsklimas ist, dass es auf Vereinfachungen – Stereotypen, Clichés – beruht oder langfristig darauf reduziert; ferner, dass es von einem gewissen Stärkegrad an die "Schweigespirale" auslöst: Andersdenkende verstummen, weil sie es vorziehen, ihre Meinung angesichts des vorherrschenden Meinungsklimas nicht mehr zu äussern. Sie fürchten, sozial isoliert zu werden.

Wer sich mit den vorherrschenden Stereotypen ganz identifiziert, hat die Chance, allgemeines Ansehen, gegebenenfalls sogar Prominenz zu gewinnen. Wankelmütige wiederum tendieren über kurz oder lang zur Anpassung; sie adaptieren die vorherrschende Meinung, zumindest äusserlich, und "heulen mit den Wölfen". So "fallen sie nicht aus der Gesellschaft".

Meinungsklima und VPM: Wer sorgt denn eigentlich für die Schlagzeilen?

Vom Frühling 1989 bis zum Frühling 1993 erschienen allein in den Zürcher Printmedien um die 1000 überwiegend missgünstige und rufschädigende Artikel über den VPM, mehr als zwei Drittel davon im Jahre 1992. Die elektronischen Medien einschliesslich des Schweizer (!) Fernsehens sekundierten mit Hunderten von Features und Sendungen. Das für den VPM feindliche, ja vernichtende Meinungsklima war etabliert.

Ausdruck davon ist, dass Medienmacher inzwischen ganz "unwidersprochen" und in aller Selbstverständlichkeit melden können, "der VPM sorge immer wieder für Schlagzeilen", mithin für Aufsehen, Unruhe, Verunsicherung; der VPM sei eben ein "umstrittener" Verein. Widerspruch gegen diese die Tatsachen absurd verzerrende "Feststellung" wird nicht publik, da entsprechende Berichtigungen, seien es eingesandte Artikel oder Leserbriefe, selbstverständlich nicht gedruckt werden.

Niemand scheint denn noch daran zu denken, wer effektiv "die Agenda setzt"; wer die Schlagzeilen tatsächlich macht; wer die Wertungen anbringt – oder auch bloss beharrlich die bereits zur Scheinwahrheit verdichteten Stereotypen reproduziert: allein die verantwortlichen Journalisten und Redaktoren. In den Augen des bloss konsumierenden Lesers ist es dann allerdings der VPM, der für die – selbstverständlich konstant negativen! – Schlagzeilen sorgt. ("Wo Rauch ist, gibt es auch ein Feuer!" – "Da muss doch irgend etwas dran sein!")

Um die tausend Artikel in vier Jahren: welche unerhörten, skandalösen Dinge müssen denn von diesem VPM laufend ausgedacht und angestellt werden, dass die um das Wohl der Gesellschaft so redlich bemühten, das Gemeinwohl treu beschützenden Medien ihn unablässig mit negativen Schlagzeilen bedrängen und derart nachhaltig vor ihm warnen müssen?

Die "umstrittene" Drogenpolitik des VPM

Und tatsächlich: Seit 1989 engagierte sich der VPM angesichts der in Zürich massiv zunehmenden Probleme mit Drogenhandel und Drogenverwahrlosung in zahlreichen Veranstaltungen und Publikationen, in Übereinstimmung mit den Prinzipien und Richtlinien der UNO und in direkter Zusammenarbeit mit dem von der UNO getragenen International Narcotics Control Board, für eine umfassende Drogenprävention und eine restriktive Drogenpolitik. Dies geschah unter sorgfältiger Auswertung wissenschaftlicher Forschungsergebnisse und unter Einbezug aller einschlägigen Erfahrungen, weltweit, mit verschiedenen Modellen einer Drogenpolitik.

Mit seiner klar restriktiven Linie zog sich der VPM die radikale Gegnerschaft aller tendenziell auf "Liberalisierung" der Drogenpolitik ausgerichteten, in Zürich stark dominierenden Kreise zu – einschliesslich der sie tragenden, starken politischen und publizistischen Kräfte im sogenannten linken wie linksliberalen Spektrum, ja selbst in der Redaktion der "Neuen Zürcher Zeitung".

Die "umstrittene" Aids-Prophylaxe des VPM

Analog stiess er mit seinem umfassenden, wiederum sorgfältig, auf wissenschaftlichen Grundlagen erarbeiteten Konzept der HIV-Prävention auf militante Ablehnung durch die in den behördlich protegierten "Stop-Aids"-Kampagnen tätigen Gruppen, deren Grundanliegen ("Safer Sex") sehr viel enger definiert waren als seine eigenen, werte- und familienbezogenen Gesamtzielsetzungen.

"Standort Schule": der kritische Beitrag des VPM zur "Schulreform"

1991 schliesslich veröffentlichte der VPM ein dreibändiges, von 200 Berufspädagogen, erfahrenen Lehrern und Psychologen in jahrelanger Arbeit gründlich recherchiertes Werk ("Standort Schule"), in dem die theoretischen und ideologischen Grundlagen der verschiedensten Bestrebungen innerhalb der auch in der Schweiz in Gang gekommenen Schulreformen auf allen Stufen aufgezeigt wurden.

Diese Arbeit führte zur Erkenntnis, dass wesentliche Massnahmen im Rahmen der sogenannten "Reformen" zumindest von einem Teil derjenigen, die sie propagierten und auch in wichtigen Positionen des öffentlichen Erziehungswesens praktisch – und mit erkennbarem Erfolg – durchzusetzen versuchten, nicht bloss zur graduellen Verbesserung unserer bestehenden, guten Schulen verstanden wurden, sondern erklärtermassen als Instrumente zu einer grundlegenden, langfristig konzipierten Veränderung von Schule und Gesellschaft im Sinne der Erziehungs- und Bildungsideale der ehemaligen "68er" Bewegung. Inzwischen ist auch vielfach belegt, dass der grösste Teil der in der Schweiz noch immer als "Reform" angestrebten Massnahmen in anderen Ländern, die sie schon früher verwirklichten, massiv gescheitert ist und bereits wieder rückgängig gemacht wird (besonders England, diverse Deutsche Bundesländer).

Der VPM als "Gegner des Fortschritts" in der Schule?

Durch diese Publikation geriet der VPM in den von seinen schulpolitischen und zugleich politischen Gegnern in der Folge heraufbeschworenen, in der Sache jedoch absolut unbegründeten Verdacht, das Zürcher Schulwesen in überalterten Formen konservieren und jegliche Reform verhindern zu wollen; dazu in den gleicherweise unbegründeten Verdacht, dem Zürcher Schulwesen, seinen gesetzlichen Grundlagen, seinen Leitlinien und insbesondere auch seinen Behörden gegenüber feindselig-kritisch, womöglich gar unloyal eingestellt zu sein. Die Erziehungsdirektion selber streute diese ungerechtfertigte Formulierung aus. Gleichzeitig verweigerten die führenden Zeitungen Rezensionen resp. sachliche Darstellungen der Inhalte dieses ernsten, gewichtigen Beitrags zur Schul- und Erziehungsdiskussion.

Da seine Gegner zugleich in Medien, Politik wie Behörden in wichtigen Positionen sassen, bis hinein in die obersten Etagen der Erziehungsdirektion, hatten die von ihnen ausgestreuten Verzerrungen für die Sache, vor allem aber auch für den Verein und seine Mitglieder schwerwiegende Folgen. Selbst der Zürcher Regierungsrat vertritt in seiner offiziellen Antwort auf eine Interpellation von Kantonsrat P. Aisslinger noch am 20. März 1993 den entsprechenden, von der Voreingenommenheit der Erziehungsdirektion geprägten Standpunkt.

Statt einer Sachdiskussion über Kritik und Gegenpositionen ...

Von der Drogen- bis zur Schulreform-Frage sah sich der VPM vor demselben, schwierigen Problem: sein in jedem einzelnen Thema sorgfältig begründeter Standpunkt entsprach in wichtigen Punkten nicht demjenigen der massgeblichen Meinungsmacher und Entscheidungsträger.

Doch während der VPM seine Beiträge durchweg als – zweifellos auch kritische! – Anstösse zu einer grundlegenden Auseinandersetzung mit den einzelnen Sachfragen verstand: als Beiträge zu einer vertieften öffentlichen Diskussion über zentrale Herausforderungen in Gesellschaft und Schulwesen, musste er zu seiner Konsternation erfahren, dass eben die (politischen) Kreise, die seit 1968 nie müde geworden sind, die gesellschaftliche Notwendigkeit von Kritik, Dialog und offener Meinungsbildung zu verkünden, die Kritik und die Gegenpositionen des VPM nun ganz einfach nicht zur Kenntnis nahmen, den Dialog in der Sache konsequent verweigerten und ihre Grundpositionen schon gar nicht mehr zur Diskussion stellten.

Diese Grundpositionen aber lauteten, grob vereinfacht: Drogen sind freizugeben, es geht darum, "mit Drogen leben zu lernen"; zur Verhinderung von Aids verwende man vor allem ein Präservativ ("und so wird's gemacht ..."); die "kopflastige Lernschule" muss endlich "anders", die von Erwachsenen bestimmte, menschenfeindliche Leistungsgesellschaft muss über die junge Generation, die in der Schule lernen soll, ihre Ziele gemäss ihren eigenen Bedürfnissen jederzeit selber zu definieren, überwunden werden!

... die methodische, hartnäckige Diskreditierung des VPM

Und statt die differenzierten Gegenpositionen des VPM effektiv zur Kenntnis zu nehmen und sich mit ihnen in Medien und zuständigen Kommissionen gründlich auseinanderzusetzen, war es wesentlich einfacher, den VPM und seine Mitglieder zu diskreditieren, mit Stereotypen zu versehen und auszugrenzen: damit war die – vielleicht tatsächlich aufwendige – Auseinandersetzung in der Sache verhindert, der eigene Standpunkt leichter durchsetzbar.

Die negativen Stereotypen für VPM-Mitglieder: unglaubliche Diskriminierungen

Wer wüsste denn heute auf Grund von alledem, was "man" inzwischen über sie gehört und gelesen hat, nicht längst, wie VPM-Mitglieder sind! Man frage nur jemand, der schon mit einem zu tun gehabt hat resp. jemanden kennt, der einen kennt! Da werden die unerhörtesten Unterstellungen vorgebracht, als ob es sich um Tatsachen handelte. Die "Lieblinge", wie sie von Gegnern vorzugsweise und in diskriminierender Absicht bereits genannt werden, mit Bezug auf den Gründer der früheren Psychologischen Lehr- und Beratungsstelle (PLB), seien "autoritär", "rigid", "intolerant", "besserwisserisch-arrogant", "dogmatisch", "humorlos", "aggressiv", "menschenverachtend", "paranoid", "faschistoid", “sektiererisch”, “hygiene-hysterisch”, “ferngesteuert”, “abhängig”, “stur” – und was der üblen Behauptungen mehr sind.

Bei diesen Charakteristika handelt es sich ausnahmslos um schwere Diffamierungen. Ihr Realitätsgehalt ist in dem Masse unwahrscheinlich, wie sie stereotyp vorgebracht resp. unterstellt werden.

In der Rassismusforschung gilt es als ein alarmierendes Zeichen, wenn die Behauptung aufkommt, “der einzelne ist wie die Gruppe, die Gruppe wie der einzelne” (Ist ein Tamile in eine Drogenaffäre verwickelt, gelten für den Rassisten bald alle Tamilen als Drogenkriminelle, zumindest tendenziell ...). In eben diesem Sinne wird jedoch gegenüber VPM-Mitgliedern hemmungslos argumentiert. Hat ein Mensch eine bestimmte Eigenart, wird sie in dem Augenblick, da eine Mitgliedschaft oder blosse “Nähe” zum VPM bekannt wird, zu einer “typischen” Eigenschaft, oder aber umgekehrt: mit einem Mal entdeckt oder erwartet man an ihm “typische” VPM-Eigenschaften und beginnt ihn auf diesbezügliche “Anzeichen” hin zu beobachten! (Die Beiträge dieses Buchs belegen dies dutzendfach!). Und all dies oft von Seiten von Personen und politischen Kreisen, die sich ausgesprochen dafür brüsten, Minderheiten, Fremde, Benachteiligte zu schützen und “Rassismus” zu bekämpfen!

“Ausnahmen bestätigen die Regel”

Gewiss, “es gibt auch Ausnahmen”. Einzelne VPM-Mitglieder sind “sogar ganz nett”, und selbst Erziehungsdirektor Gilgen hat öffentlich gesagt, viele “VPM-Lehrer” seien ausgesprochen tüchtig und engagiert. Aber Vorsicht sei geboten, man wisse nie und müsse jeden einzelnen genau beobachten, ob das, was der Verein im Hintergrund tut, am Ende nicht doch noch durchschlage und wirksam werde.

Darum hätten Behörden und “besorgte Eltern” ja auch ein “Recht” zu wissen, ob ein Lehrer im VPM sei oder nicht: damit man genau aufpassen könne. Und darum müssten VPM-Mitglieder bei Stellenbewerbungen auch sofort klar “Farbe bekennen”.

Die Erziehungsdirektion führt spezielle "Personalakten" über VPM-Mitglieder

Verheimlichen wäre auch zwecklos. Auf Anfrage von Schulbehörden und Schulleitern gibt die Erziehungsdirektion nämlich die notwendige Auskunft selber. Seit Sommer 1990 führt sie zu diesem Zweck spezielle Register, in denen die VPM-Mitglieder und ihre Sympathisanten eingetragen sind, mit beliebigen Rubriken, die Aufschluss geben über private Tätigkeiten, Interessen und Verbindungen im Zusammenhang mit dem Verein.

Die Erziehungsdirektion spricht dabei hartnäckig nur von "Personal"-Akten – auch im Fall von 1400 Personen, deren Akten geführt werden, obschon sie gar nicht bei der ED angestellt sind! Die verschleiernde Sprachregelung im Zusammenhang mit dieser ganzen, von Staatsrechtsexperten als verfassungswidrig und menschenrechtsverletzend taxierten Registrierpraxis täuscht nicht darüber hinweg: wären, wie bis vor kurzem, politisch "linke" Kreise betroffen, wäre schlicht und einfach von "Fichen" die Rede – und würden dieselben Medien und Politiker, die heute höchstens gelegentlich Kritik üben, zweifellos von einem unerhörten Skandal reden und Sturm laufen.

Die Erziehungsdirektion orchestriert das aktive Vorgehen gegen den VPM und seine Mitglieder – weder die "kritischen" Medien noch die Mehrzahl der Politiker leisten Widerstand

Als nicht weniger anstössig und kritikwürdig müsste es gelten, dass die Erziehungsdirektion durch einen ihrer Chefbeamten am 17. August 1992 im Rahmen einer Seminardirektorenkonferenz in Braunwald ein eigentliches Szenario zum methodischen Vorgehen gegen den VPM und seine Mitglieder vorlegte und in der Folge auch Schritt für Schritt umsetzte, mit allen ihr zur Verfügung stehenden politischen und publizistischen Mitteln bis hin zur staatsrechtlich wie menschenrechtlich absolut fragwürdigen Veröffentlichung des Buches "Das Paradies kann warten" und bis hin zu parlamentarischen Vorstössen resp. zu deren offiziellen – und für den VPM vernichtenden – Antworten durch die Exekutive.

Auch in diesem Fall ist die Diskrepanz zwischen der üblichen Reaktion von Medien und politischen Kreisen auf vergleichbare behördliche Anmassungen gegenüber links-orientierten "Betroffenen" und der "öffentlichen" Reaktion auf die behördliche Diskriminierung des VPM bemerkenswert; bis weit ins linksliberale Lager hinein kann die Erziehungsdirektion im Falle des VPM inzwischen mit der Billigung, wenn nicht sogar mit der aktiven Unterstützung ihrer problematischen Massnahmen durch bürgerliche Kreise zählen. Ein bedenklicher Befund in einer traditionsreichen Demokratie – und ein beschämender Befund, von wenigen Ausnahmen abgesehen, für die politische Kultur im bürgerlichen Lager: ein trauriges Symptom für dessen Orientierungslosigkeit und Verunsicherung in fundamentalen, prinzipiellen Fragen, wenn nicht teilweise sogar ein Symptom für eigentlichen Opportunismus angesichts des herrschenden Meinungsklimas.

Ein Verein, der "ganz selber schuld" ist?

Wie schlimm dieser Verein sei, heisst es in diesem Meinungsklima ganz allgemein, habe er mit seinen eigenen Aktionen, mit der Art, wie er mit seinen Gegnern umgehe, mit seinen Prozessen und Aktionen, in denen er Leute mit seinen Schriften beliefere, ohne dass sie je danach gefragt hätten, genug bewiesen. – Derartige Kommentare sind in den vielfältigsten Varianten und mit stets neuen Clichés bis hin zur eigentlichen Pathologisierung, ja Kriminalisierung von Verein und Mitgliedern in der ganzen Schweiz im Umlauf.

Wer näher hinsieht und bei all diesen massiven Vorwürfen gerne Fakten hätte, sieht sich enttäuscht. Da sich die Medien praktisch durchweg auf anonym bleibende "Zeugen", auf weder polizeilich noch gar gerichtlich abschliessend geklärte Befunde berufen, bleibt es beim mehrfachen, sich selber potenzierenden Hörensagen: X berichtet, Y habe gesagt, dass Z meine. Fama crescit eundi!

Was zu beweisen war: das Meinungsklima wirkt

Das Negativbild des VPM ist denn methodisch und durchaus professionell konstruiert – und es wirkt, auch jenseits des Kreises der eigentlichen, militanten VPM-Gegner.

Praktisch ohne Stimme in den Massenmedien, da ihm diese ganz einfach nicht zugänglich sind; über Monate und Jahre hinweg beharrlich mit den unglaublichsten Vorwürfen konfrontiert, verschickt der VPM allerdings seine Stellungnahmen und Berichtigungen an Menschen, die er für ansprechbar hält, dazu an wichtige Personen des öffentlichen Lebens, deren Informationsstand und Einstellung für ihn wichtig sein könnte. Im herrschenden Meinungsklima trägt ihm dies selbstverständlich den Vorwurf "sektiererischer Aufdringlichkeit" ein.

Oft aufs Übelste verleumdet und in seinem Ruf, mithin in seiner Existenz durch tatsachenwidrige Behauptungen und reine Unterstellungen geschädigt, versucht er sich selber wie direktbetroffene Mitglieder in einzelnen Fällen auf dem Rechtsweg zu schützen – was ihm, in Verkennung des fundamentalen Ernstes seiner Situation, prompt wieder zum Vorwurf gemacht wird.

Von seinen oft eigentlich fanatisierten Gegnern aus persönlichen wie politischen Gründen seit Jahren systematisch bekämpft, schliessen sich seine Mitglieder natürlicherweise zusammen, aus menschlichen Gründen, zur gegenseitigen Hilfe und zum Gespräch über Möglichkeiten, sich zu schützen und zu wehren – was selbstverständlich die Gegner zu neuerlichen Diffamierungen ("sektenähnliches Verhalten" u.ä.) veranlasst.

In seiner verbalen Gegenwehr verwendet der VPM zweifellos eine unverhüllte, scharfe Sprache – in der Auffassung, dass Attakken, wie er sie andauernd erfährt, auch eine unmissverständliche Antwort erfordern. Damit allerdings stösst er vielfach auf das Unverständnis Unbeteiligter, die dadurch ein einseitiges Bild von seinen gesamten Aktivitäten erhalten.

Woher die härtesten Clichés stammen: "Ehemalige" als Aktivistenkern

Während sich so Entstehung und Wirkung zahlreicher Clichés allein aus dem herrschenden Meinungsklima herleiten lassen, gehen die härtesten, auch wirkungsvollsten Stereotypen auf Behauptungen von "Ehemaligen" zurück, so etwa der ganz besonders beliebte, endlos kolportierte, wonach der VPM quasi eine "Sekte" sei.

Bei diesen und ähnlichen Unterstellungen handelt es sich – schlüssig nachweisbar und dokumentiert – um die Spuren nicht verarbeiteter, subjektiver Zurechtlegungen oder ganz einfach, was in gleicher Weise belegt ist, um freie Erfindungen dieser persönlich aus irgendwelchen Gründen sehr "anpassungsfähig" gewordenen Ehemaligen, die mit ihren angeblichen "Enthüllungen" sich selber nützen und dem Verein im nachhinein schaden wollen, wie sie in aller Offenheit bekennen. Es sind Fälle bekannt, in denen sie für ihr Wohlverhalten sogar mit einer Berufskarriere belohnt wurden.

Wer über den VPM Negatives berichtet und "Authentizität" beanspruchen kann, erhält nämlich recht schnell eine gewisse Bedeutung, Bekanntheit, "Prominenz": er heult nicht nur mit der Meute, er heult für sie – und wird entsprechend belohnt, inzwischen sogar mit Aufträgen direkt aus der Erziehungsdirektion.

So gründete schon Anfang 1989 eine kleine Gruppe politisch links orientierter, am VPM zwiespältig interessierter Aussenseiter einen eigenen Verein mit dem Namen "Psychostroika" – mit dem alleinigen Zweck, den VPM mit allen Mitteln zu bekämpfen und aus ihren gezielt verzerrenden, nicht substantiierten, angeblichen "Informationen" im eigentlichen Sinne Kapital zu schlagen.

Die ursprünglichen Mitglieder von Psychostroika, insbesondere Dagobert Onigkeit und Eugen Sorg, der Autor des gerichtlich eingeklagten Buches "Lieblings Geschichten", sowie ein knappes Dutzend gleichgesinnter Freunde und Bekannter, die in einigen Fällen auch das mit ihrem Status als Akademiker verbundene öffentliche Ansehen in einem den VPM schädigenden Sinne missbrauchen, bilden den Kern der unermüdlichen Clichélieferanten für alle, die aus der Verbreitung derselben ihrerseits Nutzen ziehen.

Ein dichtes Netz von Multiplikatoren, Protektoren und Helfershelfern

Dank ihren gezielt geschaffenen, inzwischen umfassend vernetzten Beziehungen zu den massgeblichen Zürcher Medien, insbesondere zum "Tages-Anzeiger", ferner dank ihrer geistigen Nähe zu den schul- und drogenpolitisch interessierten, generell links, linksalternativ, aber auch links-liberal orientierten politischen (und kirchlichen) Kreisen war es den Kernaktivisten 1989/90 in wenigen Monaten möglich, das Meinungsklima der Zürcher Öffentlichkeit mit nachhaltiger Wirkung in ihrem Sinne zu manipulieren.

Eine ihrer wichtigsten Verbindungen bestand von Anfang an zur Chef-Etage der Erziehungsdirektion und damit u.a. auch zum Pestalozzianum, einer ehemals bestens renommierten, halbstaatlichen Lehrerfortbildungsinstitution, die in den achtziger Jahren zur Hochburg einseitig-schulreformerischer Aktivitäten wurde, insbesondere in der für diese Reformbestrebungen instrumentalen Ausbildungsrichtung der Gestalttherapie resp. -pädagogik.

Das flächendeckende, obrigkeitlich protegierte Beziehungsnetz, das auf vielerlei persönlichen Bekanntschaften sowie auf gegebenen, u. a. partei- und kirchenpolitischen Strukturen aufbaute, erlaubte es schliesslich seit 1991, in dem inzwischen geschaffenen, allgemeinen Klima der Hysterie im Zusammenhang mit dem VPM bis in die einzelnen Schulgemeinden hinein und auf breiter Front gegen Lehrer des VPM aktiv zu werden.

Grundmuster der Diskriminierung von VPM-Mitgliedern: ein einziger "Aktivist" kann es schaffen ...

Die 34 Erfahrungsberichte dieses Buches weisen vielerlei spezifische, aber auch einige generelle Züge auf; zu diesen zählt, dass es oft bloss eines einzigen Initiators oder Aktivisten bedarf, um die für VPM-Mitglieder verhängnisvolle Ausgrenzung einzuleiten: einen in jedem einzelnen Fall überaus schmerzhaften, oft lange dauernden Prozess voller bitterer Erfahrungen und menschlicher Enttäuschungen.

Der Hinweis "VPM!" kann von einem "Kollegen" oder einer "Kollegin" kommen, von Elternseite (oft organisiert: aus einer ad hoc gebildeten, eventuell auch schon bestehenden Elterngruppe), von Schülern, aus politischen Kreisen, unter Umständen auch aus der Schulpflege oder, "auf Anfrage" oder sonstwie, sogar direkt aus der Erziehungsdirektion.

Bei Neubewerbungen gilt seit Ende 1992, seit einer entsprechenden, wenn auch nur verschlüsselt abgegebenen Aufforderung durch die Zürcher Erziehungsdirektion, die schon eingangs erwähnte, faktische, höchst wirksame, offen verfassungswidrige und menschenrechtsverletzende "Deklarationspflicht".

In einzelnen Fällen wurden ausgesuchte Ausgrenzungsprozesse orchestriert und breit in allen Medien dargestellt. Dadurch sollte in der Öffentlichkeit der Eindruck hervorgerufen (und durch die Wiederholung verstärkt) werden, "überall, wo 'Lieblinge' auftreten, gebe es Probleme". Im vorgegebenen Meinungsklima blieb die Wirkung – wenn nicht direkt, so um so wirkungsvoller indirekt – nicht aus.

Mehr als blosse Diskriminierungen: Menschenrechtsverletzungen

Was die beteiligten VPM-Mitglieder dabei auf Grund allein ihrer Zugehörigkeit zu dem verfemten Verein oft von einem Tag auf den anderen an Unterstellungen, Verleumdungen, direkten Verunglimpfungen, an Isolation in bisher vertrauter Umgebung, an demonstrativer Gesprächsverweigerung, vorgegebener "Informationsbereitschaft" über den VPM (bei effektiver Diskreditierungsabsicht), ja sogar Verdächtigung latenter Kriminalität alles hinzunehmen hatten, war in jedem einzelnen Fall mit der Garantie und der Wahrung individueller Menschenrechte nicht mehr zu vereinbaren: dadurch, dass nur schon auf zwischenmenschlicher Ebene ihr verfassungsmässig garantiertes Recht auf Glaubens- und Gewissensfreiheit sowie auf die Zugehörigkeit zu einem rechtmässigen Verein letztlich ungeahndet missachtet wurde, ganz abgesehen von der Geringschätzung ihrer persönlichen Integrität und der Verletzung ihrer Ehre.

Was ihnen dann zunehmend von seiten selbst staatlicher Instanzen einschliesslich der Erziehungsdirektion widerfuhr, verletzte die international anerkannten Grund- und Menschenrechte in vielerlei Hinsicht. Es gehört mit zu den bedenklichsten Seiten dieses Prozesses der Ausgrenzung, dass die bestehenden rechtlichen Mittel bisher offensichtlich nicht ausreichten, seinen bedrohlichen Mechanismen Einhalt zu gebieten.

Die Verletzung der Menschenrechte selbst durch staatliche Instanzen

Die Tatsache, dass zahlreiche Mitglieder des VPM nachweislich allein auf Grund ihrer Vereinszugehörigkeit ihre Stelle verloren oder aus demselben Grund schon gar nicht angestellt wurden;
die Tatsache, dass die Erziehungsdirektion 1992 das Buch "Das

Paradies kann warten" (mit einem mehrfach diskriminierenden Artikel des bekannten, mit Hugo Stamm am TA kooperierenden VPM-Gegners Kurt-Emil Merki) initiierte und durch das ihrer Aufsicht unterstellte Pestalozzianum herausgeben liess;
die Tatsache, dass dieselbe Erziehungsdirektion 1990 die erwähnte Datei mit Angaben über die Vereinszugehörigkeit zum VPM anlegen liess, mit Rubriken zur Erfassung völlig privater Aktivitäten der Verzeichneten, und die Tatsache, dass sie diese Datei bei Stellenbesetzungen auf Anfrage zugänglich machte, was zumeist gleichbedeutend war mit einer Nichtwahl des Bewerbers – all dies und weitere Gegebenheiten, die sich fast täglich wiederholen, verletzen zahlreiche der in den folgenden, grundlegenden Dokumenten postulierten Rechte aller Menschen und Bürger:

- Bundesverfassung der Schweizerischen Eidgenossenschaft, Art. 4, 49, 56;
- Kantonsverfassung des Kantons Zürich, Art. 2, 3, 7, 64;
- Allgemeine Erklärung der Menschenrechte der Generalversammlung der Vereinten Nationen vom 10.12.1948, Art. 1, 7, 12, 18, 19, 20, 21, 26;
- Europäische Menschenrechtskonvention (EMRK) vom 4.11.1950, Art. 6, 8, 9, 10, 11, 13, 14;
- Erklärung über die Beseitigung aller Formen von Intoleranz und Diskriminierung aufgrund der Religion oder der Überzeugung der Generalversammlung der Vereinten Nationen vom 25.11.1981, Präambel und Art. 1, 2, 3, 4, 5, 6, 7, 8.

Der Vielzahl offensichtlicher Rechtsverletzungen vor dem Hintergrund all dieser Dokumente steht die Tatsache gegenüber, dass die davon betroffenen VPM-Mitglieder und -Kursbesucher bis heute vergeblich auf einen wirksamen Schutz ihrer Rechte warten.

Gesucht: mutige Bürgerinnen und Bürger

Das vorliegende Buch wendet sich somit an alle vorurteilsfreien, urteilsfähigen Bürgerinnen und Bürger in der Schweiz und im ganzen deutschsprachigen Raum mit der Bitte und Aufforderung, sich auf Grund der Lektüre der 34 dargestellten Schicksale eine eigene, qualifizierte Meinung zu den hier gemachten, allgemeinen Aussagen und über die hier aufgeworfenen Fragen zu bilden.

Die Erfahrung hat erwiesen, dass es oft genügt, wenn ein einzelner, mutiger Bürger oder eine Bürgerin es wagt, sich dem "Meinungsklima" zu widersetzen. So ist es – erfreulicherweise – auch schon vorgekommen, dass ein Schulleiter oder eine Schulleiterin, ein gewichtiges Mitglied einer Schulbehörde, eine Persönlichkeit mit öffentlichem Ansehen und mit Entscheidungskompetenz die Zivilcourage gehabt hat, sich entgegen dem herrschenden Meinungsklima für eine der diskriminierten Personen einzusetzen.

All diesen Mutigen sei hier zugleich Dank wie Anerkennung ausgesprochen – in der Hoffnung, es mögen sich weitere finden: auf dem Weg zum Beispiel über dieses Buch.

Lazo E. Meli

Glossar

Antipädagogik

Antipädagogik ist eine in den 70er Jahren entstandene, an der amerikanischen Kinderrechtsbewegung orientierte Strömung im deutschen Sprachraum, die sich selber als Generalangriff auf Pädagogik und Erziehung definiert. Jede Form der Erziehung, auch diejenige der sogenannten antiautoritären Bewegungen, wird als unzulässiger Beeinflussungsversuch der kindlichen Autonomie und damit als eine Form von Psychoterror und Gehirnwäsche apostrophiert. Oberstes Prinzip der Antipädagogik ist die Überzeugung, dass jedes Kind vom ersten Tag seines Lebens an zu jeder Zeit selber am besten wisse, was es brauche und was gut für es sei. Seine Bedürfnisse stünden an erster Stelle, der Erwachsene habe ihm dementsprechend zu dienen. Lernen wird von der Antipädagogik als vom Kind absolut selbstbestimmter Prozess betrachtet. Aus diesem Konstrukt erwächst eine harsche Kritik am gegenwärtigen Schulsystem, verbunden mit der Forderung nach Abschaffung der allgemeinen Schulpflicht.

Antipädagogik ist mit ihren radikalen antiwissenschaftlichen und werterelativierenden Forderungen eine kulturzerstörende Erscheinung des postmodernen Zeitgeistes.

Bonus 24

Monatlich erscheinendes, dem "Tages-Anzeiger" beigelegtes Boulevard-Heftchen des Privatsenders "Radio 24". Möchte "frech" und "modern" sein, fällt jedoch mehr durch eine kaum mehr zu überbietende Anspruchslosigkeit des Inhaltes auf.

Braunmühl, Ekkehard von

Ekkehard von Braunmühl nennt sich freier Publizist und gilt als Begründer der Antipädagogik in Deutschland. Er hat 1975 mit dem Buch "Antipädagogik. Thesen zur Abschaffung der Erziehung" einen Rundumschlag gegen sämtliche im Erziehungs- und Therapiebereich tätigen Berufsgruppen veröffentlicht. Er unterschiebt allen erzieherisch Tätigen pauschal eine "menschenverachtende, dem Faschismus gleiche Ideologie" der Gehirnwäsche und des Seelenmordes. Er nennt sich selber Kinderrechtler, gelegentlich auch Anarchist.

Von Braunmühl fordert mit seiner antipädagogischen Bewegung gleiche staatsbürgerliche Rechte (z. B. Wahlrecht) für Kinder jeden

Alters. Die naturgegebene Erziehungsbedürftigkeit des Menschenkindes wird von ihm in Abrede gestellt, Erziehung als solche gilt ihm als "entwicklungsschädigend".

Drogencharta

Die Drogencharta (1987) besteht aus zwölf Grundsätzen, die vom Drogenchartarat, Personen aus dem öffentlichen Leben, vertreten werden. Mit Tagungen, Seminaren und ähnlichen Veranstaltungen setzt sie sich für eine sogenannt rationale Drogenpolitik ein, mit der die Akzeptanz von Drogen und ihre weitgehende Liberalisierung in unserer Gesellschaft durchgesetzt werden sollen.

Erziehungsdirektion (ED)

Der Erziehungsdirektor ist ein vom Volk gewähltes Mitglied der kantonalzürcherischen Exekutive, des Regierungsrates.. Er hat in Verbindung mit dem Erziehungsrat (7 Mitglieder) folgende Aufgaben:

- *Oberaufsicht über das gesamte Unterrichtswesen*
- *Patentierung der Volksschullehrer*
- *Genehmigung der Lehrpläne*
- *Besetzung von Lehrstellen*
- *Suspendierung von Lehrern u. a. m.*

Foucault, Michel

Michel Foucault (1926–1984) studierte in Paris Philosophie, Psychologie und Psychopathologie. Er lehrte an mehreren französischen Universitäten Philosophie. Zuletzt hatte er am Collège de France in Paris den Lehrstuhl für Geschichte der Denksysteme inne. Seine Schrift "Wahnsinn und Gesellschaft" gilt als Inauguralwerk der französischen 68er Studentenrevolte. Foucault selber nahm vor allem in den 70er Jahren unter Ausnutzung seines hohen öffentlichen Ansehens an zahlreichen politischen Aktionen teil, so auch als Initiator gewalttätiger Gefängnisrevolten. Mit seiner Denunziation der Vernunft als eines "Machtinstrumentes" und der Demontage von Rechtsprechung, Gefängnis, Klinik und Schule, denen er als "totale" Institutionen die Funktion der Ausgrenzung, Kontrolle und Disziplinierung unterstellte, fand Foucault grossen Anklang bei der Nach-68er-Generation.

Die Humanwissenschaften und ihre Vertreter üben nach Foucault durch den "normalisierenden Diskurs" Macht aus, die Macht der Norm. So gilt denn Foucaults Augenmerk den "Randgruppen" als revolutionären Kräften. Sex und Drogen propagiert er als "neue

Lebensform" – nicht zuletzt als Mittel, um die "Gesamtgesellschaft" zu zerstören. Seine Philosophie begreift Foucault als politischen Kampfdiskurs mit dem Ziel, die in unserer Gesellschaft gültigen Werte zu untergraben. Die revolutionäre Aktion soll gleichzeitig das Bewusstsein der Menschen erschüttern ("kulturelle Attacke") und die Institutionen angreifen.

Foucaults Schriften wurden auch bei uns breit aufgegriffen. Ihr antihumanistisches Gedankengut bildet eine Grundlage der heutigen postmodernen Wissenschafts- und Vernunftfeindlichkeit und der Abwertung von Schule und Bildung.

Gestalttherapie

Die Gestalttherapie wurde (Ende der 40er Jahre) von Fritz und Lore Perls sowie Paul Goodman in den USA begründet. Sie darf nicht mit der Gestaltpsychologie, einer seriösen psychologischen Lehrrichtung, verwechselt werden. Paul Goodman, ein anarchistischer Aktivist, gilt als "theoretischer Kopf" der Gestalttherapie. Die Zielsetzung der Gestalttherapie ist linkspolitisch motiviert. Über Eingriffe ins Gefühlsleben der Menschen soll die Bereitschaft zum Umsturz unserer Gesellschaft geschaffen werden. Dementsprechend geht es den Gestaltideologen darum, die Teilnehmer an "Gestaltworkshops" in eine negative Gefühlslage gegenüber unserer Gesellschaft zu bringen. Dazu werden diverse Psychotechniken eingesetzt, die dem Gestalttrainer sofortigen Zugriff auf tieferliegende, auch unbewusste Gefühle erlauben. Bevorzugte Techniken sind Körperübungen, Malen, Psychodrama oder gesteuerte Handlungen mit anderen "Medien". Aggressionen und andere gegen den Mitmensch und die Gesellschaft gerichtete Affekte werden dabei hervorgerufen und geschürt. Der Einzelne soll aus seinen tragenden Bindungen gelöst und in seinen Werten verunsichert werden, um dann die neuen Werte, Einstellungen und Handlungsbereitschaften, die ihm vorgegeben werden, zu verinnerlichen. Dazu gehören Schlagworte wie "unabhängig, frei, autonom, enthemmt".

Die Ideologie, die hinter der Gestalttherapie steht, ist ein Verschnitt aus verschiedensten sozialphilosophischen Ansätzen mit besonderer Betonung des Marxismus und Fragmenten fast aller Glaubensbekenntnisse, dominiert von fernöstlicher Mystik und dem Hang zur – zumeist auch drogenbedingten – Ekstase. Die gestalttherapeutische Ideologie hat mit ihrer Ablehnung sozialer Vernunft und der Abwertung des Verstandes zugunsten von Affekten und Körperbefindlichkeiten den heutigen Zeitgeist massgeblich geprägt.

Gestaltpädagogik

In Form der Gestaltpädagogik werden die gestalttherapeutischen Methoden in die Schule übertragen. Gestaltpädagogik ist "Mikropolitik" in der Schule, wie sie Annedore Prengel, eine Exponentin im deutschsprachigen Raum, definiert, denn jede Arbeit an einem menschlichen Wesenszug sei ein politischer Vorgang. Paul Goodman verstand sich als Reformpädagoge und bezeichnete die Schule als "Käfig": Er forderte die Abschaffung der Schulpflicht.

Wie die Gestalttherapie bezweckt Gestaltpädagogik die Aushöhlung der bürgerlichen Gesellschaft und ihrer Werte. Die gestalttherapeutischen Psychotechniken werden, in der Schule auf Kinder angewandt, als Unterrichtsform ausgegeben. So ist es bis jetzt möglich, solche Eingriffe ins Gefühlsleben der Kinder undeklariert auszuführen. Unter den Begriffen "Erleben", "Be-Greifen" oder "Spüren" wird ein künstlicher Gegensatz zwischen Denken und Fühlen hergestellt. Kleinkindliche Tastspiele oder solche, die die Intimsphäre verletzen, Rollenspiele, die Affekte provozieren, Phantasiereisen und Texte mit linkspolitischen Inhalten sind Bestandteile der Gestaltpädagogik. Die grundlegende Bedeutung allgemeingültigen Wissens wird von der Gestaltpädagogik ebenso verneint wie die rationale Verarbeitung der Lerninhalte.

Ihre destruktive Wirkung erzielt die Gestaltpädagogik, indem sie die Kinder weder zu einem strukturierten Lernen noch zu einem sozialen Zusammenleben anleitet. Der Lehrer enthält den Kindern so die lebensnotwendige Bildung vor und begibt sich sogenannt kumpelhaft auf ihre Altersstufe.

Infosekta

Infosekta ist der Bezeichnung nach eine Informations- und Beratungsstelle für Sekten- und Kultfragen. Das Startkapital hat Infosekta 1990 einerseits von der Stadt, andererseits vom Kanton Zürich erhalten. Die Finanzierung durch den Kanton (dreimal Fr. 75 000.– von 1990 bis 1992) kam auf Initiative und Betreiben des Chefs der Abteilung Volksschule der kantonalen Erziehungsdirektion zustande.

Infosekta führt die Diffamierungskampagne von "Psychostroika" weiter, nachdem letzterer verboten wurde, falsche und diffamierende Aussagen über den VPM zu verbreiten. Frau S. Schaf, Mitglied von Psychostroika und bis vor kurzem im Vorstand des politisch links orientierten Studentenverbandes VSU (Verband Studierender an der Universität), ist Vorstandsmitglied der Infosekta.

Kreiskonvent

Die Lehrerschaft eines Schulkreises bildet den Kreiskonvent zur Besprechung gemeinsamer Anliegen. Die vorgesetzte Behörde, die Schulpflege, muss in Sachen, die das Erziehungs- und Unterrichtswesen betreffen, das Gutachten des Konventes einholen.

Kreisschulpflege

Die Schulpflege wird von den Stimmbürgern einer Gemeinde gewählt. Sie leitet und beaufsichtigt das Schulwesen der Gemeinde. In grösseren Gemeinden wird das Gemeindegebiet in mehrere Schulkreise aufgeteilt. Jeder dieser Schulkreise wählt die zentrale Kreisschulpflege von mindestens 5 Mitgliedern (den Präsidenten inbegriffen).

Leitideen 1990 für Kindergärten

Die Leitideen 1990 wurden im Auftrag des Zentralvorstands des Verbands schweizerischer Kindergärtnerinnen in einem "Gruppenprozess" erarbeitet und mit dem Titel "Ein Ort für Kinder" herausgegeben. In starker Anlehnung an das Gedankengut der Antipädagogik wird das Kind mit seinen Bedürfnissen im "Hier und Jetzt" ganz ins Zentrum gestellt, während die Kindergärtnerin sich auf die passive Rolle einer "Dienerin" zu beschränken hat. Nicht mehr wissenschaftliche Erkenntnisse über Erziehung und kindgerechte Sozialisation, sondern der gesellschaftliche Wandel wird zur Grundlage, ja zum Ziel der Forderungen an den Kindergarten: "Wenn wir es nicht zulassen wollen, dass möglichst rasche Anpassung an die herrschenden Verhältnisse zum Hauptmerkmal von Kindheit wird, so müssen wir uns beharrlich dafür einsetzen, dass Kindern ein eigener Lebensraum in dieser Gesellschaft zugestanden wird." Die Leitideen 1990 fanden, als Ablösung für den Rahmenplan 1971, bei den Kindergärtnerinnen zuwenig Zustimmung.

Onigkeit, Dagobert und Psychostroika

Dagobert Onigkeit, derzeit noch Student, führt seit Jahren aus ideologischen Gründen einen fanatischen Verleumdungsfeldzug gegen den VPM. Mit der Absicht, den VPM und seine Mitglieder zu schädigen und aus den Stellen zu drängen, verschickte Onigkeit bereits 1989 in Versänden an Behörden, Arbeitgeber und Presse schwerst ehrverletzendes Material mit Namenlisten und persönlichen Angaben.

Onigkeit ist seit Jahren an der Universität eingeschrieben, bezieht Stipendien, wechselte mehrmals das Studienfach (von Psychologie zu

Soziologie zu Informatik), ohne abzuschliessen. Statt dessen gründete er an der Universität den Homosexuellenverein "zart&heftig – Forum beider Hochschwulen".

Um seine Aktivitäten gegen den VPM noch systematischer betreiben zu können, gründete Onigkeit im Januar 1989 mit einem Grüppchen Aktivisten eigens den Verein "Psychostroika". Dieser nennt sich zwar "Betroffeneninitiative", doch war kein "Psychostroika"-Mitglied je Mitglied des VPM.

Onigkeit schleicht sich in Anlässe des VPM ein, führt ein riesiges Archiv über Mitglieder und Teilnehmer, bespitzelt sie, lauert ihnen auf, um sie gegen ihren Willen zu fotografieren, fertigt Namenlisten an, sammelt Adressen und intimste Details aus ihrem Leben.

Das Bezirksgericht Zürich hat im Februar 1990 mit superprovisorischer Verfügung Mitgliedern der Psychostroika verboten, 63 von 65 eingeklagten Äusserungen weiterhin zu tätigen. Dennoch wurden Daten aus Onigkeits Archiv in der "Fichen"- Datei der Zürcher Erziehungsdirektion gefunden.

"Psychostroika" hat sich im Juni 1991 offiziell aufgelöst und ihr Vermögen dem ähnlich gelagerten Verein "Infosekta" übergeben.

Pestalozzianum

Das Pestalozzianum ist eine Stiftung in der Stadt Zürich, die der Förderung des Schul- und Bildungswesens sowie der Pestalozzi-Forschung verpflichtet ist. Ursprünglich war das Pestalozzianum ein beliebter und gut frequentierter Dienstleistungsbetrieb (Bibliothek, Mediothek usw.) und eine fachbezogene Fortbildungsstelle für Lehrer. Heute liegt der Schwerpunkt seiner Tätigkeit auf der Ausarbeitung von Massnahmen zur Veränderung der Schulorganisation, der Lehrerbildung, der Erziehung und des Unterrichts. Das Pestalozzianum ist die gesamtzürcherische Zentrale für die Schulreformen im Sinne gestalttherapeutischer und z. T. antipädagogischer Bestrebungen. Ihm obliegt heute die Einführung der gesamten Lehrerschaft in den neuen Lehrplan 1992 mittels obligatorischer Kurse für alle Zürcher Volksschullehrer.

Der Chef der Abteilung Volksschule, G. Keller, ist gleichzeitig Stiftungsrat und Mitglied im Aufsichtsorgan des Pestalozzianums, das heisst, er beaufsichtigt gewissermassen sich selbst.

Psychoanalytisches Seminar Quellenstrasse (PSZ) in Zürich

Einer Selbstdarstellung der Geschichte des Psychoanalytischen Seminars im hauseigenen Journal vom Dezember 1987 mit dem Untertitel

"10 Jahre Dissidenz" entstammt die folgende Selbstcharakterisierung: "Bei dieser Arbeit handelt es sich um eine Parteigeschichte. Wir referieren deshalb auch die neuen Richtlinien des Lehrbuchs der Parteigeschichte der KPdSU."

Das Psychoanalytische Seminar war ursprünglich keine "kommunistische Partei", sondern das Ausbildungsinstitut der Schweizerischen Gesellschaft für Psychoanalyse (SGP) in Zürich. Letztere wurde in der Folge der 68er Studentenunruhen in den 70er Jahren von marxistisch orientierten Studenten, Psychologen und Ärzten unterwandert. Mitarbeiter des PSZ sind Paul Parin, seine Schüler Emilio Modena und Berthold Rothschild. Modena erhielt als Drahtzieher der 68er Unruhen in Zürich die gerichtliche Androhung auf Landesverweis. In der Folge gründete er die "Revolutionäre Aufbauorganisation Zürich" RAZ und setzte als erster das Sektenkonstrukt über den VPM in die Welt.

Rahmenplan für Kindergärten

Der noch heute gültige Rahmenplan entstand 1971 in interkantonaler und interdisziplinärer Zusammenarbeit im Auftrag des Verbandes schweizerischer Kindergärtnerinnen. Er steht auf wissenschaftlichem Boden, indem er "die Forschungsergebnisse der Entwicklungs- und Lernpsychologie" berücksichtigt. Als ein wichtiges Ziel formuliert er, dass das Kind "in pädagogisch überlegter, verantwortlicher Weise in seinen Möglichkeiten der menschlichen Reifung unterstützt" werden solle. Der Rahmenplan 1971 stimmt weitgehend mit den Empfehlungen der Unesco-Kommission für die Vorschulerziehung überein.

Schoenebeck, Hubertus von

Hubertus von Schoenebeck war einige Monate als Lehrer tätig. Seine Erfahrungen in der pädagogischen Praxis und die klar ablehnende Haltung der Schule gegenüber hat er in Form eines Tagebuches veröffentlicht. Er plädiert für die Abschaffung der allgemeinen Schulpflicht. Die Schule soll in eine Angebotsschule umgewandelt, ihr Besuch den Kindern freigestellt werden. Vehement vertritt er die These, dass jedes Kind von Geburt an selber am besten wisse, was es brauche.

Für von Schoenebeck ist Antipädagogik von einer Gegentheorie zu einer Lebensphilosophie geworden, die der pädagogischen Weltsicht entgegengesetzt sei. Er ist der Auffassung, es gebe keine wissenschaftlichen Erkenntnisse, sondern nur subjektive Meinungen.

Von Schoenebeck tritt in der Schweiz und in Deutschland an Tagungen, Volkshochschulkursen, Messen und Workshops unter der irreführenden Überschrift "Freundschaft mit Kindern" auf und bietet neben einer Vielzahl von Druck-Erzeugnissen Sensitivity-Trainings und Kinderferien an.

Schulreform

Der Begriff Schulreform hat eine doppelte Bedeutung bekommen. Auf der einen Seite bezeichnet er fortlaufende, dauernde und notwendige Verbesserungen innerhalb des bestehenden Schulwesens. Auf der anderen Seite wird er (leider) gezielt als verschleiernde Bezeichnung für Massnahmen sehr aktiver Schulveränderer mit gesellschaftspolitischen Alternativvorstellungen verwendet. Hierbei werden Reformvorschläge propagiert, die zu einer angeblichen "Emanzipation" der Schüler führen sollen, ohne dass dieses Erziehungsziel wissenschaftlich seriös begründet oder begründbar wäre.

Die Gefahr besteht heute, dass Schüler in derart orientierten "Reform"bestrebungen mit individualisierenden Lernmethoden aus dem Klassenverband, aus der Beziehung zum Lehrer herausgelöst werden. Dazu werden von einzelnen Lehrern vermehrt sogenannte Psychotechniken angewandt. Der Klassenunterricht wird dabei pauschal verurteilt. Wer sich dem neuen Trend nicht ohne eingehende Fachdiskussion anschliessen will, wird als "altmodisch" abqualifiziert. Viele Lehrerinnen und Lehrer, die "emanzipatorische" Reformen unterstützen und einzelne Methoden selber anwenden, sind über deren theoretische Begründung und politische Ausrichtung kaum informiert. Das Ausmass und die Absicht der Verwendung "emanzipatorischer" Mittel entscheidet darüber, wie problematisch oder auch durchaus verantwortbar das entsprechende Lehrerverhalten ist.

Sorg, Eugen. "Lieblings-Geschichten"

Eugen Sorgs Buch "Lieblings-Geschichten" ist eine von Aggression und Hassgefühlen geprägte Polemik eines ehemaligen Teilnehmers an Gruppen der Psychologischen Lehr- und Beratungsstelle F. L. Eugen Sorg kennt den VPM, der 1986 entstand, überhaupt nicht. Mit religiösen Sprachelementen, die Sorg mit psychoanalytischem Vokabular und militärischen Ausdrücken auflädt, erweckt er den Eindruck, dass der VPM ein gefährliches und aggressives Potential bilde.

Der Autor des Buches ist Beklagter in einem Prozess, in dem der VPM ihn und den Verein "Psychostroika", dessen Mitglied er ist, für ehrverletzende Aussagen zur Verantwortung zieht. Trotz bereits erfolgter vorsorglicher Verfügung des Gerichts führt Sorg mit seinem

Buch die Diffamierungskampagne gegen den VPM weiter, möglicherweise auch in der Hoffnung, so den Prozessausgang beeinflussen zu können. Das Sorg-Buch wird in allen Kreisen, die den VPM angreifen und bekämpfen, endlos zitiert und kolportiert.

Standort Schule

Vom VPM in drei Bänden herausgegebene Bestandesaufnahme aktueller Tendenzen und Reformbestrebungen in Pädagogik und Schule. Die Autoren, 200 Lehrer und Berufspädagogen, die in jahrlanger Arbeit die gesamte verfügbare Schulreform-Literatur aufgearbeitet haben, nehmen ideologisch motivierte Schulexperimente kritisch unter die Lupe und führen sie auf ihre philosophischen Wurzeln zurück. Bewährte Formen des Schulunterrichts (wie etwa der Klassenunterricht) werden in ihrer positiven Bedeutung für die Möglichkeit der Förderung aller Schüler gewürdigt und pädagogisch begründet. Das Werk wird wegen seiner genauen Analysen und der einer humanistischen Ethik verpflichteten pädagogischen Grundhaltung vor allem von neomarxistisch orientierten Schul"reformern" heftig angegriffen.

Tages-Anzeiger

Grösste und einflussreichste Zürcher Tageszeitung (Auflage 272 000) mit überkantonaler Verbreitung. Politisch "überparteilich", aber von "kritischem", klar linksorientiertem Journalismus geprägt. Hauptträger und -verantwortlicher der verheerenden Medienkampagne gegen den VPM, primär durch die Journalisten Hugo Stamm (Redaktor) und Kurt-Emil Merki. Allein im November 1992 erschienen im "Tages-Anzeiger" 23 Artikel über den VPM; das bedeutet beinahe täglich einen Artikel.

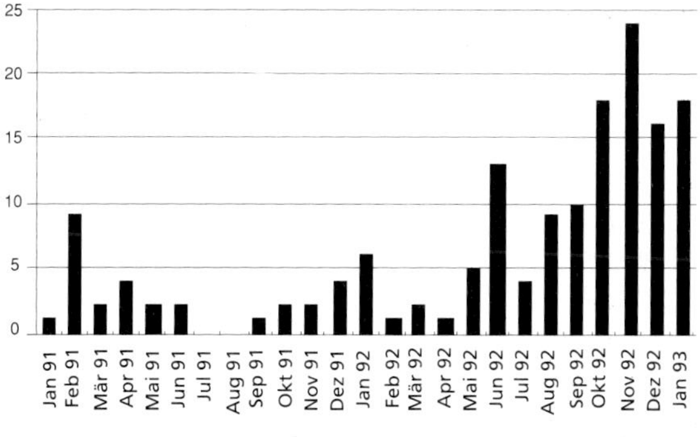

Tabelle 1: Artikel über den VPM im "Tages-Anzeiger"

Veranstaltung in der Paulus-Akademie

Die Paulus-Akademie ist ein von der katholischen Kirche u. a. getragenes Tagungs-Zentrum in Zürich. Unter dem Titel "Informationstagung" hielten die erbittertsten Gegner des VPM, darunter der "Tages-Anzeiger"-Journalist Hugo Stamm, in Zusammenarbeit mit der Paulus-Akademie am 21. November 1992 eine Sondertagung ab. Der VPM war dazu nicht eingeladen. Der eigentliche Zweck der Veranstaltung, an der 500 Teilnehmer gezählt wurden, war klar die öffentliche Verunglimpfung des VPM. Das Echo in den Zürcher Medien war entsprechend orchestriert.

Als Gegenveranstaltung mit dem Thema "Pädagogik – Ethik – Psychologie im aktuellen Fokus" im Casino Zürichhorn bot der VPM gleichentags allen Interessierten an, sich an der Quelle zu informieren. Zehn Referenten aus dem In- und Ausland (Professoren und Doktoren der Psychologie, Pädagogik, Politologie und Theologie) referierten über wichtige aktuelle Themen wie Familie, Schule und Unterricht, Drogen- und HIV-Prävention, zunehmende Gewalt unter Jugendlichen. Dabei wurden die Stellungnahmen des VPM zu diesen Fragen klargestellt, erläutert und begründet.

Wahlkommission

Die Wahl eines Lehrers ist im Kanton Zürich Sache der Stimmberechtigten. Die kommunale Schulpflege bildet im allgemeinen aus einigen ihrer Mitglieder und Lehrervertretern eine Wahlkommission, die den Lehrer besucht und dann der Schulpflege zur Wahl vorschlägt. Die Schulpflege wiederum schlägt den Lehrer den Stimmberechtigten zur Wahl vor.

Zürcher Kantonaler Lehrerverein (ZKLV)

Der ZKLV verkörpert laut Statuten eine parteipolitisch neutrale Standesinteressenvertretung für Lehrer des Kantons Zürich. Seit neuerem hat er sich dem "Dachverband Schweizer Lehrerinnen und Lehrer" (LCH) untergeordnet, was für die einzelnen Mitglieder des ZKLV automatisch eine Zwangsmitgliedschaft im LCH zur Folge hat. Als Mitglieder des LCH sind die ehemals politisch neutralen Lehrervereine in dieselbe linkspolitische Richtung gedrängt worden, die den LCH in den letzten Jahren geprägt hat. Dem neusten VPOD-Blatt (12.2.1993) ist zu entnehmen, dass sowohl der LCH als auch die Lehrergewerkschaftsabteilung des VPOD der neugegründeten, sozia-

listisch orientierten Weltgewerkschaft "Bildungsinternationale" beitreten. VPOD steht für "Verband des Personals öffentlicher Dienste"; die Mehrzahl der Verbandsträger und -organe sind politisch links bzw. links-alternativ orientiert.

Tabelle 2

Die Tabelle veranschaulicht allein die Zahl der in den Jahren 1991 und 1992 in den Printmedien der Deutschschweiz erschienenen, in ihrer überwiegenden Mehrzahl negativ-feindseligen Artikel über den VPM. Dazu kommen Hunderte von Sendungen in den elektronischen Medien. Alle Anzeichen deuten auf eine beharrlich und unerbittlich geführte Medienkampagne durch die (mit Ausnahmen) personell wie politisch eng vernetzten VPM-Gegner und Medienschaffenden hin.

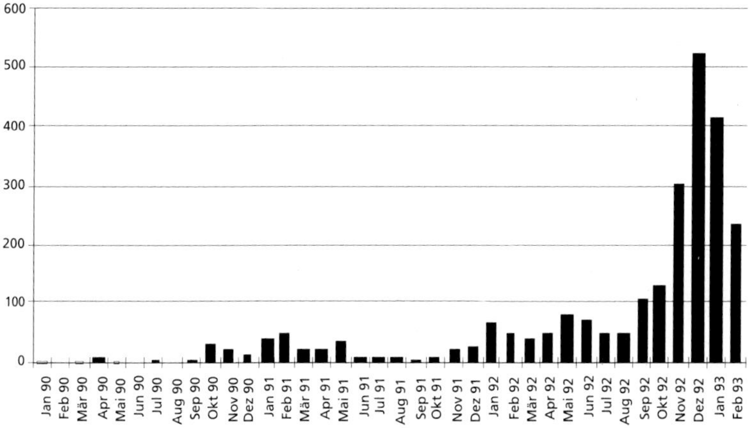

Tabelle 2: Artikel über den VPM in Deutschschweizer Printmedien

Thesen 1991 zu Erziehung und Bildung

1. Jedes Kind braucht Erziehung.

   Kinder sind auf eine wohlwollende Anleitung, behutsame Führung und klare Orientierung durch lebensbejahende Erzieher angewiesen. Sie brauchen diesen Rückhalt, um ihre intellektuellen und sozialen Fähigkeiten voll entwickeln zu können.

2. Die Entwicklung der menschlichen Persönlichkeit ist in einer zwischenmenschlichen Beziehung, die auf Vertrauen, gegenseitiger Achtung und Gemeinschaftssinn beruht, am besten gewährleistet.

   Erziehung in der Familie wie in der Schule basiert auf denselben Prinzipien. Sie sind grundlegend für das Zusammenleben der Menschen und für deren Fähigkeit zu positiver, konstruktiver Zusammenarbeit.

3. Erziehung bezweckt, die natürliche Lernfähigkeit des Menschen zu fördern.

   Wer seine Lernfähigkeit entwickelt, ist in der Lage, sein Leben zuversichtlich anzugehen und in konstruktive, sinnvolle Bahnen zu lenken. Er findet sich in jeder Situation zurecht.

4. Erziehung bezweckt, den Menschen auf das Leben in der realen und konkreten Gesellschaft vorzubereiten, in die er hineingeboren ist.

   Erziehung in unserer abendländischen Gesellschaft soll im Kind die Fähigkeit und die Bereitschaft entwickeln, für sich und für die Gesellschaft angemessene Leistungen zu erbringen. Dies trägt wesentlich zur Stärkung des Selbstwertgefühls des einzelnen und damit seiner Persönlichkeit bei. Es bereitet ihm Genugtuung und trägt ihm Wertschätzung ein.

5. Schulische Erziehung im besonderen bezweckt, dem Menschen die Gesellschaft, in die er hineinwächst, vor ihrem historischen Hintergrund wie auch in ihrer Entwicklungsmöglichkeit und Gestaltbarkeit verständlich zu machen.

   Aus dem vertieften Verständnis für die gesamtgesellschaftlichen Zusammenhänge in Vergangenheit und Gegenwart entwickelt der Mensch die Fähigkeit, als Mitglied der Gesellschaft qualifiziert und konstruktiv zu handeln. Die vertiefte Beschäftigung mit diesen Zusammenhängen fördert auch sein Verständnis für kulturelle Vielfalt und Andersartigkeit.

6. Schulische Erziehung als Erziehung im Klassenverband (oder anderen Gruppenformen) dient in sich selbst zugleich dem Zweck, die Fähigkeit zur Zusammenarbeit in der Gemeinschaft zu entwickeln.

   Schule kann so als modellhafte Grundsituation verstanden werden, in der entsprechend ausgebildete Lehrerinnen und Lehrer die Schülerinnen und Schüler dazu hinführen, eigene Anliegen und Initiativen unter Berücksichtigung der Bedürfnisse der anderen zu realisieren. Der Schüler lernt, Konflikte und Probleme gewaltfrei und in gegenseitiger Verantwortung zu lösen.

7. Schulische Erziehung im beschriebenen Sinne entwickelt zugleich die Beziehungsfähigkeit und schafft damit die Voraussetzung für Kompetenz und Eigenständigkeit.

   Beziehungsfähigkeit ist die Fähigkeit, den anderen in seiner Eigenart wahrzunehmen und ernst zu nehmen; sie ist zugleich die Erfahrung, auch selbst wahrgenommen und ernst genommen zu werden als das, was man ist. Beziehungsfähigkeit ist sowohl die Grundlage für das Selbstwertgefühl als auch die Voraussetzung für die Aneignung von Wissen und Erfahrung sowie für die weitere Entfaltung der jeweils besonderen Fähigkeiten und Kompetenzen.

8. Schulische Erziehung dieser Art erfordert Lehrerinnen und Lehrer, die selber Vorbild sind und positive Werte unserer Kultur vorleben und vermitteln können.

   Lehrerinnen und Lehrer müssen sich als Erzieher mit ihren menschlichen Unzulänglichkeiten bewusster und intensiver auseinandersetzen als andere. Indem es ihnen so gelingt, tragfähige und verlässliche Beziehungen aufzubauen, tragen sie dazu bei, die ihnen anvertraute Jugend vor den Gefahren unserer Zeit wie Verwahrlosung, Verrohung und Abgleiten in die Drogen zu bewahren.

9. Lehrerinnen und Lehrer, die Vorbild sein und positive Leitbilder vermitteln möchten, stellen sich selbst unter hohe Anforderungen.

   Sie müssen sich selbst, ihre Einstellung zum Leben und zu den menschlichen und gesellschaftlichen Problemen der Zeit fortwährend überprüfen, ihre menschliche und fachliche Kompetenz unablässig vertiefen. Nur so erwerben sie als Vorbild die Glaubwürdigkeit für ihre Schülerinnen und Schüler; in allem haben aber auch sie das Recht, Fehler zu begehen – und dadurch die Möglichkeit, aus Fehlern zu lernen. Um die Persönlichkeit der Heranwachsenden differenziert zu erfassen und angemessen auf die individuellen Eigenarten des einzelnen eingehen zu können, braucht der Lehrer ein geschultes Einfühlungsvermögen. Die Schulung dazu muss auf dem Wissen über die menschliche Natur, insbesondere den Erkenntnissen der Entwicklungs- und Lernpsychologie aufbauen.

10. Schulische Erziehung im dargelegten Sinne ist in unserem schweizerischen Schulwesen jederzeit möglich.

    Unsere Schule gibt dem einzelnen die Möglichkeit, intellektuelle und soziale Fähigkeiten zu erwerben, sich eigenständig zu entfalten und einen konstruktiven Beitrag zur gesellschaftlichen Entwicklung zu leisten. Es liegt an Schulbehörden, Lehrerinnen und Lehrern aller Stufen, die Realität nach Möglichkeit dem Leitbild anzunähern.

VPM Zürich, im Juni 1991

Schweizer Manifest gegen Drogen

1. JA ZUM LEBEN – NEIN ZU DROGEN

Ein menschenwürdiges Leben mit Drogen ist unvorstellbar. Drogen sind Substanzen, die den Körper schädigen, Abhängigkeit verursachen, auf Dauer die Persönlichkeit verändern und letztlich das Leben an sich gefährden.

Nicht jedes Suchtmittel ist in diesem Sinne eine Droge; nicht jede Sucht hat dieselbe verhängnisvolle, zerstörerische Wirkung wie die eigentliche Drogensucht. Drogen berauben den Menschen seiner Selbstverantwortung und damit seiner Würde. Ja zum Leben heisst deshalb zwingend: Nein zu Drogen.

2. DROGEN: EINE GEFAHR FÜR EINZELNE MENSCHEN – UND FÜR DIE GANZE GESELLSCHAFT

Drogen gefährden unzählige, insbesondere aber junge Menschen. Sie gefährden damit zugleich auch unsere Gesellschaft und die Zukunft der Menschheit.

Jeder Mensch, der den Drogen verfällt, geht der Gesellschaft als Mitgestalter mit all seinen positiven Kräften und Eigenschaften verloren und fällt sich selbst und den andern zur Last. Er kann nichts beitragen zur Lösung all der anderen, grossen Probleme, vor denen die Menschheit heute steht. Die Lösung des Drogenproblems ist für die Jugend und die Zukunft aller von entscheidender Bedeutung.

3. DIE AUFGABE DER GESELLSCHAFT

Die Gesellschaft hat die Aufgabe, jeden Handel mit Drogen, vor allem aber den Konsum von Drogen durch Jugendliche zu ächten, gesetzlich zu verbieten und ebenso differenziert wie konsequent zu ahnden.

So wie der einzelne gegenüber der Gesellschaft Verantwortung trägt, trägt die Gesellschaft Verantwortung gegenüber dem einzelnen, insbesondere dem Jugendlichen. Sie muss die Bedingungen dafür schaffen, dass er seine Fähigkeit zur Selbstverantwortlichkeit überhaupt entwickeln kann. Bevor ein Jugendlicher aber über diese Fähigkeit verfügt, hat ihn die Gesellschaft durch klare gesetzliche Regeln vor sich selbst und vor negativen Einflüssen durch andere zu schützen. Dies gilt besonders in bezug auf den Drogenkonsum und den Drogenhandel.

4. DIE AUFGABE VON FAMILIE UND SCHULE

Familie und Schule haben die Aufgabe, den Jugendlichen in seiner Selbstfindung und Selbstentfaltung so zu fördern, dass er kein Bedürfnis nach Drogen entwickelt. Dazu gehören Vorbildwirkung, Leistungsansporn und Wissensvermittlung.

Eltern und Erzieher tragen zur Drogenprophylaxe bei, indem sie sich darum bemühen, den Kindern Vorbilder zu sein: mit positiven Werten und realistischen Zielsetzungen; mit Lebensmut und mitmenschlicher Verbundenheit; mit Leistungsbereitschaft und Ausdauer; mit Zielstrebigkeit und Verlässlichkeit; mit Geduld und Versöhnlichkeit – auch aus dem Wissen um die eigenen Schwächen. In der Schule bewirken die soziale Verankerung im Klassenverband, die stete Anleitung zu beharrlichem Lernen und der Ansporn zur Erbringung guter Leistungen eine Stärkung der Persönlichkeit des Jugendlichen; dadurch entgeht er der Gefahr der Verwahrlosung. Zur erzieherischen Drogenprophylaxe gehört auch die Vermittlung von fundiertem Wissen über die psychischen, physischen und psychosozialen Gefahren des Drogenkonsums.

5. DIE ROLLE DES FREUNDESKREISES

Ein positiver, tragfähiger Freundeskreis ermutigt zur Drogenabstinenz.

Ein Kreis Gleichaltriger, von dem sich der einzelne angenommen fühlt und der gemeinsame, sinnvolle und sinnerfüllte Aktivitäten anstrebt und entsprechende Erfahrungen ermöglicht, kann entscheidend dazu beitragen, labile Jugendliche zu stärken und sie vor den Versuchungen der Drogen zu bewahren.

6. DIE ROLLE DER FREIZEITGESTALTUNG

Eine sinnvolle Freizeitgestaltung schützt vor Drogenkonsum.

Auch ausserhalb der gemeinsam mit Freunden verbrachten Freizeit ist die Art, wie der Jugendliche sich selbst beschäftigt und betätigt, von grosser Bedeutung für die Entwicklung seines Selbstwertgefühls und damit seiner Resistenz gegen Drogen. Der Jugendliche, der mit sich selbst "nichts anfangen" kann, ist dabei auf feinfühlige Hilfe und Anleitung durch seine Erzieher, Eltern und Lehrer angewiesen.

7. DIE ROLLE DER ÄRZTLICHEN UND PSYCHOLOGISCHEN BETREUUNG

Wer der Versuchung der Drogen erlegen ist oder zu erliegen droht, braucht professionelle Hilfe und Betreuung.

Wer trotz allen Vorkehrungen und Massnahmen mit dem Konsum von Drogen begonnen hat, muss die Bereitschaft und den Willen aufbringen, sich professionell, psychologisch und gegebenenfalls auch medizinisch helfen zu lassen. Unter dieser Voraussetzung ist eine Therapie möglich, um ein Leben ohne Drogen zu führen.

8. DAS ZIEL ALLER BEMÜHUNGEN IST EINE GESELLSCHAFT OHNE DROGEN

Eine lebensbejahende, zukunftsfähige Gesellschaft muss eine Gesellschaft ohne Drogen sein.

Sämtliche gesellschaftlichen Kräfte in Familie, Schule, Medien, Wirtschaft, Politik, in privaten wie öffentlichen Organisationen, in Kirche, Staat und Wissenschaft tragen gemeinsam die Verantwortung für eine klare Zielsetzung und das konsequente Bemühen, auf das als richtig erkannte Ziel beharrlich hinzuarbeiten: auf die Drogenfreiheit. Nur eine drogenfreie Gesellschaft ist im eigentlichen Sinne zukunftsfähig, d. h. in der Lage, mit Hilfe aller positiven Kräfte an die Lösung der gewaltigen Probleme heranzutreten, vor denen wir in unserer Gegenwart stehen. Die Zukunft der Menschheit ist zugleich die Zukunft unserer Jugend; die Jugend vor allem ist vor dem Konsum von Drogen zu bewahren.

VPM — Zürich, im Juni 1991

Weitere Schriften und Fachbücher im Verlag Menschenkenntnis

Standort Schule. Schul"reform" – die heimliche Abschaffung der Schule.

Band I: Theoretische Grundlagen zu Pädagogik und Antipädagogik

Hrg. VPM. Zürich 1991, 372 Seiten, sFr. 39.–, DM 46,50.
ISBN 3-906989-05-4

Band II: Unterrichtsmethoden als Mittel der Veränderung
Hrg. VPM. Zürich 1991, 314 Seiten, sFr. 37.–, DM 45.–.
ISBN 3-906989-05-7

Band III: Der Prozess der Auflösung in der Praxis
Hrg. VPM. Zürich 1991, 1000 Seiten (2 Teilbände), sFr. 88.–, DM 98.–. ISBN 3-906989-05-9

Schul"reform". Zusammenfassung und Zitate zu Standort Schule

Hrg. VPM. Zürich 1992, 79 Seiten, sFr. 15.–, DM 15.–.
ISBN 3-906090-27-5

Zum Wohle der Jugend. Aspekte der Weiterbildung für pädagogisch Interessierte im VPM

Hrg. VPM. Zürich 1992, 98 Seiten, sFr. 15.–, DM 15.–.
ISBN 3-906989-28-3

I. Internationales Symposium gegen Drogen in der Schweiz. Wege zu einer drogenfreien Gesellschaft und Pathophysiologie der Rauschgifte / Ways to a Drug-Free Society and Physiopathology of Illicit Drugs. Originalbeiträge in Deutsch und Englisch, inkl. Zahlen- und Bildmaterial. Mit je über 30 Farbbildern

Hrg. VPM. Zürich 1991, 792 Seiten, sFr. 85.–, DM 90.–.
ISBN 3-906989-06-2

Haschisch und Marihuana. Auswirkungen auf Körper und Psyche
Hrg. VPM. Zürich 1990, 20 Seiten, sFr. 5.–, DM 6.–.

Sucht und Charakter. Eine Darstellung verschiedener Aspekte des Suchtproblems aus individualpsychologischer Sicht
Ralph Kaiser. Zürich 1982, 242 Seiten, sFr. 22.–, DM 27.–.
ISBN 3-85999-015-2

Das Gemeinschaftsgefühl – Entstehung und Bedeutung für die menschliche Entwicklung. Eine Darstellung wichtiger Befunde aus der modernen Psychologie
Annemarie Kaiser. Zürich 1981, 180 Seiten, sFr. 17.–, DM 21.–.
ISBN 3-85999-007-1

Aufsätze. Friedrich Liebling
Zürich 1992, 176 Seiten, sFr. 30.–, DM 35.–. ISBN 3-906989-24-0

Theoretische Grundlagen zur psychologischen Tätigkeit im VPM
Hrg. VPM, Zürich 1991, 102 Seiten, sFr. 17.–, DM 20.–.
ISBN 3-906989-12-7

Der Lehrer als Erzieher. Hans Zulliger und Oskar Spiel – Aktualität und Bedeutung ihrer Schulpraxis für die heutige Pädagogik
Alfred Burger. Zürich 1991, 350 Seiten, sFr. 35.–, DM 42.–.
ISBN 3-906989-17-8

Der psychotherapeutische Prozess, Teil I und Teil II
In: *Zeitschrift Menschenkenntnis,* Heft 4/89 und 5/89
Hrg. VPM. sFr. 5.–, DM 6.–.

Verein Kritische Auseinandersetzung mit Zeitfragen (Hrg.)

Testfall KV

oder
Wie man eine sachliche Aufklärung über Drogen verhindert

Dieses Buch dokumentiert den Fall KV – Testfall für die "moderne" Handhabung der Drogenprävention. Dieser Fall, die überraschende Entlassung von sechs qualifizierten Lehrern an der Handelsschule des Kaufmännischen Verbandes Zürich, der im Herbst 1990 durch die schweizerische Presse ging, wird hier ganz genau nachgezeichnet und mit Dokumenten belegt. Die sechs Lehrer, die zum Arbeitskreis Drogenfreie Schule VPM gehören, hatten sich an der Schule für eine sachliche Aufklärung über die Schädlichkeit der Drogen eingesetzt.

Auch die Handelsschule KV Zürich liess offiziell verlauten, eine drogenfreie Schule anzustreben. Trotzdem wurden die Lehrbeauftragten des Arbeitskreises wegen ihres Engagements für das gleiche Ziel entlassen. Das vorliegende Buch klärt diesen scheinbaren Widerspruch auf.

Da der Arbeitskreis trotz vielfacher Bemühungen weder in der Schule noch bei der Volkswirtschaftsdirektion Gehör fand, blieb ihm als einzige Möglichkeit, den wahren Ablauf der Ereignisse und ihre Hintergründe in diesem dokumentarischen Bericht vorzustellen. Das Buch vermittelt überdies wesentliche Impulse in der Frage der Drogenprävention.

© Zürich 1991. 251 S. & Dokumentenanhang. Fr. 30.- ISBN 3-9520162-0-9
erhältlich bei:
Verlag Kritische Auseinandersetzung mit Zeitfragen, Postfach 252, 8044 Zürich

Annemarie Kaiser

Das Gemeinschaftsgefühl – Entstehung und Bedeutung für die menschliche Entwicklung

Eine Darstellung wichtiger Befunde aus der modernen Psychologie

In der vorliegenden Untersuchung wird einer der wichtigsten Aspekte der theoretischen Grundlagen der Psychologischen Lehr- und Beratungsstelle Friedrich Lieblings und heute des Vereins zur Förderung der Psychologischen Menschenkenntnis dargestellt: die Entstehung und die Bedeutung des Gemeinschaftsgefühls. Ausgehend von den Forschungsergebnissen der Individualpsychologie Alfred Adlers werden die entsprechenden Befunde der Entwicklungspsychologie (Spitz, Bowlby), der Psychopathologie (Frieda Fromm-Reichmann) und der Neopsychoanalyse (Horney, Fromm, Sullivan) untersucht.
«Der Zustand grösserer Gemeinschaftlichkeit ist als ein Zustand grösserer Kooperationsfähigkeit zu verstehen, wo jeder einzelne sich mehr als bisher als ein Teil des Ganzen darstellt und durch diese vermehrte Teilnahme an der Gemeinschaft auch eine stärkere und ausgeprägtere Individualität entwickelt. Gemeinschaftlichkeit darf also nicht mit Konformität verwechselt werden. 'Social feeling' ist, wie Alfred Farau betont, 'individual responsibility within and for the community. It is just the opposite of collective confirmity.' Durch einen höheren Grad an Gemeinschaftlichkeit kann jeder in vermehrtem Masse zum Wohl und damit der Höherentwicklung der Menschheit dienen und so zum Ziele der Evolution der Menschheit beitragen.» (S. 33)

180 Seiten, Fr. 17.–, ISBN 3-85999-007-1

Ausgewählte Themen der Monatszeitschrift «Menschenkenntnis»

Persönlichkeitsschulung für Lehrer und pädagogische Weiterbildung

Die Bedeutung der Lehrerpersönlichkeit für die Schulführung / Die Persönlichkeitsschulung des Lehrers / Therapeutische Gruppengespräche für Lehrer (Heft 2/1990)

Pädagogische Schulungswochen: Zunehmende Gewalt an Schulen und Möglichkeiten der pädagogischen Einflussnahme / Die Entstehung positiver Werte bei Kindern und Jugendlichen / Kooperation und Toleranz versus Aggression (Heft 3/1990)

Sonderheft 1

Eine Schulklasse wird zur Gemeinschaft

Eigenständigkeit und Beziehungsfähigkeit (I–V)

Die Grundlagen des Bindungsverhaltens / Ursachen und Folgen von Störungen in der Entwicklung von emotionalen Bindungen / Marco – Beschreibung einer Annäherung (Heft 9/1989)

Die Entwicklung des Selbstkonzeptes / Bindung und Entwicklung / Die psychologische Bedeutung einer Versöhnung mit den Eltern (Heft 10/1989)

Aufbau einer eigenständigen Persönlichkeit nach Mary D. S. Ainsworth / Sichere Bindung – Lern- und Kooperationsfähigkeit / Der Beitrag von Mary Main / Frühkindliche Bindungserfahrungen – Kompetenz im Kindergarten (Heft 11/1989)

Auflösung von Abhängigkeitsgefühlen / Die Bedeutung der Übertragung in der psychotherapeutischen Einzelbeziehung / Kindheitseindrücke stören in der Partnerschaft (Heft 12/1989)

Auflösung von Abhängigkeitgefühlen / Die Bedeutung der Übertragung im therapeutischen Gruppengespräch / Die Entwicklung einer Familie (Heft 1/1990)

Annemarie Buchholz-Kaiser

Individualpsychologische Bildungsarbeit

Aspekte der analytischen Bearbeitung von
Persönlichkeitsproblemen in Gruppen

Das Gemeinschaftsgefühl bei Alfred Adler

im Vergleich zur Therapie der Psychosen bei
Frieda Fromm-Reichmann

Die Publikation enthält zwei Vorträge, die Annemarie Buchholz-Kaiser an Psychologiekongressen in Wien (1982) und Montreal (1985) gehalten hat. Beiden Dokumenten kommt – neben einer knappen und prägnanten Darstellung wichtiger Aspekte ihrer individualpsychologischen Arbeit auf den Grundlagen und Erfahrungen von Alfred Adler und Friedrich Liebling – eine Aktualität im doppelten Sinne zu. Ihre differenzierten Aussagen über die Gruppenarbeit und ihre ethische Perspektive der individualpsychologischen Bildungsarbeit lassen die persönlichen Verunglimpfungen, mit denen sich die Autorin in jüngster Zeit durch Medien und einen Teil der Erziehungs- und Gesundheitsfunktionäre konfrontiert sieht, als besonders beschämend und würdelos erscheinen.

Über den Tag hinaus von Bedeutung ist diese Publikation, weil sich die Autorin einer der grossen Gegenwartsfragen hochentwickelter Gesellschaften stellt: die Überwindung der Vereinzelung durch "Menschsein und Mitmenschsein" (A. Adler). Vielen fehlt dazu die Kraft – die psychische wie die physische Konstitution. Hier steht die individualpsychologische Arbeit vor ihrer grossen und für die Gesellschaft bedeutungsvollen Aufgabe; sie soll nach A. Buchholz-Kaiser in einem fein abgestimmten und flexiblen Rahmen von Einzel- und Gruppengesprächen angegangen werden.

40 Seiten, Fr. 12.-, ISBN 3-906989-04-6, Zürich 1991,
Verlag Menschenkenntnis